OEUVRES COMPLÈTES

DE

SHAKESPEARE

TRADUITES

PAR ÉMILE MONTÉGUT

TOME NEUVIÈME

ROMÉO ET JULIETTE

HAMLET

OTHELLO

PARIS

LIBRAIRIE HACHETTE ET Cie

BOULEVARD SAINT-GERMAIN, N° 79

—

1872

OEUVRES COMPLÈTES

DE

SHAKESPEARE

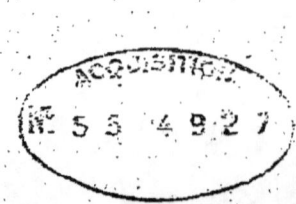

4828

PARIS. — TYPOGRAPHIE LAHURE
Rue de Fleurus, 9

OEUVRES COMPLÈTES

DE

SHAKESPEARE

TRADUITES

PAR ÉMILE MONTÉGUT

TOME NEUVIÈME

ROMÉO ET JULIETTE

HAMLET

OTHELLO

PARIS

LIBRAIRIE HACHETTE ET Cie

BOULEVARD SAINT-GERMAIN, 79

1872

Tous droits réservés

ROMÉO ET JULIETTE.

IMPRIMÉ POUR LA PREMIÈRE FOIS EN 1597; DATE PROBABLE
DE LA REPRÉSENTATION, 1596.

AVERTISSEMENT.

Quatre éditions in-quarto de cet admirable drame ont précédé l'édition in-folio de 1623. La première est de 1597, et la seconde de 1599. Pendant les deux années qui s'écoulèrent entre ces deux éditions, Shakespeare revit cette pièce, perle de sa jeunesse, avec un soin jaloux, et nous sommes redevables à cette révision de plusieurs beautés qui n'existent pas dans le premier in-quarto ou qui n'y sont pas exposées en aussi pleine lumière. Nous citerons notamment deux passages ; le monologue de Juliette au moment de prendre la potion est singulièrement écourté dans le premier in-quarto, et n'exprime nullement le jeu haletant, désordonné, des facultés de Juliette, sous la pression des terreurs que l'idée des choses de la tombe apporte à son imagination. Nous en dirons autant de l'incroyable description de la boutique de l'apothicaire faite par Roméo au cinquième acte. Ce spectacle de misère, ce maigre tohu-bohu de marchandises moisies et rances, cette enseigne de la faim et du crime qui dit si nettement : « Ici, pour un petit écu, on peut se procurer les moyens de faire un mauvais coup, » est loin d'avoir dans l'in-quarto de 1597 le même relief et la même énergie que dans l'in-quarto de 1599. Des deux derniers in-quartos, l'un parut en 1609, l'autre ne porte pas la date de sa publication.

Une discussion passablement oiseuse s'est élevée pour savoir quelle était exactement l'année de la représentation. Est-ce 1591, 1596 ou 1597? Malone tient pour 1596, en se fondant sur ce fait que le premier in-quarto indique que la pièce avait été représentée devant le Lord Chambellan, Hunsdon, qui mourut cette année même. Cependant rien n'empêche que la pièce n'eût été représentée auparavant, et par conséquent l'opinion de Malone laisse la porte toute grande ouverte aux conjectures de ceux qui tiennent pour une date antérieure. La supposition la plus ingénieuse a été émise par Tyrwhitt. Relevant le passage où la nourrice mentionne un certain tremblement de terre comme ayant eu lieu onze ans avant le récit qu'elle en fait, il a conjecturé que Shakespeare faisait allusion selon toute probabilité à une très-violente secousse de tremblement de terre qui avait effrayé Londres en 1580. Si cette conjecture est vraie, la date de *Roméo et Juliette* serait donc 1591, date possible, bien qu'un peu précoce. Mais toutes ces discussions sont parfaitement inutiles au fond, car la pièce porte sa date écrite à toutes ses pages. Nous savons qu'elle appartient à cette période intermédiaire du génie de Shakespeare dont nous avons maintefois déjà dans nos précédentes notices décrit le caractère, et aux dernières années de sa jeunesse, dont elle est la souveraine expression. *Roméo et Juliette* c'est le printemps du cœur de Shakespeare avec toute sa riche floraison de rêves, de passions, de tressaillements, d'extases. Là il a engrangé pour ainsi dire tout le trésor d'expériences et d'observations qu'il avait amassé sur ce sentiment qui se présente le premier aux désirs et aux méditations de l'homme.

L'anecdote qui fait le sujet de *Roméo et Juliette* n'a absolument aucun fondement légendaire ou historique. La date de son apparition peut même être dite toute récente, car lorsque Shakespeare s'en empara, il n'y avait

AVERTISSEMENT.

pas plus d'une cinquantaine d'années qu'elle courait le monde. Considérée comme légende, elle est contemporaine pour ainsi dire de Shakespeare; considérée comme fait historique, elle lui est postérieure, car le premier et le seul historien qui l'ait acceptée à ce titre, Girolamo della Corte, mourut avant d'avoir achevé son *Histoire de Vérone*, et ladite histoire ne put paraître qu'en 1594, c'est-à-dire après que le *Roméo et Juliette* de Shakespeare était conçu et probablement même écrit. Quant aux documents sur lesquels Girolamo s'est appuyé pour regarder cette aventure comme historique, il a toujours été impossible de les découvrir, et il est probable qu'ils ne sont autres que les petits romans mis au monde quelques années avant lui par Luigi da Porto et Bandello. On trouvera dans les notes que nous joignons à cette pièce les raisons pour lesquelles cette anecdote doit être tenue pour apocryphe. Ah mon Dieu oui, il faut que les amis de la poésie en prennent leur parti ! La rivalité des Capulets et des Montaigus n'a jamais ensanglanté Vérone, par l'excellente raison qu'il n'y a jamais eu à Vérone de famille du nom de Capulet, ce nom n'étant pas d'ailleurs un nom de famille, mais un sobriquet de parti, par lequel se désignaient les Gibelins, non de Vérone, s'il vous plaît, mais de Crémone. A supposer même qu'il ait existé dans Vérone une famille de ce nom, elle aurait comme celle des Montaigu appartenu au parti gibelin, ce qui détruit toute possibilité de rivalité politique. On cite, il est vrai, l'autorité de Dante, et les vers de l'apostrophe à l'empereur où sont mentionnés des noms qu'on s'est habitué à considérer comme rivaux; mais ces vers, mieux lus qu'ils ne l'ont été jusqu'à présent, montrent que ces noms propres ne sont pas mis en opposition, mais énumèrent simplement les diverses fractions du parti gibelin, qui, grâce à l'abandon de l'empereur, leur protecteur naturel, sont toutes dans un état plus lamentable les unes que les autres. Enfin puisqu'on cite l'autorité de Dante, disons que le silence qu'il garde sur l'aventure de Roméo et de Juliette est la meilleure preuve qu'elle n'a jamais existé. Comment! une histoire si poétique, si frappante à tous les points de vue, s'est passée de son vivant, sous ses yeux même, dans cette Vérone où il vécut exilé, et il n'en a rien dit? Comment! le chantre de Paolo et de Francesca, de Pia di Tolomei, de Piccarda, d'Ugolin, se serait refusé cette bonne fortune poétique? Comment! l'homme qui connaissait par le menu l'histoire de toutes les familles italiennes, leurs crimes secrets, leurs passions, aurait ignoré cet éclat au grand jour donné par les deux héritiers des deux plus puissantes maisons d'une principauté aussi considérable que l'était alors Vérone? Voilà qui crie avec la dernière évidence que l'histoire de Roméo et de Juliette est une pure fable.

En 1535, un gentilhomme vénitien, qui avait beaucoup vu le monde, adressa à l'une de ses parentes, Madonna Lucina Savorgnana, un petit récit intitulé : *la Giulietta, histoire nouvellement retrouvée de deux nobles amants, avec leurs lamentables morts, telle qu'elle advint dans la cité de Vérone au temps du seigneur Bartolomeo Scala*. Ce récit, fait à Luigi da Porto, par un certain archer véronais, de l'invention de l'écrivain selon toute probabilité, doit être tenu comme la véritable origine de cette histoire devenue si fameuse. Les curieux trouveront cette nouvelle dans l'édition que M. Bartolomeo Bressan a donnée à Florence des *Lettres historiques* où Luigi da Porto a raconté les faits de guerre et de politique dont il fut témoin de 1509 à 1528. La nouvelle est courte, rapide à la façon italienne, agréable, un peu sèche. Le ton en est aisé, simple, et sans flamme aucune, ce qui a lieu de surprendre dans le récit d'une aventure qui appelle naturellement la chaleur. Cette histoire méritait d'être refaite; elle fut refaite, en effet, et cette fois d'une manière admirable, par ce dominicain de si libre et si mâle humeur, Matteo Bandello, qui fut chez nous évêque d'Agen, et qui dans le volumineux recueil de ses *Nouvelles* nous a laissé un tableau si vaste de cette Italie exubérante en passions, en crimes et en génie des siècles passés. Toutefois c'est à Luigi da Porto que revient le mérite d'avoir découvert ou inventé l'anecdote. Le germe, le rudiment des œuvres survenues plus tard doit donc être considéré comme sa propriété.

Il est vrai que selon certains critiques cette propriété devrait lui être contestée. Sans aller aussi loin que le commentateur Douce qui prétend faire remonter l'origine de cette histoire jusqu'au romancier grec, Xénophon d'Éphèse, on peut soutenir à la rigueur que le récit de Luigi da Porto n'est que la transformation d'une nouvelle d'un vieux conteur italien, Masuccio de Salerne, dont le recueil vit le jour en 1476, c'est-à-dire un peu plus de cinquante ans avant l'apparition du récit de Luigi da Porto. Seulement chez le vieux conteur, l'histoire est toscane et siennoise, au lieu d'être véronaise. Un jeune Siennois, Mariotto Mignanelli, s'éprit d'une jeune Siennoise, Gianozza Saraceni, et fut par elle payé de retour. Les deux amants ne sachant comment s'ouvrir à leurs parents et arriver aux noces désirées, prirent le parti de s'unir secrètement devant un frère de Saint-Augustin. A quelque temps de là, Mariotto eut une querelle avec un de ses compatriotes et le tua. Force lui étant de s'enfuir pour sauver sa tête, il se rendit à Alexandrie, où vivait un de ses oncles qui était un riche marchand. En son absence, les parents de Gianozza annoncèrent la résolution de marier leur fille. Refus de la fille, tempête des parents. Gianozza alla confier ses chagrins au frère augustin qui l'avait mariée, et celui-ci, comme le frère Laurent, lui donna un narcotique qui devait la faire passer pour morte. Pour morte elle passa en effet, et elle fut ensevelie dans l'église de Saint-Augustin. Le moine la retira de sa tombe, et sous un déguisement la dirigea vers Alexandrie où habitait son époux. Mais l'infortuné Mariotto avait appris par un messager trop prompt, comme le sont toujours les messagers de malheur, la nouvelle de l'enterrement de Gianozza. Désespéré, il se hasarda à rentrer dans Sienne malgré la sentence d'exil qui pesait sur lui ; il fut pris et décapité. Gianozza, naturellement inconsolable, revint en Toscane finir ses jours dans un couvent. On voit quelles sont les ressemblances que présente cette histoire avec celle de Roméo et de Juliette ; elles ne portent en définitive que sur la partie purement mélodramatique. Aussi laisserons-nous, malgré la nouvelle du vieux Masuccio, l'honneur et la gloire d'avoir inventé Roméo et Juliette à Luigi da Porto.

L'histoire de Roméo et de Juliette forme la neuvième nouvelle de la seconde partie du recueil de Bandello. Elle est dédiée à un Véronais illustre, Jérôme Fracastor, auteur d'un poëme latin sur un sujet qui demande à n'être pas nommé ; mais ces Italiens de la Renaissance qui bravaient l'honnêteté dans leur langue populaire, la bravaient à bien plus forte raison dans la langue morte et désormais savante de leurs aïeux. La nouvelle de Bandello est un vrai chef-d'œuvre, et je n'hésite pas à dire qu'elle peut se lire avec admiration même après le drame de Shakespeare. Bandello n'a rien inventé, rien ajouté aux aventures de la nouvelle de Luigi da Porto ; mais comme il a développé les éléments que lui fournissait son devancier ! avec quelle lenteur familière, et je dirai volontiers, avec quelle pathétique garrulité se déroule son récit, si bien circonstancié que la romanesque histoire de Roméo et de Juliette apparaît comme l'aventure la plus naturelle du monde ! Ce chef-d'œuvre dans l'art du récit ne fait cependant que mieux ressortir l'étonnant génie de Shakespeare. Ici on peut voir une fois de plus comment les choses n'ont jamais que l'âme de celui qui les contemple, et comment des esprits divers peuvent changer complétement, sans l'altérer en rien pourtant, une même matière. C'est et ce n'est pas la même histoire que nous lisons dans Bandello et dans Shakespeare. Là où Shakespeare s'est envolé dans l'idéal, Bandello est resté ferme dans la réalité. Shakespeare a mis partout des ailes; passions, caractères, événements, chez lui tout vole, tout se précipite : chez Bandello, tout marche à pied ou sur la plus paisible des montures, même la tendresse des amants, même la tragédie de leur mort. Rien n'est plus romanesque que l'histoire de Roméo et de Juliette telle que Shakespeare nous la présente; rien n'est plus explicable, moins fortuit que les aventures des deux amants telles que Bandello les raconte.

Et ici je ne puis m'empêcher de me détourner une minute de mon sujet pour faire une observation qui ne s'y rapporte que fort indirectement. Ce charmant Bandello que si peu de lettrés ont lu, et qui leur ferait cependant passer tant d'heures agréables, est remarquable par deux caractères qui sembleraient devoir s'exclure, et qui sont cependant si bien mêlés ensemble qu'ils ne se distinguent même pas l'un de l'autre : nous sommes, croyons-nous, le premier qui prenions la peine de les séparer. De tous les conteurs italiens, c'est le plus romanesque, en ce sens que c'est celui qui possède la collection la plus rare de belles histoires, sans en excepter Boccace, et cependant, c'en est aussi le plus familier. Toutes ses nouvelles sont de véritables petits romans d'aventure, et les anecdotes facétieuses même qu'il a racontées (en moins grand nombre que son célèbre devancier) sont marquées de ce cachet de l'exceptionnel, du singulier qui est l'âme du romanesque; dans toutes le hasard cruel ou malin est le moteur invisible d'accidents qui défient la logique humaine. En outre les passions y sont montées à un ton qui semblerait devoir nécessairement appeler une expression fortement dramatique. Ce ne sont que vengeances atroces, meurtres implacables, empoisonnements multipliés, coups de dague dans l'ombre. Eh bien, rien de tout cela ne nous étonne et ne nous fait tressaillir, tout cela nous paraît chose ordinaire et presque vulgaire, tant Bandello nous le raconte avec familiarité et bonhomie. C'est qu'en effet toutes ces choses étaient pour Bandello choses d'occurrence familière ; il avait vécu pour ainsi dire dans leur intimité de tous les jours. En a-t-il assez vu, appris, observé, ramassé de ces tragiques ou aimables histoires dans toutes les régions brûlantes de cette Italie sans frein ; à Rome, à Naples, à Florence, à Venise, à Vérone, à Gênes, à Milan. Grâces à cette intimité familière, les passions et les aventures les plus extraordinaires deviennent explicables, tant il nous en montre bien les ressorts invisibles, les mobiles secrets, le jeu lent et latent. Aussi Bandello est-il celui de tous les conteurs italiens qui nous fait le mieux comprendre l'Italie et dont les œuvres ont le goût de terroir le plus prononcé. Cette saveur de terroir est chez Bandello aussi variée qu'elle est forte. C'est toujours la saveur italienne, mais légèrement différente selon la localité qui sert de scène, en sorte que ses nouvelles diffèrent entre elles d'arome et de goût, selon qu'elles se passent à Rome, à Florence, ou à Venise, comme diffèrent les divers crus d'une même région vinicole. Quiconque voudra savoir en quoi les mœurs d'une ville différaient de celles d'une autre ville, comment le débordement voluptueux des Vénitiennes différait de la galanterie des Bolonaises, ou de la fierté tragique des Romaines, trouvera dans Bandello plus que partout ailleurs ces renseignements qui composent l'érudition des âmes imaginatives.

L'absence de romanesque dans le romanesque le plus excessif, telle est la définition un peu bizarre, mais parfaitement précise dans sa bizarrerie qu'on pourrait donner de Bandello. Ce caractère tient, disons-nous, à la familiarité et à la bonhomie aisée avec lesquelles Bandello mène ses récits, et cette familiarité à son tour tient à sa longue habitude de l'Italie. Elle tient encore à autre chose, et cette autre chose fait de Bandello le rival souvent heureux et la véritable antithèse de Boccace. Le système de narration de Bandello est le parfait opposé du système de narration de Boccace. Boccace donne à ses histoires grivoises ou sentimentales, mais plus souvent grivoises que sentimentales, une belle forme classique et antique. Il habille de vêtements cicéroniens des tours de commères et de badins, et donne aux discours de ses catins et de ses cocus cette précision aisée, et *ce rien de trop, rien de moins*, d'un si grand goût, qui distinguent la diction de Salluste. Bandello, au contraire, ne cherche point à revêtir d'un costume classique des histoires qui ne le sont pas. Il donne à ses nouvelles le costume moderne qu'ont porté ses personnages, et le langage moderne qu'ils ont parlé. Par là il a introduit une innovation véritable, et dont on a trop peu profité, dans le récit italien, que les formes sévères de l'antiquité ont toujours trop attiré depuis la Renaissance, et qui a perdu à cette recherche la naïveté et la bonhomie si caractéristiques des narrateurs du treizième et du quatorzième siècle, un Dino Compagni, par exemple, ou l'auteur anonyme du livre ravissant des *Fioretti* de saint François. C'est à cette absence de préoccupation du moule classique que Bandello doit en grande partie son aimable familiarité.

Donc rien d'extraordinaire dans l'histoire de Roméo et de Juliette chez Bandello. Comme dans le drame de Shakespeare, les deux amants se voient pour la première fois au bal des Capulets, mais le coup de foudre de la passion amoureuse qui marque les amants pour l'orage et la mort n'existe pas chez le conteur italien. Roméo, amoureux d'une jeune dame qui lui fait ressentir tous les tourments des ardeurs non partagées, est assis dans un coin de la salle du bal, et promène un peu tristement ses regards à l'aventure, lorsque ses yeux s'arrêtent sur Juliette. Il la trouve belle, et alors ses regards au lieu d'errer comme précédemment ont plaisir à se fixer. Il regarde souvent, et à la dérobée, tant qu'enfin ses yeux rencontrent ceux de Juliette qui de son côté passant en revue les hôtes de son père, s'est arrêtée sur Roméo avec plus de complaisance que sur les autres. Rien d'extraordinaire comme vous le voyez ; c'est ce qui se passe tous les jours dans tout bal ou toute réunion quelconque. Un jeune homme, une jeune fille se regardent, se trouvent à leur gré ; c'est un simple attrait qui peut être le commencement de l'amour, mais qui n'est pas l'amour. La première déclaration, si cela peut s'appeler une déclaration, vient de Juliette, et cette déclaration est enveloppée dans une de ces plaisanteries que la plus innocente des femmes peut se permettre dans l'animation d'une fête. Le hasard d'une danse la place entre Roméo et un cavalier nommé Marcaccio (le Mercutio de Shakespeare), personnage très-bien vu des demoiselles de Vérone pour ses qualités de boute-en-train, mais qui était affligé d'une singulière particularité physique : il avait toujours les mains froides. La main de Roméo est brûlante, celle de Marcaccio glacée, en sorte que Juliette placée entre ce feu et cette glace en tire l'occasion d'une plaisanterie qui motive un léger serrement de main, et alors à l'attrait de tout à l'heure succède le trouble inévitable de la nature. Le bal se termine, et les deux amants, après s'être renseignés l'un sur l'autre auprès de leurs amis, se retirent tristement en songeant aux obstacles que l'inimitié de leurs familles apporterait à une passion qui doit être reléguée par eux dans la région des chimères. Mais la jeunesse a cela de particulier qu'elle marche d'elle-même au-devant de ce qu'elle désire, même lorsqu'elle ne croit pas à la réalisation de ses espérances. C'est ainsi que rêveusement, et par distraction, Juliette soulève souvent le rideau de sa fenêtre, ou s'accoude à son balcon pour regarder dans la rue ; c'est ainsi que les pieds de Roméo le portent d'eux-mêmes sans participation de sa volonté vers l'endroit où demeure Juliette, et qu'ils s'arrêtent d'eux-mêmes aussi sous ses fenêtres laissant leur maître y faire aussi longue station qu'il lui plaît. Ce manége continue de longs mois avec une telle régularité, qu'à la fin les deux amants se découvrent l'un à l'autre, et prennent la résolution de s'unir secrètement. Roméo va trouver le frère Laurent, si bon et si imprudent dans Shakespeare, mais dont le rôle dans Bandello s'explique encore le plus naturellement du monde. Ce religieux était un moine franciscain renommé pour son savoir et sa piété, qui confessant toutes les personnes de condition de la ville tenait tous les secrets de leurs cœurs. Il était le confesseur de tous les Capulets et en conséquence de Juliette ; il était le confesseur de tous les Montaigus, et il avait pour Roméo une affection toute particulière. Dès que Roméo lui avoua son amour pour Juliette et lui demanda de les unir secrètement, l'idée vint tout à coup au bon frère que ce mariage entrait dans les vues de la Providence qui voulait sans doute changer en amour la haine des deux familles. Il y vit un moyen de réconciliation future, et faisant passer les devoirs du zèle chrétien avant ceux de la sagesse mondaine, il n'hésita pas à bénir l'union des amants.

Quelque temps après arrive la querelle où le féroce Tebaldo est tué, et Roméo est obligé sous peine de mort de quitter Vérone. La scène des adieux est très-belle, mais d'une beauté fort différente de celle de Shakespeare. Il manque ici l'incomparable musique de la poésie shakespearienne, mais en revanche la véhémence passionnée italienne y éclate en traits d'une émouvante éloquence. Parmi ces traits, il en est un dont le germe se trouve indiqué brièvement dans Luigi da Porto, et que Bandello a développé d'une manière superbe. Je veux indiquer ce trait parce que bien des années après la nouvelle de Bandello, le Tasse ne dédaignera pas de s'en emparer et d'en faire une de ses plus belles octaves. « Puis l'heure de partir approchant, Juliette avec les plus fortes prières

qu'elle put trouver supplia son mari de la mener avec lui.
« Cher Seigneur de mon âme, disait-elle, *je raccourcirai ma longue chevelure*, je me vêtirai comme un écuyer, et partout où il vous plaira d'aller, toujours je vous suivrai, et je vous servirai amoureusement. Et à quel serviteur pourriez-vous avoir confiance comme à moi? Las, mon cher mari, faites-moi cette grâce et laissez-moi courir une même fortune avec vous, afin que celle qui sera la vôtre soit aussi la mienne. » Et maintenant rappelez-vous l'admirable passage de la *Gerusalemme* où Armide se traîne aux pieds de Renaud qui l'abandonne.

>Sprezzata ancella, a chi fo più conservo
>Di questa chioma, or ch'a te fatta è vile?
>Raccorcerolla: al titolo di serva
>Vo' portamento accompagnar servile.
>Te seguirò, quando l'ardor più serva
>Della battaglia entro la turba ostile.
>Animo ho bene, ho ben vigor che baste
>A condurti i cavalli, a portar l'aste.

La lecture de la nouvelle de Bandello nous montre une fois de plus combien facile relativement est la tâche du romancier comparée à celle de l'auteur dramatique. Il n'est personne qui en lisant le drame de Shakespeare n'ait été choqué et impatienté de la brusque décision du père Capulet au sujet du mariage de Juliette. Qui ne voit que dans la réalité les choses n'ont pu se passer ainsi, et avec cette précipitation? Le poëte dramatique n'a pas le temps d'attendre, et il lui faut brusquement pousser l'action, coûte que coûte. Mais Bandello nous explique très-bien que les choses se passèrent le plus naturellement du monde. La décision de Capulet ne fut ni soudaine, ni tyrannique; elle fut prise sagement, à la suite de longs conseils de famille, et fut un acte de débonnaireté paternelle. Après le départ de Roméo, Juliette tomba en proie à un chagrin muet qui la minait lentement. Ses pa-

rents ne furent pas longtemps à s'apercevoir de son état ;
on la voyait languir et s'affaisser, on la surprenait versant
des larmes dont elle refusait de dire la cause. Voilà la
pauvre Madonna Capulet aux champs, pour découvrir
d'où naît la tristesse de sa fille. Enfin il lui vient l'idée
que peut-être Juliette se sent humiliée de n'être pas encore mariée, tandis que toutes ses petites amies d'enfance
le sont déjà. Elle fait part de sa belle découverte à Capulet qui se montre tout disposé à bien vite marier sa fille,
et qui presse Madonna Capulet de la sonder sur ce sujet.
Juliette interrogée sur ce chapitre refuse de se marier.
« Qu'est-ce que tu veux donc, si tu ne veux pas te
marier? lui dit sa mère. Veux-tu te faire dévote ou devenir religieuse? Juliette répondit alors qu'elle ne voulait
pas se faire dévote, ni religieuse, et qu'elle ne savait pas
ce qu'elle voulait, sinon mourir. » Ces réponses réitérées
sont loin de satisfaire le père Capulet, qui finit par entrer
en colère, la menace de la battre comme dans Shakespeare, et lui commande d'épouser le comte Paris
de Lodrone. Alors Juliette va trouver le frère Laurent et lui demande des habits de page pour fuir Vérone et aller rejoindre Roméo. Ce moyen semble dangereux et même inexécutable au frère Laurent, et après
quelque hésitation il propose à Juliette le stratagème fatal
du narcotique et de la mort feinte. Ici se trouve un
mot admirable. « Frère Laurent, qui avait peine à croire
qu'une fillette eût assez de force d'âme et de courage
pour se laisser fermer dans un tombeau parmi des
morts, lui dit : « Mais, dis-moi, ma fille, n'auras-tu pas
peur de ton cousin Tebaldo, tué il y a peu de temps, qui
est dans le caveau où tu seras mise et qui doit fièrement
sentir mauvais? — Mon père, répondit la courageuse jeune
fille, n'ayez souci de cela, car si je croyais trouver Roméo en traversant les peines et les tourments de l'enfer,
je ne craindrais pas le feu éternel. » Shakespeare a fait
exprimer la même résolution à Juliette en vers d'une

éloquence farouche; mais l'énumération hyperbolique des horreurs qu'elle entasse l'une sur l'autre pour faire comprendre la profondeur de son désespoir, pâlit vraiment devant ce simple mot où se trahit l'âme entière d'une jeune Italienne d'autrefois, passionnée et chrétienne.

Toute la fin de la nouvelle est d'une éloquence familière admirable. Trompé comme dans Shakespeare par le rapport de son domestique trop empressé à porter la nouvelle de la mort de Juliette, et par l'obstacle imprévu qui empêche le message de frère Laurent de lui parvenir, Roméo se décide à entrer de nuit dans Vérone, déguisé en gentilhomme allemand, pour aller contempler sa femme une dernière fois et se donner la mort auprès d'elle. Auparavant il écrit à son père, lui révèle son mariage secret, sa résolution de mourir, et lui demande pardon de l'une et de l'autre désobéissance à son autorité paternelle. « Il le priait très-affectueusement qu'il voulût bien faire célébrer au tombeau de Juliette une messe solennelle des morts, comme à sa bru, et qu'il prélevât sur sa fortune une somme suffisante pour que cet office fût perpétuel. Roméo possédait certaines propriétés qu'une tante lui avait laissées par testament. Sur ces biens, il disposait encore de la somme nécessaire pour que son valet Pierre pût vivre commodément, sans avoir besoin des gages d'autrui. Il faisait grandissime instance auprès de son père pour que ces deux choses fussent exécutées, déclarant que c'était là sa dernière volonté. Et comme cette tante qui l'avait institué héritier n'était morte que quelques jours auparavant, il priait son père qu'il fît donner aux pauvres, pour l'amour de Dieu, les premiers fruits qui se récolteraient dans ses domaines. » Cela fait, il se rend à Vérone, où il entre vers l'heure de l'*Ave Maria*, et après s'être tenu caché quelques heures, il va sur le matin revoir pour la dernière fois cette Juliette tant aimée. Il l'embrasse avec la frénésie de l'amour désespéré, la baigne de ses larmes, boit le poison dont il s'est muni à Mantoue chez un Spolétin « qui avait dans sa boutique des aspics vivants et autres serpents », et après avoir remis à son domestique la lettre pour son père, il le prie de le laisser mourir auprès de Juliette. Rien, on le voit, dans le Roméo mourant de Bandello ne ressemble au Roméo du dénoûment de Shakespeare, si frénétique dans son désespoir. Pas de comte Paris tué, pas de valet congédié avec menaces. Ce n'est pas le jeune patricien de Shakespeare que la douleur pousse à la colère et dont le désespoir réveille l'orgueil; c'est un gentil jeune Italien, que sa douleur dépouille de tout autre sentiment, et laisse à la merci des faiblesses qui sont communes à tous les hommes. Nulle trace d'orgueil, nul souvenir de son rang; il pleure et sanglote comme ferait le premier venu, comme ferait son valet Pierre, dont il prend congé si affectueusement. Un trait caractéristique de l'Italie, c'est que la passion y ramène à l'égalité de la nature humaine générale les hommes de toute condition. Du grand seigneur le plus fier, il ne reste qu'un homme, dès que la douleur, l'amour ou la haine l'ont touché. En cela, le Roméo de la dernière scène de Shakespeare, si violent et presque dur, est plus un grand seigneur anglais formé par les habitudes féodales qu'un jeune patricien formé par les mœurs familières et pleines de bonhomie jusque dans leurs orages des municipalités italiennes. C'est là peut-être le seul point où Shakespeare n'ait pas saisi cette nature italienne que pour tout le reste il a si merveilleusement deviné.

Cependant Juliette s'est réveillée sous l'étreinte des embrassements de Roméo et la chaude pluie de ses larmes. Ici se rencontre un détail qui pourra paraître choquant au goût français, mais où se révèle bien encore là simplicité si nue, si voisine de la nature qu'elle en est presque cynique, qui distingue la classique Italie. Juliette se sentant embrassée se figure que ces baisers sont le fait de frère Laurent, qui, venu pour la transporter hors du caveau, aura été pris de quelque désir charnel répréhensible. Elle fait effort pour se dégager, ouvre les yeux et reconnaît Roméo. Suit une scène de joie et de deuil à la fois aussi touchante que simple. Un éclair de bonheur qui dure juste assez de temps pour que l'ignorance de Juliette soit dissipée illumine une fois encore sous ce sombre caveau les âmes des deux amants. Roméo supplie Juliette de vivre et de le laisser auprès de Tebaldo, bien vengé par sa mort ; mais, à ses prières, Juliette répond par ces seules paroles : « Puisqu'il n'a pas plu à Dieu que nous vivions ensemble, qu'il lui plaise au moins que je reste ici ensevelie avec vous ; et tenez pour sûr que je n'en sortirai jamais sans vous. » Roméo meurt, et Juliette, après avoir quelques instants gémi sur son corps, le rejoint sans avoir besoin de porter sur elle une main violente. L'excès de son amour délie son âme de son corps mieux que ne le pourrait faire le poignard brutal et maladroit, et elle expire à la manière de ce jeune héros de Boccace qui, pris de la fièvre d'amour et n'y pouvant résister, s'introduit de nuit auprès de son amie trop scrupuleuse, lui demande la permission de s'étendre à ses côtés, et meurt du désespoir de ne pouvoir être heureux.

La conclusion de l'histoire de Bandello diffère essentiellement, comme on le voit, du dernier acte si tragique de Shakespeare. Il ne faudrait pas croire cependant que le grand poëte soit l'inventeur du dénoûment de sa pièce. Il le doit, aussi bien que le rôle si important de la nourrice, à Pierre Boisteau, traducteur français de la nouvelle de Bandello, lequel a eu l'ambition de corriger l'œuvre italienne et y a introduit ces deux importantes modifications. Un poëte anglais, contemporain de Shakespeare, Arthur Brooke, dans une traduction versifiée de la nouvelle de Bandello, qui n'est pas sans mérite et qui parut en 1562, adopta les innovations de Boisteau : or Malone croit que c'est à ce poëme de Brooke que Shakespeare puisa l'histoire de Roméo et de Juliette.

Au siècle dernier, le grand comédien Garrick, à qui la gloire de Shakespeare dut sa première résurrection après la longue éclipse qu'elle avait subie pendant la période classique, prit la responsabilité de substituer la conclusion de Bandello au dénoûment du poëte; et voici les réflexions que nous inspirait naguère cette substitution. Nous demandons au lecteur de faire pour *Roméo et Juliette* ce que nous avons fait pour *Macbeth*, et de profiter une fois encore du bénéfice de nos travaux antérieurs.

« Garrick, comme on le sait, a permis aux deux amants les douceurs d'un dernier embrassement; Juliette a le temps de se réveiller avant que Roméo ait rendu l'âme, et le spectateur se sent heureux que dans leur infortune les deux amants aient au moins cette consolation de pouvoir mourir ensemble. Le dénoûment inexorable du grand poëte est donc moins bien conçu, au point de vue de la scène, que l'ingénieux et sentimental dénoûment de Garrick, car il glace et comprime le cœur, au lieu d'ouvrir une issue aux larmes et de soulager ainsi le spectateur du poids de ses émotions. Mais comme il est autrement pathétique et tragique! Comme il est mieux d'accord avec la poésie et le bon sens! Changer le dénoûment de Shakespeare, c'est changer le caractère de la pièce entière, n'en déplaise à l'ombre de Garrick. Roméo et Juliette doivent mourir l'un après l'autre, et non en même temps. Je m'étonne qu'on n'ait pas encore fait à cet égard une observation qui se présente cependant tout naturellement à la pensée.

« La mort de Roméo et de Juliette résume de la manière la plus douloureusement précise leur vie et leur amour. Ils meurent comme ils ont vécu, séparés par une cloison mince comme une toile d'araignée, à la fois très-près et très-loin l'un de l'autre. Naguère ils vivaient côte à côte; ils étaient enfants de la même ville, leurs maisons se touchaient, leurs conditions étaient égales, et cependant les haines de leurs deux familles les séparaient l'un de l'autre plus que l'inégalité des conditions et les longues distances n'ont jamais séparé d'autres amants malheureux. Ils se voient, ils se parlent, leurs mains se touchent, et cependant un mur invisible se dresse entre eux ; ils s'épousent, et ce mur s'épaissit et résiste plus fortement que jamais. Enfin Juliette, pour détruire cette cloison importune, prend la résolution étonnante de rejoindre Roméo par la porte du trépas. Morte pour tout le monde, elle sera vivante pour lui seul. Tout a été sagement combiné, fixé, prévu ; vaine sagesse et vaine prudence ! l'invisible cloison se dresse encore dans le caveau funèbre des Capulets entre les deux amants. Les voilà maintenant couchés l'un contre l'autre. Ah ! que leur union est étroite, et cependant qu'ils sont séparés ! Avant de mourir, ils se sont tour à tour regardés, comme on regarde par-dessus un mur qu'on ne pourrait franchir qu'en se tuant. Roméo est venu, il a vu Juliette endormie, et il a plongé dans la mort. A son tour, Juliette s'est soulevée de son cercueil, et regardant du haut de ce balcon funèbre, elle a vu le corps inanimé de Roméo. Ainsi il était là, tout près d'elle, et elle n'en savait rien, elle n'en pouvait rien savoir. Elle étend la main et emprunte, pour le rejoindre, son poignard à Roméo. Voilà le dénoûment vrai et logique de l'histoire de Roméo et de Juliette. Leur mort est conforme à leur vie ; ils meurent comme ils ont vécu, à la fois unis et séparés. La scène, j'en conviens, ne s'accommode pas de ce dénoûment. Que voulez-vous ? tant pis pour la scène. »

Shakespeare a donc trouvé tous les éléments et tous les caractères de son drame dans le conte de Bandello corrigé par Boisteau et Brooke ; sa part d'invention brute, s'il est permis de s'exprimer ainsi, se réduit à deux choses fort essentielles à la vérité, car elles donnent au drame son caractère et son allure : la soudaineté de la passion des deux amants, le coup de foudre de la première minuté, qui explique la nature irrésistible, pour ainsi dire implacable de leur amour, et le personnage de Mercutio, qui se trouve sans qu'il y paraisse le véritable pivot du drame. C'est à peine si Bandello a fourni au poëte une lointaine indication pour le caractère de ce dernier personnage. Quelle distance il y a entre le personnage effacé et un peu grotesque du Marcaccio aux mains froides de Bandello et le gai Mercutio de Shakespeare à la verve touffue en saillies capricieuses et extravagantes comparables à une végétation pétulante et folle en sa fécondité ! Je dis que Mercutio est, sans qu'il y paraisse, le véritable pivot du drame, et ici encore je veux rendre la parole à mes rêveries passées.

« Supprimez Mercutio, disais-je, et vous diminuerez du même coup Roméo ; l'amant de Juliette n'est pas complet sans son gai compagnon. Mercutio fait partie intégrante de ce cortége d'amis et de camarades que tout jeune homme entraîne nécessairement après lui. Dans la première jeunesse, les amis ont une importance qu'ils n'ont plus aux autres époques de la vie ; le jeune homme n'existe pas sans eux ; ils composent une partie de son caractère, ils servent de commentaire à ses actions. Ce chœur d'amis et de camarades se divise infailliblement en deux bandes : la bande des amis sages et studieux, compagnons des heures graves et confidents des peines et des joies sérieuses ; la bande des amis gais et pétulants, compagnons des heures de folie et complices des joies bruyantes. Cette division entre les amis du jeune homme est invariable comme une loi de la nature : celui qui appartient à une bande passe rarement dans l'autre ; on ne les voit pas aux mêmes heures, on ne les consulte pas dans les mêmes occasions, on ne leur dévoile pas les mêmes sentiments. La vie morale du jeune homme est tranchée avec une netteté toute classique, et cette division qu'il établit entre ses amis correspond à la division qu'il fait de son être. Shakespeare était trop grand connaisseur du cœur humain pour ignorer cette loi de la vie morale des jeunes gens; aussi a-t-il placé aux côtés de Roméo deux personnages qui représentent les deux genres d'amis que nous venons de décrire. Benvolio est l'ami sage, modéré et prudent, le conseiller, le mentor; Mercutio est l'ami fou, brillant, amusant, le camarade et le complice.

« Mercutio est le véritable pivot du drame; car si vous supprimez ce personnage, le duel dans lequel Roméo tue Tebaldo se comprend plus difficilement, et en tout cas n'a plus aucune légitime excuse. Pourquoi Shakespeare a-t-il choisi Mercutio pour le faire frapper par l'épée de Tebaldo plutôt que Benvolio? Mercutio, après tout, n'est qu'un étranger pour Roméo, tandis que Benvolio est son propre cousin. Mais Shakespeare savait bien que pour arracher Roméo au souvenir de Juliette, il fallait que l'épée de Tebaldo atteignît l'ami qui lui était le plus cher, et que des amis de tout jeune homme, le préféré, celui qui est le plus près du cœur, c'est toujours le plus fou et le plus brillant. L'homme qui est là étendu mort, c'est Mercutio, l'ami de ses journées heureuses, l'amusant compagnon qui l'a tant de fois amusé de ses saillies, qui a si souvent soufflé sur sa mélancolie, le camarade qui a si souvent, le soir, battu avec lui les rues de Vérone. Tous les souvenirs de sa jeunesse, veuve de son compagnon préféré, s'éveillent soudain et lui montent au cerveau en fumées de colère. Il faut que ce soit lui, Mercutio, qui soit là mort, pour que Roméo puisse oublier un instant Juliette et la parenté récente qui l'unit à Tebaldo. »

Bien souvent nous avons admiré Shakespeare comme peintre des races humaines et des époques historiques; mais jamais peut-être il n'a été aussi digne d'admiration que dans cette pièce, où il fait apparaître devant nous la nature italienne avec sa véhémence passionnée, ses volcans à fleur d'âme, et sa vie morale si prompte à se jeter en dehors du moi intime. Nous détacherons encore de nos anciennes études deux fragments : l'un sur cette divination de la nature italienne, l'autre sur le caractère particulier de la passion de Roméo et de Juliette.

« Roméo et Juliette sont deux amants italiens, et ici nous avons une preuve nouvelle de l'aptitude de Shakespeare à comprendre les caractères des diverses nations. Rien de saisissant comme le contraste qui existe entre *Roméo et Juliette* ou *Othello* et les autres grandes pièces de l'auteur, *Hamlet* et *Macbeth* par exemple ; le passage d'un pays du nord à un pays du midi n'offre pas de plus grandes différences à l'admiration. Tout a changé subitement : mœurs, langage, caractères et passions. Dans les autres pièces de Shakespeare, les personnages dévoilent leur caractère avec une lenteur extrême ; ce n'est que lorsque les scènes se sont entassées les unes sur les autres qu'ils sont expliqués. Leurs passions sont tout intérieures, et on dirait que ce n'est que contre leur gré qu'ils nous les révèlent ; ils les cachent et les refoulent en eux autant qu'ils peuvent ; mais la violence de ces passions force la résistance de la volonté, leur ouvre un passage et les rejette au dehors sous la forme d'hallucinations et de visions. Ils se racontent indiscrètement peu à peu, comme un somnambule ou un homme qui parle en rêvant ; leur passion a été plus forte que leur volonté. Rien de pareil n'existe dans *Roméo et Juliette*. Là les passions sont tout extérieures et ne font aucun effort pour se cacher. Dès la première scène où ils apparaissent les personnages nous disent tout ce qu'ils sont. Il est impossible d'imaginer deux caractères plus simples que ceux de Roméo et de Juliette ; ce sont deux enfants du pays où tout est lumière, précision, netteté de lignes et de contours, où la vie n'a pas plus de secrets que la nature, où la nuit elle-même n'a pas d'ombre et où l'obscurité appartient à la seule mort. Dès leur premier regard, les deux âmes de Roméo et de Juliette s'échappent au dehors et courent au-devant l'une de l'autre avec une véhémence irrésistible. Les deux amants ne s'appartiennent plus, et ils vont en avant poussés par la force du sentiment qui les maîtrise jusqu'à ce qu'ils tombent à bout d'haleine. Leurs âmes n'ont plus de mystères, plus de vie intime cachée et personnelle ; elles pensent tout haut et parlent tout haut, sans frein, sans retenue et sans pudeur ; leurs *a parte* eux-mêmes ignorent le silence et ne sont pas intimes comme les soliloques des caractères septentrionaux.

« C'est ainsi que Roméo a surpris le secret de Juliette ; mais elle aurait pu tout aussi bien pénétrer la première celui de Roméo, car au moment où elle parlait au silence, lui faisait ses confidences à la nuit. Puis le secret une fois découvert, les deux amants n'ont plus l'ombre d'une réticence ou d'une réserve : parole prononcée, cœur engagé ; amour avoué, existence livrée. Leurs actions sont accomplies aussitôt que projetées ; leurs cœurs sont aussi près de leurs lèvres que les épées de deux combattants sont près de leurs mains. La distance qui sépare la pensée de l'acte, le sentiment de l'aveu, le désir de la volupté satisfaite, est radicalement supprimée par les deux amants.

« Les autres personnages du drame sont à l'avenant de Roméo et de Juliette ; la réflexion n'a pas plus de part dans leurs diverses passions qu'elle n'en a dans l'amour des deux enfants. A peine ils ont pensé une chose qu'elle est exécutée ; on dirait qu'ils n'ont aucun contrôle sur eux-mêmes. Mercutio est comme enivré de sa verve ; il est le possédé, non le possesseur de son esprit. Les violences de Tebaldo sont soudaines comme des bonds de tigre ; les brutalités du vieux Capulet sont immodérées et irréfléchies, et il n'est pas jusqu'au pacifique Benvolio qui n'ait la tête assez près du bonnet pour chercher querelle à un homme, parce qu'en éternuant il a réveillé son chien qui dormait au soleil. Tous ces personnages sont bien les compatriotes et les parents des deux amants, car ils parlent, plaisantent, s'indignent et se vengent exactement de la même manière que Roméo et Juliette aiment. Tous agissent comme des enfants à la fois indisciplinés et irréfléchis, depuis la nourrice jusqu'à Juliette, depuis le père Capulet jusqu'au frère Laurent, lequel n'a pas plus d'empire sur sa bonté que Tebaldo sur ses colères et Mercutio sur ses saillies.

« Roméo et Juliette sont les amants par excellence, non-seulement parce qu'ils sont tout à l'amour, mais parce qu'ils n'ont jamais été qu'à lui. Roméo et Juliette sont deux enfants, et cette circonstance en simplifiant leur caractère fait porter tout l'intérêt du drame sur leur passion, et en augmente l'intensité dans une mesure extraordinaire. Ils aiment, et voilà tout. Toute leur vie se concentre dans ce sentiment unique qui est le premier qu'ils éprouvent. Ils n'ont pas de passé qui les gêne et les modère, pas de souvenirs qui les importunent, pas de regrets et de remords qui se lèvent pour leur dire: souviens-toi. Hamlet aime froidement Ophélia; mais comment pourrait-il en être autrement, harcelé comme il l'est par mille sentiments contraires, poursuivi par le fantôme d'un père qui demande vengeance, et retenu par le respect dû à une mère qui réclame protection et pitié, inquiet pour les destinées de sa race et l'avenir de son pays? Son cœur est trop plein pour que l'amour puisse s'y faire une grande place. Aussi la passion d'Ophélia jetée sur un terrain forcément ingrat se dessèche et meurt après s'être nourrie quelque temps des espérances menteuses de cette avare affection. Lorsque Othello se croit trompé par Desdémona, le sentiment de l'honneur outragé n'est pas moins fort en lui que la jalousie qui le déchire. Il ne pleure pas seulement le rêve de son amour évanoui, il pleure aussi sa gloire détruite et ses triomphes découronnés. Les tumultes des anciennes batailles retentissent à ses oreilles, et il dit adieu avec des larmes cruelles à ces plaisirs farouches qui l'avaient enivré, avant que Desdémona lui eût fait connaître des voluptés plus humaines. Rien de pareil n'existe pour Roméo et Juliette. Cette simplicité de caractère, cette ignorance de tout sentiment étranger à celui qui les possède font de Roméo et de Juliette les représentants non-seulement les plus poétiques, mais les plus absolus de la passion.

« Les autres amants poétiques ne représentent que les diverses formes de l'amour; Roméo et Juliette seuls représentent l'amour vrai et complet. Shakespeare a exprimé par eux tout ce que contient ce sentiment et tout ce qu'il est capable de faire rendre à la nature humaine lorsqu'il s'empare d'elle. On peut dire que dans ce drame il a épuisé son attrayant sujet, et qu'il n'y a rien à ajouter après lui sur les caractères essentiels de cette passion. Comme le poëte voulait peindre l'amour et rien que l'amour, il l'a séparé de toutes les affections et de toutes les passions qui l'avoisinent et se confondent avec lui, et l'a présenté sous sa forme la plus rare, mais aussi la plus vraie, parce qu'on ne peut la soupçonner d'emprunter quelque chose à des sentiments étrangers, l'amour spontané. Qui pourrait dire en effet quelle part revient à l'habitude, à l'amitié, à l'orgueil, à l'estime, à la reconnaissance, à l'admiration, au sentiment de l'honneur, dans les autres formes de l'amour? Mais l'amour spontané et soudain ne peut être accusé de pareils emprunts puisqu'il ne naît que de lui-même; c'est donc l'amour ramené à son essence la plus irréductible, et comme dirait un métaphysicien, le véritable amour *en soi*.

« Voulant montrer à quel degré de force peut atteindre l'amour et quel peu de compte il tient des intérêts humains, le poëte l'a fait naître entre deux enfants de familles rivales qui, s'ils écoutaient la voix des préjugés sociaux, auraient plus de raisons pour se haïr que pour s'aimer, et pour se fuir que pour se chercher. Voulant exprimer tout ce que cette passion contient d'enivrement et de poésie, il a choisi l'âge de la vie où tout est lumière, force et beauté, où la volupté apparaît comme un droit de la nature, où le plaisir ne présente aucun aspect offensant, où les ardeurs d'une affection mutuelle ne réveillent aucune idée choquante, ni aucun injurieux soupçon, l'âge enfin où l'amour est souverain sans partage et où rien n'a la puissance de prévaloir contre lui. Pour montrer l'amour dans toute sa franchise, il fallait le débarrasser de toutes ces contraintes que les timidités du caractère, les malentendus de l'éducation, l'inégalité des conditions, opposent d'ordinaire à son développement; et c'est ce qu'a fait Shakespeare en choisissant pour le représenter deux jeunes méridionaux véhéments, énergiques, égaux d'âge et de condition. Le poëte n'a pas établi de distinction entre l'amour physique et l'amour moral, entre la sensualité et la tendresse; l'amour de Roméo et de Juliette a l'exigence de l'absolu; il prend l'être humain tout entier, corps et âme, idéal et réalité. Shakespeare a donc réuni en un seul faisceau les divers éléments qui constituent l'amour parfait. *Roméo et Juliette* est plus qu'un admirable drame, c'est la métaphysique vivante de l'amour.

« Supposez par une fantaisie d'imagination que vous avez à subir un examen devant une cour d'amour renouvelée de l'ancienne civilisation provençale, ou que vous avez à dresser une sorte de catéchisme de cette passion; à toutes les questions vous n'auriez qu'à donner les réponses de *Roméo et Juliette*.

Exemples :

Q. — Qu'est-ce que l'amour?

R. — L'amour est une passion dont le propre est de triompher de toutes les autres et d'anéantir même son contraire qui est la haine, une passion qu'on peut vaincre, mais non soumettre, et qui échappe par la mort à l'empire même de la fatalité, ainsi qu'en témoigne l'histoire des amants de Vérone.

Q. — Quel est le véritable amour?

R. — L'amour spontané de Roméo et de Juliette,

parce qu'on ne peut le soupçonner d'emprunter quelque chose à l'amitié, à l'habitude, au respect, à la reconnaissance, comme tant d'autres affections qui ne sont appelées du nom d'amour que parce qu'elles sont l'exagération charmante et violente de sentiments dans lesquels l'amour n'avait à l'origine rien à voir.

Q. — Quel est l'âge propre avant tout autre à l'amour?

R. — L'âge de Roméo et de Juliette, parce qu'alors l'amour n'est obscurci par aucune ombre, qu'il rayonne de son propre éclat, qu'il ne redoute la rivalité d'aucune autre passion, et qu'il peut user toutes ses forces à ses propres luttes.

Q. — Quels sont les peuples les mieux faits pour l'amour?

R. — Les peuples méridionaux et surtout les Italiens, parce qu'ils donnent à cette passion un franc et libre jeu que les autres peuples lui refusent, etc., etc.

« Le mot d'*idéal* sur lequel les critiques ont tant disserté, n'a vraiment aucune signification lorsqu'il s'agit de Shakespeare, mais le mot d'absolu en a une très-grande. Dirons-nous, par exemple, que l'amour de Roméo et de Juliette est idéal? Mais il n'y a pas un seul des éléments de cet amour qui ne se rencontre dans la réalité la plus concrète ; et cependant la réunion de tous ces éléments forme la perfection même de l'amour. Cette concordance parfaite de tous les éléments d'une même passion est rare sans doute, mais nous comprenons qu'elle n'est pas impossible, et dès lors où est l'idéal? En revanche, si elle ne peut s'appeler idéale, cette passion peut à bon droit s'appeler absolue, puisqu'il n'y manque aucun des éléments qui sont nécessaires pour constituer l'amour dans son intégralité. L'amour de Roméo et de Juliette est donc mieux qu'idéal, ou plutôt il n'a pas besoin d'épithète qualifiante : il est l'amour. »

PERSONNAGES DU DRAME.

DELLA SCALA, PRINCE DE VÉRONE [1].
PARIS, jeune gentilhomme, parent du PRINCE.
MONTAIGU, } chefs de deux maisons en guerre l'une con-
CAPULET, } tre l'autre.
UN VIEILLARD, oncle de CAPULET.
ROMÉO, fils de MONTAIGU.
MERCUTIO, parent du PRINCE, et ami de ROMÉO.
BENVOLIO, neveu de MONTAIGU, et ami de ROMEO.
TEBALDO, neveu de MADONNA CAPULET [2].
LE FRÈRE LAURENT, franciscain.
LE FRÈRE JEAN, franciscain.
BALTHAZAR, domestique de ROMÉO.
SAMSON, } domestiques de CAPULET.
GRÉGOIRE, }
ABRAHAM, domestique de MONTAIGU.
UN APOTHICAIRE.
TROIS MUSICIENS.
LE CHOEUR.
LE PAGE DE PARIS.
LE PAGE DE MERCUTIO.
PIERRE.
UN OFFICIER.

MADONNA MONTAIGU, femme de MONTAIGU
MADONNA CAPULET, femme de CAPULET.
JULIETTE, fille de CAPULET.
LA NOURRICE DE JULIETTE.

CITOYENS DE VÉRONE, HOMMES et FEMMES PARENTS DES DEUX
MAISONS, MASQUES, GARDES, VEILLEURS DE NUIT et COMPARSES.

SCÈNE. — A VÉRONE; au cinquième acte, un instant à MANTOUE.

ROMÉO ET JULIETTE.

PROLOGUE.

LE CHŒUR.

Dans la belle Vérone, où nous plaçons notre scène, la vieille rivalité de deux familles, toutes deux égales en dignités, éclate en rixes nouvelles, et le sang des citoyens souille les mains des citoyens. Des reins funestes de ces deux ennemis, sortent deux amants à l'étoile contraire, dont les lamentables mésaventures enseveliront dans leurs tombeaux la lutte de leurs parents. Les terribles péripéties de leur amour marqué de mort, et la rage prolongée de leurs parents que rien ne pourra arrêter, si ce n'est la fin de leurs enfants, vont être sur notre théâtre le sujet qui remplira les deux prochaines heures : si vous voulez bien prêter à cette histoire une patiente attention, notre zèle s'efforcera de remédier à ce qui se trouvera insuffisant.[8]

ACTE I.

SCÈNE PREMIÈRE.

Une place publique.

Entrent SAMSON *et* GRÉGOIRE, *armés d'épées et de boucliers.*

Samson. — Grégoire, sur ma parole, ils ne nous monteront pas ainsi sur le dos [4].

Grégoire. — Non, car autrement nous serions des portefaix.

Samson. — Je veux dire que s'ils nous échauffent la bile, nous saurons tenir bon.

Grégoire. — Oui, tant que tu vivras, fais en sorte que ta tête tienne bon sur tes épaules.

Samson. — Je frappe vivement une fois ému.

Grégoire. — Oui, mais tu n'es pas aisément *ému* à frapper.

Samson. — Un chien de la maison de Montaigu suffit pour m'émouvoir.

Grégoire. — Se mouvoir, c'est se remuer ; être vaillant, c'est tenir ferme sans bouger : par conséquent, si tu es ému, tu t'enfuis.

Samson. — Un chien de cette maison m'émeut à me faire tenir ferme : je garderai la muraille contre n'importe quel garçon ou quelle fille de la maison de Montaigu.

Grégoire. — Cela montre que tu es un faible esclave : car c'est le plus faible qui va du côté du mur.

Samson. — C'est juste ; par conséquent les femmes

étant les vases les plus faibles, sont toujours poussées contre le mur : par conséquent, je pousserai loin du mur les valets de Montaigu, et je pousserai ses servantes contre le mur.

Grégoire. — La querelle est entre nos maîtres, et entre nous leurs serviteurs.

Samson. — C'est tout un ; je veux me montrer tyran : quand j'aurai combattu avec les hommes, je serai cruel avec les filles, je leur secouerai les puces.

Grégoire. — Secouer les puces aux filles !

Samson. — Oui, leur secouer leurs puces, ou bien leurs pucelages[5] ; arrange cela dans le sens que tu voudras.

Grégoire. — Non, c'est à celles qui le sentiront à s'en arranger.

Samson. — C'est moi qu'elles sentiront, tant qu'il me restera un atome de force, et l'on sait si je suis un morceau de chair à tenir bon.

Grégoire. — Cela est vrai, tu n'es pas un poisson ; si tu l'avais été, tu aurais été un maquereau de deux sous[6]. Tire ton outil, en voici venir deux de la maison de Montaigu.

Samson. — Mon arme est tirée ; cherche-leur querelle, je viendrai par derrière toi.

Grégoire. — Comment ça, en tournant ton derrière et en t'enfuyant ?

Samson. — N'aie pas peur de moi.

Grégoire. — Avoir peur de toi, non certes ; mais c'est de ta peur que j'ai peur.

Samson. — Faisons en sorte d'avoir la loi de notre côté ; laissons-les commencer.

Grégoire. — Je froncerai le sourcil en passant près d'eux ; qu'ils le prennent comme ils l'entendront.

Samson. — Certes, et comme ils l'oseront. Je vais mordre mon pouce devant eux, ce qui est une honte, s'ils le supportent.

Entrent ABRAHAM *et* BALTHAZAR.

Abraham. — Est-ce pour nous que vous mordez votre pouce, Monsieur[7] ?

Samson. — Je mords mon pouce, Monsieur.

ABRAHAM. — Est-ce pour nous que vous mordez votre pouce, Monsieur ?

SAMSON, *à part, à Grégoire.* — La loi sera-t-elle pour nous si je dis oui?

GRÉGOIRE, *à part, à Samson.* — Non.

SAMSON. — Non, Monsieur ; je ne mords pas mon pouce pour vous, Monsieur ; mais je mords mon pouce, Monsieur.

GRÉGOIRE. — Est-ce une querelle que vous cherchez, Monsieur ?

ABRAHAM. — Une querelle, Monsieur! non, Monsieur.

SAMSON. — Si c'est là ce que vous cherchez, Monsieur, je suis votre homme : je sers un maître qui vaut le vôtre.

ABRAHAM. — Il ne vaut pas mieux.

SAMSON. — Bien, Monsieur.

GRÉGOIRE, *à part, à Samson.* — Dis qu'il vaut mieux ; voici venir un des parents de mon maître.

SAMSON. — Oui, Monsieur, qui vaut mieux.

ABRAHAM. — Vous mentez.

SAMSON. — Dégainez, si vous êtes des hommes. — Grégoire, rappelle-toi ton coup qui fait tapage (*a*). (*Ils combattent.*)

Entre BENVOLIO.

BENVOLIO. — Séparez-vous, insensés ; rengainez vos épées ; vous ne savez pas ce que vous faites. (*Il les force à baisser leurs épées.*)

Entre TEBALDO.

TEBALDO. — Comment, tu as dégainé parmi ces valets sans courage ? retourne-toi, Benvolio, et regarde ta mort en face.

BENVOLIO. — Je m'efforçais seulement de rétablir la paix ; rengaine ton épée, ou sers-t'en pour m'aider à séparer ces hommes.

TEBALDO. — Comment ! tu as dégainé, et tu parles de

(*a*) *Thy swashing blow.* L'avisé et prudent Samson engage son camarade à s'en tenir à une de ces passes qui font tapage par le cliquetis des épées, et non pas comme l'ont cru quelques commentateurs, à recourir à une maîtresse botte, à un coup de la fin. Ce qu'il faut aux valets c'est faire surtout du bruit afin d'appeler l'attention de leurs maîtres qu'ils aperçoivent dans le lointain.

paix! Je hais ce mot, comme je hais l'enfer, tous les Montaigus, et toi : en garde, lâche! (*Ils se battent.*)

Entrent divers clients des deux maisons qui se joignent à la mêlée ; puis entrent des citoyens avec des bâtons et des pertuisanes.

Les citoyens. — Des bâtons! des cannes! des pertuisanes! Frappez! Rossez-les! A bas les Capulets! A bas les Montaigus!

Entrent CAPULET *dans sa robe de chambre et* Madonna CAPULET.

Capulet. — Qu'est-ce que ce tapage? — Holà! donnez-moi ma grande épée[8]!

Madonna Capulet. — Une béquille! une béquille! Pourquoi demandez-vous une épée?

Capulet. — Mon épée, dis-je! — Le vieux Montaigu est accouru, et brandit sa lame pour me défier.

Entrent MONTAIGU *et* Madonna MONTAIGU.

Montaigu. — Scélérat de Capulet! — Ne me retiens pas, laisse-moi aller.

Madonna Montaigu. — Tu ne bougeras pas d'une semelle pour aller chercher un ennemi.

Entre le prince *avec sa suite.*

Le prince. — Sujets rebelles, ennemis de la paix, qui abusez de cet acier souillé du sang de vos voisins.... Eh bien, est-ce qu'ils ne vont pas m'écouter? — Holà, qu'est-ce à dire? Hommes, bêtes, qui éteignez le feu de votre rage pernicieuse avec les fontaines de pourpre jaillissant de vos veines, sous peine de la torture, que vos mains sanglantes jettent à terre ces armes mal gouvernées, et écoutez la sentence de votre prince irrité. Par ton fait, vieux Capulet, et par ton fait, Montaigu, trois rixes civiles, sorties d'un mot dit en l'air, ont trois fois troublé le repos de nos rues, et forcé les anciens citoyens de Vérone à dépouiller leurs graves et décents costumes, pour brandir dans des mains vieilles comme elles de vieilles pertuisanes rongées par la rouille de la paix, afin de séparer la haine qui vous ronge. Si jamais vous troublez encore nos rues, vos vies payeront le dommage fait à la paix. Pour le moment, que tout le monde s'en aille : vous, Capulet, vous allez venir avec moi; vous, Montaigu, vous viendrez cette après-midi, pour connaître sur cette affaire notre décision ultérieure, au vieil hôtel de ville (a), le lieu ordinaire de nos jugements. Une fois encore, sous peine de mort, que tout le monde parte. (*Sortent le Prince et les gens de sa suite, Capulet, Madonna Capulet, Tebaldo, les citoyens et les serviteurs.*)

Montaigu. — Qui a déterminé cette nouvelle explosion d'une antique querelle? Parlez, neveu, étiez-vous là quand elle a commencé?

Benvolio. — Les domestiques de votre ennemi, et les vôtres, s'étaient pris aux cheveux avant mon arrivée : j'ai dégainé pour les séparer; à ce moment est venu le furieux Tebaldo, son épée toute prête, avec laquelle, pendant qu'il carillonnait des défis à mes oreilles, il exécutait des moulinets autour de sa tête, lui faisant couper le vent, qui, ne se sentant blessé en aucune façon, payait sa colère en sifflets de mépris : pendant que nous échangions bottes et coups, d'autres, puis d'autres sont venus, et ils se sont mis à se battre mutuellement, jusqu'au moment où le prince est arrivé et a séparé les deux partis.

Madonna Montaigu. — Ô où est Roméo? L'avez-vous vu aujourd'hui? Je suis bien joyeuse qu'il ne se soit pas trouvé dans cette rixe.

Benvolio. — Madame, une heure avant que le bien-aimé soleil eût montré sa tête à la fenêtre d'or de l'orient, une inquiétude d'esprit m'a poussé à sortir, et sous le bosquet de sycomores planté à l'ouest de ce côté-ci de la ville, j'ai vu votre fils, tout aussi matinal que moi, qui se promenait : je me suis dirigé vers lui, mais il m'avait aperçu, et il s'est esquivé sous le couvert du bois : moi,

---

(a) *Free town*, ville libre. Est-ce l'hôtel de ville? est-ce un certain château de Villafranca que nomme le poëme de Brooke, et qui appartenait à Capulet?

mesurant ses sentiments sur les miens, qui sont d'autant plus occupés qu'ils sont plus solitaires[9], j'ai poursuivi ma fantaisie, sans poursuivre la sienne, et j'ai évité avec plaisir celui qui avait plaisir à m'éviter.

Montaigu. — On l'a vu bien des matinées déjà en cet endroit, augmentant par ses larmes la fraîche rosée du matin, ajoutant par ses profonds soupirs des nuages aux nuages; mais tout aussitôt que le soleil qui porte la joie à tout l'univers, commence au plus lointain de l'orient à ouvrir les rideaux d'ombres du lit de l'Aurore, mon fils mélancolique se sauve au logis pour éviter la lumière, et là s'enfermant tout seul dans sa chambre, clôt ses fenêtres, tire le verrou à la belle lumière du jour, et se compose une nuit artificielle pour son usage : cette humeur-là peut avoir et présage de mauvais résultats, à moins que de bons conseils ne parviennent à en écarter la cause.

Benvolio. — Mon noble oncle, en connaissez vous la cause?

Montaigu. — Je ne la connais pas, et je n'ai pu l'apprendre de lui.

Benvolio. — Avez-vous employé quelques moyens pour le presser de vous la dire?

Montaigu. — Je l'en ai pressé moi-même, et je l'en ai fait presser par de nombreux amis; mais il reste l'unique conseiller de ses sentiments, et il est pour lui-même, — prudent jusqu'à quel point, je n'oserais le dire, — mais aussi discret, aussi caché, aussi difficile à sonder et à pénétrer que l'est le bouton piqué par un ver envieux, avant qu'il puisse étendre ses douces feuilles à l'air et exposer sa beauté au soleil. Si nous pouvions seulement apprendre d'où viennent ses chagrins, nous serions aussi heureux de les guérir que de les connaître.

Benvolio. — Voyez, le voici qui vient; retirez-vous, je vous prie; je connaîtrai son chagrin, ou il faudra qu'il me refuse plus d'une fois.

Montaigu. — Je désire, puisque tu consens à rester, que tu sois assez heureux pour lui arracher une confession sincère. — Venez, Madame, partons. (*Sortent Montaigu et Madonna Montaigu.*)

Entre ROMÉO.

Benvolio. — Bonne matinée, cousin.

Roméo. — Le jour est-il donc si jeune?

Benvolio. — Il vient de sonner neuf heures.

Roméo. — Hélas pauvre moi! les heures tristes semblent longues. N'est-ce pas mon père qui vient de s'éloigner à si grands pas?

Benvolio. — Oui. — Quel est le chagrin qui allonge les heures de Roméo?

Roméo. — Le chagrin de ne pas posséder la chose dont la possession rendrait les heures courtes.

Benvolio. — Nous sommes en amour.

Roméo. — Hors....

Benvolio. — Hors d'amour?

Roméo. — *Hors* de la faveur de celle pour qui je suis *en* amour.

Benvolio. — Hélas! pourquoi faut-il que l'amour, qui est si doux d'aspect, mis à l'épreuve, soit si tyrannique et si brutal?

Roméo. — Hélas! pourquoi faut-il que l'amour, dont la vue est toujours couverte d'un bandeau, puisse sans yeux trouver le chemin qui mène à ses caprices? — Où allons-nous dîner? — Hélas de moi! — Quelle querelle aviez-vous ici tout à l'heure? mais non, ne me la racontez pas; car j'ai tout appris. — On peut faire beaucoup avec la haine, mais encore plus avec l'amour. Ô amour querelleur! Ô haine aimante! Ô toute chose d'abord créée de rien! Ô lourde légèreté! sérieuse vanité! chaos informe de formes harmonieuses au regard! plume de plomb! fumée brillante! feu de glace! santé malade! sommeil toujours éveillé qui n'est pas ce qu'il est! voilà l'amour que je ressens, et pourtant je n'y sens pas d'amour. Est-ce que tu ne ris pas?

Benvolio. — Non, cousin, je pleure plutôt.

Roméo. — Bon cœur! et de quoi?

Benvolio. — De l'oppression de ton bon cœur.

Roméo. — Hé c'est là le méfait de l'amour. — Mes

lourds chagrins gonflent mon sein, tu les forces à déborder si tu verses en moi les tiens ; cette affection que tu m'as montrée ajoute encore à ma douleur déjà trop grande un surcroît de douleur. L'amour est une fumée faite de la vapeur des soupirs ; satisfait, c'est un feu qui brille dans les yeux de l'amant ; contrarié, c'est une mer nourrie des larmes de l'amant : qu'est-ce encore ? une folie très-discrète, une amertume qui étouffe, une douceur qui soutient. Adieu, mon cousin. (*Il fait un mouvement pour partir.*)

BENVOLIO. — Doucement ! j'irai avec vous ; si vous me laissez ainsi, vous me faites injure.

ROMÉO. — Bah, je me suis perdu moi-même ; je ne suis pas ici ; cet homme-ci n'est pas Roméo, il est quelque autre part.

BENVOLIO. — Dites-le-moi sérieusement, qui est-ce que vous aimez ?

ROMÉO. — Quoi ! vais-je soupirer et le dire ?

BENVOLIO. — Soupirer ! oh non ; mais dites-moi sérieusement qui vous aimez.

ROMÉO. — Ordonne à un homme malade de faire sérieusement son testament. Oh, qu'il est *mal* d'importuner de ce mot un homme qui est si *malade !* Sérieusement, cousin, j'aime une femme.

BENVOLIO. — J'avais à peu près touché aussi juste, lorsque j'ai supposé que vous aimiez.

ROMÉO. — Un très-bon tireur ! — Et celle que j'aime est belle.

BENVOLIO. — Une belle marque bien visible est la plus vite touchée, beau cousin.

ROMÉO. — Bon, pour cette marque-ci vous visez de travers : elle ne peut être touchée avec l'arc de Cupidon, elle a l'âme de Diane ; et bien armée de la ferme cuirasse de Chasteté, elle vit à l'abri des faibles et enfantines flèches de l'Amour. Elle ne veut ni soutenir le siége des paroles d'amour, ni accepter le défi des yeux assaillants, ni ouvrir son corsage à l'or qui séduit les saints : oh ! elle est riche en beauté, et n'est pauvre qu'en ceci, que lorsqu'elle mourra, avec sa beauté mourra son trésor[40].

Benvolio. — Alors elle a juré qu'elle vivrait toujours chaste ?

Roméo. — Elle l'a juré, et par cette économie, elle fait un grand gaspillage de biens, car la beauté, affamée par sa sévérité, ruine la beauté de toute postérité. Elle est trop belle, trop sage ; trop sagement belle pour mériter son salut en me désespérant : elle a juré de ne pas aimer, et grâce à ce vœu, je meurs au sein de la vie, moi qui vis pour le dire en ce moment.

Benvolio. — Suis mon conseil, oublie de penser à elle.

Roméo. — Oh ! apprends-moi comment je pourrai oublier de penser.

Benvolio. — En accordant la liberté à tes yeux ; regarde d'autres beautés.

Roméo. — C'est le moyen d'appeler la sienne exquise, que de passer l'examen des autres : les heureux masques qui baisent les joues des belles Dames, grâce à leur couleur noire, ne servent qu'à nous rappeler qu'ils cachent la beauté ; celui qui est frappé de cécité ne peut oublier pour cela le précieux trésor perdu de sa vue. Montrez-moi une maîtresse d'une beauté plus qu'ordinaire, que sera pour moi sa beauté ! rien qu'une note où je lirai un commentaire explicatif de cette autre beauté qui dépasse la beauté plus qu'ordinaire. Adieu : tu ne peux m'apprendre à oublier.

Benvolio. — Je te payerai cette science-là, ou je mourrai endetté. (*Ils sortent.*)

SCÈNE II.

Une rue.

Entrent CAPULET, PARIS *et* UN VALET.

Capulet. — Mais Montaigu est condamné aussi bien que moi, et à la même peine ; et je ne pense pas qu'il soit bien dur à des hommes aussi vieux que nous le sommes de garder la paix.

Paris. — Vous êtes tous deux très-estimés, et c'est pitié que vous ayez vécu si longtemps en querelle. Mais, Monseigneur, dites-moi maintenant, que répondez-vous à mon ouverture ?

Capulet. — Je ne puis vous répondre qu'en vous répétant ce que je vous ai déjà dit : mon enfant est encore nouvelle venue dans le monde ; elle n'a pas accompli sa quatorzième année ; il faut encore que deux étés se flétrissent dans leur orgueil avant que nous la jugions mûre pour le mariage.

Paris. — De plus jeunes qu'elles sont d'heureuses mères.

Capulet. — Oui, mais celles qui sont mères si tôt sont trop vite abîmées. La terre a englouti toutes mes espérances ; il ne me reste qu'elle, et elle est la Dame qui espère *ma terre*, à moi [11]. Mais faites-lui la cour, gentil Paris, gagnez son cœur ; ma volonté ne dépend que de son consentement ; si elle vous accepte, son choix dictera ma décision et je vous accorderai ma voix avec bonheur. Ce soir je donne la fête que j'ai depuis si longues années habitude de donner ; j'y ai invité beaucoup des personnes que j'aime ; soyez un des convives, et non le moins bien venu ; accroissez leur nombre. Venez contempler ce soir, à ma pauvre maison, ces étoiles marchant sur terre, qui font paraître noir le ciel brillant : ce même bien-être que ressentent les gaillards jeunes gens, lorsque Avril au joli costume arrive sur les talons du boiteux hiver, ce plaisir-là même vous le goûterez ce soir, chez moi, parmi toutes ces fraîches femmes en boutons. Écoutez-les, regardez-les toutes, et aimez celle dont le mérite vous paraîtra le plus grand : la mienne sera parmi celles que vous verrez en si grand nombre, et si elle ne compte pas pour sa valeur, elle comptera toujours comme chiffre. Allons, venez avec moi. — (*Au valet.*) Allez, vous maraud ; arpentez-moi les rues de Vérone, allez trouver les personnes dont les noms sont inscrits là-dessus (*il lui donne un papier*), et dites-leur que ma maison et mon accueil attendent leur bon plaisir. (*Sortent Capulet et Paris.*)

Le valet. — « Allez trouver les personnes dont les noms

sont inscrits là-dessus! » Il est écrit que le cordonnier doit se servir de son aune, et le tailleur de son alêne; le peintre de ses filets, et le pêcheur de son pinceau; mais on m'envoie trouver les personnes dont les noms sont écrits ici, et je suis à tout jamais incapable de trouver quels noms la personne qui a écrit a écrits ici. Je vais m'adresser à des gens instruits : — ah! en voici fort à propos.

Entrent BENVOLIO *et* ROMÉO.

Benvolio. — Bah, l'ami, un feu qui brûle en éteint un autre; une douleur est amoindrie par la vivacité d'une autre douleur; tournez à vous étourdir, vous vous remettez en tournant de l'autre côté; un chagrin désespéré se guérit par les gémissements d'un autre chagrin : fais boire à ton œil un nouveau poison, et le poison invétéré de l'amour ancien perdra sa force.

Roméo. — Votre feuille de plantain est excellente pour cela [12].

Benvolio. — Pour quelle chose, je te prie?

Roméo. — Pour votre jambe brisée.

Benvolio. — Eh bien, Roméo, est-ce que tu es fou?

Roméo. — Non pas fou, mais plus enchaîné que ne l'est un fou; enfermé dans une prison, tenu sans nourriture, fouetté et tourmenté, et... — Bonjour, mon bon garçon.

Le valet. — Dieu vous donne bien bon jour. Savez-vous lire, Messire, je vous prie?

Roméo. — Oui, ma propre fortune dans ma misère.

Le valet. — Peut-être avez-vous appris cela sans livres : mais, je vous prie, pouvez-vous lire tout ce que vous voyez écrit?

Roméo. — Oui, si j'en connais les lettres et le langage.

Le valet. — Vous parlez honnêtement; Dieu vous tienne en joie! (*Il fait un mouvement pour s'en aller.*)

Roméo. — Arrête, mon garçon, je sais lire. (*Il lit.*) « Le signior Martino, sa femme et sa fille; le comte Anselme et ses gracieuses sœurs; la veuve de Vitruvio; le signior Placentio et ses aimables nièces; Mercutio et son frère Valentin; mon oncle Capulet, sa femme et ses filles; ma belle nièce Rosaline; Livia; le signior Valentio et son cousin Tebaldo; Lucio et la vive Héléna. » (*Il lui remet le papier.*) Une belle réunion. Où toutes ces personnes doivent-elles se rendre?

Le valet. — En haut (*a*).

Roméo. — Où ça, pour souper?

Le valet. — A notre maison.

Roméo. — La maison de qui?

Le valet. — Celle de mon maître.

Roméo. — En effet, j'aurais dû commencer par te demander qui est ton maître.

Le valet. — Maintenant, je vais vous le dire sans que vous me le demandiez: mon maître est le riche et puissant Capulet; si vous n'êtes pas de la maison des Montaigu, venez, je vous prie, avaler un verre de vin. Dieu vous tienne en joie. (*Il sort.*)

Benvolio. — A cette même ancienne fête des Capulets, la belle Rosaline que tu aimes tant, soupe avec toutes les beautés admirées de Vérone: vas-y, et d'un œil sans préjugés compare son visage avec quelques-uns de ceux que je te montrerai, et je te ferai convenir que ton cygne est un corbeau.

Roméo. — Si mes yeux oublient leur religion au point de soutenir une telle fausseté, que les larmes se changent en feu, et que dans leurs flammes ils soient brûlés comme menteurs, ces transparents hérétiques, qui ont été si souvent noyés sans mourir! Quelqu'une de plus belle que ma bien-aimée! Le soleil qui voit tout ne vit jamais sa pareille depuis le commencement du monde.

Benvolio. — Bah! vous l'avez vue belle parce que personne n'était à côté d'elle; c'est elle qui se pesait contre elle-même dans la balance de vos yeux: mais placez dans cette balance de cristal la beauté de votre Dame contre celle de quelque autre jeune fille que je vous mon-

---

(*a*) Peut-être y a-t-il ici une erreur d'impression. *Up*, dit le valet, en haut, et Roméo semble entendre *sup*, souper.

trerai brillant à cette fête, et celle qui vous paraît maintenant si belle paraîtra presque médiocre.

Roméo. — J'irai, non pour qu'on me montre une telle beauté, mais afin de jouir de la splendeur de celle que j'adore. (*Ils sortent.*)

SCÈNE III.

Un appartement dans la maison de Capulet.

Entrent Madonna CAPULET *et* la NOURRICE.

Madonna Capulet. — Nourrice, où est ma fille? dis-lui de venir me trouver.

La nourrice. — Vraiment, sur mon pucelage, — quand j'avais douze ans, — je lui ai ordonné de venir. — Hé, mon agneau! Hé, mademoiselle papillon[13]! — Qu'est-ce que je dis là? Dieu veuille qu'elle ne le soit pas, Demoiselle papillon! — Où est cette fillette? — Hé! Juliette.

Entre JULIETTE.

Juliette. — Qu'y a-t-il? Qui m'appelle?

La nourrice. — Votre mère.

Juliette. — Me voici, Madame. Quelle est votre volonté?

Madonna Capulet. — Voici l'affaire: — nourrice, laisse-nous un instant; nous avons besoin de parler en secret. — Nourrice, reviens; je me ravise, tu prendras part à notre entretien. Tu sais que ma fille commence à être d'un âge raisonnable.

La nourrice. — Ma foi, je puis dire son âge à une heure près.

Madonna Capulet. — Elle n'a pas quatorze ans.

La nourrice. — J'engagerais quatorze de mes dents, — et cependant, pour le dire à mon regret, je n'en ai que quatre, — qu'elle n'a pas quatorze ans : combien y a-t-il de temps d'aujourd'hui à la Saint-Pierre-aux-Liens?

Madonna Capulet. — Une quinzaine et quelques jours.

La nourrice. — Soit plus, soit moins, vienne la Saint-Pierre-aux-Liens, le soir de ce jour elle aura juste quatorze ans. Suzanne et elle, — Dieu tienne en paix toutes les âmes chrétiennes! — étaient du même âge : bien, Suzanne est avec Dieu; elle était trop bonne pour moi : — mais comme je le disais, le soir de la Saint-Pierre-aux-Liens elle aura quatorze ans; elle les aura ce jour-là, pardi, je me le rappelle bien. C'est depuis le tremblement de terre d'il y a maintenant onze ans, et elle fut sevrée précisément ce jour-là[14]; je ne l'oublierai jamais : car j'avais alors mis de l'absinthe à mon teton, et je m'étais placée au soleil, adossée au mur, sous le pigeonnier. Monseigneur et vous, vous étiez alors à Mantoue : oh! j'ai bonne mémoire : — mais, comme je disais, quand elle eut goûté l'absinthe au bout de mon teton et qu'elle eut senti que c'était amer, la petite folle! il fallait voir quelle grimace elle fit, et comme elle quitta le teton. A ce moment voilà que le pigeonnier se met à trembler : ah! on n'eut pas besoin de me dire de décamper, je vous en réponds. Depuis cette époque, il y a eu onze ans; car alors elle pouvait marcher toute seule; oui, par le crucifix, elle aurait pu courir et trottiner de tous côtés. Et le jour d'auparavant même, elle s'était fait une bosse au front; et alors mon mari, — Dieu ait son âme! — c'était un homme qui aimait à rire — releva la petite : « Eh bien, dit-il, c'est comme cela que tu tombes sur ta face? tu tomberas sur le dos quand tu auras plus d'esprit, n'est-ce pas, *Julou?* » Et par Notre Dame, la petite coquine s'arrêta de pleurer tout net, et dit, *oui :* voyez un peu, comme une plaisanterie peut amener de drôles de choses. Je vivrais mille ans que je ne l'oublierais jamais, j'en réponds: « N'est-ce pas, *Julou?* » dit-il; et la gentille petite folle s'arrêta court, et dit : *Oui.*

Madonna Capulet. — Assez de cela; je t'en prie, garde la paix.

La nourrice. — Oui, Madame; cependant je ne puis m'empêcher de rire, en me rappelant comment elle s'arrêta de pleurer, et dit *oui:* et cependant, je vous le

garantis, le petit être avait sur le front une bosse aussi
grosse qu'un œuf de jeune poule; c'était un coup très-
fort, et elle pleurait à chaudes larmes. « Oui-da, dit
mon mari, c'est comme cela que tu tombes sur ta face?
Tu tomberas sur le dos quand tu seras plus âgée; n'est-ce
pas, *Julou?* » elle s'arrêta, et dit *oui*.

JULIETTE. — Et arrête-toi aussi, je t'en prie, nourrice.

LA NOURRICE. — Paix, j'ai fini. Dieu te marque pour son
paradis! Tu étais le plus joli bébé que j'aie jamais nourri:
si je pouvais vivre assez pour te voir mariée, j'aurais tout
ce que je souhaite.

MADONNA CAPULET. — Pardi, le mariage est le sujet
même dont j'allais parler : dites-moi, ma fille Juliette,
vous sentiriez-vous en disposition d'être mariée?

JULIETTE. — C'est un honneur auquel je n'ai jamais songé.

LA NOURRICE. — Un honneur! si je n'étais pas ta seule
nourrice, je dirais que tu as sucé la sagesse à la mamelle.

MADONNA CAPULET. — Bon, pensez au mariage maintenant : de plus jeunes que vous, ici dans Vérone, sont
déjà Dames considérées et mères : si je fais bien mon
compte, je vous mis au monde à cet âge même où vous
êtes encore fille. Bref, voici ce qui en est : le vaillant
Pâris vous recherche pour sa femme.

LA NOURRICE. — Voilà un homme, jeune Dame! jeune
Dame, un homme tel que le monde entier.... un homme
de cire, quoi [15] !

MADONNA CAPULET. — L'été de Vérone ne possède pas
une plus belle fleur.

LA NOURRICE. — Certes, c'est une fleur ; oui, ma foi,
une vraie fleur.

MADONNA CAPULET. — Qu'en dites-vous? pouvez-vous
aimer le gentilhomme? Ce soir vous le contemplerez à
notre fête; lisez et relisez le volume du visage du jeune
Pâris, et découvrez-y le bonheur écrit par la plume de
la beauté; examinez ses traits l'un après l'autre, et voyez
comme ils se correspondent, et comme chacun se marie
à l'autre avec accord; quant à ce qui pourra vous paraître obscur dans ce beau volume, cherchez-en l'expli-

cation dans le commentaire de ses yeux. Ce précieux livre d'amour, cet amant non relié, n'attend qu'une couverture pour compléter sa beauté : le poisson vit dans la mer, et c'est un grand honneur pour la beauté extérieure de pouvoir envelopper la beauté intérieure. Aux yeux de beaucoup, le livre qui sous ses agrafes d'or renferme une légende dorée en partage la gloire, et c'est ainsi qu'en l'épousant vous partagerez tout ce qu'il possède sans être en rien diminuée vous-même.

La nourrice. — Sans être diminuée! dites plutôt en étant augmentée. Les femmes grossissent par le fait des hommes.

Madonna Capulet. — Parlez brièvement; l'amour de Pâris peut-il vous plaire?

Juliette. — Je le regarderai à cette fin, si toutefois regarder suffit pour faire naître la sympathie; mais mon œil ne s'enhardira que dans la mesure où votre volonté le lui permettra.

Entre un valet.

Le valet. — Madame, les convives sont arrivés, le souper est servi, on vous appelle, on demande ma jeune Dame, on maudit la nourrice dans l'office, et tout est très-pressé. Il faut que je coure vite servir; je vous en conjure, venez immédiatement.

Madonna Capulet. — Nous te suivons. — Juliette, le comte attend.

La nourrice. — Allons, fillette, va chercher d'heureuses nuits pour les joindre à tes heureux jours. (*Elles sortent.*)

SCÈNE IV.
Une rue.

Entrent ROMÉO, MERCUTIO, BENVOLIO, *avec cinq ou six masques et porteurs de torches.*

Roméo. — Eh bien, ferons-nous ce discours pour

nous excuser, ou bien entrerons-nous sans plus de façons?

Benvolio. — La mode de ces cérémonies prolixes est passée. Nous n'enverrons devant eux aucun Cupidon, les yeux bandés d'une écharpe, portant un arc de Tartare en bois blanc peint, écartant les Dames devant lui comme un gamin chargé d'effaroucher les corneilles; pas davantage de prologue récité sans copie, en ânonnant, avec l'aide du souffleur, pour faire notre entrée[16]. Qu'ils nous jugent avec la mesure qu'il leur plaira, nous leur mesurerons une mesure de danse, et puis nous partirons.

Roméo. — Donnez-moi une torche, je ne suis pas d'humeur à danser : comme je suis sombre, il me siéra de porter la lumière[17].

Mercutio. — Non, gentil Roméo, nous voulons que vous dansiez.

Roméo. — Non, croyez-moi : vous avez, vous, des souliers de danse et des pieds légers; moi j'ai une âme de plomb qui me cloue tellement à terre que je ne puis remuer.

Mercutio. — Vous êtes un amant; empruntez les ailes de Cupidon, et faites par leur moyen un grand saut au-dessus de ces chagrins.

Roméo. — Je suis trop follement percé de sa flèche, pour voler avec ses ailes légères, et tellement lié que je ne puis sauter plus haut que la sombre douleur; je succombe sous le pesant fardeau de l'amour.

Mercutio. — Mais en succombant, vous devriez étouffer l'amour; vous êtes un poids trop lourd pour un être si tendre.

Roméo. — Est-ce que l'amour est un être tendre? il n'est que trop brutal, trop cruel, trop querelleur, et il pique comme l'épine.

Mercutio. — Si l'amour est brutal avec vous, soyez brutal avec l'amour; rendez à l'amour piqûre pour piqûre, et vous vaincrez l'amour. — Donnez-moi un étui pour y serrer mon visage. (*Il met un masque.*) Un masque contre un masque! Maintenant je n'ai plus souci qu'un œil trop curieux épie mes difformités ; voici le front aux sourcils épais qui rougira pour moi.

Benvolio. — Allons, frappons et entrons ; et aussitôt que nous serons entrés, que chacun fasse mouvoir ses jambes.

Roméo. — Une torche pour moi : que les folâtres qui sont gais de cœur chatouillent de leurs talons les nattes insensibles[18] ; quant à moi, je suis parfaitement défini par quelqu'un des adages de nos grands-pères : — « je tiendrai la chandelle et serai spectateur, » — « jamais le gibier n'a été plus beau et la chasse est finie pour moi. »

Mercutio. — Bah ! comme dit le sergent de police, la souris est engluée[19] ; et si tu es englué, nous te tirerons de ce bourbier, ou de cet amour (sauf votre respect), où tu t'enfonces jusqu'aux oreilles. Marchons, nous brûlons là nos flambeaux en plein jour, eh !

Roméo. — Non, il n'en est pas ainsi.

Mercutio. — Je veux dire, Messire, qu'en retardant, nous dépensons nos lumières en vain, comme des lampes pendant le jour. Prenez nos paroles dans le sens que leur donne notre bonne intention, car notre jugement est cinq fois dans l'intention plutôt qu'une fois dans nos cinq facultés raisonnables.

Roméo. — Et nous avons bonne intention en allant à cette mascarade ; cependant il n'est pas raisonnable d'y aller.

Mercutio. — Pourquoi cela ? peut-on le demander ?

Roméo. — J'ai fait un songe cette nuit.

Mercutio. — Et moi aussi.

Roméo. — Bon, quel était le vôtre ?

Mercutio. — Que les rêveurs s'enfoncent souvent (a).

Roméo. — Au lit, quand ils dorment, et qu'ils rêvent des choses vraies.

Mercutio. — Oh ! en ce cas, je vois que la reine Mab vous a visité. C'est la sage femme des fées[20] ; elle se présente sous une forme qui n'est pas plus grosse que l'agate placée à l'index d'un conseiller municipal, et traînée sur

---

(a) Il y a ici un jeu de mots presque intraduisible qui porte sur le mot *lie* qui signifie à la fois mentir et se coucher. Roméo entend le mot dans le dernier sens

un char de légers atomes, elle passe sur les nez des gens endormis. Les rayons des roues de son carrosse sont faits de longues pattes de faucheux, la capote d'ailes de sauterelles, les rênes de la plus fine toile de l'araignée, les harnais des humides rayons du clair de lune : le manche de son fouet est un os de grillon ; la mèche est un fil tout menu ; son cocher, un petit moucheron en habit gris qui n'est pas de moitié aussi gros qu'un petit point rond enlevé au doigt indolent d'une jeune fille ; la coque de son char est une noisette vide, creusée par le menuisier écureuil, ou le vieux ver, de temps immémorial carrossiers des fées. C'est dans cet équipage que toutes les nuits elle galope à travers les cervelles des amants qui alors rêvent d'amour ; sur les genoux des courtisans qui rêvent soudain de révérences ; sur les doigts des hommes de loi qui rêvent soudain d'honoraires ; sur les lèvres des Dames qui soudain rêvent de baisers ; — mais ces lèvres, Mab courroucée les afflige souvent de gerçures, parce que leurs haleines sont imprégnées de l'odeur des friandises. Quelquefois, elle galope sur le nez d'un courtisan, et alors il rêve qu'il flaire une promotion : d'autres fois, elle chatouille avec une queue de cochon le nez d'un bénéficiaire, et alors il rêve d'un nouveau bénéfice : d'autres fois, elle se promène sur le cou d'un soldat, et alors il rêve de gorges étrangères coupées, de brèches, d'embuscades, de lames espagnoles[21], de toasts qui n'en finissent plus ; puis, tout à coup, elle tambourine à son oreille ; alors il tressaille, s'éveille, et dans son effroi, sacre une prière ou deux, puis se rendort. C'est cette même Mab qui tresse les crinières des chevaux dans la nuit, et entortille leurs crins crasseux en nœuds féeriques, qui, une fois dénoués, présagent de grands malheurs. C'est la sorcière qui, lorsque les filles sont couchées sur le dos, presse sur elles, et leur apprend pour la première fois comment il faut porter, et en fait des femmes de bon tirage. C'est elle....

Roméo. — Paix, paix, Mercutio, paix ; tu nous dis des riens.

MERCUTIO. — C'est vrai, car je parle des rêves, enfants d'un cerveau oisif, qui ne sont engendrés par rien que par une vaine fantaisie, d'une substance aussi mince que l'air, et d'une inconstance plus grande que celle du vent, qui tout à l'heure caresse le sein glacé du Nord, puis soudainement courroucé, part en soufflant et tourne sa face vers le Sud qui distille la rosée.

BENVOLIO. — Le vent, dont vous parlez, nous souffle nous-mêmes hors de nous-mêmes. Le souper est fini, et nous arriverons trop tard.

ROMÉO. — Trop tôt, je le crains; car mon âme a le pressentiment que certain événement encore retenu dans les astres commencera douloureusement ses redoutables péripéties avec les réjouissances de cette nuit, et marquera le terme de cette vie détestée enfermée dans mon sein, par quelque cruelle sentence de mort prématurée : mais que celui qui tient le gouvernail de ma vie dirige mes voiles ! — En avant, gais gentilshommes !

BENVOLIO. — Bats, tambour. (*Ils sortent.*)

SCÈNE V.

Une salle dans la maison de CAPULET.

Des MUSICIENS *sont installés. Entrent des* VALETS.

PREMIER VALET. — Où est donc Casserole, qu'il ne nous aide pas à desservir? lui changer une assiette ! lui essuyer une table ! ah bien, oui !

DEUXIÈME VALET. — Lorsque les bonnes manières seront toutes entre les mains d'un ou deux hommes seulement, et que ces mains ne seront pas lavées, ce sera une sale affaire.

PREMIER VALET. — Enlève les tabourets ; recule le buffet [22], veille à l'argenterie : — dis-moi, mon brave, tâche de me mettre de côté un morceau de frangipane [23], et si tu veux être bien aimable, dis au portier de laisser entrer Suzanne Lameule et Nella. — Antoine ! Casserole [24] !

TROISIÈME *et* QUATRIÈME VALETS. — Voilà, l'ami, voilà!

PREMIER VALET. — On vous demande, on vous appelle, on vous réclame, et on vous cherche, dans la grande chambre.

TROISIÈME *et* QUATRIÈME VALETS. — Nous ne pouvons pas être ici et là en même temps.

SECOND VALET. — Allons, vivement, mes garçons, de l'entrain, et le dernier vivant héritera des autres. (*Ils se retirent.*)

Entrent CAPULET, SES CONVIVES *et* LES MASQUES.

CAPULET. — Soyez les bienvenus, Messires! les Dames dont les pieds ne sont pas affligés de cors veulent faire un tour de danse avec vous. Ah, ah, mes luronnes! laquelle de vous toutes refusera de danser? Celle qui fait la mijaurée, je vais jurer qu'elle a des cors; est-ce là vous attraper, eh? Soyez les bienvenus, Messires! J'ai vu le temps où je savais porter un masque, et chuchoter à l'oreille d'une belle Dame une histoire qui pouvait lui plaire; ce temps est passé, il est passé, il est passé : vous êtes les bienvenus, Messires! — Allons, musiciens, jouez. — Place! place! laissez le plancher libre, et trémoussez-vous, jeunes Demoiselles. (*La musique joue et les danses commencent.*) Encore plus de lumières, faquins, et enlevez ces tables [25]; éteignez le feu, la salle est maintenant trop chaude.—Eh, maraud, ce divertissement improvisé marche bien. Allons, allons, asseyez-vous, asseyez-vous, mon bon cousin Capulet, car vous et moi, nous avons passé nos jours de danse : combien y a-t-il de temps que vous et moi n'avons pris part à une mascarade?

SECOND CAPULET. — Par notre Dame, il y a trente ans.

CAPULET. — Comment ça, mon homme! il n'y a pas autant, il n'y a pas autant : c'est depuis la noce de Lucentio, et il y aura vingt-cinq ans, vienne la Pentecôte aussi vite qu'elle voudra, et nous nous sommes masqués à cette occasion.

SECOND CAPULET. — Il y a davantage, il y a davantage; son fils est plus âgé, Messire; son fils a trente ans.

Capulet. — Pouvez-vous me dire cela? son fils était encore en tutelle il y a deux ans.

Roméo, *à un valet*. — Quelle est cette Dame qui enrichit la main de ce cavalier là-bas?

Le valet. — Je ne sais pas, Messire.

Roméo. — Oh, elle apprend aux torches à brûler avec éclat! A la voir ainsi posée sur la joue de la nuit, on dirait un riche joyau à l'oreille d'un Éthiopien : beauté trop riche pour qu'on en use, trop précieuse pour la terre! Ce qu'est une colombe au plumage de neige parmi des corbeaux assemblés, cette Dame le paraît parmi ses compagnes. Lorsque la danse sera finie, je guetterai l'endroit où elle ira se reposer, et je donnerai à ma main grossière le bonheur de toucher la sienne. Mon cœur a-t-il aimé jusqu'à présent? démentez pareille chose, ô mes yeux! car je n'avais jamais vu la vraie beauté avant ce soir.

Tebaldo. — Si je reconnais bien cette voix, ce doit être un Montaigu : — va me chercher ma rapière, petit : — comment! ce manant ose venir ici sous un masque pour se railler et se gausser de notre fête! Vrai, par l'antiquité et l'honneur de ma race, je n'estime pas péché de l'étendre roide mort.

Capulet. — Eh bien, qu'y a-t-il, mon neveu? Pourquoi tempêtez-vous ainsi?

Tebaldo. — Mon oncle, c'est un Montaigu, un de nos ennemis, un scélérat, qui est venu ici sans être invité, pour se moquer de notre fête de cette nuit.

Capulet. — Est-ce le jeune Roméo?

Tebaldo. — C'est lui, c'est ce scélérat de Roméo.

Capulet. — Calme-toi, mon gentil neveu, et laisse-le tranquille; il se comporte comme un gentilhomme bien élevé, et pour dire la vérité, Vérone se vante de lui comme d'un jeune homme vertueux et de bonne conduite : je ne voudrais pas lui faire affront, ici, dans ma maison, pour toute la richesse de cette ville : par conséquent prends patience, ne fais pas attention à lui, c'est ma volonté; si tu la respectes, tu prendras une physionomie aimable, et tu donneras congé à ces mines farouches qui sont mal à leur place au milieu d'une fête.

Tebaldo. — Elles sont à leur place, lorsqu'un tel scélérat est au nombre des convives : je ne le souffrirai pas.

Capulet. — Vous le souffrirez. Eh bien, mon petit bonhomme ! je dis qu'il sera toléré ici ; allez. Où est le maître ici ? est-ce moi, ou vous ? allez donc. Vous ne le souffrirez pas ! Dieu protége mon âme, vous voudriez faire un tumulte parmi mes convives ! Ah, vous voulez vous dresser sur vos ergots, mon beau coq ! Ah, vous voulez faire le fier-à-bras !

Tebaldo. — Vraiment, mon oncle, c'est une honte.

Capulet. — Allons donc, allons donc, vous êtes un garçon impertinent. Eh vraiment, qu'est-ce à dire ? Cette incartade pourrait vous coûter cher, je vous le déclare. Vous voulez me contrarier ! parbleu, vous choisissez bien votre temps. — Bravo, mes enfants ! — Vous êtes un fanfaron ; allez : tenez-vous tranquille, ou bien.... — D'autres lumières ! d'autres lumières ! — Fi donc ! je m'en vais vous faire tenir tranquille ; eh bien ! — Allons, mes enfants, de l'entrain !

Tebaldo. — Cette patience à laquelle on m'oblige et cette colère qui me met hors de moi, font trembler ma chair du choc de leur rencontre contraire : je vais me retirer ; mais cette intrusion-ci qui paraît tout à l'heure un jeu plaisant aura des conséquences amères. (*Il sort.*)

Roméo, *à Juliette.* — Si ma main, indigne de cet honneur, profane cette sainte châsse, j'ai un moyen d'expiation charmante : mes lèvres, pèlerines rougissantes, sont prêtes à effacer par un tendre baiser son rude attouchement.

Juliette. — Bon pèlerin, vous faites trop grande injustice à votre main qui n'a montré en cela qu'une dévotion conforme aux usages; car les saints ont des mains que touchent les mains des pèlerins, et le serrement de mains est le baiser des pieux porteurs de palmes.

Roméo. — Les saints n'ont-ils pas des lèvres, et les pieux porteurs de palmes aussi?

Juliette. — Oui, pèlerin, des lèvres qu'ils doivent employer pour la prière [26].

Roméo. — Oh, en ce cas, chère sainte, laissez les lèvres faire ce que font les mains; elles prient, exaucez leur prière, de crainte que la foi ne se tourne en désespoir.

Juliette. — Les saints ne bougent pas, quoiqu'ils exaucent les prières qui leur sont faites.

Roméo. — Alors ne bougez pas, tandis que je vais goûter le fruit de ma prière. C'est ainsi que tes lèvres purifient les miennes de leur péché. (*Il l'embrasse.*)

Juliette. — En ce cas, mes lèvres ont maintenant le péché qu'elles ont enlevé.

Roméo. — Le péché de mes lèvres? Oh! faute délicieusement reprochée! Eh bien, rendez-moi mon péché.

Juliette. — Vous embrassez selon les règles.

La nourrice. — Madame, votre mère désire vous dire un mot.

Roméo. — Qui est sa mère?

La nourrice. — Pardi, jeune homme, sa mère est la Dame de la maison, une bonne Dame, et une Dame sage et vertueuse : j'ai nourri sa fille, avec laquelle vous parliez tout à l'heure; et je vous le dis, celui qui parviendra à s'en emparer, aura du sonnant.

Roméo. — Est-ce une Capulet ! Ô la chère créance ! ma vie est la dette de mon ennemie.

Benvolio. — Allons, partons, nous avons vu le plus beau de la fête.

Roméo. — Oui, je le crains, nous en avons trop vu pour ma tranquillité.

Capulet. — Eh bien, Messires, ne faites donc pas encore vos préparatifs de départ : il y a là une petite collation de rien du tout qui nous attend. — Vous êtes décidés? Allons, soit; je vous remercie tous ; je vous remercie, honnêtes Messires : bonne nuit. — D'autres torches ici! — Rentrons alors, et allons nous coucher. (*Au second Capu-*

let.) Ah, camarade, sur ma foi, il se fait tard; je vais me reposer. (*Tous sortent, excepté Juliette et la nourrice.*)

Juliette. — Viens ici, nourrice : quel est ce gentilhomme là-bas ?

La nourrice. — Le fils et l'héritier du vieux Tiberio.

Juliette. — Quel est celui qui passe la porte à présent ?

La nourrice. — Pardi, c'est, je crois, le jeune Petruchio.

Juliette. — Et quel est celui qui suit, et qui n'a pas voulu danser ?

La nourrice. — Je ne sais pas.

Juliette. — Va, demande son nom : — s'il est marié, mon tombeau risque fort de me servir de lit nuptial. (*La nourrice sort et revient.*)

La nourrice. — Son nom est Roméo, et c'est un Montaigu; le fils unique de votre grand ennemi.

Juliette. — Le seul amour que je puisse ressentir, inspiré par le seul objet que je doive haïr! Ô toi que j'ai vu trop tôt sans te connaître, et que j'ai connu trop tard! Quel amour monstrueux vient de prendre naissance en moi! il me faut aimer un ennemi abhorré.

La nourrice. — Que dites-vous? que dites-vous?

Juliette. — Des vers que je viens d'apprendre, il y a un instant, de quelqu'un qui dansait avec moi. (*On appelle de l'intérieur :* Juliette!)

La nourrice. — Voilà, voilà! Allons, rentrons, tous les étrangers sont partis. (*Elles sortent.*)

Entre le chœur.

Le chœur. — Maintenant l'ancien désir agonise sur son lit de mort, et une jeune passion aspire à être son héritière; cette beauté pour laquelle l'amant soupirait et voulait mourir, comparée à la tendre Juliette, n'est plus belle. Maintenant Roméo est aimé, et il change d'amour; tous deux sont ensorcelés par la magie du regard. Mais il voudrait pouvoir faire entendre ses plaintes à son ennemie supposée; et elle, voudrait dérober aux hameçons redoutables qui le retiennent le doux appât de l'amour. Tenu pour ennemi, il ne peut avoir l'accès libre pour soupirer les serments que les amants ont coutume de jurer ; et elle, tout aussi amoureuse, a moins de moyens encore de se procurer une entrevue avec son récent bien-aimé : mais la passion leur prêtant l'énergie, et le temps l'occasion de se rencontrer, leur permettent de corriger l'excessive rigueur de cette situation par d'excessives délices. (*Sort le chœur.*)

ACTE II.

SCÈNE PREMIÈRE.

Un espace ouvert adjoignant le jardin de CAPULET.

Entre ROMÉO.

Roméo. — Puis-je aller plus avant lorsque mon cœur est ici? Allons, mon corps, allons, lourde argile, retourne en arrière, et vas retrouver ton centre (*a*). (*Il escalade le mur et saute dans le jardin.*)

Entrent BENVOLIO *et* MERCUTIO.

Benvolio. — Roméo ! mon cousin Roméo ! Roméo !
Mercutio. — Il est sage, et sur ma vie, il se sera esquivé pour aller se mettre au lit.
Benvolio. — Il a couru de ce côté, et il a sauté le mur de ce jardin : appelle-le, mon bon Mercutio.

(*a*) Le centre de son corps, c'est-à-dire son cœur, qui s'est séparé de lui pour rester dans les lieux qu'habite Juliette.

Mercutio. — Certes, et je vais l'évoquer aussi.—Roméo! caprice! fou! passion! amant! apparais sous la forme d'un soupir, prononce seulement un vers, et je suis satisfait; crie seulement *hélas!* fais rimer seulement *elle* avec *tourterelle;* dis seulement un mot aimable à ma commère Vénus, trouve un petit nom gentil pour son fils et son aveugle héritier, le jeune Abraham Cupidon qui tira si joliment, lorsque le roi Cophetua s'éprit de la mendiante[1]. — Il n'entend pas, ne remue pas, ne bouge pas; le singe est mort, et il me faut absolument employer la conjuration. — Je te conjure par les yeux brillants de Rosaline, par son grand front, sa lèvre écarlate, son joli pied, sa jambe bien faite, sa cuisse aux doux frissons et tous les domaines y adjacents, de nous apparaître sous ta forme véritable!

Benvolio. — S'il t'entend, tu le mettras en colère.

Mercutio. — Cela ne peut le mettre en colère : ah! si je faisais surgir dans le rond de sa maîtresse un esprit de nature étrange qui se tiendrait tout droit, jusqu'à ce qu'elle l'eût abaissé et qu'elle l'eût fait sortir dudit rond par ses conjurations à elle, cela pourrait le mettre en colère, car il y aurait là quelque raison de dépit : mon invocation est honnête et morale, et ma conjuration, faite au nom de sa maîtresse, n'a pour but que de le faire surgir, lui.

Benvolio. — Viens, il se sera caché parmi ces arbres pour entretenir société avec la nuit à l'humeur maussade: son amour est aveugle, et les ténèbres lui conviennent avant toute autre chose.

Mercutio. — Si l'amour est aveugle, l'amour ne peut toucher la mouche. Il va s'asseoir maintenant sous un néflier, en désirant que sa maîtresse ressemble à ce fruit que les filles appellent *fruit qui mollit,* lorsqu'elles rient toutes seules. —Roméo, oh! si elle était, oh! si elle était un petit trou, *et cætera,* et toi une cheville! Bonne nuit, Roméo, je vais retrouver mon lit bien clos; ce lit à ciel ouvert est trop froid pour que j'y puisse dormir : allons, partons-nous?

Benvolio. — Partons, parbleu ; car il est inutile de chercher celui qui ne veut pas être trouvé. (Ils sortent.)

SCÈNE II.

Le jardin de Capulet.

Entre ROMÉO.

Roméo. — Celui-là rit des cicatrices qui n'a jamais ressenti la douleur d'une blessure.[2] *(Juliette paraît à sa fenêtre.)* Mais, doucement ! quelle est cette lumière qui perce là-bas, à travers cette fenêtre? Cette fenêtre est l'orient, et Juliette est le soleil ! Lève-toi, bel astre, et tue la lune envieuse, qui est déjà malade et pâle de chagrin, parce que toi, sa suivante, tu es bien plus belle qu'elle : ne sois pas sa suivante puisqu'elle est envieuse : sa livrée de vestale est de couleur plombée et maladive, il n'y a que les imbéciles qui la portent; rejette-la. C'est ma Dame ! oh, c'est mon amour ! oh, si elle pouvait savoir qu'elle l'est ! Elle parle, cependant elle ne dit rien : qu'est-ce que cela signifie ! Son œil parle, je vais lui répondre. Je suis trop hardi, ce n'est pas à moi qu'elle parle : deux des plus belles étoiles du firmament entier, ayant quelque affaire, supplient ses yeux de briller à leur place dans leur sphère jusqu'à leur retour. Et si par hasard ses yeux étaient à présent dans leurs sphères, et les étoiles dans sa tête? Mais non, l'éclat de son visage ferait honte à ces étoiles, comme le plein jour fait honte à une lampe; ses yeux, s'ils étaient au ciel, perceraient les airs d'un flot de lumière si brillant, que les oiseaux chanteraient et croiraient qu'il ne fait pas nuit. Voyez, comme elle appuie sa joue sur sa main ! Oh ! que ne suis-je un gant à cette main, afin de pouvoir toucher cette joue !

Juliette. — Hélas de moi !

Roméo. — Elle parle : oh, parle encore, ange brillant ! car là où tu es, au-dessus de ma tête, tu me parais aussi splendide au sein de cette nuit que l'est un messager ailé du ciel aux regards étonnés des mortels, lorsque, rejetant leurs têtes en arrière, on ne voit plus que le blanc de leurs yeux, tant leurs prunelles sont dirigées en haut pour le contempler, pendant qu'il chevauche sur les nuages à la marche indolente et navigue sur le sein de l'air.

Juliette. — Ô Roméo, Roméo! pourquoi es-tu Roméo? Renie ton père, ou rejette ton nom; ou si tu ne veux pas, lie-toi seulement par serment à mon amour, et je ne serai pas plus longtemps une Capulet.

Roméo, *à part*. — En entendrai-je davantage, ou répondrai-je à ce qu'elle vient de dire?

Juliette. — C'est ton nom seul qui est mon ennemi. Après tout tu es toi-même, et non un Montaigu. Qu'est-ce qu'un Montaigu? Ce n'est ni une main, ni un pied, ni un bras, ni un visage, ni toute autre partie du corps appartenant à un homme. Oh! porte un autre nom! Qu'y a-t-il dans un nom? La fleur que nous nommons la rose, sentirait tout aussi bon sous un autre nom; ainsi Roméo, quand bien même il ne serait pas appelé Roméo, n'en garderait pas moins la précieuse perfection qu'il possède. Renonce à ton nom, Roméo, et en place de ce nom qui ne fait pas partie de toi, prends-moi toute entière.

Roméo. — Je te prends au mot: appelle-moi seulement ton amour, et je serai rebaptisé, et désormais je ne voudrai plus être Roméo.

Juliette. — Qui es-tu, toi qui, protégé par la nuit, viens ainsi surprendre les secrets de mon âme?

Roméo. — Je ne sais de quel nom me servir pour te dire qui je suis: mon nom, chère sainte, m'est odieux à moi-même, parce qu'il t'est ennemi; s'il était écrit, je déchirerais le mot qu'il forme.

Juliette. — Mes oreilles n'ont pas encore bu cent paroles de cette voix, et cependant j'en reconnais le son: n'es-tu pas Roméo, et un Montaigu?

Roméo. — Ni l'un, ni l'autre, belle vierge, si l'un ou l'autre te déplait.

Juliette. — Comment es-tu venu ici, dis-le-moi, et pourquoi? Les murs du jardin sont élevés et difficiles à escalader, et considérant qui tu es, cette place est mortelle pour toi, si quelqu'un de mes parents t'y trouve.

Roméo. — J'ai franchi ces murailles avec les ailes légères de l'amour, car des limites de pierre ne peuvent arrêter l'essor de l'amour; et quelle chose l'amour peut-il oser qu'il ne puisse aussi exécuter? tes parents ne me sont donc pas un obstacle.

Juliette. — S'ils te voient, ils t'assassineront.

Roméo. — Hélas! il y a plus de périls dans tes yeux que dans vingt de leurs épées : veuille seulement abaisser un doux regard sur moi, et je suis cuirassé contre leur inimitié.

Juliette. — Je ne voudrais pas, pour le monde entier, qu'ils te vissent ici.

Roméo. — J'ai le manteau de la nuit pour me dérober à leur vue, et d'ailleurs, à moins que tu ne m'aimes, ils peuvent me trouver, s'ils veulent : mieux vaudrait que leur haine mît fin à ma vie, que si ma mort était retardée sans que j'eusse ton amour.

Juliette. — Quel est celui qui t'a enseigné la direction de cette place?

Roméo. — C'est l'Amour, qui m'a excité à la découvrir; il m'a prêté ses conseils, et je lui ai prêté mes yeux. Je ne suis pas pilote; cependant fusses-tu aussi éloignée que le vaste rivage baigné par la plus lointaine mer, je m'aventurerais pour une marchandise telle que toi.

Juliette. — Le masque de la nuit est sur mon visage, tu le sais, sans cela une rougeur virginale colorerait mes joues pour les paroles que tu m'as entendue prononcer ce soir. Volontiers, je voudrais m'attacher aux convenances; volontiers, volontiers, nier ce que j'ai dit : mais adieu, les cérémonies! M'aimes-tu? je sais que tu vas dire, oui, et je te prendrai au mot : cependant, si tu jures, tu peux te montrer menteur; et l'on dit que Jupiter rit des parjures des amants. Ô gentil Roméo, si tu m'aimes, déclare-le loyalement : cependant, si tu pensais que je suis trop aisément conquise, eh bien! je serai mutine, je froncerai le sourcil, je dirai non, pour te donner occasion de me supplier; autrement, pour rien au monde, je ne le ferais La vérité, beau Montaigu, est que je suis trop passionnée, et par conséquent tu pourras trouver ma conduite légère; mais crois-moi, gentilhomme, je me montrerai plus sincère que celles qui ont plus d'artifice pour être réservées. J'aurais été plus réservée cependant, je dois l'avouer, si, à mon insu, tu n'avais pas surpris l'expression passionnée de mon sincère amour : pardonne-moi donc, et n'impute pas cette promptitude à la légèreté de mon amour que cette nuit ténébreuse t'a révélé ainsi.

Roméo. — Dame, je jure par cette lune charmante qui là-bas pose une pointe d'argent sur les cimes de tous ces arbres à fruit....

Juliette. — Oh! ne jure pas par la lune, par la lune inconstante, qui change tous les mois dans l'orbe de sa sphère, de crainte que ton amour ne se montre à l'épreuve aussi variable qu'elle.

Roméo. — Par quoi jurerai-je?

Juliette. — Ne jure pas du tout, ou, si tu veux jurer, jure par ta gracieuse personne, divinité de mon cœur idolâtre, et je te croirai.

Roméo. — Si le cher amour de mon cœur....

Juliette. — Bon, ne jure pas. Quoique ma joie vienne de toi, je ne puis en tirer aucune de cet engagement de ce soir; il est trop téméraire, trop précipité, trop soudain, trop pareil à l'éclair qui cesse d'être avant qu'on puisse dire : *il brille*. La douce, la bonne nuit! Ce bourgeon d'amour, mûri par le souffle ardent de l'été, nous le retrouverons peut-être fleur splendide, à notre prochaine rencontre. Bonne nuit, bonne nuit! qu'une paix et une félicité aussi douces que celles qui remplissent mon sein descendent dans ton cœur!

Roméo. — Oh! vas-tu donc me laisser aussi peu satisfait?

Juliette. — Quelle satisfaction pourrais-tu avoir cette nuit?

Roméo. — L'échange de ton vœu de fidèle amour contre le mien.

JULIETTE. — Je t'ai donné le mien avant que tu l'eusses demandé, et cependant je voudrais qu'il fût encore à donner.

ROMÉO. — Voudrais-tu donc le retirer ? Pourquoi cela, mon amour ?

JULIETTE. — Simplement pour être libérale et te le donner encore. Cependant, ce que je souhaite, c'est ce que je possède : ma générosité est aussi illimitée que la mer ; mon amour aussi profond ; plus je te donne, plus je possède, car tous deux sont infinis. (*La nourrice appelle de l'intérieur.*) J'entends du bruit là dedans ; adieu, mon cher amour ! — Tout à l'heure, ma bonne nourrice ! — Aimable Montaigu, sois fidèle. Attends seulement quelques minutes, je vais revenir. (*Elle se retire de sa fenêtre.*)

ROMÉO. — Ô heureuse, heureuse nuit ! Je crains, puisqu'il fait nuit, que tout ceci ne soit qu'un rêve, car c'est trop délicieux pour être réel.

JULIETTE *reparaît à sa fenêtre.*

JULIETTE. — Trois mots, mon cher Roméo, et puis bonne nuit, cette fois. Si le caractère de ton amour est honorable, si ton but est le mariage, fais-moi porter demain par une personne que je saurai t'envoyer un mot qui m'apprenne où et quand tu veux que la cérémonie s'accomplisse, et je déposerai à tes pieds toute ma destinée, et je te suivrai à travers le monde entier comme mon Seigneur.

LA NOURRICE, *de l'intérieur.* — Madame !

JULIETTE. — J'y vais ; tout à l'heure. — Mais si tu n'as pas de bonnes intentions, je te conjure....

LA NOURRICE, *de l'intérieur.* — Madame !

JULIETTE. — A l'instant, j'y vais : — je te conjure, en ce cas, de cesser tes poursuites, et de me laisser à ma douleur. J'enverrai demain.

ROMÉO. — Comme j'espère le salut de mon âme....

JULIETTE. — Mille fois bonne nuit ! (*Elle se retire de la fenêtre.*)

Roméo. — Mille fois mauvaise nuit, puisque ta lumière me manque. — L'amour accourt vers l'amour comme les écoliers quittent leurs livres ; mais l'amour quitte l'amour, au contraire, comme les écoliers vont à l'école, avec une mine affligée. (*Il se retire lentement.*)

JULIETTE reparaît à la fenêtre.

Juliette. — Psst, Roméo, psst ! Oh ! que n'ai-je la voix d'un fauconnier pour faire revenir à moi ce gentil tiercelet[3] ! L'esclavage a la voix enrouée, et ne peut parler haut, sans cela je percerais la caverne où dort Écho, et je rendrais sa voix aérienne plus enrouée que la mienne, à force de lui faire répéter le nom de mon Roméo.

Roméo. — C'est mon âme qui prononce mon nom : avec quel doux timbre argentin résonnent les voix des amants pendant la nuit ! c'est comme la plus douce musique pour des oreilles attentives.

Juliette. — Roméo !

Roméo. — Ma chérie !

Juliette. — A quelle heure enverrai-je vers toi, demain ?

Roméo. — A neuf heures.

Juliette. — Je n'y manquerai pas. D'ici à ce moment, il va s'écouler vingt ans. J'ai oublié pourquoi je t'avais rappelé.

Roméo. — Permets-moi de rester ici jusqu'à ce que tu te le rappelles.

Juliette. — J'oublierai encore, afin de te faire rester, et ne me souviendrai que de l'amour que j'ai pour ta compagnie.

Roméo. — Et moi je resterai, pour te faire oublier encore, oublieux moi-même que j'ai un autre logis que ce jardin

Juliette. — Il est presque matin ; je voudrais que tu fusses parti, et cependant pas plus loin que l'oiseau d'une jeune folle qui le laisse s'éloigner un peu de sa main, pareil à un pauvre prisonnier dans ses entraves, et qui le ramène avec un fil de soie, tant elle est amoureusement jalouse de sa liberté.

Roméo. — Je voudrais être ton oiseau.

Juliette. — Chéri, je le voudrais aussi : cependant je te tuerais par trop de caresses. Bonne nuit ! bonne nuit ! la séparation est une si délicieuse douleur que je dirais bonne nuit jusqu'à demain. (*Elle se retire de la fenêtre.*)

Roméo. — Que le sommeil descende sur tes yeux et la paix dans ton sein ! Que ne suis-je le sommeil et la paix pour goûter un si doux repos ! Je vais d'ici me rendre à la cellule de mon pieux confesseur, pour implorer son aide, et lui dire mon heureuse fortune. (*Il sort.*)

SCÈNE III.

La cellule du FRÈRE LAURENT.

Entre LE FRÈRE LAURENT *avec un panier.*

Le frère Laurent. — Le matin aux yeux gris souriant à la nuit au front farouche, raye de bandes de lumière les nuages d'orient, et les ténèbres bigarrées des couleurs de l'aurore, chancellent à reculons comme un ivrogne devant la marche du jour et les roues enflammées de Titan. Avant que le soleil ait avancé son œil brûlant pour souhaiter la bienvenue au jour et sécher l'humide rosée de la nuit, il me faut remplir cette corbeille d'osier d'herbes aux propriétés funestes et de fleurs aux sucs précieux. La terre, qui est la mère de la nature, est aussi sa tombe : ce qui est son sépulcre est aussi le ventre qui lui donne naissance[4]; et nous voyons, sortis de ce ventre, des enfants de genres divers sucer la vie à ses mamelles ; de ces enfants beaucoup sont renommés pour leurs vertus multiples, il n'en est aucun qui soit sans une vertu au moins, et cependant tous sont différents. Oh ! grande est la puissance qui réside dans les herbes, les plantes, les pierres, et dans leurs qualités intrinsèques ; car il n'existe rien sur terre de si vil qui ne donne à la terre quelque bien particulier, et il n'est rien de si bon, qui, détourné de son légitime usage, ne se révolte contre son essence native et ne vienne butter contre un abus : la vertu elle-même devient vice, lorsqu'elle est mal appliquée, et le vice est quelquefois ennobli par l'action. Sous la tendre pellicule de cette petite fleur résident un poison et une vertu médicinale ; car flairée elle réjouit tout le corps de son parfum, et goûtée, elle tue tous les sens en même temps que le cœur. Deux pareils rois ennemis campent dans l'homme aussi bien que dans les herbes, — la grâce et la brutale volonté ; et là où la pire de ces puissances prédomine, le ver de la mort dévore bientôt cette plante.

Entre ROMÉO.

Roméo. — Bonjour, père !

Le frère Laurent. — *Benedicite !* Quelle voix matinale m'envoie ce doux salut ? — Mon jeune fils, c'est la preuve d'un esprit en proie à l'inquiétude que de dire de si bonne heure bonjour à ton lit : le souci tient sa veille dans les yeux de tout vieillard, et là où loge le souci, le sommeil ne s'abat jamais : mais, au contraire, l'heureux sommeil règne là où la jeunesse aux forces intactes, au cerveau inhabité par l'expérience, étend ses membres pour les reposer : par conséquent, ta visite matinale me donne l'assurance que quelque agitation d'âme t'a fait lever ; si ce n'est pas cela, alors je suis bien sûr de toucher juste, — c'est que notre Roméo ne s'est pas couché cette nuit.

Roméo. — Cette dernière supposition est vraie, et mon repos n'en a été que plus doux.

Le frère Laurent. — Dieu pardonne au péché ! étais-tu avec Rosaline ?

Roméo. — Avec Rosaline, mon révérend père ? non ; j'ai oublié ce nom et la douleur que me causait ce nom.

Le frère Laurent. — Voilà bien mon bon fils : mais où es-tu allé alors ?

Roméo. — Je vais te le dire, sans te le faire redemander. Je suis allé à une fête avec mon ennemi, et là, soudainement, j'ai été blessé par quelqu'un qui a été blessé par moi ; notre guérison à l'un et à l'autre dépend de ton appui et de ta sainte médecine : je n'ai point de haine, saint homme ; car, vois, mon intercession s'étend aussi à mon ennemi.

Le frère Laurent. — Expose ce que tu as à me dire en termes simples et ronds, mon bon fils ; une confession énigmatique ne reçoit qu'une absolution équivoque.

Roméo. — Alors sache sans délai que le plus cher amour de mon cœur s'est fixé sur la belle jeune fille du riche Capulet : comme le mien s'est fixé sur elle, ainsi le sien s'est fixé sur moi ; tout est conclu, sauf ce que tu peux conclure par le saint mariage : quand, où, comment, nous nous sommes rencontrés et avons échangé des paroles d'amour et des serments, je te le dirai en nous promenant ; mais je te prie tout de suite de consentir à nous marier aujourd'hui.

Le frère Laurent. — Bienheureux saint François, quel changement est-ce là ? Cette Rosaline que tu aimais si tendrement a-t-elle donc été oubliée si vite ? en ce cas l'amour des jeunes hommes n'a pas sa vraie résidence dans leur cœur, mais dans leurs yeux. *Jésus Maria!* de quel déluge de larmes n'as-tu pas lavé tes joues creusées par le chagrin pour Rosaline ? Ah ! que d'eau salée dépensée en vain pour l'assaisonnement d'un amour dont tu ne goûtes pas ! Le soleil n'a pas encore dissipé le brouillard de tes soupirs ; tes anciens gémissements résonnent encore à mes vieilles oreilles ; là, sur ta joue, je vois la tache d'une ancienne larme qui n'a pas encore été essuyée : si jamais tu fus toi-même, et si ces douleurs furent les tiennes, toi et ces douleurs vous apparteniez entièrement à Rosaline ; et c'est ainsi que tu as changé ! en ce cas, prononce cette sentence-ci : les femmes peuvent bien tomber, quand les hommes ont si peu de force.

Roméo. — Tu m'as grondé souvent parce que j'aimais Rosaline.

Le frère Laurent. — Parce que tu en raffolais, non parce que tu l'aimais, mon jeune pénitent.

Roméo. — Et tu m'as ordonné d'ensevelir mon amour.

Le frère Laurent. — Mais non pas dans une fosse, où, en enterrant un amour, tu en déterrasses un autre.

Roméo. — Je t'en prie, ne me gronde pas : celle que j'aime maintenant me rend grâce pour grâce, et amour pour amour; ce n'était pas ce que faisait l'autre.

Le frère Laurent. — Oh! elle savait bien que ton amour récitait sa leçon de mémoire et ne savait pas épeler ses lettres. Mais allons, jeune inconstant, allons, viens avec moi, j'ai une raison de t'assister; car ce mariage peut tourner assez heureusement pour changer en pur amour la rancune de vos deux maisons.

Roméo. — Oh! partons d'ici, il m'importe beaucoup de me dépêcher.

Le frère Laurent. — Prudemment et lentement; ils trébuchent, ceux qui courent trop vite. (*Ils sortent.*)

SCÈNE IV.

Une rue.

Entrent BENVOLIO *et* MERCUTIO.

Mercutio. — Où diable ce Roméo peut-il être? est-ce qu'il n'est pas retourné chez lui cette nuit?

Benvolio. — Il n'est pas revenu chez son père; j'ai parlé à son valet.

Mercutio. — Ah! cette pâle fille au cœur de pierre, cette Rosaline le tourmente tellement qu'à coup sûr il deviendra fou.

Benvolio. — Tebaldo, le parent du vieux Capulet, a dépêché une lettre à la maison de son père.

Mercutio. — Un cartel, sur ma vie!

Benvolio. — Roméo y répondra.

MERCUTIO. — Tout homme qui sait écrire peut répondre à une lettre.

BENVOLIO. — Certes, il répondra à l'auteur de la lettre dans son propre style ; étant défié, il défiera.

MERCUTIO. — Hélas! pauvre Roméo, il est déjà mort! poignardé par l'œil noir d'une fille blanche, fusillé à travers l'oreille par un chant d'amour, percé au centre de son cœur par la flèche du petit archer aveugle, est-ce là un homme à affronter Tebaldo?

BENVOLIO. — Bah ! qu'est-ce donc que Tebaldo?

MERCUTIO. — Plus que le prince des chats, je vous le déclare[5]. Oh! c'est le courageux capitaine des lois du savoir-vivre : il se bat comme vous chantez la musique, garde ses temps, ses distances, ses mesures; vous prend un repos d'un soupir, — une, deux, et la troisième en pleine poitrine : c'est le vrai boucher des boutons de soie, un duelliste, un duelliste ; un gentilhomme de la tout à fait première catégorie, un maître en première et seconde causes : ah! l'immortelle passade ! ah le *punto reverso!* ah ! le touché[6] !

BENVOLIO. — Le quoi ?

MERCUTIO. — La peste de ces grotesques fantasques, pleins de zézaiements et d'affectations, qui vous ont de nouvelles manières de poser les accents ! « *Par Jésus, une excellente lame! un très-bel homme! une exquise putain!* » Parbleu, grand-père, n'est-ce pas une chose lamentable que nous soyons affligés de la sorte par ces mouches étrangères, ces débitants de modes nouvelles, ces *pardonnez-moi*, qui se mettent des culottes de nouvelle forme si collantes qu'ils ne peuvent plus s'asseoir à l'aise sur les vieux bancs? Oh! leurs *bons*, leurs *bons*[7] !

BENVOLIO. — Voici venir Roméo; voici venir Roméo.

MERCUTIO. — Jaune et sec comme un hareng saur. Ô chair, ô chair, comme te voilà *poissonnifiée!* Maintenant il est jusqu'au cou dans le genre de poésie que cultiva Pétrarque : Laure, comparée à sa Dame, était une marmitonne; parbleu, elle avait un plus habile amant pour la chanter : Didon n'était qu'une dondon; Cléopâtre, une *gitana* d'Égypte[8] ; Hélène et Héro, des coureuses et des catins ; Thisbé, un petit œil gris éveillé, ou quelque chose d'approchant, mais rien avec cela.

Entre ROMÉO.

Mercutio. — Signor Roméo, *bonjour !* voilà un salut français pour votre culotte française. Vous nous avez joliment payé en fausse monnaie la dernière nuit.

Roméo. — Bonjour à tous les deux. Comment vous ai-je payé en fausse monnaie ?

Mercutio. — En nous faussant compagnie, Messire, en nous faussant compagnie ; ne pouvez-vous pas comprendre ?

Roméo. — Pardon, mon bon Mercutio, j'avais des affaires importantes, et un homme dans un cas comme le mien peut bien faire fléchir la politesse.

Mercutio. — C'est absolument comme si vous disiez, un cas comme le mien force un homme à fléchir les jarrets.

Roméo. — Sans doute pour offrir ses politesses

Mercutio. — Tu as très-judicieusement deviné.

Roméo. — Voilà une interprétation très-polie.

Mercutio. — Parbleu, je suis la rosette même de la politesse.

Roméo. — Rosette est ici pour fleur ?

Mercutio. Parfaitement.

Roméo. — Ah bien, en ce cas, mes escarpins sont très-fleuris.

Mercutio. — Bien dit ; poursuis-moi maintenant cette plaisanterie jusqu'à ce que tes escarpins soient usés, afin que lorsque les uniques semelles de cette paire-là seront hors d'usage, cette plaisanterie reste encore, après l'user, unique et hors *de pair*.

Roméo. — Ô la plaisanterie à mince semelle, unique et hors de pair seulement par sa mauvaise qualité !

Mercutio. — Sépare-nous, mon bon Benvolio ; mon esprit est rendu.

Roméo. — Donne de la cravache et de l'éperon, de la

cravache et de l'éperon, sinon je crie : un autre rival, s'il vous plaît!

Mercutio. — Parbleu, si nos esprits veulent entreprendre la course de l'oie sauvage, je me récuse ; car il y a plus de l'oie sauvage dans un seul de tes sens, j'en suis sûr, que dans les miens cinq : m'avez-vous pris pour l'oie dans cette course d'esprit[9] ?

Roméo. — Quand par hasard je ne t'ai pas pris pour l'oie, je ne t'ai pris pour rien du tout..

Mercutio. — Je vais te mordre l'oreille pour cette plaisanterie.

Roméo. — Voyons, bonne oie, ne mords pas.

Mercutio. — Ton esprit est de saveur très-mordante ; il fait un très-âpre assaisonnement.

Roméo. — Une marmelade de pommes acides n'est-elle pas le vrai assaisonnement d'une oie fade ?

Mercutio. — Ah, quel esprit en peau de chevreau ! d'abord étroit d'un pouce, il devient ensuite large d'une aune.

Roméo. — Je l'étends encore pour ce mot *large*, qui ajouté à oie, prouve qu'en long et en large tu es une grande oie.

Mercutio. — Eh bien, est-ce que cela ne vaut pas mieux que de gémir d'amour ? maintenant te voilà sociable, te voilà redevenu Roméo ; maintenant tu es ce que tu es selon l'art aussi bien que selon la nature ; car ce radoteur d'amour ressemble à un grand dadais, qui se traîne d'ici de là, tirant la langue, en cherchant un trou où cacher son amusette.

Benvolio. — Arrête ici, arrête ici.

Mercutio. — Tu veux que j'arrête ma description à la partie la plus intéressante.

Benvolio. — Sans cela, tu l'aurais faite trop longue.

Mercutio. — Oh ! tu te trompes, je l'aurais faite courte : car j'étais arrivé au fin fond de la chose, et je n'avais pas l'intention de tenir le dé plus longtemps[10]..

Roméo. — Ah mais voilà un bel équipement! (*Apercevant la nourrice.*)

Entrent LA NOURRICE *et* PIERRE.

MERCUTIO. — Une voile, une voile, une voile [11]!

BENVOLIO. — Deux, deux; une chemise et un jupon.

LA NOURRICE. — Pierre?

PIERRE. — Voilà!

LA NOURRICE. — Mon éventail, Pierre [12].

MERCUTIO. — Oui, mon bon Pierre, afin de cacher son visage; car son éventail est plus joli que son visage.

LA NOURRICE. — Bien le bonjour, Messires.

MERCUTIO. — Bien le bonsoir, belle Madame.

LA NOURRICE. — Est-ce bonsoir qu'il faut dire?

MERCUTIO. — Ni plus, ni moins, je vous le déclare, car la main de maquerelle de l'horloge dirige son index vers midi.

LA NOURRICE. — Fi! quel homme êtes-vous donc?

ROMÉO. — Un homme, Madame, que Dieu a fait pour qu'il se fît tort à lui-même.

LA NOURRICE. — Par ma foi, voilà qui est bien dit: « pour qu'il se fît tort à lui-même, » a-t-il dit? Messires, quelqu'un de vous peut-il me dire où je trouverai le jeune Roméo?

ROMÉO. — Je puis vous le dire; mais le jeune Roméo sera plus vieux lorsque vous l'aurez trouvé, que lorsque vous l'aurez cherché : je suis le plus jeune de ce nom, faute d'un pire.

LA NOURRICE. — Vous dites bien.

MERCUTIO. — Oui-da, est-ce que *le pire* est *bien?* Très-bien riposté, ma foi; spirituel, très-spirituel.

LA NOURRICE. — Si c'est vous, Messire, je désire vous dire un mot en confidence.

BENVOLIO. — Elle va l'induire en quelque souper.

MERCUTIO. — Une maquerelle, une maquerelle, une maquerelle! taïaut!

ROMÉO. — Qu'est-ce que tu as fait lever?

MERCUTIO. — Ce n'est pas un lièvre, Messire, à moins que ce ne soit un lièvre en pâté de carême, qui a quelque peu pris la barbe avant qu'on ait eu le temps de le finir, Messire. (*Il chante.*)

ACTE II, SCÈNE IV.

Un vieux lièvre à barbe,
Un vieux lièvre à barbe,
Est un bon mets en temps de carême ;
Mais un lièvre à barbe,
Est trop pour la force de vingt personnes,
S'il prend la barbe avant d'être mangé [13].

Roméo, venez-vous chez votre père? nous y allons dîner.

Roméo. — Je vous suis.

Mercutio. — Adieu, ancienne Dame, adieu. (*Il chante.*) *Madame, Madame, Madame* [14].... (*Sortent Mercutio et Benvolio.*)

La nourrice. — S'il vous plaît, Messire, quel est ce marchand impertinent qui tient boutique si bien montée en sottises ?

Roméo. — Un gentilhomme qui aime à s'entendre parler, nourrice, et qui dit plus de paroles en une minute qu'il n'en écoute en un mois.

La nourrice. — S'il s'avise de dire quelque chose contre moi, je l'arrangerai de la belle façon, quand il serait plus railleur qu'il ne l'est, lui et vingt Jacquots de son espèce; et si je ne le puis pas par moi-même, je trouverai qui le pourra. Méchant drôle ! je ne suis pas une de ses coureuses, moi; je ne suis pas une de ses associées, moi. — Et toi, tu es là à rester coi, et tu permets que le premier drôle venu en use avec moi à son plaisir ?

Pierre. — Je n'ai vu personne en user avec vous à son plaisir; si je l'avais vu, mon arme aurait été bien vite dehors, je vous en réponds : je dégaine tout aussi vite qu'un autre, quand j'en vois l'occasion dans une querelle juste et que j'ai la loi de mon côté.

La nourrice. — Vrai, j'en jure par Dieu, je suis tellement hors de moi que tout mon corps en tremble. Méchant drôle ! — Je vous en prie, Messire, un mot: comme je vous le disais, ma jeune maîtresse m'a ordonné de vous chercher; ce qu'elle m'a commandé de vous dire, je le garderai pour moi : mais d'abord, laissez-moi vous prévenir que si vous la conduisiez dans le paradis des fous, comme on dit, ce serait une très-méchante conduite, comme on dit, car la Dame est jeune ; et par conséquent, si vous aviez double jeu avec elle, ce serait une vilaine chose que vous feriez envers une Dame, et une façon d'agir qui ne serait pas bien du tout.

Roméo. — Nourrice, recommande-moi à ta Dame et maîtresse. Je te jure....

La nourrice. — Bon cœur ! Oui, ma foi, je le lui dirai : Seigneur, Seigneur, qu'elle sera joyeuse.

Roméo. — Que lui diras-tu, nourrice ? tu ne m'écoutes pas.

La nourrice. — Je lui dirai, Messire, que vous jurez ; ce qui, si je comprends bien, est une promesse de gentilhomme.

Roméo. — Dis-lui de trouver quelque moyen d'aller cette après-midi à confesse, et elle sera confessée et mariée dans la cellule du frère Laurent. Voici pour tes peines.

La nourrice. — Non vraiment, Messire, pas un sou.

Roméo. — Allons donc, je te dis de prendre.

La nourrice. — Cette après-midi, Messire ? bon, elle y sera.

Roméo. — Et toi, bonne nourrice, tiens-toi derrière le mur de l'abbaye : mon valet t'y rejoindra à cette même heure, et t'apportera une échelle de corde qui me servira d'escalier pour monter, dans le secret de la nuit, au faîte suprême de mon bonheur. Adieu ! — sois fidèle, et je récompenserai tes services : adieu ! — recommande-moi à ta maîtresse.

La nourrice. — Allons, que le Dieu du ciel te bénisse ! — Écoutez un peu, Messire.

Roméo. — Qu'as-tu à me dire, ma bonne nourrice ?

La nourrice. — Votre valet est-il discret ? N'avez-vous jamais entendu dire que deux hommes gardent bien leur secret quand ils mettent un d'eux de côté ?

Roméo. — Je te réponds de lui ; mon valet est fidèle comme l'acier.

La nourrice. — Bien, Messire ; ma maîtresse est la plus charmante Dame.... Seigneur ! Seigneur ! quand elle vous était un petit être babillard.... Oh, il y a dans la ville, un noble, un certain Pâris, qui voudrait bien monter à l'abordage, armes en avant ; mais elle, la bonne âme, aimerait autant voir un crapaud, un vrai crapaud, que le voir. Je la fais mettre quelquefois en colère, en lui disant que Pâris est l'homme qui lui convient le mieux ; mais je vous le déclare, quand je lui dis cela, elle devient pâle comme le linge le plus blanc du monde entier. Est-ce que *Romarin* et *Roméo* ne commencent pas tous deux par la même lettre [45] ?

Roméo. — Oui, nourrice ; qu'est-ce que tu veux en conclure ? tous deux commencent par un R.

La nourrice. — Ah, moqueur ! c'est le nom du chien ; R commence *Roquet* [16]. Mais je sais bien moi que ça commence par une autre lettre, et elle tient de si jolis propos sur vous et le romarin que ça vous ferait du bien à entendre [47].

Roméo. — Recommande-moi à ta Dame.

La nourrice. — Oui, mille fois. (*Sort Roméo.*) Pierre !

Pierre. — Voilà !

La nourrice. — Passe devant et marchons vite. (*Ils sortent.*)

SCÈNE V.

Le jardin de Capulet.

Entre JULIETTE.

Juliette. — L'horloge sonnait neuf heures lorsque j'ai fait partir la nourrice : elle m'avait promis d'être de retour dans une demi-heure. Peut-être ne peut-elle pas le trouver : — mais non, cela n'est pas. — Oh ! elle est boiteuse ! les hérauts de l'amour devraient être les pensées qui courent dix fois plus vite que les rayons du soleil repoussant les ombres sur les cimes des collines sombres : c'est pourquoi ce sont des colombes aux ailes agiles qu traînent l'Amour, et c'est pourquoi Cupidon, rapide comme le vent, porte des ailes. Le soleil a maintenant atteint le point culminant de son voyage de ce jour : de neuf heures à midi il y a trois longues heures, et elle n'est pas encore revenue. Si elle avait les affections et le sang chaud de la jeunesse, elle serait dans ses mouvements aussi rapide qu'une balle ; mes paroles la lanceraient droit à mon doux amour, et ses paroles, à lui, la relanceraient vers moi. Mais ces vieilles gens, on dirait que pour la plupart ils sont morts ; le plomb n'est pas plus difficile à remuer, plus lourd, plus lent, plus pâle. Ô Dieu, la voici !

Entrent LA NOURRICE *et* PIERRE.

JULIETTE. — Ô ma douce nourrice, quelles nouvelles? l'as-tu rencontré? renvoie ton valet.

LA NOURRICE. — Pierre, attends à la porte. (*Pierre sort.*)

JULIETTE. — Eh bien, ma bonne et aimable nourrice, voyons. — Ô Seigneur, pourquoi cet air triste? si tes nouvelles sont tristes, dis-les-moi rondement et avec entrain, malgré tout ; mais si elles sont bonnes, tu fausses la musique des douces nouvelles, en me la jouant avec une physionomie si aigre.

LA NOURRICE. — Je n'en puis plus ; donnez-moi quelques minutes : — ah ! comme mes os sont moulus ! quelle course il m'a fallu faire !

JULIETTE. — Je voudrais te donner mes os et que tu me donnasses tes nouvelles : allons, voyons, parle, je t'en prie ; — bonne, bonne nourrice, parle.

LA NOURRICE. — Jésus, quelle hâte ! ne pouvez-vous attendre un instant? Ne voyez-vous pas que je suis hors d'haleine?

JULIETTE. — Comment es-tu hors d'haleine, lorsque tu as assez d'haleine pour me dire que tu es hors d'haleine? l'excuse que tu me fais pour ce retard est plus longue que le rapport que tu t'excuses de ne pas faire. Tes nouvelles sont-elles bonnes ou mauvaises? réponds à cela ; dis quelles elles sont d'un mot, j'attendrai les détails : voyons, fais-moi ce plaisir : sont-elles bonnes ou mauvaises?

La nourrice. — Bon! vous avez fait un choix ordinaire; vous ne savez pas choisir un homme. Roméo! non, non, ce n'était pas là l'homme. Sa figure, il est vrai, est plus jolie que celle de n'importe qui, mais ses jambes l'emportent sur celles de tout le monde; quant à la main, au pied, à la taille, quoiqu'il n'y ait pas à en parler, tout cela est au-dessus de toute comparaison : il n'est pas la fleur de la courtoisie; mais je le garantis aussi doux qu'un agneau. Va ton chemin, fillette; sers Dieu. — Eh bien, avez-vous déjà dîné, à la maison?

Juliette. — Non, non : mais je savais déjà tout ce que tu me dis; que dit-il de notre mariage? qu'en dit-il?

La nourrice. — Seigneur, comme ma tête me fait mal! quelle tête ai-je donc? elle bat comme si elle allait se casser en vingt morceaux. Et mon dos, de l'autre côté : — oh, mon dos, mon dos! — Diable soit de vous pour m'avoir envoyée chercher ma mort, en me faisant courir par monts et par vaux!

Juliette. — Sur ma foi, je suis désolée que tu ne sois pas bien. Douce, douce, douce nourrice; que dit mon amour? apprends-le-moi.

La nourrice. — Votre amour dit, comme un honnête gentilhomme, comme un courtois, un tendre, un beau, et, je le garantis, un vertueux.... — Où est votre mère?

Juliette. — Où est ma mère? — Parbleu, elle est dans la maison; où pourrait-elle être? Quelle singulière réponse tu me fais : « Votre amour dit comme un honnête gentilhomme, — où est votre mère? »

La nourrice. — Ah, sainte mère de Dieu! êtes-vous aussi bouillante que cela? parbleu, débordez, alors. Si c'est là le cataplasme que vous appliquez sur mes os malades, vous pourrez désormais faire vos messages vous-même.

Juliette. — En voilà un galimatias! Voyons, que dit Roméo?

La nourrice. — Avez-vous obtenu la permission d'aller à confesse aujourd'hui?

Juliette. — Oui.

La nourrice. — Alors rendez-vous à la cellule du frère Laurent; un époux vous y attend pour faire de vous une femme. Ah bien, voilà ce coquin de sang qui vous monte aux joues; elles vont bientôt devenir écarlates à la moindre nouvelle. Rendez-vous à l'église; j'irai par un autre chemin chercher une échelle qui doit servir à votre amour pour grimper jusqu'à un nid d'oiseau aussitôt qu'il fera nuit : moi, je suis l'esclave, et je travaille pour vos plaisirs; mais vous porterez bientôt le fardeau cette nuit. Allons, je vais aller dîner; vite à la cellule.

Juliette. — Vite au bonheur suprême! honnête nourrice, adieu. (*Elles sortent.*)

SCÈNE VI.

La cellule du FRÈRE LAURENT.

Entrent LE FRÈRE LAURENT *et* ROMÉO.

Le frère Laurent. — Puissent les cieux sourire sur cet acte saint si favorablement, que l'avenir ne nous amène pas des chagrins pour nous en faire repentir.

Roméo. — *Amen! amen!* mais vienne quelque chagrin que ce soit, il ne peut contre-balancer l'échange de joies que sa vue me donne dans une seule courte minute. Unis seulement nos mains par la formule sainte, et puis que la mort meurtrière de l'amour fasse ce qu'elle voudra; c'est assez que je puisse l'appeler mienne.

Le frère Laurent. — Ces transports violents ont des fins violentes, et meurent dans leur triomphe, comme le feu et la poudre qui se consument dès qu'ils se baisent. Le plus doux miel est fastidieux par sa douceur même, et coupe l'appétit par sa saveur : aimez-vous donc modérément; c'est ainsi que font les longs amours : qui marche trop vite arrive aussi tard que qui marche trop lentement. — Voici venir la Dame. Oh certes, ce n'est pas un pied aussi léger qui usera jamais la durable pierre. Un amant pourrait marcher sur les toiles d'araignée qui se balancent mollement dans l'air gai de l'été, et cependant ne pas tomber, si légère est la vanité !

Entre JULIETTE.

Juliette. — Bonsoir à mon pieux confesseur.

Le frère Laurent. — Roméo te remerciera pour nous deux, ma fille.

Juliette. — Et je le remercierai à son tour pour nous deux, sans quoi ses remercîments ne seraient pas payés.

Roméo. — Ah ! Juliette, si ta joie doit se mesurer sur la mienne, et si tu as plus de ressources que moi pour la peindre, alors parfume de ton haleine l'air qui nous entoure, et que la riche musique de ta voix décrive l'image du bonheur que nos deux âmes reçoivent l'une par l'autre de cette chère entrevue.

Juliette. — L'âme plus riche en sentiments qu'en paroles, tire orgueil de sa nature, non de vains ornements : ceux qui peuvent compter leur fortune ne sont que des mendiants ; mais mon sincère amour a grandi avec un tel excès que je ne puis compter la moitié de la somme de mes richesses.

Le frère Laurent. — Venez, venez avec moi, et nous allons rapidement achever cette affaire ; car avec votre permission, vous ne resterez pas seuls, avant que la sainte église ait fait de vous une seule personne. (*Ils sortent.*)

ACTE III.

SCÈNE PREMIÈRE.
Une place publique.

Entrent MERCUTIO, BENVOLIO, UN PAGE, *et* DES VALETS.

BENVOLIO. — Je t'en prie, mon bon Mercutio, retirons-nous : la journée est chaude, les Capulets sont sortis dans la ville, et si nous les rencontrons, nous n'éviterons pas une querelle ; car par ces jours de canicule, le sang affolé se met vite en mouvement[1].

MERCUTIO. — Tu ressembles à un de ces camarades qui, lorsqu'ils entrent dans une taverne, commencent par déposer leur épée sur la table en disant : « Dieu veuille que je n'en aie pas besoin ! » et qui, dès que la seconde rasade opère, la tirent contre le garçon, lorsqu'en effet il n'en est aucun besoin.

BENVOLIO. — Est-ce que je suis un de ces hommes-là ?

MERCUTIO. — Allons, allons, tu es dans ton genre un bonhomme aussi emporté qu'il en soit en Italie, et tu es aussi facilement excité à la mauvaise humeur, que tu es facilement de mauvaise humeur d'être excité.

BENVOLIO. — Et quoi encore ?

MERCUTIO. — Parbleu ! s'il y avait deux personnes telles que toi, nous n'en aurions bientôt plus aucune des deux, car elles se tueraient mutuellement. Toi ! mais parbleu, tu vas te quereller avec un homme qui a dans sa barbe un poil de plus, ou un poil de moins que toi. Tu vas te quereller avec un homme qui casse des noix, sans autre raison sinon que tu as les yeux couleur de noisette : quel autre œil, qu'un œil comme celui-là, découvrirait là un sujet de querelle? Ta tête est aussi pleine de querelles qu'un œuf est plein de nourriture ; et cependant, à force de querelles, ta tête a été cassée comme un œuf qu'on a vidé. Tu t'es querellé avec un homme qui toussait dans la rue, parce qu'il avait réveillé ton chien qui dormait étendu au soleil. N'es-tu pas tombé sur un tailleur, parce qu'il portait son pourpoint neuf avant Pâques? sur un autre, parce qu'il attachait ses souliers neufs avec de vieux rubans? Et tu viens me sermonner sur le chapitre des querelles !

Benvolio. — Si j'étais aussi prompt à me quereller que toi, je céderais au premier venu la propriété pure et simple de ma vie pour une heure et quart d'existence.

Mercutio. — La propriété pure et simple? ô homme simple !

Benvolio. — Par ma tête, voici les Capulets.

Mercutio. — Par mes talons, je n'en ai souci.

Entrent TEBALDO *et autres.*

Tebaldo. — Suivez-moi de près, car je vais leur parler. — Bonjour, Messires : j'ai un mot à dire à l'un de vous.

Mercutio. — Rien qu'un mot à dire, et à un seul de nous encore? Ne pourriez-vous accoupler ce mot à quelque autre chose, et faire de cela un mot et une botte?

Tebaldo. — Vous m'y trouverez facilement disposé, Messire, si vous m'en donnez occasion.

Mercutio. — Ne pourriez-vous pas prendre cette occasion, sans que je vous la donne?

Tebaldo. — Mercutio, tu t'accordes avec Roméo....

Mercutio. — Je m'accorde! qu'est-ce à dire? Vas-tu nous prendre pour des ménétriers? si tu nous prends pour des ménétriers, attends-toi à ne rien entendre que des discordances : voici mon archet; voici qui vous fera danser. Qu'est-ce à dire, je m'accorde!

Benvolio. — Nous parlons ici dans un lieu public et fréquenté : retirons-nous dans quelque endroit particulier, ou bien expliquez-vous froidement sur vos griefs, ou bien séparons-nous ; ici tous les yeux nous regardent.

Mercutio. — Les yeux des gens furent faits pour regarder, qu'ils regardent donc; je ne bougerai pas pour faire plaisir à qui que ce soit, moi.

Tebaldo. — Bien, la paix soit avec vous, Messire! voici venir mon homme.

Entre ROMÉO.

Mercutio. — Mais je veux bien être pendu, Messire, s'il porte votre livrée : parbleu, précédez-le sur le terrain, il y sera votre *suivant ;* dans ce sens-là, Votre Honneur peut l'appeler son homme.

Tebaldo. — Roméo, je t'aime tant que je ne puis te l'exprimer avec plus de modération qu'en te disant : tu es un scélérat.

Roméo. — Tebaldo, j'ai des raisons de t'aimer qui modèrent singulièrement la colère qu'un pareil salut devrait soulever : je ne suis pas un scélérat ; adieu donc, je vois que tu ne me connais pas.

Tebaldo. — Bambin, cela ne peut excuser les injures que tu m'as faites; en conséquence, retourne-toi et dégaine.

Roméo. — Je déclare que je ne t'ai jamais fait injure, et je t'aime plus que tu ne peux l'imaginer; plus tard, tu connaîtras la raison de mon amour : ainsi, mon bon Capulet, — et ce nom je le tiens pour aussi cher que le mien propre, — tiens-toi pour satisfait.

Mercutio. — Ô calme, déshonnête, vile soumission! Messire de l'estocade reste maître du terrain! (*Il dégaine.*) Tebaldo, tueur de rats, voulez-vous faire un tour?

Tebaldo. — Que veux-tu de moi?

Mercutio. — Rien qu'une de vos neuf existences, mon

bon roi des chats; voilà ce dont je prétends m'emparer, et quant aux huit autres, je me réserve de les rosser à plate couture, selon votre conduite future à mon égard. Voulez-vous tirer votre épée de son étui par les oreilles? Dépêchez-vous, ou bien la mienne ira caresser vos oreilles, à vous, avant que la vôtre soit sortie.

Tebaldo. — Je suis votre homme. (*Il dégaine.*)

Roméo. — Cher Mercutio, remets ta rapière au fourreau.

Mercutio. — Allons, Messire, votre passade. (*Ils se battent.*)

Roméo. — Dégaine, Benvolio; force-les à baisser leurs épées. Par pudeur, gentilshommes, évitez ce scandale! — Tebaldo, — Mercutio, — le prince a expressément défendu les rixes dans les rues de Vérone. — Arrête, Tebaldo! — mon bon Mercutio.... (*Sortent Tebaldo et ses partisans.*)

Mercutio. — Je suis blessé. La peste soit de vos deux maisons! — J'ai mon compte : — et lui, est-ce qu'il est parti, et sans la moindre blessure?

Benvolio. — Comment! est-ce que tu es blessé?

Mercutio. — Oui, oui, une égratignure, une égratignure; mais parbleu, elle est suffisante. — Où est mon page? — Va, maraud, va me chercher un chirurgien. (*Sort le page.*)

Roméo. — Courage, ami; la blessure ne peut être dangereuse.

Mercutio. — Non, elle n'est pas aussi profonde qu'un puits, ni aussi large qu'un portail d'église; mais c'est égal, elle suffira. Venez me demander demain, et vous trouverez en moi un homme sérieux comme un cimetière [2]. Je suis poivré pour ce monde-ci, je vous le déclare : — la peste soit de vos deux maisons! — Mordieu, un chien, un rat, une souris, un chat, pourfendre ainsi un homme à mort! Un fanfaron, un coquin, un drôle qui se bat avec la précision de l'arithmétique [3]! Pourquoi diable vous êtes-vous mis entre nous deux? j'ai été blessé sous votre bras.

Roméo. — Ce que j'ai fait, je l'ai fait pour le mieux.

Mercutio. — Aide-moi à me traîner vers quelque maison, Benvolio, ou je vais m'évanouir : la peste soit de vos deux maisons ! elles ont fait de moi pâture pour les vers : j'en tiens, et solidement encore. — Ah ! vos maisons ! (*Sortent Mercutio et Benvolio.*)

Roméo. — Ce gentilhomme, le proche parent du prince, mon ami le plus cher, c'est pour moi qu'il a reçu cette blessure mortelle ; ma réputation est atteinte par l'outrage de Tebaldo, Tebaldo qui depuis une heure est mon cousin. — Ô douce Juliette, ta beauté m'a efféminé, et a émoussé en mon âme le tranchant du courage !

Entre BENVOLIO.

Benvolio. — Ô Roméo, Roméo, le brave Mercutio est mort ! Cette âme vaillante qui tout à l'heure méprisait trop prématurément la terre, vient de s'élancer vers les nuages.

Roméo. — La noire fatalité de cette journée s'étendra sur bien d'autres qui sont à venir : ce jour commence seulement le malheur, d'autres l'achèveront.

Benvolio. — Voici le furieux Tebaldo qui revient.

Roméo. — Vivant et triomphant ! et Mercutio tué ! Remonte au ciel, prudente mansuétude ; et toi, fureur à l'œil enflammé, sois maintenant mon guide !

Rentre TEBALDO.

Roméo. — A cette heure, Tebaldo, reprends le *scélérat* que tu m'as donné il y a un instant ; car l'âme de Mercutio est à peu de distance au-dessus de nos têtes, et attend que la tienne aille lui tenir compagnie : toi, ou moi, ou tous les deux, nous devons le rejoindre.

Tebaldo. — Misérable bambin, qui étais ici-bas son camarade, c'est toi qui vas aller le rejoindre.

Roméo. — Voici qui en décidera. (*Ils se battent ; Tebaldo tombe.*)

Benvolio. — Vite, Roméo, décampe ! les citoyens accourent, et Tebaldo est tué : — ne reste donc pas ainsi anéanti : — le prince va te condamner à mort, si tu es pris : — hors d'ici ! — fuis ! — vite, vite !

Roméo. — Oh ! je suis le plastron de la fortune !

Benvolio. — Pourquoi restes-tu ? (*Sort Roméo.*)

Entrent des citoyens.

Premier citoyen. — De quel côté s'est-il enfui, celui qui a tué Mercutio ? Tebaldo, ce meurtrier, de quel côté s'est-il enfui ?

Benvolio. — Le voici là couché, ce Tebaldo.

Premier citoyen. — Debout, Messire, venez avec moi ; je vous l'ordonne au nom du prince, obéissez.

Entrent le prince *avec sa suite*, MONTAIGU, CAPULET, leurs femmes, *et autres personnes.*

Le prince. — Où sont les scélérats qui ont commencé cette querelle ?

Benvolio. — Ô noble prince, je puis exposer toutes les phases malheureuses de cette fatale querelle : voici couché, tué par le jeune Roméo, l'homme qui avait tué ton parent, le brave Mercutio.

Madonna Capulet. — Tebaldo, mon neveu ! — Ô fils de mon frère ! Ô prince ! ô neveu ! ô mari ! le sang de mon cher neveu a été répandu ! — Prince, si tu es juste, paye notre sang versé, en faisant couler celui de Montaigu. — Oh, neveu, neveu !

Le prince. — Benvolio, qui a commencé cette sanglante querelle ?

Benvolio. — Tebaldo, ici étendu, tué par la main de Roméo. Roméo lui a parlé en bons termes, l'a supplié de réfléchir à l'insignifiance de la querelle, et lui a représenté quel serait votre haut déplaisir : tout cela exprimé d'une voix douce, avec de calmes regards, et en fléchissant humblement le genou, n'a pu amener à composition l'humeur querelleuse de Tebaldo, qui, sourd à la paix, n'a eu de cesse qu'il n'eût dirigé la pointe de son épée contre la poitrine du hardi Mercutio ; celui-ci, tout aussi chaud que lui, dirige pointe contre pointe meurtrière, et avec un courageux mépris s'efforce d'une main de repousser la froide mort, et de l'autre de la diriger contre Tebaldo dont la dextérité l'évite : Roméo crie à haute voix : « Arrêtez, amis! séparez-vous, amis! » et plus rapide que sa langue, son bras agile fait baisser leurs pointes fatales, en s'interposant entre eux; par-dessous son bras, un mauvais coup de Tebaldo va toucher la vie de l'intrépide Mercutio : Tebaldo s'est alors enfui; mais un instant après il est revenu trouver Roméo, chez qui la soif de la vengeance venait seulement de s'éveiller, et ils ont tiré leurs épées avec la promptitude de l'éclair; car avant que je pusse dégainer pour les séparer, le bouillant Tebaldo était déjà tué; dès qu'il fut tombé, Roméo tourna le dos et prit la fuite : si ce n'est pas là toute la vérité, que Benvolio meure tout de suite.

Madonna Capulet. — C'est un parent de Montaigu; l'affection le pousse à mentir, il ne dit pas la vérité : il y a eu vingt d'entre eux engagés dans ce sinistre combat, et il a fallu ces vingt individus pour mettre fin à une seule existence. Je demande la justice que tu dois accorder, prince; Roméo a tué Tebaldo, il ne doit pas être permis à Roméo de vivre.

Le prince. — Roméo l'a tué, et lui il avait tué Mercutio; qui doit maintenant payer le prix de son sang précieux?

Montaigu. — Ce n'est pas Roméo, prince, il était l'ami de Mercutio; sa faute consiste simplement à avoir exécuté ce que la loi aurait décidé, la mort de Tebaldo.

Le prince. — Et pour cette offense, nous l'exilons immédiatement de cette ville : je me trouve intéressé dans les faits et gestes de vos haines, mon sang a coulé pour vos féroces querelles; mais je vous condamnerai à une telle amende que vous vous repentirez tous de la perte que j'ai faite : je resterai sourd aux plaidoyers et aux excuses; ni larmes, ni prières ne rachèteront les violations de la loi; par conséquent, n'usez d'aucun de ces moyens : que Roméo parte d'ici en toute hâte, sinon l'heure où il sera découvert sera la dernière de sa vie. Emportez ce corps d'ici, et que notre volonté soit exécutée : la clémence qui pardonne aux assassins n'est qu'une meurtrière. (*Ils sortent.*)

SCÈNE II.

Un appartement dans la demeure de Capulet

Entre JULIETTE.

Juliette. — Galopez à pleine course vers le palais de Phœbus, coursiers aux pieds de flamme ; un cocher comme Phaéton vous aurait bien vite poussé vers l'occident, et nous ramènerait immédiatement la nuit sombre. Étends tes épais rideaux, ô nuit, prêtresse de l'amour, afin que tout regard errant soit aveugle, et que Roméo puisse sauter dans ces bras, sans qu'on le voie et qu'on en parle. Les amants y voient assez pour accomplir leurs rites amoureux à la lumière de leur propre beauté : d'ailleurs, si l'amour est aveugle, il s'accorde d'autant mieux avec la nuit. Viens, ô nuit complaisante, matrone aux vêtements sévères, habillée tout de noir, et apprends-moi comment on s'y prend pour perdre une partie engagée sur une paire de virginités immaculées : caché de ton noir manteau mon sang vierge qui s'effarouche sur mes joues (*a*), jusqu'à ce que le timide amour se soit assez enhardi pour regarder l'accomplissement du sincère amour comme un acte de simple pudeur. Viens, nuit ! viens, Roméo ! viens, toi qui seras le jour au sein de la nuit, car tu reposeras sur les ailes de la nuit plus blanc que la neige sur le dos d'un corbeau. Viens, nuit charmante ; viens, aimable nuit au front sombre, donne-moi mon Roméo : et lorsqu'il mourra, prends-le, et coupe-le en petites étoiles, et il rendra la face du ciel si brillante, que le monde entier s'éprendra de la nuit, et ne rendra plus aucun culte au gai soleil. Oh ! j'ai acheté le palais d'un amour, mais je n'en ai pas encore

---

(*a*) *Hood my unmanned blood bating in my cheeks*, mot à mot, encapuchonne mon sang sauvage (non apprivoisé), qui se débat dans mes joues. Juliette emprunte ici ses expressions au vocabulaire de la fauconnerie. Lorsqu'on voulait apprivoiser, *humaniser* un faucon, on l'enveloppait d'un chaperon dans lequel on le laissait se débattre jusqu'à ce qu'il fût rendu.

pris possession; et moi, bien que je sois vendue, je ne suis pas encore possédée : ce jour est pour moi aussi ennuyeusement long, qu'est longue la nuit qui précède une fête pour une impatiente enfant qui a de nouvelles robes et ne peut encore les porter. — Oh! voici ma nourrice, elle m'apporte des nouvelles; toute voix qui prononce seulement le nom de Roméo parle avec une céleste éloquence.

Entre LA NOURRICE *avec une échelle de cordes.*

JULIETTE. — Eh bien, nourrice, quelles nouvelles ? Qu'est-ce que tu as là? les cordes que Roméo t'avait ordonné d'aller chercher?

LA NOURRICE. — Oui, oui, les cordes. (*Elle les jette à terre.*)

JULIETTE. — Hélas de moi! quelles nouvelles m'apportes-tu? Qu'est-ce qui te fait tordre ainsi les mains?

LA NOURRICE. — Ah, malheureux jour! il est mort, il est mort, il est mort! Nous sommes perdues, Madame, nous sommes perdues! — Ah, malheureux jour! — Il est parti, il est mort, il est tué!

JULIETTE. — Le ciel peut-il être si envieux?

LA NOURRICE. — Roméo le peut, si le ciel ne le peut pas. — Ô Roméo, Roméo! qui jamais aurait pensé pareille chose? — Roméo!...

JULIETTE. — Quel diable es-tu pour me tourmenter ainsi? La torture que tu m'infliges suffirait pour faire rugir dans l'horrible enfer lui-même? Est-ce que Roméo s'est tué lui-même? dis seulement, oui, et cette simple syllabe m'empoisonnera mieux que l'œil meurtrier du basilic : je n'existe plus, si un tel *oui* a lieu d'exister (*a*), et s'ils sont fermés au jour ces yeux dont la nuit te fera me répondre *oui*. S'il est mort, dis-moi, oui; s'il ne l'est pas, dis-moi, non : que de courtes paroles décident de mon bonheur ou de mon malheur.

LA NOURRICE. — J'ai vu la blessure, je l'ai vue de mes yeux, — ah! Dieu nous protége! — là, sur sa robuste

(*a*) Juliette joue sur la syllabe I, je, moi, qui était l'ancienne orthographe du mot *ay*, oui.

poitrine. Un cadavre à faire pitié, un cadavre sanglant à faire pitié ; pâle, pâle comme les cendres, tout taché de sang, tout souillé de caillots de sang : — je me suis évanouie à sa vue.

Juliette. — Oh, brise-toi, mon cœur ! pauvre cœur à qui la vie fait banqueroute, brise-toi ! Emprisonnez-vous, mes yeux, et ne regardez plus en liberté ! Vile terre, retourne à la terre ; cesse aujourd'hui d'être animée, et qu'une même lourde bière vous enferme, toi et Roméo !

La nourrice. — Ô Tebaldo ! Tebaldo ! le meilleur ami que j'eusse ! Ô courtois Tebaldo ! honnête gentilhomme ! faut-il que j'aie assez vécu pour te voir mort !

Juliette. — Quelle est cette tempête qui souffle en directions si contraires ? Roméo est-il égorgé ? Tebaldo est-il mort ? mon bien-aimé cousin, et mon Seigneur plus aimé encore ? En ce cas, redoutable trompette, sonne le jugement dernier ! car qui donc existe, si ces deux-là ne sont plus ?

La nourrice. — Tebaldo est mort, et Roméo est banni ; Roméo qui l'a tué est banni.

Juliette. — Ô Dieu ! — est-ce que la main de Roméo a répandu le sang de Tebaldo ?

La nourrice. — Oui, oui : hélas, malheureux jour ! elle l'a répandu.

Juliette. — Ô cœur de serpent caché sous une face en fleurs ! jamais dragon habita-t-il une si belle caverne ? Beau tyran ! angélique démon ! corbeau aux plumes de colombe ! agneau à la rage de loup ! exécrable réalité sous la plus divine apparence ! exact contraire de ce que tu paraissais exactement ! saint damné ! honorable scélérat ! Ô nature, qu'avais-tu donc à démêler avec l'enfer, lorsque tu as installé une âme de démon dans le paradis mortel d'une chair si charmante ? Jamais livre contenant un texte si vil eut-il une si magnifique reliure ? Oh ! pourquoi faut-il que la fourberie habite dans un tel somptueux palais !

La nourrice. — Il n'y a pas de loyauté, de foi, d'honnêteté chez les hommes : tous des parjures, tous des menteurs, tous des rien du tout, tous des hypocrites. —

Ah! où est mon valet? Donnez-moi un peu d'eau-de-vie : — ces chagrins, ces douleurs, ces malheurs me vieillissent. Que la honte tombe sur Roméo!

Juliette. — Puisse ta langue se couvrir d'ampoules pour le souhait que tu formes! Il ne naquit pas pour la honte : la honte serait honteuse de s'asseoir sur son front; car c'est un trône où l'honneur peut être couronné monarque unique de la terre entière. Ah! quelle bête j'étais de gronder contre lui!

La nourrice. — Allez-vous bien parler de celui qui a tué votre cousin?

Juliette. — Parlerai-je mal de celui qui est mon époux? Ah! mon pauvre Seigneur, quelle langue caressera ton nom, puisque moi, ton épouse depuis trois heures, j'ai pu le blesser? Mais pourquoi, vilain, as-tu tué mon cousin? Ce vilain cousin, il est vrai, aurait voulu tuer mon époux : retournez, folles larmes, retournez à la source d'où vous êtes sorties; c'est à la douleur que vous devez offrir votre tribut liquide, et par méprise, vous l'offrez à la joie. Il vit mon époux que Tebaldo aurait voulu tuer; il est mort, Tebaldo qui aurait voulu tuer mon époux : tout cela est heureux; pourquoi donc est-ce que je pleure alors? Il y a eu un mot, pire que la mort de Tebaldo, qui m'a poignardé : oh, que je voudrais l'oublier! Mais, hélas! il pèse sur ma mémoire d'un poids aussi lourd qu'un crime damnable sur la conscience d'un pécheur : « Tebaldo est mort, et Roméo est banni; » ce mot *banni*, ce seul mot, *banni*, équivaut à la mort de dix mille Tebaldos. La mort de Tebaldo était un assez grand malheur, la fatalité pouvait s'arrêter là : ou bien, si l'âpre malheur aime à marcher en compagnie, et veut absolument être associé à d'autres chagrins, pourquoi, lorsqu'elle a eu dit : Tebaldo est mort, n'a-t-elle pas fait suivre cette nouvelle de cette autre : ton père est mort, ou ta mère est morte, ou tous les deux sont morts? cela m'eût arraché les gémissements ordinaires. Mais cette nouvelle qui est venue à l'arrière-garde de la mort de Tebaldo : *Roméo est banni!* Oh! dans ce seul mot, père, mère, Tebaldo, Roméo, Juliette, tous disparaissent; par ce seul mot, tous sont égorgés! *Roméo est banni!* il n'y a pas de fin, de limites, de mesure, de bornes, dans la puissance de mort de ce mot : il n'y a pas de mots capables de rendre le son de ce malheur. — Où sont mon père et ma mère, nourrice?

La nourrice. — Pleurant et sanglotant sur le cadavre de Tebaldo : voulez-vous venir les trouver? je vais vous conduire près d'eux.

Juliette. — Qu'ils lavent ses blessures de leurs larmes; quand leurs yeux seront secs, mes larmes seront aussi épuisées, mais c'est pour le bannissement de Roméo que je les aurai versées. Enlève ces cordes : — pauvres cordes, vous êtes trompées; nous sommes trompées, vous et moi, car Roméo est exilé : il vous avait prises comme une route pour monter à mon lit; mais moi, vierge, je meurs vierge veuve. Venez, cordes; viens, nourrice; je vais à mon lit nuptial; que la mort, et non Roméo, prenne ma virginité!

La nourrice. — Allez dans votre chambre : je vais aller chercher Roméo pour qu'il vous console; je sais parfaitement où il est. Écoutez-moi, votre Roméo sera ici cette nuit : je vais aller le trouver; il est caché dans la cellule de frère Laurent.

Juliette. — Oh, trouve-le! donne cet anneau à mon fidèle chevalier, et recommande-lui de venir prendre son dernier adieu. (*Elles sortent.*)

SCÈNE III.

La cellule du FRÈRE LAURENT.

Entre LE FRÈRE LAURENT.

Le frère Laurent. — Sors, Roméo; viens ici, malheureux : la douleur s'est éprise de tes perfections, et tu es marié à la calamité.

Entre ROMÉO.

Roméo. — Père, quelles nouvelles? quelle est la sentence du prince? quelle douleur qui m'est encore inconnue demande à faire ma connaissance?

Le frère Laurent. — Ces tristes visites-là ne sont que trop familières à mon cher fils. Je t'apporte les nouvelles de la sentence du prince.

Roméo. — La sentence du prince équivaut à la sentence de mort, n'est-ce pas?

Le frère Laurent. — Ses lèvres ont laissé tomber une plus douce sentence; ce n'est pas la mort du corps, mais le bannissement du corps.

Roméo. — Ah! le bannissement? Sois clément, dis la mort; car l'exil est pour moi bien plus terrible à contempler que la mort : ne dis pas le bannissement.

Le frère Laurent. — Tu es banni d'ici, de Vérone : prends patience, le monde est vaste et grand.

Roméo. — En dehors des murs de Vérone, le monde n'existe pas; il n'existe que le purgatoire, la torture, l'enfer lui-même. Être exilé d'ici, c'est être exilé du monde, et l'exil du monde s'appelle la mort: le bannissement est donc la mort mal nommée : en appelant la mort bannissement, tu coupes ma tête avec une hache d'or, et tu souris au coup qui m'assassine.

Le frère Laurent. — Ô péché mortel! Ô grossière ingratitude! nos lois appellent la mort sur ta faute; mais le bon prince, prenant ton parti, a fait rebrousser chemin à la loi, et changé en exil la mort au nom sinistre : c'est clémence affectueuse, et tu ne le vois pas.

Roméo. — C'est torture, et non clémence : le ciel est ici où vit Juliette : le moindre chat, le moindre chien, la plus petite souris, l'être le plus insignifiant, vivent ici dans le ciel, puisqu'ils peuvent la contempler; mais Roméo ne le peut pas. — Les mouches immondes jouissent de plus de biens réels, d'un sort plus heureux, de plus de priviléges, que Roméo; elles peuvent se poser sur ce miracle de blancheur, la main de ma chère Juliette, elles peuvent dérober un immortel bonheur à ses lèvres qui, dans leur pudeur virginale et pure, conservent une perpétuelle rougeur, comme si elles croyaient que leurs propres baisers sont péché : voilà les trésors vers lesquels peuvent *voler* les mouches, et dont il faut que je m'envole (a); ce qu'elles font, Roméo ne peut le faire ; il est banni. Et tu me dis encore que l'exil n'est pas la mort ? N'avais-tu pour me tuer aucune potion empoisonnée, aucun couteau bien affilé, aucun genre de mort soudaine, aussi bas fût-il, au lieu de ce mot *banni! Banni ?* Ô frère, les damnés se servent de ce mot en enfer, les hurlements l'accompagnent : comment as-tu le cœur, étant un prêtre, un pieux confesseur, un homme qui absout les péchés, et mon ami déclaré, de m'égorger avec ce mot *banni ?*

Le frère Laurent. — Jeune fou passionné, écoute-moi un instant.

Roméo. — Oh ! tu vas me parler encore de bannissement.

Le frère Laurent. — Je te donnerai une armure pour te garder contre ce mot; la philosophie, doux lait de l'adversité, te consolera, quoique banni.

Roméo. — Encore ce *banni !* — Arrière la philosophie ! A moins que la philosophie ne puisse faire une Juliette, changer de place une ville, casser le jugement d'un prince, elle ne m'est d'aucun secours, d'aucune utilité ; ne m'en parle pas davantage.

Le frère Laurent. — Oh ! je vois bien maintenant que les fous n'ont pas d'oreilles.

Roméo. — Comment en auraient-ils, lorsque les sages n'ont pas d'yeux?

Le frère Laurent. — Laisse-moi discuter avec toi ta situation.

Roméo. — Tu ne peux parler de ce que tu ne sens pas : si tu étais jeune comme moi, si Juliette était ta bien-aimée, si tu n'étais marié que depuis une heure, si Te-

---

(a) Le jeu de mots dans le texte porte sur le mot *fly,* qui signifie à la fois mouche et s'enfuir baldo avait été tué par toi, si tu étais éperdu d'amour comme moi, et si tu étais banni comme moi, alors tu pourrais parler, alors tu pourrais arracher tes cheveux, et tomber à terre, comme je le fais en ce moment, pour y prendre la mesure d'une fosse non encore creusée. (*On frappe à la porte.*)

Le frère Laurent. — Leve-toi, on frappe ; mon bon Roméo, cache-toi.

Roméo. — Moi, non, à moins que la vapeur des sanglots de mon cœur malade, m'enveloppant comme un nuage, ne me dérobe à la recherche des yeux. (*On frappe de nouveau.*)

Le frère Laurent. — Écoute comme on frappe ! — Qui est là ? — Lève-toi, Roméo ; tu vas te faire prendre. — Attendez un instant ! — Relève-toi (*on frappe encore*) : cours à mon cabinet d'étude. — Tout à l'heure. — Volonté de Dieu ! quel entêtement est-ce là ! — J'y vais, j'y vais ! (*On frappe encore.*) Qui donc frappe si fort ? d'où venez-vous ? que voulez-vous ?

La nourrice, *du dehors.* — Laissez-moi entrer, et vous connaîtrez l'objet de mon message ; je viens de la part de Madame Juliette.

Le frère Laurent. — En ce cas, soyez la bienvenue.

Entre la NOURRICE.

La nourrice. — Ô révérend frère, oh ! dites-moi, révérend frère, où est le Seigneur de Madame, où est Roméo ?

Le frère Laurent. — Ici à terre, ivre de ses propres larmes.

La nourrice. — C'est juste le cas de ma maîtresse, juste son cas !

Le frère Laurent. — Ô lamentable sympathie ! douloureuse conformité de situation !

La nourrice. — C'est justement comme ça qu'elle est couchée, sanglotant et pleurant, pleurant et sanglotant. — Relevez-vous, relevez-vous ; relevez-vous, si vous êtes un homme : au nom de Juliette, par amour pour elle, relevez-vous, et tenez-vous droit ; pourquoi vous laisser tomber dans un si grand désespoir[4] ?

ROMÉO. — Nourrice !

LA NOURRICE. — Ah, Messire ! ah, Messire ! — Bon, la mort est la fin de tout.

ROMÉO. — Parlais-tu de Juliette? Comment prend-elle les choses? Ne me regarde-t-elle pas comme un vieux meurtrier, maintenant que j'ai souillé l'enfance de notre amour d'un sang si proche du sien? Où est-elle? que fait-elle? que dit celle qui est mon épouse secrète en face de notre amour brisé?

LA NOURRICE. — Ô Messire, elle ne dit rien, mais elle pleure et pleure; puis elle tombe sur son lit, puis elle se relève en sursaut, et appelle Tebaldo; puis elle crie après Roméo, et elle retombe encore.

ROMÉO. — Tout comme si ce nom pareil à une balle lancée par le canon mortel d'un fusil l'assassinait, de même que la main maudite de celui qui porte ce nom a assassiné son parent. — Oh! dis-moi, frère, dis-moi, dans quelle vile partie de cette charpente corporelle mon nom loge-t-il? dis-le-moi, afin que je puisse saccager cet odieux palais de mon être. (*Il tire son épée.*)

LE FRÈRE LAURENT. — Retiens ta main désespérée : es-tu un homme? Ton aspect crie que tu en es un; mais tes larmes sont d'une femme, et tes actes insensés dénotent la déraisonnable fureur d'une bête. Ô femme déguisée sous l'apparence d'un homme! ou, pour mieux dire, bête féroce sous l'apparence humaine! Tu m'as épouvanté : par mon saint ordre, j'aurais cru que ton âme était mieux équilibrée. Après avoir tué Tebaldo, vas-tu te tuer toi-même? vas-tu tuer aussi cette Dame qui vit de ta vie, en commettant contre toi-même un acte damné de haine? Pourquoi maudis-tu ta naissance, le ciel, et la terre? naissance, terre, et ciel, se rencontrent en toi tous les trois, et tu voudrais les perdre tous trois à la fois. Fi, fi! tu outrages ta beauté, ton amour, ton esprit; ces biens abondent en toi, et, semblable à un usurier, tu détournes chacun d'eux du légitime usage qui pourrait le mieux orner ta beauté, ton amour, ton esprit. Ta noble forme n'est qu'une image de cire puisqu'elle fait divorce d'avec la force morale de l'homme : ton cher amour que tu as juré n'est qu'un creux parjure, puisqu'il veut tuer cette bien-aimée que tu as fait vœu de chérir : ton esprit, cet ornement de la beauté et de l'amour, dénaturé par la conduite des deux autres, pareil à la poudre contenue dans la giberne d'un soldat inexpérimenté, est enflammé par ta propre ignorance, et tu te mutiles avec tes propres moyens de défense[5]. Allons, relève-toi, jeune homme ! elle vit, cette Juliette, pour l'amour de laquelle tu étais comme mort il y a peu de temps ; eh bien, tu es heureux de ce côté-là. Tebaldo voulait te tuer, c'est toi qui as tué Tebaldo ; tu es encore heureux par là. La loi qui te menaçait de mort, s'est montrée ton amie, et a changé la mort en exil ; tu es encore heureux en cela. Il te pleut sur la tête une averse de bénédictions ; le bonheur te fait la cour dans son plus bel accoutrement ; mais, pareil à une fillette malapprise et boudeuse, tu fais la moue à ta fortune et à ton amour. Prends garde, prends garde, car les hommes qui agissent ainsi meurent misérables. Va, rends-toi auprès de ta bien-aimée, comme cela avait été décidé, monte dans sa chambre, va la consoler ; mais fais attention à ne pas rester jusqu'à l'heure où l'on aposte la garde, car alors tu ne pourrais pas sortir pour aller à Mantoue, où tu dois vivre, jusqu'à ce que nous trouvions une occasion de révéler votre mariage, de réconcilier vos parents, d'implorer le pardon du prince, et de te rappeler deux millions de fois plus heureux que tu ne seras parti malheureux. — Marche devant, nourrice : porte mes saluts à ta maîtresse, et recommande-lui d'envoyer de bonne heure tout son monde au lit, chose à laquelle le lourd chagrin ne les dispose que trop : Roméo va se rendre à votre logis.

La nourrice. — Ô Seigneur, j'aurais pu passer toute la nuit à écouter ces bons conseils : oh, quelle chose c'est que l'instruction ! — Monseigneur, je vais dire à Madame que vous viendrez.

Roméo. — Fais, et recommande à ma chérie de se préparer à me gronder.

La nourrice. — Voici, Messire, un anneau qu'elle m'a recommandé de vous donner, Messire. Dépêchez-vous, faites hâte, car il commence à se faire vraiment tard. (*Sort la nourrice.*)

Roméo. — Comme mon courage vient d'être ranimé par ce don !

Le frère Laurent. — Pars, bonne nuit, et songe aux conditions d'où dépend tout votre bonheur ; — ou bien sauve-toi avant que la garde prenne ses postes, ou bien pars d'ici déguisé avec le point du jour : réside à Mantoue ; je saurai dénicher ton domestique ; et, de temps à autre, il te portera avis de chaque incident heureux qui vous adviendra ici. Donne-moi ta main, il se fait tard : adieu ; bonne nuit.

Roméo. — Si une joie sans égale ne m'appelait pas, ce me serait une douleur de me séparer si brusquement de toi. Adieu. (*Ils sortent.*)

SCÈNE IV.

Un appartement dans la maison de Capulet.

Entrent CAPULET, Madonna CAPULET *et* PARIS.

Capulet. — Les choses ont tourné si malheureusement, Messire, que nous n'avons pas eu un instant pour presser notre fille. Voyez-vous, elle aimait tendrement son cousin Tebaldo, et ainsi faisais-je ; — bon, nous sommes nés pour mourir. — Il est très-tard, elle ne descendra pas ce soir. Je vous promets que sans votre compagnie, il y a une heure que je serais au lit.

Paris. — Les jours où le malheur nous visite ne sont pas ceux des visites d'amour. Bonne nuit, Madame, recommandez-moi à votre fille.

Madonna Capulet. — Je le ferai, et demain, de bonne heure, je connaîtrai ses dispositions ; ce soir elle est enfermée avec son chagrin.

Capulet. — Messire Paris, je vous réponds hardiment

de l'amour de ma fille. Je crois qu'elle se laissera à tous égards diriger par moi; bien mieux, je n'en doute pas. Femme, allez la voir avant de vous mettre au lit. Informez-la de l'amour de mon fils Pâris, et avertissez-la, vous me comprenez bien, que mercredi prochain.... mais doucement ! quel jour sommes-nous ?

Pâris. — Lundi, Monseigneur.

Capulet. — Lundi ! Ah, ah ! bon, mercredi est trop proche, ce sera pour jeudi; jeudi donc, dites-lui qu'elle sera mariée à ce noble comte. Serez-vous prêt? cette promptitude vous convient-elle ? Nous ne ferons pas grande fête ; un ami ou deux : — car, voyez-vous, Tebaldo ayant été tué si récemment, on penserait que nous tenions peu à lui, tout notre parent qu'il était, si nous faisions trop d'étalage : par conséquent, nous aurons une demi-douzaine d'amis, et voilà tout. Mais que dites-vous de jeudi ?

Pâris. — Monseigneur, je voudrais que jeudi fût demain.

Capulet. — Bon, je vous congédie : — ce sera pour jeudi alors. — Vous, allez trouver Juliette avant de vous mettre au lit; préparez-la à ce jour de mariage, femme. Adieu, Monseigneur. De la lumière dans ma chambre, holà ! Par ma foi, il est tellement tard que nous pouvons dire qu'il est de bon matin : — bonne nuit. (*Ils sortent.*)

SCÈNE V.

La chambre de Juliette.

Entrent ROMÉO *et* JULIETTE.

Juliette. — Veux-tu donc partir? le jour est loin encore : c'était le rossignol, et non l'alouette, dont le chant a percé ton oreille craintive ; il chante la nuit sur ce grenadier là-bas : crois-moi, mon amour, c'était le rossignol[6].

Roméo. — C'était l'alouette, le héraut du matin, et non

le rossignol : regarde, bien-aimée, ces jalouses bandes de lumière qui dans le ciel d'orient enlacent les nuages qui voudraient se séparer : les flambeaux de la nuit sont consumés, et le jour joyeux pose la pointe de son pied sur la crête des montagnes brumeuses. Il me faut partir et vivre, ou rester et mourir.

Juliette. — Cette lumière là-bas n'est pas la lumière du jour, je le sais bien, moi : c'est quelque météore que le soleil exhale pour te servir cette nuit de torche, et t'éclairer pendant ta route vers Mantoue : reste donc encore, tu n'as pas besoin de partir.

Roméo. — Que je sois pris, que je sois mis à mort, j'en suis heureux, si tu le veux ainsi. Je dirai volontiers que cette lueur grise là-bas n'est pas l'œil du matin, mais le pâle reflet du front de Cynthia ; je dirai que ce n'est pas l'alouette dont les notes élevées frappent la voûte du ciel, si haut au-dessus de nos têtes : j'ai plus désir de rester que je n'ai envie de partir. Viens, mort, et sois la bienvenue ! Juliette le veut ainsi. — Qu'en dis-tu, mon âme ? causons, il n'est pas encore jour.

Juliette. — C'est le jour, c'est le jour ; pars, fuis d'ici, vite, vite ! C'est l'alouette qui chante ainsi hors de ton des mélodies âprement discordantes et des notes suraiguës. Il y a des gens qui disent que l'alouette fait de beaux accords ; cela n'est pas, puisqu'elle nous sépare : d'autres disent que l'alouette et l'odieux crapaud échangent leurs yeux [7] ; oh ! que je voudrais qu'ils eussent aussi échangé leurs voix, puisque cette voix nous arrache avec frayeur aux bras l'un de l'autre, et te chasse d'ici par ses fanfares en l'honneur du jour [8]. Oh ! pars maintenant, la lumière croît de plus en plus.

Roméo. — Plus grandit la lumière, plus s'augmentent les ténèbres de nos malheurs !

Entre LA NOURRICE.

La nourrice. — Madame !
Juliette. — Nourrice ?

La nourrice. — Madame votre mère se rend à votre chambre : le jour s'est levé ; soyez prudente, faites attention. (*Elle sort.*)

Juliette. — Alors, fenêtre, laisse entrer le jour, et laisse sortir ma vie.

Roméo. — Adieu, adieu ! Un baiser, et je descends. (*Il descend.*)

Juliette. — Es-tu donc parti ainsi? mon Seigneur! mon amour! mon époux! mon ami! Il faut que tu me fasses savoir de tes nouvelles, chaque jour, à toutes les heures, car dans une minute il y a bien des jours : oh! à ce compte, comme je serai vieille avant de revoir mon Roméo!

Roméo. — Adieu! je ne laisserai échapper aucune occasion qui pourra te porter mes saluts, ma bien-aimée

Juliette. — Oh! penses-tu que nous nous revoyons jamais?

Roméo. — Je n'en doute pas, et tous ces malheurs serviront de thèmes à de douces conversations dans nos jours à venir.

Juliette. — Ô Dieu! mon âme est pleine de pressentiments de malheur! Il me semble, maintenant que tu es si bas, que je te vois comme un mort dans le fond d'une tombe : ou mes yeux me trompent, ou tu parais pâle.

Roméo. — Et crois-moi, mon amour, c'est ainsi que tu parais à mes yeux : le chagrin altéré boit notre sang. Adieu, adieu! (*Il sort.*)

Juliette. — Ô fortune, fortune! tous les hommes t'appellent inconstante : si tu es inconstante, que fais-tu donc avec lui, qui est renommé pour sa fidélité? Sois inconstante, fortune; car alors j'espère que tu ne le garderas pas longtemps, mais que tu me le renverras bien vite.

Madonna Capulet, *de l'intérieur.* — Eh, fillette, êtes-vous levée?

Juliette. — Qui appelle? Est-ce Madame ma mère? Comment n'est-elle pas encore couchée si tard, ou comment est-elle levée si matin? Quelle cause exceptionnelle l'amène ici?

Entre Madonna CAPULET.

Madonna Capulet. — Eh bien, comment allez-vous, Juliette ?

Juliette. — Madame, je ne suis pas bien.

Madonna Capulet. — Toujours pleurant pour la mort de votre cousin ? Crois-tu donc que le flot de tes larmes va l'emporter hors de son tombeau ? et si cela t'était possible, tu ne pourrais pas néanmoins le faire revivre ; ainsi console-toi : le chagrin à certaine dose prouve beaucoup d'affection ; mais à trop forte dose, il prouve toujours quelque faiblesse d'esprit.

Juliette. — Laissez-moi cependant pleurer une perte si sensible.

Madonna Capulet. — Cela vous fera sentir la perte, mais ne vous rendra pas l'ami que vous pleurez.

Juliette. — Sentant aussi vivement la perte, je ne puis point ne pas pleurer éternellement l'ami.

Madonna Capulet. — Bon, ma fille, ce qui cause tes larmes, c'est moins de le savoir mort, que de savoir vivant le scélérat qui l'a tué.

Juliette. — Quel scélérat, Madame ?

Madonna Capulet. — Ce scélérat de Roméo.

Juliette. — Scélérat et lui sont à bien des lieues de distance. Dieu lui pardonne ! Je lui pardonne de tout mon cœur, et cependant il n'est pas sur terre un homme qui afflige plus mon cœur.

Madonna Capulet. — C'est parce que ce traître meurtrier vit toujours.

Juliette. — Oui, Madame, hors de l'atteinte de ces mains-ci. Oh ! que je voudrais être seule chargée de venger la mort de mon cousin !

Madonna Capulet. — Nous en tirerons vengeance, ne crains rien : par conséquent, ne pleure plus. J'enverrai à Mantoue, où réside ce proscrit vagabond, quelqu'un qui lui administrera une potion extraordinaire par le moyen de laquelle il ira bientôt tenir compagnie à Tebaldo ; j'espère que tu seras contente alors.

Juliette. — En vérité, je ne serai jamais contente au sujet de Roméo, avant de le contempler.... mort; — mon pauvre cœur est-il assez torturé pour un parent[9]? Madame, si vous pouviez trouver un homme pour porter un poison, je le préparerais ; si bien que Roméo, après l'avoir pris, sommeillerait bientôt en paix. Oh! comme mon cœur abhorre de l'entendre nommer, — et comme j'ai peine de ne pouvoir m'approcher de lui — pour satisfaire l'amour que je portais à mon cousin Tebaldo sur la personne de son meurtrier !

Madonna Capulet. — Trouve les moyens, et moi je trouverai l'homme. Mais j'ai à t'apprendre de joyeuses nouvelles, ma fille.

Juliette. — La joie vient bien à propos, car nous en avons grand besoin. Quelles sont ces nouvelles? Je vous prie de me les dire, Madame.

Madonna Capulet. — Va, va, tu as un père qui t'aime bien, enfant ; un père qui pour te tirer de ta tristesse, vient de te ménager soudainement un jour de joie, que tu n'attendais pas et que je ne prévoyais point.

Juliette. — Cela tombe bien, Madame; et qu'est-ce que ce jour-là ?

Madonna Capulet. — Pardi, mon enfant, jeudi prochain dans la matinée, ce jeune, brave et noble gentilhomme, le comte Pâris, aura le bonheur de faire de toi, à l'église de Saint-Pierre, une joyeuse épouse.

Juliette. — Eh bien, par l'église de Saint-Pierre et par saint Pierre lui-même, il n'y fera nullement de moi une joyeuse épouse. Je m'étonne de cette précipitation, et qu'il me faille me marier, avant que celui qui doit être mon mari m'ait fait la cour. Je vous en prie, Madame, dites à mon Seigneur et père que je ne veux pas me marier encore ; et quand je me marierai, ce sera à Roméo, que vous savez que je hais, plutôt qu'à Pâris, je vous le jure : — voilà en effet des nouvelles !

Madonna Capulet. — Voici venir votre père ; dites-lui cela vous-même, et vous allez voir comment il va le prendre.

ACTE III, SCÈNE V.

Entrent CAPULET *et* LA NOURRICE.

CAPULET. — Lorsque le soleil se couche, la terre distille de la rosée; mais pour le coucher de soleil du fils de mon frère, il pleut à pleins seaux. — Eh bien, qu'est-ce? nous voilà changée en fontaine, fillette? Comment, toujours en larmes? toujours pleurant par ondées? Ma foi, dans ta petite personne, tu représentes à la fois, la barque, la mer et le vent; car dans tes yeux, que je puis appeler une mer, monte et descend sans cesse une marée de larmes; la barque qui navigue au milieu de ce flot salé est ton corps; les vents sont tes soupirs; et soupirs et larmes luttant ensemble de violence, sans un seul moment de calme, finiront par faire naufrager ton corps battu de la tempête. Eh bien, femme, lui avez-vous annoncé ce que nous avons décidé!

MADONNA CAPULET. — Oui, Messire; mais elle ne veut pas de mari, elle vous remercie. Je voudrais que la sotte fût mariée à son tombeau!

CAPULET. — Doucement! donnez-moi le temps, donnez-moi le temps de bien vous comprendre, femme. Comment est-ce qu'elle dit qu'elle ne veut pas de mari? est-ce qu'elle nous remercie? est-ce qu'elle est fière à ce point? est-ce qu'elle ne s'estime pas heureuse, tout indigne qu'elle en est, que nous lui ayons trouvé pour fiancé un si digne gentilhomme?

JULIETTE. — Je ne suis pas fière, en effet, que vous ayez trouvé ce mari, mais je vous en suis reconnaissante: je ne pourrai jamais être fière de ce que je déteste; mais je serai toujours reconnaissante d'une chose odieuse faite avec intention d'amour.

CAPULET. — Eh bien, qu'est-ce à dire, qu'est-ce à dire, Mademoiselle la logicienne [10]? qu'est-ce que cela signifie? Qu'est-ce que ces *fière* et non *fière*, et ces *je vous remercie* et *je ne vous remercie pas*? Mignonne, Mademoiselle, veuillez ne me donner ni de vos *remercîments*, ni de vos *fiertés*, mais préparez vos jolies jambes à se rendre jeudi prochain, à l'église de Saint-Pierre, avec Pâris, ou je t'y traînerai sur une claie, moi. Qu'est-ce à dire, carogne chlorotique! coquine! figure de suif[13]!

Madonna Capulet. — Fi, fi! Comment donc! êtes-vous fou?

Juliette. — Mon bon père, je vous en conjure à genoux, ayez la patience de m'entendre vous dire un seul mot.

Capulet. — Va te faire pendre, jeune coquine! désobéissante drôlesse! Je t'en avertis, aie soin d'aller à l'église jeudi, ou ne me regarde jamais plus en face : ne parle pas, ne réplique pas, ne me réponds pas; les doigts me démangent. Femme, nous nous regardions comme peu en grâce auprès de Dieu, parce qu'il ne nous avait envoyé que ce seul enfant; mais maintenant je vois que c'était encore un de trop, et qu'en la recevant, nous avons reçu une malédiction. Qu'elle aille au diable, la misérable!

La nourrice. — Le Dieu du ciel la bénisse! Vous avez tort, Monseigneur, de la traiter ainsi.

Capulet. — Et pourquoi cela, Madame la Sagesse? Tenez votre langue en bride, ma bonne Madame Prudence; allez bredouiller avec vos commères, allez.

La nourrice. — Je ne dis rien de mal.

Capulet. — Ah parbleu, je vous demande bien pardon!

La nourrice. — Est-ce qu'on ne peut pas dire un mot?

Capulet. — Paix, sotte marmotteuse! allez faire vos graves réflexions en buvant avec vos commères, nous n'en avons pas besoin ici.

Madonna Capulet. — Vous êtes trop vif.

Capulet. — Hé, sainte hostie! cela me rend fou. Comment de jour et de nuit, à toute heure, en tout temps, en toute circonstance, pendant le travail, pendant le plaisir, seul, en compagnie, je n'aurai eu qu'une seule pensée, son mariage; et maintenant que je lui ai trouvé un gentilhomme de noble famille, de belle fortune, jeune, de noble éducation, étoffé comme on dit de toutes sortes d'honorables qualités, fait comme on désirerait qu'un homme fût fait, il me faut entendre une misérable sotte pleurnicheuse, une poupée[12] geignante qui fait la petite bouche devant sa fortune, me répondre « je ne veux pas me marier » — « je ne puis aimer » — « je suis trop jeune » — « je vous en prie, pardonnez-moi ! » — Certes, si vous ne voulez pas vous marier, je vous pardonnerai : vous irez chercher pâture où vous voudrez, vous n'habiterez pas avec moi. Réfléchissez-y, et soyez avertie, je n'ai pas l'habitude de plaisanter. Jeudi est proche ; consultez votre cœur et prenez un parti : si vous êtes mienne, je vous donnerai à mon ami ; si vous ne voulez pas être mienne, allez vous faire pendre, mendiez, crevez de faim, mourez dans les rues, car sur mon âme, je ne te reconnaîtrai jamais plus, et je te réponds que rien de ce qui m'appartient ne te fera du bien. Compte là-dessus, et fais tes réflexions en conséquence ; je ne me rétracterai pas. (*Il sort.*)

JULIETTE. — Oh ! n'est-il pas un Dieu compatissant siégeant sur les nuages pour voir jusqu'au fond de ma douleur ? Ô ma douce mère, ne me repoussez pas ! Retardez ce mariage d'un mois, d'une semaine, ou sinon faites mon lit nuptial dans ce sombre monument où dort Tebaldo.

MADONNA CAPULET. — Ne me parle pas, car je ne dirai pas un mot : fais ce que tu voudras, car j'en ai fini avec toi. (*Elle sort.*)

JULIETTE. — Ô Dieu ! — Ô nourrice ! comment peut-on empêcher cela ? Mon époux est sur terre, mon serment est au ciel ; comment ce serment pourrait-il revenir sur la terre, à moins que mon époux ne me l'envoie du ciel en quittant la terre ? — Aide-moi, conseille-moi. — Hélas ! hélas ! faut-il que le ciel soumette à ses épreuves un être aussi faible que moi ! — Que dis-tu ? n'as-tu pas une parole de joie ? Donne-moi quelque moyen de sortir d'embarras, nourrice.

LA NOURRICE. — Ma foi, voici ce qu'il faut faire. Roméo est banni, et il y a l'univers à parier contre rien, qu'il n'osera jamais venir vous réclamer ; ou, s'il le fait, il faudra que ce soit en se cachant. Puisque les choses sont dans l'état où nous les voyons maintenant, je crois que ce qu'il a de mieux à faire est de vous marier avec le comte. Oh! c'est un aimable gentilhomme! Roméo est un torchon de vaisselle à côté de lui; un aigle, Madame, n'a pas un œil aussi vert, aussi vif, aussi beau, que celui de Pâris. Malepeste, je vous juge fort heureuse dans ce second mariage, car il est fort supérieur au premier; d'ailleurs, quand il ne le serait pas, votre premier mari est mort, ou il vaudrait autant qu'il fût mort, puisqu'il ne vous sert à rien, vous vivant ici.

JULIETTE. — Parles-tu du fond de ton cœur?

LA NOURRICE. — Et du fond de mon âme aussi, ou qu'ils soient tous les deux maudits.

JULIETTE. — *Amen!*

LA NOURRICE. — Quoi?

JULIETTE. — Bon, tu m'as merveilleusement consolée. Rentre, et dis à Madame ma mère, qu'ayant eu le malheur de déplaire à mon père, je suis sortie pour aller à la cellule de frère Laurent me confesser et chercher l'absolution.

LA NOURRICE. — Pardi, c'est ce que je vais faire, et c'est sagement agir. (*Elle sort.*)

JULIETTE. — Ô vieille damnée! démon très-pervers! y a-t-il un péché plus grand à me conseiller le parjure, qu'à déprécier mon Seigneur avec cette même langue qui l'a tant de fois déclaré au-dessus de toute comparaison? Va, donneuse de conseils, toi et mon cœur feront deux désormais. Je vais aller trouver le frère pour savoir quel remède il peut me donner; et après cela, si tout me manque, j'ai moi-même le pouvoir de mourir. (*Elle sort.*)

fermée, viens pleurer avec moi : pas d'espérance, pas de remède, pas de secours !

Le frère Laurent. — Ah ! Juliette, je connais déjà ton chagrin, et il me tourmente à me faire perdre la tête : j'apprends que tu dois — et rien ne peut retarder cet événement — être mariée jeudi prochain à ce comte.

Juliette. — Ne me dis pas, frère, que tu as appris ce malheur, si tu ne peux me dire comment je puis le prévenir : si, dans ta sagesse, tu ne peux me donner de secours, eh bien, dis-moi seulement que ma résolution est sagesse, et je vais immédiatement me donner secours avec ce couteau. Dieu a joint mon cœur à celui de Roméo, toi tu as joint nos mains ; et avant que cette main par toi scellée à Roméo signe un autre contrat, ou que mon cœur, traîtreusement révolté, se tourne vers un autre, cette arme-là réduira main et cœur à l'impuissance de la mort. Que ta vieille et longue expérience me donne donc quelque conseil immédiat, ou sinon, vois, ce couteau meurtrier va décider entre ma situation désespérée et moi ; il me servira d'arbitre, puisque l'autorité de tes années et de ta science n'aura pas su m'ouvrir une issue véritablement honorable. Ne sois pas si long à parler ; je brûle de mourir, si ce que tu as à me dire ne me parle pas de remède.

Le frère Laurent. — Arrête, ma fille : j'aperçois une sorte d'espérance qui, pour se réaliser, demande une exécution aussi désespérée qu'est désespérée l'action que nous voudrions prévenir. Si, plutôt que de te marier au comte Pâris, tu as la force de volonté de te tuer toi-même, il est probable que tu auras le courage d'entreprendre, pour repousser loin de toi cette honte, une chose qui ressemble à la mort, toi qui ne crains pas d'affronter la mort pour échapper à ce que tu redoutes ; si tu as ce courage, je te donnerai un remède.

Juliette. — Oh ! plutôt que d'épouser Pâris, ordonne-moi de sauter du haut des remparts de la tour là-bas, ou de marcher dans les sentiers où rôdent les voleurs ; ordonne-moi de me glisser là où se tiennent les serpents ; enchaîne-moi avec des ours rugissants ; ou enferme-moi de nuit dans un charnier comble jusqu'au faîte d'os de morts au cliquetis sec, de membres en putréfaction, et de crânes jaunes et chauves ; ordonne-moi de descendre dans une fosse nouvellement creusée, et de m'ensevelir avec un homme mort sous le même linceul, toutes choses qui, en les entendant raconter, m'ont souvent fait trembler, et je les entreprendrai sans trouble et sans hésitation pour rester l'épouse sans tache de mon doux bien-aimé.

Le frère Laurent. — Tiens bon, alors ; retourne au logis, sois gaie, consens à épouser Pâris. Demain est mercredi ; demain soir, fais en sorte de coucher seule, ne laisse pas ta nourrice coucher avec toi dans ta chambre : prends cette fiole, une fois que tu seras au lit, et bois la liqueur distillée qu'elle contient : aussitôt à travers toutes tes veines courra une froide et assoupissante humeur ; ton pouls ne gardera plus ses mouvements réguliers, mais il s'arrêtera ; nul souffle, nulle chaleur n'attesteront que tu vis ; les roses de tes joues et de tes lèvres se changeront en couleurs de cendres pâles ; les rideaux de tes yeux tomberont, comme ils tombent lorsque la mort éteint la lumière de la vie ; chacun de tes membres, privé de souplesse et de liberté, froid, roide, immobile, paraîtra comme mort : tu resteras quarante-deux heures sous cette apparence trompeuse d'une mort figée, et ensuite tu te réveilleras comme d'un agréable sommeil. Maintenant, lorsque le fiancé viendra au matin pour te faire lever de ton lit, on t'y trouvera morte ; et alors, comme c'est la coutume de notre pays, vêtue de ta plus belle toilette, le corps à découvert sur ta bière [2], on te portera à cet ancien caveau, où est ensevelie toute la race des Capulets. En même temps, et avant que tu te réveilles, Roméo recevra avis par mes lettres de notre stratagème ; il viendra ici : tous deux ensemble nous épierons ton réveil, et cette même nuit Roméo t'emmènera à Mantoue. Ce moyen te délivrera de cette honte présente, si aucune inconstance puérile, ni aucune frayeur de femmelette, ne font broncher ton courage au moment de l'exécution.

JULIETTE. — Donne, donne ! Ô ne me parle pas de crainte !

LE FRÈRE LAURENT. — Tiens ; pars, sois forte dans cette résolution, et heureuse dans ses conséquences : j'enverrai à Mantoue, avec mes lettres pour ton Seigneur, un frère qui fera toute diligence.

JULIETTE. — Amour, donne-moi courage ! et le courage m'apportera secours. Adieu, cher père ! (*Ils sortent.*)

SCÈNE II.

Une salle dans la maison de CAPULET.

Entrent CAPULET, MADONNA CAPULET, LA NOURRICE, *et* DES VALETS.

CAPULET. — Invite autant de convives qu'il y en a là d'inscrits. (*Sort un premier valet.*) Maraud, va me retenir vingt cuisiniers habiles.

SECOND VALET. — Vous n'en aurez aucun de mauvais, Messire, car je les mettrai à l'épreuve pour savoir s'ils peuvent lécher leurs doigts.

CAPULET. — Comment cela peut-il les mettre à l'épreuve ?

SECOND VALET. — Parbleu, Messire, c'est un mauvais cuisinier celui qui ne peut pas lécher ses doigts[3] ; par conséquent celui qui ne peut pas lécher ses doigts, ne viendra pas en ma compagnie.

CAPULET. — Allons, va-t'en. (*Sort le second valet.*) Nous serons vraiment bien au dépourvu pour cette circonstance. — Eh bien, est-ce que ma fille est allée trouver frère Laurent ?

LA NOURRICE. — Oui, ma foi.

CAPULET. — Bon, peut-être aura-t-il la chance de lui faire quelque bien : la coquine, elle est maussade et têtue.

La nourrice. — Voyez, la voici qui revient toute gaie du confessionnal.

Entre JULIETTE.

Capulet. — Eh bien, Mademoiselle l'entêtée, où est-ce que vous êtes allée courir?

Juliette. — En un lieu où j'ai appris à me repentir du péché d'opposition désobéissante à votre personne et à vos projets. Il m'a été enjoint par le pieux Laurent de tomber à vos pieds, et d'implorer votre pardon : — pardonnez-moi, je vous en conjure! désormais je me laisserai toujours diriger par vous.

Capulet. — Envoyez chercher le comte; apprenez-lui ce qui vient de se passer : je veux que le nœud de cette alliance soit noué demain matin.

Juliette. — J'ai rencontré le jeune Seigneur à la cellule de Laurent, et je lui ai donné toutes les marques d'affection décente que je pouvais lui montrer sans sortir des bornes de la réserve.

Capulet. — Bon, je suis heureux de cela; c'est bien, levez-vous; les choses sont comme elles devaient être. Faites-moi venir le comte; eh oui, dis-je, allez parbleu, et amenez-le ici. Vraiment, je le déclare devant Dieu, toute notre ville a de grandes obligations à ce pieux et révérend frère.

Juliette. — Nourrice, voulez-vous venir avec moi dans mon cabinet, m'aider à choisir les ornements nécessaires que vous jugerez de mise pour ma toilette de demain?

Madonna Capulet. — Non pas avant jeudi; nous avons le temps d'ici là.

Capulet. — Accompagne-la, nourrice : — nous irons à l'église demain. (*Sortent Juliette et la Nourrice.*)

Madonna Capulet. — Nous serons bien à court pour nos provisions; il est maintenant presque nuit.

Capulet. — Bah! je vais mettre mes gens en train, et tout marchera bien, je te le garantis, femme : va trouver Juliette, aide-la à préparer sa toilette; je ne me coucherai pas cette nuit : laisse-moi seul; je veux pour cette fois jouer le personnage de ménagère. — Holà, hé! — Ils sont tous dehors : bon, je vais sortir moi-même pour aller trouver le comte Pâris, et le préparer à la journée de demain : j'ai le cœur étonnamment léger maintenant que cette fillette égarée est rentrée dans le droit sentier. (*Ils sortent.*)

SCÈNE III.

La chambre de JULIETTE.

Entrent JULIETTE *et* LA NOURRICE.

JULIETTE. — Oui, cette toilette est celle qui convient le mieux : — mais, gentille nourrice, je t'en prie, laisse-moi seule avec moi-même cette nuit ; car j'ai besoin d'adresser au ciel bien des oraisons pour l'engager à sourire à ma situation, qui, comme tu le sais, est pénible et pleine de péchés.

Entre MADONNA CAPULET.

MADONNA CAPULET. — Eh bien, êtes-vous encore occupées, eh? avez-vous besoin de mon aide?

JULIETTE. — Non, Madame; nous avons choisi les objets essentiels qui seront convenables pour notre toilette de demain : s'il vous plaît, veuillez maintenant me laisser seule, et emmenez la nourrice coucher dans votre chambre cette nuit; car, j'en suis sûre, vous avez plein les mains de choses à faire, dans ce si soudain événement.

MADONNA CAPULET. — Bonne nuit! mets-toi au lit, et repose-toi, car tu en as besoin. (*Sortent Madonna Capulet et la Nourrice.*)

JULIETTE. — Adieu! — Dieu sait quand nous nous reverrons. Il court dans mes veines un petit frisson de crainte, qui glace presque en moi la chaleur de la vie : je vais les rappeler afin de me rassurer. — Nourrice! — mais que ferait-elle ici? il faut absolument que je joue seule ma scène lugubre. — Viens, fiole. — Mais quoi, si ce breuvage n'agissait pas du tout? serai-je donc mariée demain matin? Non, non, voici qui s'y opposerait : repose ici, toi[4]. (*Elle pose un poignard à côté d'elle.*) Mais si c'était un poison que le frère m'a subtilement remis pour me faire mourir, dans la crainte de se déshonorer par ce mariage, puisqu'il m'a déjà mariée à Roméo? Je crains que ce ne soit du poison : et cependant, j'en suis sûre, cela ne se peut pas, car il a de tout temps été reconnu pour un saint homme. Je ne veux pas accueillir une aussi mauvaise pensée. Et qu'arrivera-t-il si, lorsque je serai dans la tombe, je me réveille avant l'heure où Roméo viendra me délivrer? voilà une possibilité terrible! Ne serai-je pas alors suffoquée dans le caveau dont la bouche infecte ne livre passage à aucun air salubre, et n'y mourrai-je pas étouffée avant que mon Roméo vienne? Ou si je vis, n'est-il pas très-probable que l'horrible sensation de la mort et de la nuit associée à la terreur du lieu, — ce caveau, cet ancien sépulcre, où depuis tant de centaines d'années se sont entassés les os de tous mes ancêtres ensevelis, où le sanglant Tebaldo, encore fraîchement en terre, se putréfie dans son linceul, où, dit-on, les esprits reviennent à certaines heures de la nuit.... hélas, hélas, n'est-il pas probable que me réveillant avant l'heure, au milieu d'odeurs infectes et de cris pareils à ceux de la mandragore arrachée de terre qui font devenir fous les vivants qui les entendent[5].... oh! si je me réveille alors, est-ce que je ne perdrai pas la raison, environnée comme je le serai de toutes ces terreurs hideuses? Et, alors en proie à la folie, ne serai-je pas capable de jouer avec les ossements de mes pères, d'arracher de son cercueil le sanglant Tebaldo, et au milieu de cette frénésie, me servant de l'os de quelque arrière-ancêtre, comme d'une massue, de briser ma tête en délire? Oh! est-ce que je rêve? il me semble que je vois le spectre de mon cousin cherchant Roméo qui lui traversa le corps de sa rapière : — arrête, Tebaldo, arrête! — Je viens, Roméo! c'est pour toi que je bois ceci. (*Elle se jette sur son lit.*)

SCÈNE IV.

Une salle dans la demeure de CAPULET.

Entrent Madonna CAPULET *et* LA NOURRICE.

Madonna Capulet. — Tiens, prends ces clefs, et va me chercher d'autres épices, nourrice.

La nourrice. — Ils demandent des dattes et des coings dans l'office des pâtissiers.

Entre CAPULET.

Capulet. — Allons, remuons-nous, remuons-nous, remuons-nous ! le coq a chanté pour la deuxième fois ; la cloche du beffroi[6] a sonné, il est trois heures. — Veille aux pâtés, ma bonne Angelica : n'épargne pas la dépense.

La nourrice. — Allez donc, tatillon, allez vous mettre au lit, voyons ; sur ma foi, vous serez malade demain pour avoir veillé cette nuit.

Capulet. — Non, pas un brin ; parbleu, j'ai veillé bien d'autres fois des nuits entières pour de moindres causes, et je n'ai jamais été malade.

Madonna Capulet. — Oui, vous avez été un chasseur de souris dans votre temps ; mais je vous garderai contre de semblables veilles maintenant. (*Sortent Madonna Capulet et la Nourrice.*)

Capulet. — Oh la jalouse ! oh la jalouse !

Entrent des valets, *avec des broches, des bûches et des paniers.*

Capulet. — Eh bien, mon garçon, qu'est-ce là ?

Premier valet. — Des choses pour le cuisinier, Messire ; mais je ne sais ce que c'est.

Capulet. — Faites hâte, faites hâte. — (*Sort le premier valet.*) Maraud, va chercher des bûches plus sèches ; appelle Pierre, il te montrera où elles sont.

Second valet. — J'ai un *chef*, Messire, capable de

trouver des bûches sans avoir besoin d'importuner Pierre pour cela. (*Il sort.*)

Capulet. — Par la messe, voilà qui est bien dit! Un joyeux coquin, ma foi! nous t'installerons *chef* des bûches. — Sur ma foi, il est jour : le comte sera ici sous peu avec des musiciens, car il m'a dit qu'il en amènerait. (*On entend de la musique.*) Je l'entends; il est tout près. — Nourrice! — Femme! — Holà! — Eh, Nourrice, dis-je!

Rentre LA NOURRICE.

Capulet. — Va réveiller Juliette, va, et aide-la à faire sa toilette; moi je vais aller causer avec Pâris : — dépêche-toi, fais hâte, fais hâte! le fiancé est arrivé déjà : fais hâte, dis-je! (*Ils sortent.*)

SCÈNE V.

La chambre de Juliette. Juliette est étendue sur son lit.

Entre LA NOURRICE.

La nourrice. — Maîtresse! — Eh, maîtresse! — Juliette! — Elle dort solidement, je lui en réponds. — Hé, agneau! — hé, Madame! — fi, petite dormeuse! — Hé, dis-je, ma chérie! — Madame! — mon cher cœur! — Hé, fiancée! — Quoi, pas un mot? — Vous prenez vos avances de sommeil maintenant; dormez pour une semaine, car la nuit prochaine, le comte Pâris est bien décidé à jouer avec vous une partie qui vous laissera peu dormir. Dieu me pardonne, bons saints du paradis, comme elle dort! Il faut absolument que je l'éveille : — Madame, Madame, Madame! Oui, laissez le comte vous surprendre dans votre lit; il va vous éveiller en sursaut, ma foi : c'est ce qui va arriver, ma foi! — Comment, habillée! et avec vos parures! vous vous êtes donc levée et recouchée! Il faut absolument que je vous éveille. Madame! Madame! Madame! — Hélas! hélas! — Au secours! au secours! Madame est morte! — Oh! quel malheur! pourquoi suis-je née — Un peu d'eau-de-vie, holà! — Monseigneur! Madame!

Entre Madonna CAPULET.

Madonna Capulet. — Quel est ce bruit?
La nourrice. — O lamentable jour!
Madonna Capulet. — Qu'y a-t-il?
La nourrice. — Regardez, regardez! Ô malheureux jour!
Madonna Capulet. — Hélas! hélas! — Mon enfant, ma vie unique, ranime-toi, rouvre les yeux, ou je vais mourir avec toi! — Au secours, au secours! — appelle du secours.

Entre CAPULET.

Capulet. — Morbleu, faites donc descendre Juliette; son époux est venu.
La nourrice. — Elle est morte, trépassée, elle est morte; hélas, malheureux jour!
Madonna Capulet. — Hélas, malheureux jour! elle est morte, elle est morte, elle est morte!
Capulet. — Ah! laissez-moi la voir : — hélas! elle est froide; son sang s'est arrêté; ses articulations sont roides : la vie a depuis longtemps quitté ses lèvres : la mort est étendue sur elle, comme une gelée hors de saison sur la plus douce fleur de toute la campagne.
La nourrice. — Ô lamentable jour!
Madonna Capulet. — Ô heure malheureuse!
Capulet. — La mort, qui l'a enlevée d'ici pour me faire gémir, noue ma langue et ne me permet pas de parler.

Entrent le frère LAURENT *et* PARIS *avec des* musiciens.

Le frère Laurent. — Allons, la fiancée est-elle prête à aller à l'église?
Capulet. — Prête à y aller, mais à en revenir, jamais plus : ô mon fils, la nuit qui précédait ton mariage, le

trépas a couché avec ta fiancée : vois, la voici étendue, fleur comme elle était, déflorée par lui. Le trépas est mon gendre, le trépas est mon héritier ; il a épousé ma fille ! je vais mourir, et lui tout laisser ; vie et biens, tout cela appartient au trépas.

Paris. — Ai-je donc tant aspiré à voir se lever ce jour pour qu'il me donnât un pareil spectacle ?

Madonna Capulet. — Ô jour maudit, malheureux, odieux, lamentable ! Ô heure la plus misérable qu'ait jamais vue le temps dans le cours de son éternel pèlerinage ! N'avoir qu'une enfant, une pauvre enfant, une pauvre enfant chérie, n'avoir qu'elle pour joie et consolation, et la cruelle mort vient l'enlever à mes yeux !

La nourrice. — Ô malheur ! Ô malheureux, malheureux, malheureux jour ! Ô jour lamentable ! le plus déplorable jour que j'aie jamais, jamais contemplé encore ! Ô jour ! ô jour ! ô jour ! ô jour odieux ! Fut-il jamais un jour si noir que celui-là ! Ô malheureux jour ! ô malheureux jour !

Paris. — Trompé, divorcé, outragé, méprisé, assassiné ! Ô très-détestable mort, tu m'as trompé et ruiné, cruelle, cruelle que tu es ! Ô amour ! ô vie ! vie, non, mais amour au sein de la mort !

Capulet. — Méprisé, dépouillé, haï, martyrisé, tué ! Ô temps implacable, pourquoi es-tu venu à cette heure assassiner, assassiner notre fête ? — Ô mon enfant ! ô mon enfant ! mon âme, et non mon enfant ! es-tu donc morte ? Hélas ! mon enfant est morte, et avec mon enfant mes joies sont ensevelies !

Le frère Laurent. — Paix, de grâce, paix ! Le remède aux choses lamentables n'est pas dans ces lamentations. Le ciel et vous possédiez en commun cette belle vierge ; maintenant le ciel l'a tout entière, et son sort n'en est que plus heureux. Vous ne pouviez pas protéger la part que vous aviez d'elle contre la mort ; mais le ciel conserve la part qu'il avait d'elle dans la vie éternelle. Le but que vous poursuiviez avant tout était son élévation ; son élévation était votre ciel à vous : et maintenant, est-ce que vous allez pleurer parce qu'elle est élevée au-dessus des nuages, aussi haut que le ciel lui-même? Oh! votre amour aime si mal votre enfant, que son bonheur suprême vous rend fous : celle qui est bien mariée, n'est pas celle qui vit mariée longtemps; mais elle est la mieux mariée, celle qui meurt jeune mariée. Séchez vos larmes; semez le romarin sur ce beau corps[7], et selon la coutume, portez-la à l'église, dans ses plus beaux atours. Quoique la folle nature nous invite tous à pleurer, les larmes de la nature sont cependant un objet de pitié pour la raison.

CAPULET. — Toutes les choses que nous avions ordonnées pour la joie, changeant d'office, prendront un caractère funèbre; nos instruments sont changés en cloches mélancoliques, notre fête nuptiale devient une triste fête des funérailles; nos hymnes solennels sont changés en sombres glas de mort, nos fleurs de fiançailles vont servir pour un ensevelissement, et toutes choses sont transformées en leurs contraires.

LE FRÈRE LAURENT. — Rentrez, Messire, — et vous, Madame, rentrez avec lui; — allez, vous aussi, Messire Pâris; — que chacun se prépare à suivre ce beau corps à son tombeau : les cieux vous regardent avec courroux pour quelque péché; ne les irritez pas davantage en contrariant leur souveraine volonté. (*Sortent Capulet, Madonna Capulet, Pâris et le Frère.*)

PREMIER MUSICIEN. — Sur ma foi, nous pouvons fermer nos flûtes dans leurs étuis, et partir.

LA NOURRICE. — Mes honnêtes braves garçons, oui fermez-les, fermez-les; car vous le voyez, les choses sont dans un triste état. (*Elle sort.*)

PREMIER MUSICIEN. — Oui, sur ma foi, les choses auraient fort besoin d'être raccommodées

Entre PIERRE.

PIERRE. — Musiciens, holà, musiciens : l'air de *gaieté du cœur*, s'il vous plaît, *gaieté du cœur*; si vous voulez que je revive, jouez-moi *gaieté du cœur*.

PREMIER MUSICIEN. — Pourquoi *gaieté du cœur?*

Pierre. — Ô musiciens, parce que mon cœur joue de lui-même, « *mon cœur est plein de douleur* [8] : » oh, jouez-moi quelque joyeuse *complainte* pour me consoler.

Premier musicien. — Nous ne jouerons pas de complainte ; ce n'est pas l'heure de jouer maintenant.

Pierre. — Vous ne voulez donc pas ?

Premier musicien. — Non.

Pierre. — Alors, je m'en vais vous en donner solidement.

Premier musicien. — Que vas-tu nous donner ?

Pierre. — Pas de l'argent, sur ma foi, mais du violonneux ; je vous donnerai du ménétrier.

Premier musicien. — En ce cas, moi, je vous donnerai du domestique.

Pierre. — En ce cas, je vous appliquerai la rapière du domestique sur votre caboche. Je ne veux pas de ces *anicroches* : je vous donnerai du *ré*, je vous donnerai du *fa*; *notez-vous* bien qui je suis ?

Premier musicien. — Si vous nous donnez du *ré*, et si vous nous donnez du *fa*, c'est vous qui nous notez.

Second musicien. — Je vous en prie, rengainez votre rapière et dégainez votre esprit.

Pierre. — Allons, en garde, c'est mon esprit qui va vous attaquer ! Je vais rengainer la lame de mon poignard, et vous battre comme il faut avec la lame de mon esprit. — Répondez-moi comme des hommes [9] :

Lorsque le chagrin poignant torture le cœur,
Et que les plaintes douloureuses oppressent l'âme [9],
Alors la musique avec ses sons d'argent....

Pourquoi *sons d'argent ?* pourquoi *la musique avec ses sons d'argent ?* Que répondez-vous, Simon Chanterelle ?

Premier musicien. — Pardi, Monsieur, parce que l'argent a un doux son.

Pierre. — Joli ! et que dites-vous, vous, Hugues Rebec ?

Second musicien. — Je dis que la musique a un son d'argent, parce que les musiciens jouent pour de l'argent.

Pierre. — Joli aussi! et vous, que dites-vous, Jacques du Son?

Troisième musicien. — Ma foi, je ne sais quoi dire.

Pierre. — Oh, je vous demande pardon; vous êtes le chanteur : je parlerai pour vous. Voici : — la musique a un son d'argent, parce que des gaillards tels que vous ont rarement de l'or pour jouer :

Alors la musique avec ses sons d'argent
Nous relève avec un prompt secours.
(*Il sort en chantant.*)

Premier musicien. — Quel drôle infect cela fait!

Deuxième musicien. — Pendu soit-il, le Pierrot! Venez, nous allons rentrer : attendons les pleureurs, et restons pour le dîner. (*Ils sortent.*)

ACTE V.

SCÈNE PREMIÈRE.

Mantoue. — Une rue.

Entre ROMÉO.

Roméo. — Si je puis croire que les yeux du sommeil voient juste, mes rêves me présagent que quelque joyeux événement est proche. Le maître de mon cœur (a) est gaiement assis sur son trône, et, tout aujourd'hui, un entrain inaccoutumé n'a cessé de me soulever de terre

(a) Le maître de mon cœur, c'est-à-dire l'amour.

avec des pensées riantes. J'ai rêvé que ma Dame venait et me trouvait mort (étrange rêve que celui qui permet à un homme mort de penser!), et qu'elle a insufflé par ses baisers une telle vie à travers mes lèvres que je revivais et que j'étais un empereur. Hélas! quelle n'est pas la douceur de l'amour possédé, lorsque les ombres seules de l'amour sont si riches en joies!

Entre BALTHAZAR.

Roméo. — Des nouvelles de Vérone! — Eh bien, qu'y a-t-il, Balthazar? Est-ce que tu ne m'as pas apporté des lettres du frère? Comment va ma Dame? mon père va-t-il bien? Comment va Madame Juliette? je te le demande encore; car si elle va bien, rien ne va mal.

Balthazar. — En ce cas, rien ne va mal, car elle est bien; son corps sommeille dans le monument des Capulets, et la partie immortelle d'elle-même vit avec les anges. Je l'ai vu déposer dans le caveau de ses ancêtres, et j'ai fait immédiatement toute diligence pour venir vous le dire : oh! pardonnez-moi de vous apporter ces mauvaises nouvelles, puisque vous m'avez chargé vous-même de cet office, Messire.

Roméo. — En est-il ainsi? alors, je vous défie, étoiles! — Tu connais mon logement : procure-moi de l'encre et du papier, et loue-moi des chevaux de poste; je partirai d'ici ce soir.

Balthazar. — Je vous en conjure, Messire, prenez patience; votre aspect est pâle et égaré, et me fait craindre quelque malheur.

Roméo. — Bah, tu te trompes : laisse-moi, et fais ce que je t'ordonne de faire. N'as-tu pas de lettres pour moi de la part du frère?

Balthazar. — Non, mon bon Seigneur.

Roméo. — Peu importe : pars, et va me louer ces chevaux; je te rejoins immédiatement. (*Sort Balthazar.*) Bien, Juliette, je coucherai à tes côtés cette nuit. Voyons les moyens. — Ô mal! comme tu es prompt à entrer dans les pensées des hommes désespérés! Je me rappelle un apothicaire, — il habite dans ces environs, — que j'ai remarqué dernièrement triant des simples, en vêtements déchirés et d'une mine sombre : il avait l'air affamé, l'âpre misère l'avait rongé jusqu'aux os : au plafond de sa pauvre boutique pendaient une tortue, un alligator empaillé, et autres peaux de poissons monstrueux; sur les rayons étaient placés quelques misérables boîtes vides, des pots de terre verts, des vessies, des graines moisies, des restes de ficelle, de vieux gâteaux de rose, tout cela maigrement épars, pour faire montre. En remarquant cette pénurie, je me dis en moi-même, — si un homme avait besoin d'un poison dont la vente est punie de mort à Mantoue, ici demeure un misérable manant qui le lui vendrait. Oh! cette pensée-là n'a fait que devancer mon besoin présent, et cet homme besoigneux me vendra le poison. Si j'ai bonne mémoire, voici là sa maison : comme c'est jour de fête, la boutique du mendiant est fermée. — Holà, ho! apothicaire!

Entre L'APOTHICAIRE.

L'APOTHICAIRE. — Qui appelle si haut?

ROMÉO. — Viens ici, l'ami. — Je vois que tu es pauvre; tiens, voilà quarante ducats : procure-moi une dose de poison, un poison si rapide, que dès qu'il se sera répandu à travers ses veines, le malheureux fatigué de la vie qui l'aura pris, tombe mort, et que son âme soit renvoyée de son corps aussi violemment que la poudre rapide, une fois enflammée, se précipite hors des entrailles du fatal canon.

L'APOTHICAIRE. — J'ai de telles mortelles drogues, mais il y a peine de mort à Mantoue pour celui qui découvre qu'il en a.

ROMÉO. — Quoi! tu es si nu et si misérable, et tu as peur de mourir! La famine loge dans tes joues, le besoin et le malheur jeûnent dans tes yeux, le mépris et la mendicité pendent sur ton dos, ni le monde, ni les lois du monde ne te sont amis : le monde ne promulgue pas de lois qui puissent te faire riche; par conséquent, cesse d'être pauvre, viole la loi, et prends cet or.

L'APOTHICAIRE. — C'est ma pauvreté qui consent, non ma volonté.

ROMÉO. — Je paye ta pauvreté, et non ta volonté.

L'APOTHICAIRE. — Placez ceci dans n'importe quel liquide que vous voudrez, et buvez-le; eussiez-vous la force de vingt hommes, cela vous dépêcherait immédiatement.

ROMÉO. — Voici ton or; l'or est pour les âmes des hommes un pire poison, et qui accomplit plus de meurtres dans ce monde exécrable, que ces pauvres drogues-ci que tu n'as pas permission de vendre. C'est moi qui te vends du poison, tu ne m'en as vendu aucun. Adieu : achète de la nourriture, et tâche de te faire de la chair. — Viens, cordial, et non poison, viens avec moi au tombeau de Juliette; car c'est là que je ferai usage de toi. (*Ils sortent.*)

SCÈNE II.

La cellule du FRÈRE LAURENT

Entre LE FRÈRE JEAN.

LE FRÈRE JEAN. — Révérend frère en saint François! frère, holà !

Entre LE FRÈRE LAURENT.

LE FRÈRE LAURENT. — Cette voix doit être celle du frère Jean. — Sois le bienvenu à ton retour de Mantoue : que dit Roméo? ou bien, s'il a préféré m'écrire ses intentions, donne-moi sa lettre.

LE FRÈRE JEAN. — J'étais allé à la recherche d'un frère déchaussé appartenant à notre ordre, qui était à visiter les malades dans la ville, pour qu'il me servît de compagnon de route[1], et au moment où je le rencontrais, les agents de salubrité de la ville, soupçonnant que nous nous trouvions dans une maison où régnait une peste contagieuse, ont fermé les portes, et n'ont pas voulu nous laisser sortir; en sorte que mon voyage pour Mantoue a été empêché.

Le frère Laurent. — En ce cas, qui a porté ma lettre à Roméo?

Le frère Jean. — Je n'ai pu l'envoyer, — la voici, — ni me procurer un messager pour la porter, tant ils avaient peur de l'infection.

Le frère Laurent. — Malheureux contre-temps! Par mon saint ordre, cette lettre n'était pas insignifiante, mais contenait des choses de grande et précieuse importance; il peut arriver de graves accidents de ce qu'elle n'a pas été remise. Frère Jean, sors, va me chercher un levier de fer, et porte-le immédiatement dans ma cellule.

Le frère Jean. — Frère, je vais aller le chercher et te l'apporter. (*Il sort.*)

Le frère Laurent. — Il faut donc que j'aille seul au monument; d'ici à trois heures la belle Juliette se réveillera; elle me grondera beaucoup de ce que Roméo n'a pas eu avis de ces événements : mais j'écrirai derechef à Mantoue, et je la garderai dans ma cellule jusqu'à l'arrivée de Roméo. Pauvre corps vivant, enfermé dans la tombe d'un mort! (*Il sort.*)

SCÈNE III.

Un cimetière. Le monument des Capulets.

Entrent PARIS *et son* page *portant des fleurs et une torche.*

Paris. — Donne-moi ta torche, enfant : pars d'ici, et tiens-toi à distance; — cependant, non, éteins-la, car je ne voudrais pas être vu. Couche-toi tout de ton long sous ces ifs qui sont là-bas, et pose ton oreille contre la terre sonore; le terrain de ce cimetière est tellement ébranlé et peu solide, tant on y a creusé de fosses, qu'il ne se peut qu'on y fasse un pas sans que le bruit t'en arrive : dans ce cas-là, donne un coup de sifflet, pour me prévenir que tu entends quelqu'un qui approche. Donne-moi ces fleurs : fais ce que je te dis, va.

Le page, *à part.* — J'ai presque peur de rester seul dans ce cimetière ; cependant je vais essayer de faire bonne contenance. (*Il se retire.*)

Paris. — Douce fleur, je sème de fleurs ton lit nuptial, dont le dais, ô malheur ! est poussière et pierres ; chaque nuit, je viendrai l'arroser d'une eau parfumée, ou à son défaut, des larmes distillées par mes sanglots. Les obsèques que je veux célébrer pour toi, seront de venir chaque nuit semer ta tombe de fleurs et pleurer. (*Le page siffle.*) L'enfant me donne le signal que quelqu'un approche. Quel est le pied maudit qui foule ce soir ce sentier, et qui vient ainsi contrarier mes cérémonies et mes rites de fidèle amour ? Comment ! avec une torche ! Couvre-moi de ta cape quelques instants, ô nuit. (*Il se retire.*)

Entrent ROMÉO *et* BALTHAZAR *avec une torche, une pioche, etc.*

Roméo. — Donne-moi cette pioche, et la barre de fer pour soulever. Tiens, prends cette lettre ; demain matin, de bonne heure, aie soin de la remettre à mon Seigneur et père. Donne-moi la lumière : quelque chose que tu entendes ou que tu voies, je t'ordonne sur ta vie de rester à l'écart et de ne pas m'interrompre dans mes actions. Si je descends dans ce lit de la mort, c'est d'abord pour contempler le visage de ma Dame ; mais surtout, pour enlever de sa main morte un précieux anneau, un anneau auquel je veux donner un cher emploi : ainsi donc, pars, va-t'en : — mais si soupçonneux, tu reviens pour épier ce que je serai en train de faire, par le ciel, je te couperai en morceaux, et je sèmerai de tes membres ce cimetière affamé d'existences : la situation et les pensées de mon âme sont frénétiques, plus féroces et bien autrement inexorables que les tigres à jeun ou la mer mugissante.

ACTE V, SCÈNE III.

Balthazar. — Je vais partir, Messire, et je ne vous troublerai pas.

Roméo. — En cela, tu me montreras ton amitié : prends ce que voici : vis, et sois heureux ; adieu, mon bon garçon.

Balthazar. — Malgré sa recommandation, je vais me cacher aux alentours ; ses regards me font peur, et je me méfie de ses intentions. (*Il se retire.*)

Roméo. — Détestable bouche, gouffre de mort, qui t'es gorgé du mets le plus précieux de la terre, voici comment je force à s'ouvrir tes mâchoires pourries. (*Il ouvre le sépulcre.*) En dépit de toi, je veux t'assouvir encore d'autre nourriture !

Paris. — C'est le hautain proscrit Montaigu, celui qui tua le cousin de ma bien-aimée, laquelle en ressentit un tel chagrin qu'on suppose que la belle créature en est morte ; il est venu ici pour faire subir quelque odieux outrage aux cadavres. Je m'en vais le saisir. (*Il s'avance.*) Arrête ton travail impie, vil Montaigu ! La vengeance doit-elle donc être poursuivie plus loin que la mort ? Scélérat condamné, je t'arrête : obéis, et viens avec moi, car tu dois mourir.

Roméo. — Oui, je dois mourir en effet, c'est pour cela que je suis venu ici. — Mon bon et gentil jeune homme, ne tente pas un homme désespéré : fuis d'ici, et laisse-moi : pense à ceux qui dorment ici, et que leur pensée te fasse fuir d'effroi. — Je t'en conjure, jeune homme, ne fais pas tomber un autre péché sur ma tête en me poussant à la fureur : oh, va-t'en ! Par le ciel, je t'aime plus que moi-même, car je suis venu ici armé contre moi-même : ne reste pas, pars ; — vis, et dis plus tard que la clémence d'un fou frénétique te recommanda de t'enfuir.

Paris. — Je brave tes conjurations, et je t'arrête ici comme un félon.

Roméo. — Veux-tu donc me provoquer ? Alors, en garde, bambin ! (*Ils combattent.*)

Le page. — Ô Seigneur ! ils se battent ! je vais aller appeler la garde. (*Il sort. Páris tombe.*)

Paris. — Oh, je suis tué! Si tu es charitable, ouvre la tombe, dépose-moi à côté de Juliette. (*Il meurt.*)

Roméo. — Sur ma foi, je le ferai. Tâchons de reconnaître son visage. — C'est le parent de Mercutio, le noble comte Pâris! — Que me disait mon valet, en route, pendant que mon âme bouleversée de tempêtes l'écoutait sans l'entendre? Je crois qu'il m'a dit que Pâris devait être marié à Juliette? me l'a-t-il dit ou non? ou bien ai-je rêvé la chose? ou bien suis-je assez fou pour avoir imaginé la chose tout seul en l'entendant parler de Juliette? — Oh! donne-moi ta main, toi qui fus inscrit avec moi sur le livre de l'âpre malheur! Je vais t'ensevelir dans un glorieux tombeau; un tombeau? — oh! non, jeune homme égorgé, mais un phare²; car Juliette y est couchée, et sa beauté fait de ce caveau une salle de fêtes pleine de lumière. Mort, couche-toi ici, enterré par un homme mort. (*Il dépose Pâris dans le monument.*) Que de fois les hommes, lorsqu'ils sont sur le point de mourir, se montrent gais! C'est ce que leurs gardiens appellent un éclair avant la mort : oh! comment puis-je appeler cela un éclair (*a*)? — Ô ma chérie! ma femme! la mort qui a sucé le miel de ton haleine n'a pas eu encore de pouvoir sur ta beauté : tu n'as pas été conquise; l'étendard de la beauté est encore rouge sur tes lèvres et sur tes joues, et le pâle drapeau de la mort n'y a pas encore été planté. — Tebaldo, est-ce toi qui es couché dans ton linceul sanglant? Oh! quelle plus grande réparation puis-je te faire, que de séparer de ce monde celui qui fut ton ennemi, au moyen de cette même main qui a tranché ta jeunesse dans sa fleur? Pardonne-moi, cousin! — Ô chère Juliette, pourquoi es-tu encore si belle? Croirai-je que l'immatériel trépas est amoureux, et que le monstre maigre et abhorré te garde dans les ténèbres pour être sa maîtresse? Dans cette crainte, je vais aller habiter avec toi, et jamais plus je ne quitterai ce palais de sombre nuit. Là, là, je resterai avec les vers qui sont tes filles de chambre; là j'établirai mon

---

(*a*) Roméo vient de jouer sur le mot *mort*, et il s'étonne d'avoir pu faire une pointe en tel moment.

lieu éternel de repos, en débarrassant cette chair fatiguée du monde de la tyrannie des étoiles funestes.—Regardez-la pour la dernière fois, mes yeux! Prenez votre dernière étreinte, mes bras! Et vous, mes lèvres, ô vous qui êtes les portes de la respiration, scellez d'un baiser loyal un marché éternel conclu avec la mort rapace! Viens, cruel conducteur; viens, guide repoussant! Pilote désespéré, allons, précipite contre les rochers qui vont la briser ta barque fatiguée et malade de la tempête! Je bois à mon amour! (*Il boit le poison.*) Oh, tu es un honnête apothicaire! tes drogues sont rapides. Je meurs ainsi avec un baiser. (*Il meurt.*)

Entre, de l'autre côté du cimetière, LE FRÈRE LAURENT *avec une lanterne, un levier et une pioche.*

LE FRÈRE LAURENT. — Saint François me donne diligence! Que de fois, cette nuit, mes vieux pieds ont trébuché aux tombes! Qui est là?

BALTHAZAR, *s'avançant.* — Un homme qui est un ami et qui vous connaît bien.

LE FRÈRE LAURENT. — La bénédiction de Dieu soit avec toi! Dis-moi, mon bon ami, quelle est cette torche là-bas qui prête inutilement sa lumière aux vers et aux crânes sans yeux? Autant que je puis le distinguer, elle brûle dans le monument des Capulets.

BALTHAZAR. — Elle y brûle, pieux Messire, et il y a là mon maître, un homme que vous aimez.

LE FRÈRE LAURENT. — Qui ça?

BALTHAZAR. — Roméo.

LE FRÈRE LAURENT. — Depuis combien de temps est-il là?

BALTHAZAR. — Depuis une grande demi-heure.

LE FRÈRE LAURENT. — Viens avec moi au caveau.

BALTHAZAR. — Je n'ose pas, Messire; mon maître croit que je suis parti d'ici, et il m'a fait les menaces de mort les plus formidables, si je restais pour surveiller ses actions.

LE FRÈRE LAURENT. — Reste alors, j'irai seul : la crainte s'empare de moi; oh! je redoute beaucoup qu'il ne soit arrivé quelque malheur.

BALTHAZAR. — Comme je m'étais endormi sous cet if, ici, j'ai rêvé que mon maître et un autre homme se battaient, et que mon maître avait tué son adversaire.

LE FRÈRE LAURENT, *s'approchant du monument.* — Roméo! — Hélas! hélas! quel est ce sang qui tache l'entrée de pierre de ce sépulcre? Que signifient ces épées sanglantes et sans maîtres qui sont là, par terre, souillées, près de ce lieu de paix! (*Il entre dans le monument.*) Roméo! Oh, pâle! — Qui encore? quoi! Pâris aussi? et baigné dans son sang? Ah! quelle heure implacable que celle qui a été coupable de ce hasard lamentable! — La Dame s'agite. (*Juliette se réveille.*)

JULIETTE. — Ô secourable frère! où est mon Seigneur? je me rappelle bien où je devais me trouver, et m'y voilà : où est mon Roméo? (*On entend du bruit.*)

LE FRÈRE LAURENT. — J'entends du bruit. — Dame, sors de cet antre de mort, de contagion, de sommeil contre nature : un pouvoir trop grand pour que nous puissions lui résister a traversé nos desseins. Partons, partons d'ici : ton époux est là couché mort sur ton sein, et Pâris aussi : viens, je te placerai dans un couvent de pieuses nonnes : ne perds pas de temps à m'interroger, car la garde arrive : allons, viens, ma bonne Juliette; (*nouveau bruit*) je n'ose pas rester plus longtemps.

JULIETTE. — Va, pars d'ici toi, car moi je ne m'en irai pas. (*Sort le frère Laurent.*) Qu'y a-t-il là? une coupe, serrée par la main de mon fidèle bien-aimé? C'est le poison, je le vois, qui a mis prématurément fin à ses jours. Ô méchant! il a tout bu, et ne m'en a pas laissé par amitié une seule goutte pour me venir en aide après lui! Je vais baiser tes lèvres; peut-être y a-t-il encore assez de poison pour me faire mourir en y goûtant le cordial du baiser. (*Elle l'embrasse.*) Tes lèvres sont chaudes!

PREMIER GARDE, *de l'intérieur.* — Conduis-nous, petit? de quel côté c'est-il?

JULIETTE. — Oui-da, du bruit? en ce cas, je vais me dépêcher. Ô poignard qui es là bien à point! (*Elle enlève le poignard de Roméo.*) Voici ton fourreau (*elle se poi-*

gnarde); rouille-toi là, et permets-moi de mourir. (*Elle tombe sur le corps de Roméo, et meurt.*)

Entre LA GARDE *avec* LE PAGE DE PARIS.

LE PAGE. — Voici la place; là, où la torche brûle.

PREMIER GARDE. — La place est sanglante; cherchez dans tout le cimetière; allez, quelques-uns d'entre vous, et arrêtez tous ceux que vous trouverez. (*Sortent quelques hommes de la garde.*) Quel spectacle lamentable! là gît le comte assassiné; et Juliette qui saigne; Juliette qui depuis deux jours était enterrée, elle est chaude et nouvellement morte. Allez, avertissez le prince, courez chez les Capulets, réveillez les Montaigus, que d'autres fassent les recherches. (*Sortent quelques hommes de la garde.*) Nous voyons bien le terrain où les victimes de ces malheurs sont étendues; mais quant au terrain moral d'où sont sortis tous ces lamentables malheurs, nous ne pouvons le découvrir sans témoignages.

Rentrent quelques hommes de la garde avec BALTHAZAR.

SECOND GARDE. — Voici le valet de Roméo; nous l'avons trouvé dans le cimetière.

PREMIER GARDE. — Tenez-le en sûreté jusqu'à ce que le prince soit arrivé.

Rentrent d'autres hommes de la garde avec LE FRÈRE LAURENT.

TROISIÈME GARDE. — Voici un frère qui tremble, soupire, et pleure: nous lui avons pris cette pioche et ce levier qu'il portait avec lui, comme il sortait de ce côté du cimetière.

PREMIER GARDE. — Grave incrimination: gardez aussi le frère.

Entrent LE PRINCE *et les gens de sa suite.*

LE PRINCE. — Quel est le malheur levé de si bonne heure qui tire notre personne de notre repos du matin?

Entrent CAPULET, Madonna CAPULET, *et autres.*

Capulet. — Quel peut être le motif qui leur fait pousser de tels cris à travers la ville?

Madonna Capulet. — Le peuple crie dans les rues, les uns Roméo, d'autres Juliette, et d'autres Pâris, et tous courent en poussant des clameurs vers notre monument.

Le prince. — Quel est donc le sujet de cette alarme qui perce nos oreilles?

Premier garde. — Mon Souverain, ici gît assassiné le comte Pâris; Roméo est mort, et Juliette, qui était déjà morte, a été tuée tout récemment, car elle est encore chaude.

Le prince. — Faites des perquisitions, interrogez, et sachez comment cet odieux massacre s'est produit.

Premier garde. — Il y a ici un moine ainsi que le valet de Roméo assassiné; nous les avons trouvés avec les instruments nécessaires pour ouvrir les tombes de ces morts.

Capulet. — Ô ciel! ô femme! vois comme notre fille saigne! ce poignard s'est trompé de place, car sa gaîne est vide à la ceinture de Montaigu, et il s'est choisi par erreur un fourreau dans le sein de ma fille!

Madonna Capulet. — Hélas! ce spectacle de mort est comme une cloche qui sonne à ma vieillesse le départ pour la tombe.

Entrent MONTAIGU *et autres.*

Le prince. — Viens, Montaigu; car tu t'es levé de bonne heure, pour voir ton fils et ton héritier qui s'est couché de meilleure heure encore.

Montaigu. — Hélas! mon Suzerain, ma femme est morte cette nuit; la douleur que lui a causée l'exil de mon fils a éteint son souffle : quel nouveau malheur conspire contre ma vieillesse?

Le prince. — Regarde, et tu verras.

Montaigu. — Ô enfant impoli! que signifient ces ma-

ACTE V, SCÈNE III.

nières qui t'ont fait prendre le pas sur ton père pour aller au tombeau ?

Le prince. — Imposez un instant silence à vos douleurs, jusqu'à ce que nous ayons éclairci ces faits obscurs, et découvert leur source, leur origine, leur véritable principe; puis ensuite je consentirai à être le capitaine de vos douleurs, et à marcher à votre tête même jusqu'au trépas : mais pour le moment, suspendez vos plaintes, et que le malheur se fasse l'esclave de la patience. Faites avancer les personnes soupçonnées.

Le frère Laurent. — Je suis le plus important des deux, celui qui a le moins de forces pour commettre un tel effroyable massacre, et cependant le plus soupçonné de l'avoir commis, tant les circonstances de temps et de lieu déposent contre moi : me voici devant vous prêt à accuser et à disculper ma personne condamnée et excusée.

Le prince. — Eh bien, dis-nous sans t'arrêter ce que tu sais de cette catastrophe.

Le frère Laurent. — Je serai bref, car le peu de souffle qui me reste n'est pas suffisant pour me permettre d'être ennuyeux. Roméo, que voici mort, était le mari de cette Juliette; elle, que voici morte, était l'épouse fidèle de ce Roméo : je les avais mariés, et le jour de leur mariage secret fut le jour même où périt Tebaldo, dont la mort intempestive bannit de cette ville le nouvel époux; c'était pour lui, et non pour Tebaldo, que Juliette se consumait. Vous, pour repousser d'elle ces assauts de la douleur, vous la fiançâtes, et vous vouliez la marier par force au comte Pâris : alors, elle vint me trouver, et avec une physionomie égarée m'ordonna de lui trouver un moyen de la débarrasser de ce second mariage, sans quoi elle me menaça de se tuer dans ma cellule. Alors je lui donnai une potion narcotique dont mon art m'avait fait reconnaître la puissance, potion qui eut l'effet que j'en attendais, car elle lui créa l'apparence de la mort : en même temps j'écrivis à Roméo qu'il eût à se rendre ici pendant cette fatale nuit pour m'aider à la retirer de sa tombe empruntée, car cette nuit était l'époque où la force de la potion devait cesser d'opérer. Mais celui qui portait ma lettre, le frère Jean, fut arrêté par accident, et hier soir il est revenu en me la rapportant : alors, moi seul, je suis venu en ce lieu, à l'heure précise de son réveil, pour la retirer du caveau de ses ancêtres, avec l'intention de la garder secrètement dans ma cellule, jusqu'à ce que je pusse l'envoyer sans inconvénients à Roméo : mais lorsque je suis arrivé, — quelques minutes avant l'instant de son réveil, — j'ai trouvé gisants sous le coup d'une mort fatale, le noble Páris et le fidèle Roméo. Elle s'est éveillée; je l'ai suppliée de s'enfuir et de supporter avec patience cette œuvre du ciel : mais à ce moment un bruit m'a fait m'éloigner de la tombe; elle, en proie à un excessif désespoir, n'a pas voulu venir avec moi, et elle s'est fait, semble-t-il, violence à elle-même. Voilà tout ce que je sais; sa nourrice a connaissance du mariage : et si quelque chose en tout cela doit retomber à ma charge, que la rigueur de la plus sévère de nos lois sacrifie ma vieille existence, et l'enlève ainsi quelques heures avant son terme naturel.

LE PRINCE. — Nous t'avons toujours connu pour un saint homme. — Où est le valet de Roméo? Qu'a-t-il à dire en cette affaire?

BALTHAZAR. — J'apportai à mon maître la nouvelle de la mort de Juliette, et alors il est venu en poste de Mantoue, à ce lieu-ci, à ce monument. Il m'ordonna de donner de bon matin cette lettre à son père, et il entra dans le caveau en me menaçant de mort, si je ne m'éloignais pas en l'y laissant seul.

LE PRINCE. — Donne-moi la lettre, je vais la lire. — Où est le page du comte qui est allé chercher la garde? — Maraud, que faisait votre maître en ce lieu?

LE PAGE. — Il était venu pour semer de fleurs le tombeau de sa Dame; il m'ordonna de me tenir à l'écart, ce que je fis; puis, un instant après, est venu quelqu'un avec une lumière pour ouvrir la tombe; mon maître, de propos en propos, a fini par tirer l'épée contre lui, et alors je me suis enfui pour aller chercher la garde.

Le prince. — Cette lettre témoigne pleinement de la vérité du récit du moine ; elle raconte les péripéties de leur amour, et parle de la nouvelle de la mort de Juliette : il écrit qu'il a acheté du poison d'un pauvre apothicaire, et qu'ainsi muni, il s'est rendu à ce caveau pour mourir, et se coucher auprès de Juliette. — Où sont ces ennemis? — Capulet! Montaigu! voyez quelle malédiction pèse sur votre haine, puisque le ciel a trouvé le moyen de tuer votre bonheur par l'amour même! Et moi, pour avoir trop fermé les yeux sur vos discordes, j'ai perdu deux de mes parents : tous sont punis.

Capulet. — Ô frère Montaigu! donne-moi ta main; cette étreinte est le douaire de ma fille, car je ne puis demander plus.

Montaigu. — Mais je puis te donner davantage : car je ferai dresser à ta fille une statue en or pur, afin que tant que Vérone sera connue sous ce nom, nulle image n'y soit tenue en aussi haute admiration que celle de la loyale et fidèle Juliette.

Capulet. — Roméo sera couché près de sa Dame sous une forme aussi riche que la sienne : pauvres holocaustes de notre inimitié!

Le prince. — Cette matinée apporte avec elle une paix lugubre; le soleil, par chagrin, n'ose pas montrer sa tête. Partons d'ici pour nous entretenir plus longuement de ces tristes événements; quelques-uns seront pardonnés et quelques autres punis[8]; car jamais il n'y eut histoire plus lamentable que celle de Juliette et de son Roméo. (*Ils sortent.*)

COMMENTAIRE.

ACTE I.

1. Le nom d'*Escalus* que Shakespeare donne au prince de Vérone n'est que la traduction en mauvais latin du nom de *della Scala* qui a été mieux rendu par celui de Scaliger (*porte échelle*). Le *della Scala* dont il s'agit ici serait, dit-on, Barthélemy I della Scala, troisième *capitano* de Vérone (1301-1304). Les Scaligers étaient originaires de Bavière d'où ils avaient été chassés au onzième siècle par le duc Henri VIII. C'est au moment où la chute du féroce Ezzelin semblait avoir abattu pour toujours dans cette région de l'Italie le pouvoir gibelin, et où la maison d'Este paraissait toute-puissante à la tête des guelfes, vers le milieu du treizième siècle, que Mastino della Scala se leva dans Vérone et y fonda une famille princière qui pendant près d'un siècle et demi soutint sans discontinuer les intérêts du parti gibelin. Le plus connu et le plus justement célèbre de ces princes est Can Grande I, l'ami et le protecteur de Dante, qui trouva auprès de lui un asile lorsqu'il eut été chassé de Florence. La famille s'éteignit par deux bâtards, Barthélemy II et Antonio. Les princes italiens du moyen âge tenaient la vie de leurs proches en médiocre considération, même quand ils étaient légitimes, à plus forte raison quand ils étaient bâtards. Antonio fit donc tuer son frère; mais lui-même fut bientôt après dépouillé par le duc de Milan, Jean Galéas Visconti, neveu et gendre de Béatrice della Scala, fille de Mastino II. Un peu plus tard, pendant les guerres que Philippe-Marie Visconti eut à soutenir avec la seigneurie de Venise, Vérone échappa à la domination milanaise, et fut, de par la toute-puissance de la loi d'attraction, incorporée à Venise qui était alors dans sa phase ascensionnelle.

2. Nous avons laissé son nom italien à *Tebaldo* (Thibaut) transformé par Shakespeare en Tybalt. Nous avons de même traduit par *Madonna* le titre de *Lady* accolé aux deux femmes de Montaigu et de Capulet, et conservé nous ne savons pourquoi par tous les traducteurs. *Lady* ne fut jamais, que nous sachions, un titre italien, et Shakespeare en l'em-

ployant n'a fait que ce qu'aurait fait un Français qui traduirait *Madonna* ou *Signora* par Madame.

3. L'histoire légendaire de Roméo et de Juliette a été sérieusement mise en doute par le professeur Todeschini dans deux petites dissertations fort bien faites, l'une adressée à Jacopo Milan, l'autre à Bartolommeo Bressan, éditeur de la petite nouvelle de Luigi da Porto, le premier en date des récits qui nous ont valu le chef-d'œuvre de Shakespeare. Il y prouve fort bien qu'on n'a jamais parlé de cette histoire avant l'historien de Vérone, Girolamo della Corte, lequel écrivait vers le milieu du seizième siècle, c'est-à-dire deux siècles et demi après l'époque où se serait passée cette aventure. Il établit que Girolamo della Corte n'a pu s'appuyer que sur trois sortes de documents, les chroniques nationales, la tradition populaire, et enfin le fameux tombeau de Juliette à Vérone. Or tous les chroniqueurs véronais gardent le silence sur cette histoire. Quant à la tradition populaire, il y a tout lieu de croire qu'il n'en existait d'aucun genre. Luigi da Porto, au commencement de son récit, prétend tenir cette histoire d'un archer véronais, beau conteur et vert galant, qui lui aurait assuré que cette histoire était très-célèbre à Vérone. Mais ce personnage a-t-il réellement existé, ou n'est-il pas plutôt ce personnage du *narrateur* qui a pris tant de noms en littérature et que les romanciers emploient pour donner un air de vérité à leurs fictions ? Cet archer s'appelait Pellegrino, dit Luigi da Porto ; l'évêque Bandello, qui après lui a raconté la même histoire, déclare la tenir d'un officier nommé Peregrino. Ce nom seul (le pèlerin, le voyageur) indique que nous avons affaire à un être de raison, et non à un témoin qui a vécu. Enfin le prétendu tombeau de Juliette à Vérone se compose d'une simple pièce de marbre, sans inscription, sans date, ornements ni emblèmes. L'histoire de Roméo et Juliette peut donc être tenue en toute assurance pour apocryphe.

Le doute du professeur Todeschini va beaucoup plus loin, il s'étend à la rivalité des deux familles et à leur existence même. Ces familles des Montaigu et des Capulet que l'on nous présente comme ennemies, sembleraient au contraire avoir été unies et avoir appartenu au même parti politique. Sur quoi s'appuie-t-on pour les représenter comme rivales ; tout simplement sur ces quelques vers de Dante dans son apostrophe à Albert d'Allemagne :

> Vieni veder Montecchi e Cappelletti,
> Monaldi et Fillipeschi, uom senza cura,
> Color già tristi, et costor con sospetto.

Comme le poëte vient de décrire l'état d'anarchie dans lequel l'abandon de l'empereur laisse l'Italie, on en a conclu qu'il opposait ici les partis aux prises ; par exemple que les Montecchi étaient gibelins, et les Cappelletti guelfes. Mais des recherches minutieuses montrent que ce n'est pas ainsi que ces vers doivent être interprétés, et que cette énumération ne comprend que des noms d'un seul parti, celui du parti gibelin auquel Dante appartenait. C'est donc comme si Dante disait à l'empereur Albert :

« Viens voir l'état dans lequel tu laisses tes appuis, les gibelins de Vérone, les gibelins d'Orvieto, les gibelins de Crémone. Où en sont-ils? Les
uns sont abattus, les autres bien menacés. » Cette interprétation qui est
la vraie est appuyée par un commentaire d'une des plus anciennes éditions
de Dante, commentaire qui établit que par les noms *Montecchi, Cappelletti*, etc., Dante désigne non des familles, mais des régions. Les *Montecchi*, dit ce commentateur, sont là pour Vérone, les *Cappelletti* pour
Crémone et une partie de la Lombardie, les *Monaldi* et les *Filippeschi*
pour Orvieto et une partie de la marche d'Ancône.

Premier point bien établi, les Montaigu et les Capulet appartenaient
au même parti politique, le parti gibelin. Un autre commentateur de
Dante, qui fit des cours publics sur la divine Comédie vers l'an 1375
(c'est-à-dire à une époque très-rapprochée, et de Dante, et de la date as-
signée à l'histoire de Roméo et Juliette), Benvenuto de Rambaldi d'Imola,
s'exprime ainsi sur ces deux familles : « *Istæ fuerunt duæ claræ familiæ
Veronæ, quæ habuerunt diu bellum cum aliâ familiâ nobilissimâ, scilicet
cum comitibus de Sancto Bonifacio. Nam Monticuli comites cum favore
Eccelini de Romano ejecerunt Azonem II, marchionem Estensem, recto-
rem illius civitatis. Sed ipse in manu forti cum comite Alberto Sancti
Bonifacii, Monticulis acie debellatis, reintravit Veronam, ubi finem
vitæ feliciter terminavit.* » « Ce furent deux familles illustres de Vérone
qui eurent longtemps la guerre avec une autre famille très-noble, les
comtes de Saint-Boniface. Les comtes de Montaigu en effet avec la faveur
d'Ezzelin de Romano chassèrent Azon II, marquis d'Este, gouverneur de
cette ville. Mais celui-ci revint en main forte avec le comte Albert de
Saint-Boniface, et les partisans de Montaigu ayant été battus en bataille
rangée, Azon rentra dans la ville où il acheva sa vie heureusement. » Ainsi
ces fameux rivaux auraient été unis par les liens politiques les plus étroits
et par la fraternité du champ de bataille, mais à la vérité avant la date as-
signée à l'histoire de Roméo et Juliette, puisque la citation que nous venons de faire se rapporte à une époque antérieure au pouvoir des della
Scala, pendant laquelle Ezzelin de Romano chef des gibelins disputait
Vérone au marquis d'Este, chef des guelfes. Le même fait, cité plus haut,
est rapporté au commencement de sa nouvelle par Luigi da Porto, qui,
circonstance singulière, admet lui aussi que ces deux familles avaient été
antérieurement unies contre Azon d'Este.

Maintenant ces deux familles ont-elles existé en réalité, et ne sont-elles
pas plutôt des noms de partis, comme vient de nous le dire un des commentateurs cités plus haut? Il semble bien qu'il ait existé en toute réalité
à Vérone une famille du nom de Montaigu. Cette famille aurait été la
plus importante des familles gibelines de cette région, et par suite aurait
donné son nom à tout le parti gibelin véronais. Plusieurs fois exilée de
Vérone par le parti guelfe, elle en aurait été expulsée définitivement sous la
domination même du parti gibelin en 1324, et se serait établie à Udine.
Au moins c'est là ce qu'admet Luigi da Porto dont l'opinion est corro-
borée par un curieux extrait d'une chronique d'Udine que je trouve
citée en note par l'éditeur italien. « Non sans amertume, et en sanglotant,

il se rappela la malheureuse journée où le *magnifique* Crescimbene de Monticoli avec deux fils d'un âge tendre, et le Seigneur Federico della Scala (dont Crescimbene avait favorisé les trames contre Can Grande), fut cruellement chassé de Vérone en 1324. Auquel temps après de longues pérégrinations il lui fut accordé par l'empereur Charles IV d'habiter Udine, où il fut pourvu de moyens honorables pour soutenir son rang. » Les *Montecchi* ont donc existé à Vérone; mais les *Cappelletti?* S'il faut admettre sur la foi du vieux commentateur cité plus haut (lequel s'appuyait par parenthèse sur l'autorité très-grave de Pierre Alighieri, le fils même de Dante) que les noms cités dans le tercet du fameux appel à Albert désignent non des familles, mais des régions, les Cappelletti seraient pris ici pour les gibelins de Crémone, soit que ce parti fût désigné ainsi du nom de quelque famille puissante qui lui servait de chef, soit plus simplement que ce nom lui vînt de la forme des chapeaux que portaient ses adhérents. Ainsi dans ce dernier cas, *Cappelletti* ne serait pas plus un nom propre que *têtes rondes* et *cavaliers*, en Angleterre, ou *cabillauds* et *hameçons*, en Hollande. Il n'est donc pas bien sûr qu'il ait existé même à Crémone une famille des Cappelletti; et en tout cas elle était inconnue à Vérone.

4. Mot à mot, *nous ne porterons pas des charbons*. Porter des charbons, expression populaire du temps équivalente à notre *se laisser monter sur le dos*, ou *avaler des couleuvres*. Nous avons déjà rencontré plusieurs fois cette expression, notamment dans *Henri V*.

5. Le calembour est en effet tout à fait féroce en anglais. Je couperai les têtes des filles (*I will cut the heads of maids*) ou leurs virginités (*or their maiden-heads*.)

6. *Poor John*, dit le texte. Ce sobriquet populaire désignait la merluche, poisson vulgaire, espèce inférieure de morue. Nous avons déjà vu dans *la Tempête* Caliban qualifié de ce sobriquet par les matelots ivres qu'il prend pour des dieux.

7. C'était autrefois une manière habituelle d'engager les querelles que de se mâchonner le pouce ou l'index en passant devant quelqu'un. Les commentateurs citent plusieurs passages de divers auteurs, un entre autres de Decker, qui montrent que cette grimace insolente était journellement en pratique parmi les querelleurs au temps de Shakespeare.

8. C'est-à-dire l'épée des jours de combat, opposée à la petite épée de la tenue habituelle.

9. Shakespeare a repris cette pensée pour la placer dans la bouche du jeune Ferdinand dans *la Tempête*.

10. Pensée souvent reproduite par Shakespeare, surtout dans les *sonnets*. En voici un exemple, *sonnet I :* « Nous désirons que les plus belles créatures se reproduisent, afin que la rose de la beauté ne meure jamais; mais que lorsque la rose la plus épanouie s'effeuillera sous l'action du temps, sa tendre héritière puisse conserver ses souvenirs. » En voici un autre, *sonnet IV :* « Mais alors quand la nature te sommera de partir, quel acceptable témoignage laisseras-tu de toi? Non employée, ta beauté devra

être ensevelie avec toi; employée au contraire, elle vivra pour être ton exécuteur testamentaire. »

11. *She is the hopeful lady of my earth*, elle est en espérance la dame de ma terre, expression aujourd'hui un peu baroque, mais qui se rapporte à l'expression juridique par laquelle l'ancien droit qualifiait une héritière, *fille de terre*, selon le vieux mot français.

12. « Tachius nous apprend que le crapaud avant d'engager combat avec l'araignée se fortifie par le moyen de cette plante, et que s'il se retire blessé, il a recours pour se guérir à cette même plante. » (GRAY.)

13. *Lady-Bird*, dit le texte, dame-oiseau.

14. Shakespeare qui observe la couleur locale jusque dans ses moindres détails, ayant à faire chercher une date par la nourrice, n'a pas manqué d'avoir recours à un de ces accidents naturels qui sont les calendriers du peuple par tous pays. Un tremblement de terre pour une Italienne du peuple est une de ces dates, comme le serait une inondation pour une nourrice hollandaise. Les commentateurs nous apprennent que dans les vingt-cinq années qui précédèrent la représentation de *Roméo et Juliette*, il y avait eu deux tremblements de terre célèbres, dont l'un en 1580 se fit sentir à Londres et autres villes d'Angleterre. Mais il est plus probable que le poëte a voulu mentionner un tremblement de terre terrible qui eut lieu précisément dans les environs de Vérone et qui détruisit Ferrare, en 1570. D'après une brochure du temps, ce tremblement de terre se serait fait sentir deux fois : la première fois, le 11 novembre, il aurait duré l'espace d'un *Ave Maria*; la seconde, le 17, la terre aurait tremblé tout le jour, et le nombre des secousses ressenties aurait été de 104 en 14 heures. Le titre de cette brochure mérite du reste d'être cité, parce qu'il donne une idée des ravages qu'opéra ce tremblement de terre par l'effroi qu'il semble avoir inspiré à l'auteur. Le voici *in extenso* : « Copie de la lettre envoyée de Ferrare le 22 de novembre 1570. Imprimée à Londres, dans *Paul's Churchiard*, au signe de *la Lucrèce*, par Thomas Purfoote, dans laquelle lettre l'écrivain décrit les grands et horribles tremblements de terre, les pertes excessives et irréparables, avec la grande mortalité du peuple, la ruine et le renversement d'un nombre infini de monastères, palais et autres demeures, et la destruction du château de sa gracieuse excellence. » Un érudit, M. Hunter, nous apprend que lorsque l'église de Saint-Étienne à Ferrare fut rebâtie, on grava sur sa façade une inscription latine qu'il cite, mais que nous nous dispensons de rapporter, car par une coïncidence étrange, elle reproduit exactement le titre détaillé de la brochure que nous venons de citer.

15. Quelques commentateurs qui semblent peu au fait du langage populaire de tous les temps ont trouvé cette expression de la nourrice un peu étrange, et dans leur bonne volonté de justifier leur auteur, ils ont cherché des précédents à cet *homme de cire*. Ils en ont trouvé, que ne trouve-t-on pas? Horace en effet n'a-t-il pas parlé de bras de cire, *cerea brachia?* Les commentateurs sont trop ingénieux. Pour la nourrice de Juliette, comme pour bon nombre de nourrices de l'an 1871, les figures de cire que l'on voit chez les coiffeurs ou autres lieux représentent

l'idéal même de la beauté. Les curieux trouveront dans *les Excentriques* de M. Champfleury, le cas très-curieux au point de vue psychologique d'un montreur de figures de cire qui s'éprit d'une passion saugrenue pour une de ses poupées. Cette passion devint tellement irrésistible qu'il s'enfuit en enlevant son idole, et en abandonnant à la misère sa femme légitime, qu'il avait pris d'autant plus en horreur que la pauvre diablesse s'était avisée de lui faire d'atroces scènes de jalousie. Cette Ariane délaissée ne put découvrir la retraite obscure où son imaginatif époux était allé passer avec sa poupée des jours tissus d'or et de soie. Je recommande au lecteur curieux l'histoire de cet imbécile, la plus singulière victime que l'idéal ait jamais faite. Cet Ixion d'un nouveau genre avait sur la beauté les mêmes idées que la nourrice de Juliette.

16. C'était autrefois la coutume pour les personnes qui se rendaient à un bal masqué, soit de lire en entrant une sorte d'adresse apologétique où l'on s'excusait de se présenter le visage couvert, sans se faire connaître, adresse où l'on faisait l'éloge de la beauté ou des qualités morales de la maîtresse du logis et des dames de sa société, soit de se faire précéder par un courrier costumé qui annonçait l'arrivée. Shakespeare a montré plusieurs fois cette coutume en action, dans *Henri VIII*, dans *Timon d'Athènes*, dans *Peines d'amour perdues*. Par *l'arc de Tartare*, Shakespeare entend un arc composé d'un segment de cercle et d'une corde, ce qu'était en effet l'arc des Tartares d'autrefois. Cette forme d'arc est exactement celle que l'antiquité donnait à l'arc de Cupidon.

17. Nous avons déjà dit dans une des notes jointes au *Marchand de Venise*, que toute troupe de masques était toujours accompagnée d'un ou de plusieurs porteurs de torches, et que cet emploi était considéré comme n'ayant aucun caractère dégradant. Steevens raconte à ce sujet que les *gentilshommes pensionnaires* (nous avons dit dans une de nos notes au *Songe d'une nuit d'été* ce qu'était cette compagnie) accompagnèrent à Cambridge la reine Élisabeth et lui tinrent les torches pendant qu'on représentait une pièce devant elle dans la chapelle du collége du roi.

18. Nous avons vu mainte fois, notamment dans *Henri IV* (2ᵉ partie), qu'autrefois les nattes de jonc faisaient office de tapis.

19. *Dun is the mouse*. Aucun commentateur n'a donné une explication satisfaisante de cette expression, et cependant, chose curieuse, ils en ont eux-mêmes découvert la clef. Cette expression se rapporte à un ancien jeu de paysans, dont Gifford dans ses notes aux Œuvres de Ben Jonson nous a donné la description. On apportait une bûche dans une grande chambre; cette bûche représentait un cheval de charrette, et une fois qu'elle était posée au milieu de l'appartement, quelqu'un de la société s'écriait : *Dun is in the mire*, le cheval est embourbé. Alors les paysans se ruaient par manière de plaisanterie sur la bûche pour relever le cheval imaginaire, et ce jeu fort rustique consistait dans les efforts qu'ils semblaient faire, et dans les ruses qu'ils prenaient pour en lâcher les bouts de manière à les laisser tomber sur les doigts de pieds de leurs camarades. L'explication est, nous semble-t-il, aussi claire que le jour

Cette expression s'appliqua proverbialement à toute personne qu'un obstacle retenait de force, qui s'empétrait dans une erreur de conduite, ou qui tombait dans un traquenard. Ce fut quelque chose comme notre *souris est prise au piége*, ou notre *renard est enfumé*. Si le sergent de police apparaît dans cette phrase, c'est qu'en effet nuls n'étaient mieux placés que les officiers de justice pour donner à cette expression proverbiale son application la plus nette.

20. L'annotateur de l'édition *Peter et Galpin* fait très-ingénieusement remarquer que la reine Mab est dite l'accoucheuse des fées, parce que c'est elle qui met au monde les actes d'imagination, « enfants de la vaine fantaisie. »

21. Nous avons déjà vu (Notes aux *Joyeuses commères de Windsor*) que les lames espagnoles, notamment celles de Tolède et de Bilbao, jouissaient d'une grande réputation.

22. *Court-Cupboard*, dit le texte. C'était la partie supérieure du buffet que l'on pouvait enlever à volonté, tandis que la table qui composait la partie inférieure était immobile.

23. *Marchpane*, dit le texte. Nous traduisons ce mot par *frangipane*, parce qu'étant donnés les éléments dont se composait cette friandise, elle ressemblait beaucoup au gâteau d'origine italienne qui s'appelait frangipane, si même elle n'était pas ce gâteau même. Il y entrait des noisettes, des amandes, de la pistache, du sucre de rose.

24. Ces deux noms que nous traduisons par des équivalents français sont en anglais *Susan Grindstone* et *Potpan*.

25. *Turn the tables up*. Cette forme de tables composées de jambes de bois sur lesquelles on posait de larges surfaces en planches n'est pas encore tellement tombée en désuétude que j'aie besoin de beaucoup de commentaires pour faire comprendre l'ordre que donne ici Capulet. Quand on voulait débarrasser l'appartement, on enlevait ces surfaces et on les plantait toutes droites contre une des parois de la salle.

26. Les commentateurs se sont tous donné le mot pour ne pas expliquer un fait sans lequel ce passage est entièrement inintelligible. Roméo est allé au bal masqué des Capulets avec le costume qui traduit le nom qu'il porte, *Romeo*. Les pèlerins autrefois s'appelaient *Romei* en Italie, probablement parce que Rome était à l'origine le but ordinaire des pèlerinages. De là ce marivaudage pieux entre Juliette et Roméo. Comment les commentateurs ne se sont-ils pas rappelé le magnifique passage qui termine le chant VIe du *Paradis* de Dante, où le poëte raconte l'histoire de ce *Romeo* qui fut le ministre mal récompensé de Raymond de Provence ? Quand on rencontre Dante sur son chemin, ce qu'on a de mieux à faire est de le citer, de le relire, de l'apprendre par cœur. Donc, ô lecteur, lisez les admirables tercets.

E dentro alla presente margherita,
Luce la luce di Romeo, di cui
Fu l'opra grande e bella mal gradita.

> Quattro figlie ebbe, e ciascuna reina,
> Ramondo Berlinghieri, e ciò gli fece
> Romeo, persona umile e peregrina.
>
> E poi il mosser le parole biece
> A dimandar ragione a questo giusto
> Che gli assegno sette e cinque per diece.
>
> Indi partissi povero e vetusto :
> E se il mondo sapesse il cuor, ch' egli ebbe
> Mendicando la sua vita a frusto a frusto,
>
> Assai lo lodde e più lo loderebbe.

« Au centre de la présente perle, luit la lumière du Romeo, dont l'œuvre grande et belle fut mal récompensée. — Quatre filles eut Raymond Bérenger, et chacune fut reine, et cela fut l'œuvre du Romeo, personne humble et errante. — Mais ensuite les paroles tortueuses le poussèrent à demander raison à ce juste qui lui donna sept et cinq de dix. — Il partit de là pauvre et vieux; et si le monde savait quel cœur il montra en mendiant sa vie morceau à morceau, il le loue déjà beaucoup, mais il le louerait bien davantage. » Shakespeare, qui possède d'une incroyable façon tous les détails des sujets qu'il traite, connaissait cette signification du nom de Roméo, car c'est lui qui est l'inventeur de ce costume de pèlerin. Dans Luigi da Porto, Roméo vient au bal costumé en femme : dans Bandello, il n'est pas question de costume du tout.

ACTE II.

1. Est-ce Abraham Cupidon, ou Adam Cupidon ? Les plus anciennes éditions portent toutes Abraham, et ce fut Steevens qui suggéra le nom d'Adam. Sa correction est probablement juste. Nous avons vu (notes à *Beaucoup de bruit pour rien*) qu'on disait proverbialement un Adam pour désigner un habile archer, et cela en souvenir de cet Adam Bell qui avec Clym de la Vallée et William Cloudesly soutint si longtemps la lutte des *outlaws* saxons des comtés du Nord contre les conquérants normands. Cependant il se pourrait bien qu'il y eût ici une allusion à l'antique amour d'Abraham pour sa servante Agar. *Abraham Cupidon* serait là en ce cas pour désigner l'amour d'un supérieur pour une inférieure. Or ce fut là justement le cas du roi Cophetua qui s'éprit d'une mendiante et l'épousa. Nous avons cité dans nos notes à *Peines d'amour perdues* la ballade où est racontée cette histoire.

2. On a supposé assez justement que ces paroles sont une réponse en *à parte* aux plaisanteries de Mercutio, que Roméo entend au moment où il escalade le mur du jardin.

3. *Tassel gentle*, gentil tiercelet. Le tiercelet est le mâle de l'autour, et nommé ainsi, dit-on, parce qu'il était un tiers moins gros que la fe-

melle. Il est appelé *gentle* (gentil dans le sens de noble) parce qu'il était le plus soumis, le moins sauvage.

4. Traduction d'un admirable vers de Lucrèce par cet ignorant prétendu de Shakespeare.

Omniparens, eadem rerum commune sepulchrum.

« Génitrice universelle, et sépulcre commun des choses. » Si ce n'est pas une traduction, la rencontre est au moins bien bizarre.

5. *Tebaldo*, en anglais *Tybalt*, en français *Thibaut*, est le nom du chat dans le vieux poëme du *Renard*, si populaire au moyen âge.

6. Nous avons déjà expliqué la plupart de ces expressions dans nos notes à *Comme il vous plaira*. La passade était un mouvement en avant ou de côté de manière à s'effacer et à pousser en même temps. Le *punto reverso* était le mouvement qui portait une botte en faisant incliner l'épée de l'adversaire, ou en glissant sur elle. — Nous avons traduit par *gentilhomme de la tout à fait première catégorie* ces mots de Mercutio, *a gentleman of the very first house*, qui signifient littéralement gentilhomme de la tout à fait première maison. Nous supposons que Mercutio veut dire que Tebaldo est de première force aux armes ; mais il se peut qu'il y ait ici une nuance de cette même pensée et que cela veuille dire qu'il est de la plus haute école d'escrime. Au seizième siècle, en effet, les maîtres d'armes qui avaient une importance particulière donnaient à leurs établissements les noms les plus relevés qu'ils pouvaient. L'un d'eux, Rocco, venu d'Italie en Angleterre, trouvant le terme d'école trop mesquin, appela son établissement *collége*. Il est vrai qu'il lui en avait coûté gros pour établir son université d'escrime qui s'élevait dans Warwick-Lane, mais il paraît qu'il faisait payer ses leçons en conséquence. Le contemporain qui nous a transmis ces détails nous révèle l'origine de cette expression *le boucher des boutons de soie*. « Un gentilhomme très-solide de ses poings, nommé Augustin Bagger, se résolut à aller demander raison au signor Rocco, et s'étant rendu à la maison qu'il habitait dans Blackfriars, il lui parla ainsi : « Signor Rocco, signor Rocco, toi qu'on regarde comme le plus habile « homme du monde aux armes, toi qui te fais fort de toucher n'importe « quel Anglais au bouton, toi qui as entrepris de passer les mers pour « apprendre aux vaillants nobles et gentilshommes d'Angleterre à se « battre, lâche compère, sors de ta maison si tu l'oses, je suis venu « pour me battre avec toi. » (*Édition* STAUNTON.)

7. En français dans l'original. Ce n'est pas d'hier comme on le voit que ce mot *mon bon* est affecté par les gens du bel air.

8. *Cléopâtre était une gypsy*. Nous avons dit dans une note d'*Antoine et Cléopâtre* que les bohémiens se vantent de venir d'Égypte. Cette épithète qui s'accorde parfaitement avec le caractère de Cléopâtre, avons-nous fait remarquer déjà, est d'autant mieux à sa place accolée au nom de cette princesse que Cléopâtre était reine d'Égypte.

9. La chasse de l'oie sauvage consistait à attacher deux chevaux en-

COMMENTAIRE.

semble avec une longe ; celui qui partait le premier obligeait son compagnon à le suivre sur tous les terrains où il lui plaisait de courir, et lorsque l'un des deux avait mis l'autre dans l'impossibilité d'aller plus longtemps, il était réputé vainqueur.

10. Toute cette scène se compose de plaisanteries d'un sens obscur et d'un esprit douteux. Ce sont dans toute la force du terme des calembredaines de jeunes gens. Cela n'a ni queue ni tête, et n'est remarquable que par le ton de vivacité que Shakespeare y a porté afin d'imiter la pétulance de la jeunesse qui s'étourdit de ses paroles.

11. *Une voile! une voile!* Allusion probable au balancement de hanches de la nourrice qui s'avance en se dandinant d'un air majestueux, peut-être aussi à sa toilette. Nos jeunes gens d'aujourd'hui diraient *une chaloupe, une chaloupe!* et cette expression d'argot du bal Mabille serait la véritable traduction de l'exclamation de Mercutio. Ces mots d'argot ont donc de lointains ancêtres, et même les plaisants ne font que rabâcher.

12. La nourrice qui se donne des airs de Dame fait porter devant elle son éventail, comme c'était la coutume des Dames d'alors qui lorsqu'elles sortaient à pied se faisaient escorter de plusieurs valets, l'un pour porter le manteau, l'autre le capuchon, l'autre l'éventail, etc.

13. Ce couplet grotesque est peut-être le refrain d'une vieille ballade perdue, mais nous inclinerions plutôt à croire que c'est une improvisation facétieuse de Mercutio.

14. Nous avons vu dans *le Soir des rois* que ce refrain appartient à une vieille ballade dont il n'existe qu'un fragment conservé par Percy. Nous avons donné la traduction de ce fragment dans nos notes du *Soir des rois*.

15. Le romarin était un emblème de fidélité et une fleur qu'on plaçait dans les couronnes de mariage. Voilà pourquoi la nourrice s'inquiète tant de savoir si Roméo et romarin commencent par la même lettre. C'est une allusion au prochain mariage de Juliette et de Roméo.

16. *R is for the dog;* R est pour le chien. Les anciennes éditions portent *R is for the no;* R est pour le non. Tyrwhitt est l'auteur de cette ingénieuse et pénétrante correction. R était appelé anciennement la lettre du chien, parce qu'on établissait une ressemblance entre le son de cette lettre *errre* et le grognement du chien, *arrre*. Ben Jonson, dans sa grammaire anglaise, après avoir donné une explication équivalente à celle-là, cite comme exemple un curieux passage de Perse qui prouve que cette lettre R portait le nom de lettre du chien dès la plus haute antiquité.

Sonat hic de nare caninâ
Litera.... (PERSE, *satire I.*)

Le commentateur Douce cite d'un autre côté cette explication que donne Érasme de l'expression proverbiale, *canina facundia*. R, dit Érasme, *litera quæ in rixando prima est, canina vocatur.*

17. Il est assez difficile de savoir ce que veut dire ici la nourrice, puisque Roméo, ainsi qu'elle vient de le faire remarquer, commence comme romarin par une R. Un commentateur contemporain, homme de beaucoup de talent, M. Gerald Massey, fils d'un pauvre batelier et simple ouvrier élevé par ses propres efforts, a émis à ce sujet une opinion ingénieuse, trop ingénieuse peut-être. Il suppose que ce passage est une allusion au patron bien-aimé de Shakespeare, le comte de Southampton, dont le nom de famille, Wriothesley, se prononce comme Riothesley, sans faire sentir le double W, et commence cependant par une autre lettre que R.

ACTE III.

1. Le commentateur de l'édition *Peter et Galpin* cite au sujet de ce passage ces fort singulières et fort curieuses lignes extraites d'un vieux livre de Sir Thomas Smith : *la Société d'Angleterre*, 1583. « Et communément chaque année, ou chaque deux années, au commencement de l'été, ou plus tard (*car dans la chaude saison le peuple est pour la plus grande partie indiscipliné*), même dans les temps calmes de paix le roi avec son conseil choisit, etc., etc. »

2. En Italie les funérailles suivaient immédiatement la mort, et c'est à cette coutume que le pauvre Mercutio fait allusion, lorsqu'il dit qu'on le trouvera le jour suivant sérieux comme un cimetière.

3. *Qui combat selon le livre de l'arithmétique.* Allusion à l'habitude qu'ont les maîtres d'escrime de compter les mouvements lorsqu'ils donnent leçon. *Une, deux; une, deux; trois, touché.* »

4. *Why should you fall in so deep an O*; tel est le texte. Cette lettre O joue décidément un rôle important et multiple dans Shakespeare; nous l'avons déjà rencontrée trois fois, dans *le Songe d'une nuit d'été, Henri V, Antoine et Cléopâtre*, pour désigner un objet de forme ronde; les étoiles, un cirque, le globe de la terre. Ici la nourrice l'emploie pour exprimer une chose toute morale; l'extrême abattement, l'extrême prostration, l'extrême douleur, tous états d'âme qui s'expriment et se résument en effet par l'exclamation O.

5. Steevens fait au sujet de ce passage l'observation suivante : « Pour comprendre cette allusion, il faut se rappeler que les anciens soldats anglais se servaient de fusils dont les chiens étaient à mèches au lieu de fusils avec des chiens garnis de pierres comme à présent : ils étaient donc obligés de porter une mèche allumée à leur ceinture très-près de la bouteille de bois où leur poudre était contenue. » Nous voilà bien loin des modernes engins de destruction, et cette fois nous ne pouvons dire que tout se répète sous le soleil.

6. Encore un exemple de la minutieuse connaissance que possédait Shakespeare des détails qui intéressaient les sujets qu'il traitait. On a remarqué que le rossignol avait l'habitude de chanter plusieurs semaines de suite sur le même arbre, et que dans les régions du sud, le grenadier était un de ses arbres préférés.

COMMENTAIRE. 147

7. Comme le crapaud a de très-beaux yeux et un corps hideux, et que l'alouette a un gentil petit corps et de vilains yeux, l'imagination populaire en avait conclu que ces deux animaux avaient dû échanger leurs yeux, puisque les yeux du crapaud conviendraient mieux à l'alouette et ceux de l'alouette au crapaud. Mais la beauté des yeux n'est pas le seul avantage du crapaud, animal trop calomnié et qui a quantité de choses charmantes et plusieurs choses nobles, par exemple une mélancolie tranquille que Spinoza aurait pu admirer, car le crapaud est de tous les êtres de la création celui qui semble le plus fortement exprimer ce sentiment spinosiste par excellence, la résignation aux lois fatales des choses. Le crapaud possède aussi une voix douce comme le son des flûtes. Avez-vous jamais remarqué dans le concert que chante la campagne aux heures où tombe le soir, une voix qui domine toutes les autres, une note d'une mélodie pure comme le cristal, résonnante comme l'argent, mélancolique comme le regret, allant droit à l'âme et qui semble le cri musical d'un amour sans espoir? Eh bien, cette note est celle du crapaud dont le chant a précisément une ressemblance avec celui de l'alouette. Tous deux en effet sont purs, suaves, argentins, et un peu monotones. L'alouette et le crapaud ne disent jamais que la même note, et c'est peut-être cette ressemblance entre leurs chants qui aura conduit l'imagination populaire à conclure qu'il devait y avoir entre eux un commerce assez intime pour qu'ils eussent eu la fantaisie d'échanger leurs yeux.

8. *Hunt's up*, dit le texte, réveil de chasse. Autrefois tous les chants qu'on pourrait appeler des *réveille-matin*, même les chants d'amour, étaient appelés en Angleterre *hunt's up*, réveils de chasse, parce que ceux-ci étaient naturellement les plus nombreux. Voici un de ces *hunt's up* que possède en manuscrit M. Collier; il combine comme on va le voir les caractères d'un chant d'amour et d'un réveil de chasse.

LE NOUVEAU RÉVEILLE-MATIN.

La chasse est debout, la chasse est debout,
Réveille-toi, ma dame franche,
Le soleil s'est levé, il est sorti de sa prison,
Par-dessous la mer miroitante.

La chasse est debout, la chasse est debout,
Réveille-toi, ma dame brillante,
L'alouette du matin est en haut dans l'air,
Pour épier la venue de la lumière du jour.

La chasse est debout, la chasse est debout,
Réveille-toi, ma belle dame,
Les vaches et les moutons qui tout à l'heure dormaient,
Broutent dans l'air du matin.

> La chasse est debout, la chasse est debout,
> Réveille-toi, ma dame si gaie,
> Les étoiles se sont enfuies à leur lit de l'océan,
> Et il est maintenant grand jour.
>
> La chasse est debout, la chasse est debout,
> Réveille-toi, ma dame éblouissante,
> Les collines se dressent éveillées, et les bois tout autour
> Sont vêtus d'habits d'un vert charmant.
>
> La chasse est debout, la chasse est debout,
> Réveille-toi, ma dame chérie,
> Un matin au printemps est la plus douce chose,
> Qui vienne dans toute l'année.
>
> La chasse est debout, la chasse est debout,
> Réveille-toi, ma douce dame,
> Je vais au bosquet, à cette heure aimée,
> Pour y rencontrer ma sincère bonne amie.
>
> (*Extrait de l'édition* STAUNTON.)

9. Il y a ici une nuance de pensée tout à fait intraduisible. Juliette exprime ses véritables sentiments en les dissimulant sous les sentiments d'une haine feinte. Le mot *dead*, mort, est disposé de manière à présenter ce double sens:

> *Indeed, I never shall be satisfied,*
> *With Romeo, till I behold him, — dead —*
> *Is my poor heart so for a kinsman vexed.*

« En vérité, je ne serai jamais satisfaite avec Roméo, que lorsque je l'aurai vu — mort — est mon pauvre cœur tant il est affligé pour la mort d'un parent. » Madonna Capulet comprend que Juliette ne sera satisfaite que lorsqu'elle aura vu Roméo mort; mais Juliette a eu soin d'arranger sa phrase de manière à se dire à elle-même que c'est son cœur qui est mort tant il est affligé.

10. *Chop logic*, dit le texte. Une note de Steevens nous donne l'explication de cette vieille expression par le moyen d'un court extrait d'un vieux livre populaire intitulé *les XXIV ordres des coquins*. « *Chop logic* est le domestique qui, lorsque son maître lui fait reproche, lui répond vingt mots pour un seul. »

11. *Tallow face*. Comme cette injure du père Capulet fait bien dresser devant les yeux de l'imagination la figure de Juliette; une grande demoiselle italienne, avec un teint jaunâtre et bistré, une chevelure brune, et de grands yeux sérieux, passionnés et ardents.

12. *Mammet*, dit le texte. Ce mot que nous traduisons par poupée et qui signifie en effet poupée a une origine des plus étranges. Ce n'est

rien moins qu'une corruption du nom de Mahomet qui au moyen âge était confondu par les chrétiens avec le fondateur d'une religion idolâtre. Mahométan était synonyme de païen, c'est-à-dire d'adorateur d'idoles. Or que sont les idoles? des mannequins, des poupées. Le mot qui servait à désigner l'adorateur des poupées, finit, grâce aux altérations amenées par l'usage, par s'appliquer aux poupées elles-mêmes, si bien que lorsqu'une petite fille nommait sa poupée, elle répétait sans le savoir un cri de guerre des anciens croisés. — Dans ce même discours, du père Capulet, nous avons encore un exemple de la minutieuse observation des mœurs méridionales. Le père Capulet jure par le pain de Dieu, *God's bread;* or ce juron n'est autre que la traduction très-exacte du juron italien, *per l'ostia,* par la sainte hostie.

ACTE IV.

1. *Evening mass,* dit le texte; la messe du soir. Quelques critiques se sont prévalus de cette expression pour réfuter l'opinion qui veut que Shakespeare ait été sérieusement catholique. Si Shakespeare était si bon catholique, ont-ils dit, comment ne savait-il pas qu'il n'y a pas de messes le soir? Telle est l'objection qu'un critique des plus distingués et des plus érudits, M. Schérer, a présentée contre l'opinion trop absolue sans doute, mais très-fondée en fait, soutenue par M. Rio. J'en demande bien pardon à l'éminent critique qui dans le même article où il a fait valoir cette raison, réfutait une opinion émise par moi-même sur *la Tempête*, mais son observation frappe à côté de la vérité. Le mot de messe ici doit s'entendre dans le sens d'office en général; *evening mass* signifie donc l'office du soir. En vertu d'une figure de rhétorique bien connue, Shakespeare choisit l'office par excellence, l'office suprême pour désigner un genre d'office moins important. Ainsi la messe du soir, ce sont les vêpres, les complies, la bénédiction, n'importe lequel des offices qui ont lieu aux heures de la soirée.

2. C'était, et c'est encore une coutume en Italie, de porter les morts au tombeau, étendus sur leur bière et la face découverte. Un érudit, M. Hunter, a cité à ce propos un extrait assez curieux d'un vieux livre anglais intitulé *Ébauches,* par Coryat. « Les enterrements sont si singuliers, tant dans Venise que dans les autres villes, cités et paroisses d'Italie, qu'ils diffèrent non-seulement de ceux de l'Angleterre, mais encore de ceux de toutes les autres nations de la chrétienté. En effet, ils portent le cadavre à l'église, la face, les mains et les pieds nus, et revêtus du même costume que la personne portait pour la dernière fois, avant de mourir, ou du costume dans lequel elle a demandé à être ensevelie, et ce costume est enterré avec le corps. » (*Édition* STAUNTON.)

3. Vieux proverbe anglais né de la coutume très-malpropre qu'ont les cuisiniers de tremper leurs doigts dans les sauces pour les goûter.

4. Autrefois, surtout en Italie, les femmes comme les hommes portaient des poignards, et il paraîtrait qu'un poignard faisait partie du

trousseau ou de la corbeille de la fiancée. Ainsi dans une vieille pièce de Decker, une femme prononce ce vers : « Voyez, à ma ceinture pendent mes poignards de mariage. »

5. Nous avons plusieurs fois rencontré ces superstitions relatives à la mandragore, et dans une de nos notes à la seconde partie de *Henri VI* notamment, nous avons rapporté cette opinion qui voulait que la mandragore poussât un cri ou fît entendre une détonation lorsqu'on l'arrachait de terre.

6. *Curfew*, dit le texte. Le couvre-feu dont il s'agit ici est la cloche du matin, et non celle qui indiquait la fin du jour. Comme la même cloche qui invitait à se coucher invitait aussi à se lever, et par le même appel, la sonnerie du matin qui avait juste le but opposé à la sonnerie du soir finit par prendre le même nom.

7. Le romarin était employé aux funérailles comme aux mariages, parce qu'il était l'emblème de la fidélité, et qu'on lui supposait la vertu de fortifier la mémoire. Il jouait le rôle d'une sorte de myosotis funèbre et disait aux vivants de la part du mort, souvenez-vous de moi.

8. Ballades populaires du temps de Shakespeare nommées d'après les mots qui les commençaient.

9. Ces deux vers sont ceux qui commencent un très-joli chant d'un vieux poëte nommé Richard Edwards, et inséré dans un vieux recueil intitulé *le Paradis des délicates inventions*, 1576. L'évêque Percy l'a retiré de ce recueil, ou pour être plus exact, l'a copié d'après un manuscrit de la *Cotton Library*, et l'a transporté dans ses *Reliques de l'ancienne poésie anglaise*. Voici ce sonnet.

> Lorsque des chagrins poignants blessent le cœur,
> Et que des tristesses navrantes oppriment l'âme,
> La musique alors avec ses sons d'argent,
> Nous envoie bien vite soulagement.
> Pour les âmes troublées, de quelque douleur qu'elles gémissent,
> La douce musique a provision de baumes.
>
> Sommes-nous en joie, la musique fait abonder notre gaieté ;
> Sommes-nous en tristesse, elle ranime nos esprits affaissés ;
> La tête livrée à la folie a trouvé guérison
> Par les délicieux et aimables plaisirs de la musique ;
> Tous nos sens — que dirais-je de plus ? —
> Sont soumis à la magie de la musique.
>
> C'est par la musique que les Dieux reçoivent les louanges qui leur sont dues ;
> C'est par la musique que la vie, l'âme sont transportées de joie :
> Car, ainsi que le dit le poëte romain,
> Sur les mers, lorsque des pirates voulaient le tuer,
> Un dauphin sauva d'une mort très-cruelle,
> Arion jouant de la harpe.

O don céleste, qui gouvernes l'esprit,
Comme le gouvernail régit le vaisseau!
O musique que les Dieux envoyèrent ici-bas
Pour consoler l'homme, que le chagrin aurait étouffé ;
Puisque tu remues également bête et homme,
Quelle bête est-il celui qui te désapprouverait ?

ACTE V.

1. Lorsqu'un franciscain désirait soit faire un voyage, soit seulement s'absenter ou faire une tournée en ville, le supérieur du couvent lui adjoignait un compagnon, afin qu'on fût sûr du but de son excursion et que toute tentation possible du diable fût prévenue. Il paraît que cette coutume n'était pas seulement propre aux frères franciscains. Dans la *Visitatio notabilis de Selborne*, imprimée par le curé Gilbert White, dans sa charmante *Histoire naturelle de Selborne*, on voit que Wykeham enjoint aux chanoines de ne pas sortir sans la permission du prieur, qui dans ces cas-là devra nommer un compagnon, *ne suspicio sinistra vel scandalum oriatur*.

2. *A lantern*, dit le texte. Il s'agit ici de ces petites tours rondes ou octogones, pleines de fenêtres, par le moyen desquelles les cathédrales et les châteaux étaient illuminés, et qu'on nommait *lanternium*.

3. Dans la nouvelle de Luigi da Porto, il n'est pas fait mention de ces punitions et de ces récompenses ordonnées par le prince. Dans Bandello il est dit qu'il fut pardonné à Pierre, domestique de Roméo, et au frère Laurent. Mais dans le vieux poëme d'Arthur Brooke qui a précédé le *Roméo et Juliette* de Shakespeare, il est dit que Pierre fut pardonné, la nourrice chassée de la maison de ses maîtres et bannie, et l'apothicaire pendu par la gorge. Il est dit encore dans ce poëme que pour ses peines le bourreau obtint *his cot*. Je ne sais trop comment il faut entendre ce dernier mot ; s'agit-il des vêtements de l'apothicaire, *coats*? C'était un mince revenant bon : se rappeler la description du personnage par Roméo. S'agit-il de sa boutique, de sa bicoque, *cot*? Il n'y avait pas là non plus de quoi permettre au bourreau de se retirer des affaires, et il lui fallut évidemment pendre encore avant de vivre de ses rentes un bon nombre d'individus, apothicaires et autres ; le crocodile empaillé, les bouts de ficelle, et les vieux morceaux de conserve de rose mentionnés par Roméo étant insuffisants pour procurer une retraite honorable à ce fonctionnaire. Quant au frère Laurent, on lui permit d'aller dans la retraite finir ses jours et déplorer son imprudence. C'est évidemment à ce vieux poëme que Shakespeare a emprunté ces paroles du prince.

HAMLET.

PUBLIÉ SOUS SA PREMIÈRE FORME EN 1603, ET SOUS SA FORME
DÉFINITIVE EN 1604.
DATE DE LA REPRÉSENTATION INCERTAINE.

AVERTISSEMENT.

La première édition d'*Hamlet* parut en 1604, sous ce titre : « *L'histoire tragique de Hamlet, prince de Danemark*, par William Shakespeare. *Nouvellement imprimée et augmentée presque du double, selon le texte de la vraie et parfaite copie.* A Londres, imprimé par J. R. et N. L., et se vend à sa boutique près l'église de Saint-Dunstan, dans Fleetstreet, 1604. » Ce titre fait réfléchir. Puisque la pièce est augmentée presque du double, il y en avait donc une première qui était moindre de la moitié ; puisqu'elle est imprimée sur le texte vrai et parfait, il y en avait donc une autre qui avait été imprimée sur un texte faux et imparfait. La question resta indécise jusqu'en 1825, époque où fut découvert dans la bibliothèque du duc de Devonshire un in-quarto datant de 1603 et imprimé par les éditeurs mêmes de l'in-quarto de 1604. Cet *Hamlet* était en effet sensiblement différent de l'autre, non par la fable et les aventures, mais par les développements de la poésie et les détails de la conception. Longtemps on crut que cet exemplaire auquel manquait le dernier feuillet était l'unique de cette publication qu'on n'osait trop appeler une première édition, lorsque le hasard en fit découvrir un second entièrement complet en 1856. Ces deux *Hamlet* si différents l'un de l'autre, qui s'étaient succédé à si courte distance, ne laissèrent pas que d'embarrasser la critique. Fallait-il croire pour le premier à la fraude d'un libraire qui aurait imprimé un faux *Hamlet*? Mais les éditeurs de l'in-quarto de 1603 sont les mêmes que ceux de l'in-quarto de 1604, James Roberts et Nicholas Ling. Fallait-il admettre avec M. Collier que James Roberts, n'ayant pu d'abord se procurer une copie authentique du drame, s'était déterminé à en publier une imparfaite qu'il avait acquise par des moyens quelconques? Il n'est guère admissible que Shakespeare eût consenti à livrer le manuscrit authentique de sa pièce à l'éditeur même qui quelques mois auparavant se serait rendu coupable, à son préjudice, d'un pareil acte de piraterie. Il est donc plus probable que ce premier *Hamlet* de 1603 est, en effet, la première ébauche du drame que nous connaissons, que la pièce a d'abord été représentée sous cette forme imparfaite, et que plus tard Shakespeare, reprenant sa conception, la remaniant et la développant, l'a menée au point de perfection où nous voyons le second *Hamlet*, le seul dont nous devions tenir compte.

Les lecteurs curieux trouveront ce premier *Hamlet* dans la traduction de M. François-Victor Hugo. Les différences portent non-seulement sur les incidents de la pièce, mais sur les noms des personnages. Laertes s'appelle Léartes, Guildenstern Gilderstone, Polonius Corambis, Voltimand Voltemard; Reynaldo, le confident de Polonius, Montano, etc. Le drame offre les lignes principales de la pièce définitive, mais ces lignes ne sont pas remplies. Ce premier *Hamlet* est au second ce qu'un dessin est à un portrait définitif. Le dialogue court à perte d'haleine, les traits les plus heureux sont indiqués sommairement; à chaque instant, à la rencontre de ces situations admirables qui nous sont si connues, on aurait envie d'écrire en marge de ce premier *Hamlet* : *à développer*, si l'on ne savait avec quel talent magistral le grand poëte a rempli cette tâche. Les deux éditions marchent à peu près d'accord jusqu'à l'arrivée des comédiens, bien qu'il manque à la première nombre de traits remarquables; mais à partir de ce moment, elles s'écartent singulièrement l'une de l'autre. La conversation entre Hamlet et Guildenstern et Rosencrantz, si importante par les clefs qu'elle donne pour pénétrer les subtilités d'intelligence et les finesses de caractère du prince de Danemark, est singulièrement écourtée. Il en est de même de la répétition des comédiens, de la représentation devant le roi, de la grande scène qui suit entre Hamlet et sa mère. La conversation sur la grande route entre Hamlet et le capitaine de l'armée de Fortinbras, manque entièrement. Les deux scènes de la folie d'Ophélia sont résumées en une seule, et la description si touchante de la mort de la jeune fille est concentrée en quelques vers où manquent plusieurs des détails poétiques si heureusement choisis par Shakespeare. Au cinquième acte, la longue conversation entre Hamlet et Osric est réduite à quelques lignes sèches où l'on ne retrouve aucune trace de ces aperçus judicieux sur les flatteurs, les mœurs des gens de cour, la mode, qui remplissent cette scène d'une invention poétique si admirablement d'accord avec le sens de la pièce et le caractère d'Hamlet. Il n'est certes aucun lecteur sensible qui n'ait été frappé du contraste singulier de cette longue conversation avec le dénoûment tragique qui approche à grands pas. C'est au moment même où la fatalité va frapper à coups redoublés, qu'Hamlet se complaît à d'interminables dissertations, sans soupçonner la présence de la mort qui s'est glissée invisible avec le message d'Osric. Comme cela est bien conforme à la vie où les acccidents les plus terribles nous surprennent toujours à l'improviste au milieu des occupations les plus paisibles ou dans les dispositions les plus confiantes! comme cela surtout est bien d'accord avec le caractère d'Hamlet qui va mourir comme il a vécu, rêveur toujours surpris par le fait brutal, et poursuivant l'action qu'il n'atteint jamais « avec des ailes aussi rapides que la méditation et les pensées d'amour! »

Nous pouvons considérer ce premier *Hamlet* comme une esquisse rapide composée par Shakespeare pour les besoins du théâtre. Mais quelle est la date véritable de ce premier jet de la plus extraordinaire, sinon de la plus belle des créations de Shakespeare? Ce premier *Hamlet* a-t-il précédé le second de quelques mois ou de quelques années seulement, ou bien remonte-t-il à une époque plus ancienne dans la vie du poëte? Une foule d'indications tirées des auteurs du temps prouvent qu'il se jouait depuis longtemps sur les théâtres de Londres une pièce du nom d'*Hamlet*. Premier fait : en 1596, Thomas Lodge décrivant un certain démon dans son pamphlet intitulé : *Les misères du bel esprit et la folie du monde*, dit qu'il est aussi pâle « que le masque du fantôme qui criait à votre théâtre avec des cris aussi lamentables que ceux d'une marchande d'huîtres, *Hamlet*, venge-moi. » Second fait : dans le registre du comédien Henslowe, on trouve qu'un *Hamlet* avait été représenté en juin 1594 à Newington-Butts. Troisième fait plus singulier que les précédents : dans une épître servant de préface au *Ménaphon* de Greene, et dédiée « à Messieurs les étudiants des deux Universités », écrite par Nash en 1589, on trouve ce passage : « C'est une pratique habituelle aujourd'hui à certains compagnons vivant d'expédients, qui traversent chaque art et ne réussissent dans aucun, d'abandonner le commerce des *grosses* et des *minutes* pour s'occuper des inventions de l'art, eux qui ne sauraient pas mettre en latin leur *Verset de salut*[1], s'ils en avaient besoin ; toutefois Sénèque traduit en anglais et lu à la

---

1. *Neck verse*, dit le texte, mot à mot, le verset pour sauver son cou. Voici la curieuse explication que donne Nares dans son *Glossaire* de cette étrange expression : « C'était le verset récité par un malfaiteur pour se donner un titre à la bienfaisance du clergé, et pour obtenir ainsi de sauver sa vie. C'était généralement le premier verset du 51ᵉ psaume. »

lueur d'une chandelle fournit bon nombre d'excellentes sentences, telles que « *le sang est un mendiant,* » et autres du même genre, et si vous pressez vivement un tel compagnon, par une matinée glaciale, il vous débitera des *Hamlets* entiers, c'est-à-dire de pleines poignées de discours tragiques. » Ce passage de Nash se rapporte-t-il à Shakespeare ou à quelque autre tragique du temps ? l'*Hamlet* qu'il mentionne est-il celui de Shakespeare ou appartient-il, comme l'a cru Malone, à Kyd ? Il est bien difficile que ce ne soit pas Shakespeare qui est désigné dans le passage de cette épître écrite pour servir de préface à une œuvre de ce Greene que nous avons vu en querelle avec le grand poëte, à peu près à cette date de 1589, à propos des *Henri VI*. Le ton dont Nash parle ici de ces présomptueux compagnons qui abandonnent les paperasses des gens de loi pour s'occuper de l'art, rappelle singulièrement la nuance du mépris amusant que nous avons vu Greene déverser sur ce *Johannes factotum* du théâtre qui a eu nom Shakespeare, et d'autre part ces clercs d'étude attaqués d'une manière anonyme semblent assez bien désigner notre poëte qu'une tradition acceptée installe pendant plusieurs années dans une étude de procureur. Le premier *Hamlet* remonterait-il donc aussi haut que 1589 ? Il peut remonter plus haut encore, au dire de quelques commentateurs. Rappelez-vous le passage de la conversation du prince avec Rosencrantz et Guildenstern sur les représentations des *Enfants de Saint-Paul*. Dans l'*Hamlet* définitif, ce passage ne porte que sur la reprise de ces représentations, reprise qui eut lieu en 1600, après plusieurs années d'interruption ; mais dans la première édition il porte sur ces représentations même qu'il signale comme une *nouveauté* malheureuse ; or les représentations des *Enfants de Saint-Paul* commencèrent en 1584. Ajoutons enfin une circonstance curieuse et qui intéresse la biographie de Shakespeare : en cette même année 1584, il lui naquit deux jumeaux, une fille et un fils; il nomma la fille Judith et le fils Hamlet, deux noms qui portent singulièrement à réfléchir, car ce sont deux noms qui expriment la vengeance. Dès 1584, l'histoire d'Hamlet était donc familière à l'imagination de Shakespeare, et on est autorisé à croire qu'elle était une de ses favorites, puisque nous le voyons donner à son fils le nom du héros de la vieille légende scandinave.

Nous négligeons d'autres détails encore; mais les faits que nous venons de grouper suffisent, selon nous, pour prouver qu'*Hamlet*, sous une première forme, plus incomplète encore peut-être que celle de l'édition de 1603, était joué depuis nombre d'années, et qu'on peut, sans témérité, lui assigner pour date la jeunesse du grand poëte. Selon toute probabilité, *Hamlet* aura été sa pièce de prédilection, et je n'hésite pas à croire qu'elle a occupé toute sa vie. Ce qu'il y a de certain, c'est qu'*Hamlet* ne porte pas la marque de la spontanéité, qu'il semble avoir été formé par une succession indéfinie de méditations qui se combinant et se fondant, ont fini par engendrer de leurs opérations chimiques cette végétation poétique unique autant que puissante. Le sujet d'Hamlet tel que nous le trouvons dans Saxo Grammaticus et Belleforest appelait, en effet, un drame émouvant, mais il n'appelait en aucune façon un caractère aussi étrange que celui du prince de Danemark, caractère d'une complication infinie, et tel qu'une analyse lente, minutieuse, s'y reprenant à plusieurs reprises, ne parvient pas encore à en distinguer tous les éléments et à en compter tous les ressorts. Le sujet d'Hamlet aura captivé son imagination sans qu'on sache trop pourquoi; peut-être par suite de quelque circonstance particulière de sa première jeunesse buissonnière, trop fertile en aventures malencontreuses, ou de quelque ressemblance ignorée de situation avec le prince de Danemark, ou de quelque projet de vengeance différée (le nom d'Hamlet donné à son fils dès 1584 pourrait fort bien se rapporter à quelque chose de semblable) ; puis une fois qu'il a eu pénétré dans son esprit, il s'y est blotti, y a poussé ses racines, y a germé, et par le fait de cette gestation insensible et lente qui transforme en nous une semence d'idée en une conception parfaite, ce grain de sénevé aura produit l'œuvre magnifique qui nous étonne et qui étonnera toutes les générations de lecteurs jusqu'à ce que le monde périsse.

L'origine de l'histoire d'Hamlet doit être cherchée dans l'histoire des Danois de Saxo Grammaticus, érudit danois, mort en 1203, à qui nous sommes redevables de la conservation d'une foule de traditions du Nord, car adoptant naïvement le rôle que Niebuhr prête à Tite Live, il a composé les premières parties de ses annales patriotiques avec les anciennes sagas scandinaves et les vieux chants des scaldes qu'il a fait passer de la poésie à la prose. Le récit de Saxo Grammaticus nous reporte à une époque antérieure à l'introduction du christianisme dans la Scandinavie; c'est dire que nous sommes en pleine barbarie, et nous allons nous convaincre, en effet, que les mœurs qui nous y sont décrites ne sont point sensiblement différentes des mœurs des loups et des chacals, c'est-à-dire de ce que sont les mœurs de tout homme en dehors de la religion et de la civilisation. On voit déjà combien le milieu de la vieille légende est différent de celui où Shakespeare a placé son drame : ce milieu est le paganisme le plus farouche, et dès lors plus de spectre paternel sortant des flammes du purgatoire, plus de visites du monde surnaturel au monde des vivants, et par suite, plus de ces scrupules de la conscience chrétienne qui émoussent la vengeance aux mains d'Hamlet.

Dans cet ancien Danemark païen régnait donc autrefois un certain roi nommé Rurik, tout comme l'aventurier scandinave à qui l'on doit la première assise de l'empire de Russie. Ce roi débarrassa son royaume des Suèves et des Slaves, puis distribuant les gouvernements de ses provinces entre ses guerriers, il donna celui du Jutland à deux frères,

Horwendille et Feggon, fils de Gerwendille. Horwendille était un des plus renommés parmi ces fameux *rois de mer*, chefs de pirates maritimes, qui sous le nom de Normands ont accompli tant d'héroïques rapines en tous pays européens. Sa renommée offusqua un certain roi de Norwége nommé Kohler, lequel provoqua au combat le gouverneur du Jutland. Il fut convenu entre eux que celui qui serait vainqueur resterait maître de toutes les richesses contenues dans les vaisseaux de son ennemi, qu'il serait d'ailleurs tenu de faire honorablement inhumer au lieu de le laisser aux loups et aux vautours. C'est l'origine du fameux combat dont il est question au premier acte d'*Hamlet*, à cette différence près que le pacte de Shakespeare est une sorte de pacte germanique féodal de guerrier barbare de terre ferme, tandis que le pacte que nous venons de mentionner est un pacte de barbare scandinave écumeur de mer. Horwendille fut vainqueur, tua le roi, le fit enterrer et en hérita, mit à mort une de ses sœurs qui était fort guerrière, sorte de Brünhild ou de Gudruna, ravagea toutes les côtes de Norwége jusqu'aux îles septentrionales, et renvoya son butin en présent au roi Rurik. Ce dernier, charmé de posséder un guerrier dont les exploits lui rapportaient de tels bénéfices, lui donna en mariage sa fille Gérutha, et c'est de ce mariage que naquit le prince Hamlet.

Cette fortune excita l'envie de Feggon, frère d'Horwendille, qui partageait avec lui le gouvernement du Jutland. Craignant d'être dépossédé de sa part de gouvernement, il jugea qu'il était plus simple de le prendre tout entier en mettant son frère à mort. Ce n'était pas d'ailleurs son gouvernement seul qu'il convoitait, c'était aussi sa femme Gérutha dont il avait également la moitié, l'ayant séduite secrètement. Un soir, il se précipita sur son frère Horwendille au milieu d'un banquet avec une bande d'assassins, l'occit, et après avoir simplifié la situation de cette manière tranchante, faisant d'une seule pierre deux coups, il épousa Gérutha et prit possession de tout le gouvernement du Jutland.

Mais Horwendille, nous l'avons dit, laissait un fils nommé Hamlet. C'était alors un tout jeune homme, déjà fort discret, sage et vaillant. Hamlet, qui nourri dans le sérail en connaissait les détours, comprit fort bien après la mort de son père, que sa vie courait de grands risques et que le tyran, pour se précautionner contre une vengeance possible, n'hésiterait pas à le faire mourir à son tour. Il se décida donc à jouer le rôle que, selon les annales romaines, joua Junius Brutus avant l'expulsion des Tarquins, et contrefit le fou avec une conscience qui dut parfois lui peser. Par exemple, il faisait chaque matin l'inspection des ordures du palais, choisissait les plus immondes et s'en frottait galamment le corps, afin, disait-il avec plus de sagesse qu'on n'en soupçonnait dans ses paroles, d'imiter les athlètes qui se frottent d'huile avant le combat. Toutes ses actions étaient donc d'un fou, mais elles avaient un sens énigmatique qu'on ne pouvait pénétrer et qui ne se révéla que plus tard. Ainsi on le voyait souvent remuer des charbons avec la main, et tailler des morceaux de bois en pointe qu'il faisait durcir au feu; quand on lui demandait ce qu'il voulait faire, il répondait qu'il faisait des flèches pour venger la mort de son père, et que plus tard il ferait l'arc et la corde. On riait, mais le prétendu fou ne disait que trop vrai, et ces morceaux de bois taillés en pointe et durcis au feu devaient être pour lui ce que fut pour Ulysse le pieu façonné dans le foyer du Cyclope.

Cependant quelques courtisans doutaient qu'Hamlet fût fou. Leurs doutes parvinrent aux oreilles du roi qui résolut d'éprouver Hamlet d'une façon fort ingénieuse. Il fut convenu qu'on irait à la chasse, qu'à un certain moment on laisserait le prince seul, et qu'on lui ferait rencontrer une jeune fille d'une grande beauté. S'il est fou, pensa-t-on, sa folie persistera même en face de la jeune fille; s'il ne l'est pas, le désir d'amour lui fera sans doute oublier son rôle, et alors on saura à quoi s'en tenir. On partit pour la chasse projetée, et dans ce voyage Hamlet se livra avec plus de verve baroque que jamais à ses folies habituelles. Ainsi, quand il fallut partir, il sauta sur son cheval en tournant la tête du côté du dos, saisit sa queue en guise de bride et le lança au galop. En route, on rencontra un loup, et on lui dit que c'était un beau cheval; oui, répondit Hamlet, il en faudrait mettre quelques-uns de cette espèce dans les troupeaux de Feggon. Sur le bord de la mer on trouva un gouvernail de vaisseau; c'est un grand couteau, dit-on à Hamlet; oui, répondit-il, il faut un grand couteau pour couper un grand jambon. On voit que ces plaisanteries sont fort barbares, et ne dépassent pas de beaucoup la moyenne de ces plaisanteries si compliquées dans leur vulgarité, si entortillées dans leur simplicité grossière qui ont le privilége de réjouir nos paysans et nos manouvriers. Toutefois il faut reconnaître qu'avec une analyse un peu fine, on découvre dans leur composition un certain élément sauvage qui, la culture aidant, pourrait devenir grandiose. Ainsi on essaye de lui faire croire que le sable blanc des dunes est de la farine : « Oui, répond-il, et ce sont les tempêtes qui la mouillent et la pétrissent. » Cela certes est fort ordinaire, et pourtant il y a là je ne sais quel tout petit atome rudimentaire qui en s'épanouissant peut arriver à une mélancolie pleine de grandeur.

On fait donc l'épreuve amoureuse. Hamlet se rencontre avec la jeune fille, et il est sur le point de céder à la tentation, lorsqu'il voit venir à lui une grosse mouche ayant une paille attachée aux pattes. Hamlet le subtil comprit que c'était un avertissement que lui envoyait un de ses amis, et que cette mouche avec la paille aux pattes signifiait obstacle attaché à son désir, traquenard, espionnage. On voit par parenthèse que ce n'est pas d'aujourd'hui que la mouche est le symbole de l'espionnage, que tout est vieux comme le temps, et qu'il n'y a de neuf que notre naïve prétention à faire de l'inédit. Que fit alors le prince? Il ne dit pas à la jeune fille « vas dans un couvent, » par la bonne raison qu'il n'existait pas de couvent à cette époque, mais il écarta finement l'obstacle en se confessant avec franchise; et quand il eut bien persuadé à la jeune fille qu'elle ne devait pas trahir son secret, il n'eut pas de peine à lui démontrer que ce qu'il leur restait de mieux à faire était de tromper les trompeurs, de faire tourner leur perfidie en plaisirs pour eux-mêmes, et ce plaidoyer engageant une fois terminé, il jouit d'elle amoureusement. Tel est le grossier rudiment de la ruse de Polonius et de la scène entre Hamlet et Ophélia au second acte du drame. On voit par ce trait qu'Hamlet était homme de ressources, et qu'il y avait en lui de l'étoffe pour aller loin. A son retour, après cette aventure, on lui demanda où il avait couché, et il répondit qu'il avait couché sur la corne d'un bœuf, sur la crête d'un coq, sur la poutre d'un toit; quand on voulut vérifier cette énigme, on trouva qu'en effet il avait caché dans ses vêtements un morceau de corne de bœuf, une crête de coq, et un morceau de poutre.

Hamlet avait ainsi éludé sagement cette dangereuse épreuve; mais comme le doute sur sa folie restait toujours non éclairci, on résolut d'en faire une seconde. Feggon feignit de partir pour un voyage, et on enferma Hamlet avec sa mère dans l'espérance que s'il n'était point fou, la nature le trahirait, et qu'il ferait part à sa mère de ses pensées. Un espion se posta sous le lit pour prendre note de ses paroles. Mais Hamlet toujours soupçonneux ayant éventé la ruse, fit un saut de fou sur le lit en imitant le chant du coq et en agitant ses bras en guise d'ailes, puis donnant un grand coup de pointe, il traversa le lit, et alla embrocher l'espion qui se trouva ainsi cloué à la façon des grenouilles percées d'un pieu. Cela fait, il tira le cadavre de sa cachette, le coupa en morceaux et le donna à manger aux cochons. Sa mère voyant ce spectacle poussa les hauts cris ; mais Hamlet lui répondit brutalement : « Femme, taisez-vous, et pleurez plutôt sur votre crime, vous qui avez passé dans le lit de l'assassin de votre époux. Vous avez fait comme les génisses qui se donnent au vainqueur du troupeau. Eh bien, me croyez-vous encore fou et insensible ? Pleurez sur vous, et avant tout songez à taire ce que vous avez vu et entendu de moi. » Voilà l'origine de la scène entre Hamlet et sa mère au deuxième acte du drame ; mais c'est mieux cette fois que l'origine et le rudiment premier, c'est l'esprit, l'âme même de cette belle scène où Hamlet fait passer sous les yeux de sa mère le crime qu'elle a commis avec une si impitoyable dureté.

Cette seconde épreuve n'ayant pas mieux réussi que la première, Feggon se décida à perdre Hamlet. Pour ce faire, il résolut de l'envoyer en Angleterre. Avant de partir, Hamlet fit à sa mère deux recommandations singulières : la première, de tisser une vaste tapisserie pour la salle des festins royaux ; la seconde, de prendre son deuil au bout d'un an. En route il s'avisa du stratagème que nous lui voyons employer dans Shakespeare : il ouvrit les lettres du roi pendant le sommeil des courtisans chargés des messages au roi d'Angleterre, et y vit que Feggon recommandait à son bon frère d'Albion d'expédier son beau-fils pour un voyage qui le dispensât de revenir en Danemark : alors supprimant ces lettres, il leur en substitua d'autres de sa façon par lesquelles il recommandait au roi d'Angleterre de faire mettre à mort ceux qui les lui remettraient, et de donner sa fille en mariage à son bien-aimé fils Hamlet.

Jusqu'ici la légende de Saxo Grammaticus marche à peu près d'accord avec l'histoire de l'Hamlet de Shakespeare, sauf sur un seul point qui, à la vérité, est d'une telle importance qu'on peut dire qu'il est le pivot du drame, l'intervention du fantôme : mais à partir de ce moment, les deux récits divergent entièrement et n'ont plus aucun rapport commun. Jugez-en plutôt. Arrivé en Angleterre, il reçoit du roi le meilleur accueil, et est invité à un grand festin. La chère est succulente, et cependant Hamlet s'abstient de boire et de manger. On s'en étonne et on lui demande la raison de cette abstention. « C'est, répond Hamlet, parce que le pain du roi sent le sang, parce que ses boissons sentent le fer, parce que ses viandes sentent le cadavre. Le roi a des yeux d'esclave, la reine a fait trois gestes de servante. » On rapporte ces paroles au roi, véritable roi de féerie s'il en fut, et il se dit que celui qui les a prononcées ne peut être qu'un homme fort extraordinaire. Aussi étonné et intrigué que Pharaon, lorsqu'il eut découvert en Joseph le don d'expliquer les songes, il fait prendre des informations, et il découvre à sa grande surprise que le blé d'où provenait le pain servi à sa table avait germé dans un champ où s'était livrée une grande bataille, et qui avait été ainsi arrosé de sang; que l'eau qui avait servi à la fabrication de sa bière avait été prise dans un puits qui fouillé par ses ordres, se trouva contenir deux épées rouillées, et enfin que ses viandes provenaient d'un troupeau de porcs qui avaient mangé le cadavre d'un pendu tombé du gibet. Cette singulière sagacité rappelle comme on voit celle de Zadig, mais encore davantage celle de ces deux buveurs illustres dont Sancho vante dans Don Quichotte la merveilleuse finesse de goût : « Ce vin est bon, dit l'un des buveurs, mais je lui trouve un tout petit goût de fer. — Moi, dit l'autre, je lui trouve au contraire un tout petit goût de cuir. » On vida le tonneau pour constater lequel avait raison, et on trouva au fond une toute petite clef en fer, avec un tout petit cordon en cuir noué à son anneau.

Voici qui a plus de portée. Le roi étonné de ces découvertes voulut savoir de qui il était né, et après interrogations mêlées de menaces, il fit avouer à sa mère qu'il était né d'un esclave et qu'elle avait trompé le roi son mari;

peu après il apprit que la reine était née d'une servante. Quand on demanda à Hamlet quels étaient ces gestes qu'il avait surpris, Hamlet répondit : le premier, c'est que la reine s'est couvert la tête avec son manteau comme font les servantes; le second, c'est qu'elle a relevé sa ceinture pour marcher plus lestement; le troisième enfin, c'est d'avoir enlevé avec un cure-dents les petits morceaux de viande arrêtés dans ses dents, et de les avoir mangés au lieu de les poser sur son assiette. Ô judicieux Hamlet, expert en véritables bonnes façons, et dont un moderne Brummell traduirait ainsi l'explication : le premier geste est d'une bonne ménagère sans façons, le second est d'une grisette qui veut sauter un ruisseau; mais que dire du troisième, sinon qu'il sacre du titre de malpropre espèce quiconque s'en rend coupable. Cette sagacité a une portée véritable, car elle nous rappelle certaine théorie mainte fois exposée par notre subtil Marivaux : mais achevons la légende d'Hamlet selon Saxo Grammaticus.

La sagacité de Joseph lui valut un poste de ministre, celle d'Hamlet une femme. Le roi, désireux de conserver un génie de cette trempe, lui donna sa fille en mariage. Toujours rusé, Hamlet trouva moyen d'extorquer à son beau-père le prix du sang (la composition barbare) des deux messagers de Feggon qu'il avait fait mettre à mort sur la teneur des fausses lettres fabriquées comme nous l'avons dit. Puis il fit fondre cet or, et l'enferma dans des bâtons creux, seul bagage dont il voulut se charger lorsqu'au bout d'un an il retourna en Danemark comme il l'avait annoncé à sa mère. Il revint incognito, et pénétra sous le costume d'un mendiant dans le palais de Feggon, où on célébrait le festin de ses funérailles. Il fut reconnu malgré ses haillons, et comme Feggon lui demandait des nouvelles de ses compagnons, il montra ses deux bâtons, en lui disant : voici l'un, et voici l'autre. Hamlet prit part au festin et voulut s'acquitter des fonctions d'échanson comme pour payer sa bienvenue; il fit donc boire tous les convives, jusqu'à ce qu'ils fussent ivres morts et couchés sous la table; alors il détacha la tapisserie qu'il avait ordonné à sa mère de tisser, alla chercher ses anciens morceaux de bois taillés en pointe et durcis au feu, recouvrit tous ces ivrognes comme d'un lourd filet, cloua la tapisserie avec ses pieux pour qu'aucun de ces oiseaux de nouvelle espèce ne pût s'échapper, mit le feu au palais, se précipita dans l'appartement de Feggon, le tua, et prit la couronne qui lui appartenait par droit de naissance, droit que les Danois furent enchantés d'ailleurs de confirmer, comme ont fait, font et feront tous les peuples du monde, pour le plus hardi, le plus heureux et le dernier triomphant. En conséquence ils l'acclamèrent de leurs plus enthousiastes braillements, comme ils acclameront plus tard son vainqueur. La moralité de cette légende fabuleuse n'est pas, on le voit, en désaccord bien sensible avec la moralité de la véridique histoire.

Après avoir mis ordre aux affaires les plus pressantes de son royaume, Hamlet voulut aller rendre visite à son beau-père, et il partit avec une troupe brillante sur une flotte de plaisir, véritable flottille de canotiers du bon ton de cette époque. A son arrivée en Angleterre, le roi lui demanda des nouvelles de Feggon; Hamlet lui apprit qu'il était mort, et que lui son gendre, avait eu l'honneur d'en purger la terre. Mais cette nouvelle, loin d'enchanter le roi, le plongea dans la plus grande perplexité. Ce monarque de féerie avait fait un pacte avec Feggon, par lequel le survivant des deux s'engageait à venger la mort de l'autre, pacte qui prouve que ces deux personnages s'attendaient à mourir autrement que de mort naturelle. Devait-il tenir son serment? devait-il sacrifier son gendre? Après avoir délibéré longtemps, ce matois Jocrisse royal s'avise d'un moyen terme tout à fait ingénieux. Comme sa femme, la reine aux trois gestes de servante, venait de mourir, il prie son gendre d'aller demander pour lui la main de la reine d'Écosse, guerrière intrépide qui avait fait vœu de rester vierge toute sa vie, et qui, pour conserver sa virginité, avait recours comme la Brunhild des *Niebelungen*, à des épreuves dangereuses pour les prétendants à sa main.

Pour vaincre cette Brunhild calédonienne, Hamlet n'eut besoin cependant ni de la force musculaire, ni du manteau de ténèbres de Siegfried. Cette guerrière montra à Hamlet qu'on la faisait plus méchante qu'elle ne l'était, car elle se laissa prendre d'emblée à sa bonne mine. Le rusé prince danois s'endormit à proximité du palais de la reine Hermatrude, au bord d'un ruisseau, son bouclier à ses côtés. Ce bouclier était célèbre; Hamlet y avait fait graver l'histoire de sa vie. Un des courtisans le ramassa, enleva dextrement de la poche du dormeur les lettres du roi d'Angleterre, et porta le tout à la reine, qui imitant sans le savoir la ruse déjà employée par Hamlet, effaça la lettre homicide du roi d'Angleterre, et la remplaça par une recommandation d'épouser le porteur du message. Puis on lui rapporta son bouclier et ses lettres. Lorsqu'il apprit que le roi voulait le marier à Hermatrude, Hamlet fut surpris non moins qu'enchanté, et il consentit joyeusement à prendre une seconde épouse. Sa première femme, pareille en cela à tant d'admirables épouses, que nous présentent les annales de la barbarie germanique, fut affligée de ce nouveau mariage, mais son amour n'en fut pas diminué. Le langage de cette héroïne perdue dans la nuit des temps, tel qu'il nous est rapporté par le vieux chroniqueur, est digne des plus nobles héroïnes de la poésie et de l'histoire. « Mon fils, lui dit-elle, pourra haïr la rivale de sa mère; moi je dois aimer cette rivale puisque vous l'aimez. Non, il n'y a ni malheur, ni injustice qui puisse détruire ma tendresse pour vous; je vous protégerai, je vous sauverai des dangers qui vous menacent. Prenez garde à votre beau-père; il se vengera de vous; en parlant ainsi, je suis plus épouse que fille. » Ces recommandations n'étaient pas inutiles, car à partir de ce moment son beau-père ne cessa de lui tendre des embûches. Enfin il lui déclara une guerre ouverte; mais Hamlet le vainquit, et revint en Danemark avec le trésor de son beau-père et ses deux femmes.

A son retour, il trouva son trône occupé. Un certain Wiglet, faisant une application hardie du proverbe *qui quitte sa place la perd*, s'y était assis sans plus de façons. Il fallut l'en faire descendre, et pour cela plusieurs combats furent nécessaires. Wiglet fut vaincu, mais il n'était pas homme à renoncer à un siége qu'il avait trouvé si moelleux. Il recruta donc des soldats en Scandinavie, et offrit de nouveau la bataille à Hamlet. Le héros, prudent autant que brave, aurait bien voulu s'abstenir, car certains devins lui avaient prédit que cette fois il périrait dans le combat; d'ailleurs, il aimait ardemment sa Calédonienne, et son cœur saignait en pensant qu'il faudrait la quitter : quant à celle qui l'aimait si tendrement, il n'en avait cure, comme il arrive toujours. Mais réfléchissant sans doute aux terribles châtiments qui attendent les guerriers trop mous dans l'enfer d'Odin, il marcha contre Wiglet. Il fut vaincu, mourut dans le combat, et son Hermatrude d'Écosse, veuve peu inconsolable, épousa Wiglet : conduite légère sans doute, mais d'occurrence assez fréquente, et en tout cas bien féminine. Quant au peuple, il va sans dire qu'il acclama Wiglet, comme il avait acclamé Hamlet, acclamé Feggon, acclamé Horwendille, acclamé Rurik, acclamé..... enfin la vieille et éternelle histoire [1]..

Telle est l'histoire d'Hamlet d'après Saxo Grammaticus. Le Français Belleforest, qui nous a rendu le service

---

[1]. Les curieux trouveront dans un ancien recueil de M. Saint-Marc Girardin, *Notices sur l'Allemagne*, une intéressante et spirituelle analyse de la légende d'Hamlet selon Saxo Grammaticus. Cet essai, qui date des jours de sa jeunesse, retient encore le sceau des heureuses années.

de nous conserver tant d'anecdotes curieuses ramassées dans tous les pays, fit de cette histoire, qu'il traduisit du latin de Saxo Grammaticus, une des nouvelles de son recueil qui parut en 1564. Une traduction anglaise de ce recueil suivit de près, et c'est à cette source que Shakespeare a puisé. La nouvelle de Belleforest reproduit fidèlement la légende scandinave, en la modernisant toutefois et en affaiblissant sa saveur barbare; mais pas plus que dans le récit de Saxo Grammaticus, il n'y a germe des merveilleuses inventions de Shakespeare et du caractère extraordinaire qui est sorti des méditations du poëte. Pas de fantôme révélateur, puisque le meurtre s'est passé au grand jour, et par conséquent rien de l'Hamlet irrésolu par scrupule de conscience, du sceptique mélancolique que ses doutes rejettent toujours loin de l'action, rien des moyens d'action si ingénieux que le prince emploie pour arriver à la connaissance de la vérité et contrôler les assertions du fantôme, la scène des comédiens entre autres. L'histoire d'Ophélia, sa folie si touchante, le personnage de Polonius, celui de Laertes, celui d'Horatio, ce Pylade d'un nouvel Oreste, ce véritable compagnon de prince, sont sortis du cerveau de Shakespeare comme le monde est sorti des mains de Dieu selon la théorie de la création *à nihilo*. Le dénoûment est également tout entier de l'invention de Shakespeare. Une seule scène existe en substance dans Belleforest, la scène avec la reine au troisième acte, encore y manque-t-il cette intervention du fantôme qui la rend si touchante, si grande, si vraiment humaine. Nous avions donc bien raison de dire qu'*Hamlet* était l'œuvre la plus personnelle de Shakespeare; dans ses autres grandes pièces, *Roméo et Juliette*, *Othello*, *Macbeth*, il s'est borné à développer, à ordonner et à mettre en scène les matériaux que lui offraient les chroniqueurs et les romanciers; ici il a tout inventé, personnages, incidents, caractères. Le fond même de l'histoire lui appartient, car qu'est-ce que l'histoire d'Hamlet sans le fantôme? Tout est donc à lui, forme et matière, germe et fleur, âme et corps, idéal et réalité.

Boccace avait entrepris un commentaire de Dante; mais bien que l'œuvre commencée soit considérable, elle n'embrasse cependant que les premiers chants du premier cantique. Certes, *Hamlet* est une œuvre moins considérable que *la Divine Comédie*; cependant celui qui en entreprendrait le commentaire risquerait fort de rester en route, tant l'œuvre est complexe, et offre, à mesure qu'on la contemple, d'aspects imprévus et changeants. En tout cas, ce n'est pas une tâche qui puisse se dépêcher en quelques pages; il y faudrait un volume entier, et nous nous bornerions ici à quelques mots sommaires, — car une notice, n'étant pas un livre, doit se renfermer dans les limites judicieuses d'un petit nombre de pages,— si nous n'avions eu autrefois la témérité de nous mesurer avec cette pièce redoutable. Comme nous ne pourrions guère que répéter ce que nous avons dit autrefois, et qu'en essayant de résumer nos opinions nous courrions risque de les affaiblir, nous demandons une fois encore au lecteur la permission de faire ce que nous avons fait pour *Roméo et Juliette* et *Macbeth*. Voici une partie de ce que nous pensions et de ce que nous pensons encore sur ce chef-d'œuvre.

« Il est généralement reconnu qu'*Hamlet* est la plus philosophique des tragédies de Shakespeare; voyez cependant comme la vie éclate de toutes parts, comme l'écheveau de la destinée est hardiment embrouillé sous nos yeux par le poëte, avec un audacieux dédain de la simplicité artificielle et une apparente insouciance de la composition et de l'unité! Le poëte sait bien que tous ces incidents confus et multipliés finiront par converger vers un but fatal, et qu'ils s'harmoniseront dans une unité souveraine comme la nécessité qui se charge de dénouer le drame. Chacune de ces scènes est un pas vers la destinée; mais ce pas est fait par des êtres vivants qui s'arrêtent pour se reposer, respirer, causer librement ou contempler le paysage qui les entoure. C'est l'image même de la vie, l'action en a tour à tour la lenteur majestueuse et la précipitation convulsive; les personnages marchent sans connaître le but vers lequel ils se dirigent; le temps accumule les incidents, et goutte à goutte remplit le vase; les épisodes succèdent aux épisodes, sans amener aucun résultat sensible à l'instant même, comme, dans notre existence, les mois succèdent aux mois, et les années aux années, si bien que l'incertitude règne dans l'âme du lecteur au moins autant que dans l'âme du prince Hamlet. Pendant trois longs actes, la vie ordinaire suit son cours, et le drame est pour ainsi dire abandonné à l'action humaine. C'est Hamlet seul qui est chargé d'accomplir la mission du fantôme; or, comme Hamlet n'est qu'un homme, ces trois premiers actes sont remplis de réflexions, d'irrésolutions, de projets et de rêves, de plans ébauchés et abandonnés, enfin de tous les avortements qui sont propres à la faiblesse humaine, en sorte qu'on peut dire que dans cette première partie du drame l'inaction est l'action même; mais lorsqu'une fois il est bien démontré qu'Hamlet ne peut pas exécuter le message du fantôme, la destinée se charge de cette tâche, et alors l'action marche avec une effrayante rapidité. Cette vie humaine, si molle et si lente, la voilà qui disparaît comme un tourbillon; tous ces individus qui marchaient d'un pas si mesuré et si timide, les voilà, feuilles arrachées, tiges brisées, qui vont joncher le sol. Aucun des acteurs n'a accompli son projet ou sa vengeance, mais chacun a accompli le projet ou la vengeance d'un autre. Laertes est vengé d'Hamlet par Hamlet lui-même, Hamlet est vengé du roi par le roi lui-même. Leurs vœux sont tous également exaucés, mais aucun ne peut jouir de son succès; la même ombre les enveloppe tous; ils ont tous fait plus qu'ils ne voulaient et moins qu'ils ne voulaient faire, et tous ils ont fait autre chose. L'honnête fantôme lui-même s'est trompé, car il ne voulait certainement pas la destruction de son royaume. Quand le drame est joué, et que la mort semble triompher, vous croyez peut-être que tout est fini ; non, aussitôt la vie reprend impitoyablement son cours, et le poëte nous en avertit. Les cadavres sont encore chauds, qu'apparaissent déjà les acteurs d'un nouveau drame : sonnez, fanfares ! avancez, cavaliers du jeune Fortinbras !

« Quel drame ! Jamais, je crois, on n'a mieux démontré les deux conditions qui dominent notre vie terrestre : d'une part, la lenteur de mouvement et l'impuissance de l'homme, les difficultés innombrables qui l'empêchent d'agir, cette masse d'obstacles, d'attraits, de hasards qui entravent notre marche et la poursuite de nos projets ; de l'autre, cette impatience presque cruelle des lois éternelles qui semblent s'irriter de nos délais et ont hâte de débarrasser la terre des générations qui la couvrent pour la peupler de nouveaux acteurs. Mais si c'est là une donnée abstraite, comme elle est recouverte de couleurs brillantes, comme elle est bien cachée sous le sang et la chair ! Quelle profusion de détails, et en même temps comme ces détails sont bien en harmonie avec le lieu de l'action, la nature des personnages et l'esprit du temps ! Tout porte le cachet du Nord dans cette pièce merveilleuse, depuis les passions et les superstitions des acteurs, jusqu'à la décoration de la scène. Les superstitions sont sinistres, sérieuses, viriles, et ne s'égarent pas en frayeurs fantasques et puériles comme les superstitions du Midi ; les fantômes sortent de la tombe pour raconter gravement des secrets que leurs auditeurs écoutent d'une oreille recueillie. Les passions, d'une intensité étonnante, sont tout intimes, et n'ont rien d'extérieur ; elles semblent prendre plaisir à se refouler toujours plus profondément dans l'âme, au lieu de chercher à se répandre au dehors comme ces passions exubérantes de climats plus heureux que le poëte a peintes dans *Othello* et dans *Roméo*. Le paysage qu'il nous semble voir, tant est grande la magie du poëte, est tout septentrional, et ce n'est pas une métaphore de dire que dès la première scène on frissonne sous l'âpre vent du Nord avec les soldats de garde sur l'esplanade du château d'Elseneur. Une triste et tendre lumière boréale éclaire également toutes les parties du drame, et il semble qu'à sa clarté sans chaleur on voit apparaître les sapins et les chênes de la Scandinavie. Le ruisseau où s'est noyée Ophélia est décrit avec une précision toute particulière : vous l'avez vu quelque part en Angleterre coulant limpide et transparent au milieu d'une oasis de verdure. Le cimetière apparaît aussi très-facilement à l'imagination : un terrain argileux, stérile, une pauvre lande où les fougères ont peine à pousser; pas très-loin de l'église et des habitations de l'homme, assez loin cependant pour que les fossoyeurs puissent se livrer à tout leur babil sans avoir à craindre les importuns. C'est au milieu de ce paysage que se meuvent ou plutôt glissent les acteurs; car, si violemment qu'ils s'agitent, on n'entend jamais le bruit de leurs pas, amortis, dirait-on, par une fine couche de neige.

« Voilà la scène et la couleur générale du drame; toute la poésie du Nord y est répandue. Quant aux personnages, jamais, je crois, le mélange confus qu'on appelle non pas l'homme, mais *un homme*, n'a été présenté avec une telle hardiesse. Ces personnages ne ressemblent à rien qu'à eux-mêmes, ne représentent rien qu'eux-mêmes. On ne les a jamais vus auparavant, et on ne les rencontrera jamais plus. Si vous croyez aux règles d'une esthétique pédantesque, n'abordez pas cette pièce; elle met au défi toutes les règles. Il n'y a pas possibilité d'étiqueter et de classer ces personnages, de dire à quel genre ils appartiennent; ce sont des individus qui composent à eux seuls leur famille, leur tribu et leur genre. Il a fallu pour les former des combinaisons toutes particulières de la vie, des rencontres imprévues, des chocs d'atomes moraux uniques et que toute la science du monde ne pourrait pas renouveler. C'est ici qu'éclate le merveilleux génie de Shakespeare. Son procédé pour créer des hommes ressemble à celui de la nature. Ses héros ont des aspects infinis et changeants, ils sont soumis à d'innombrables variations d'humeur et de tempérament, ils n'ont pas une particularité caractéristique, ils en ont cent. En un mot, ils ont tous les signes distinctifs de l'individualité, et ils nous restent dans le souvenir non comme des types, mais comme des personnes connues. Que représente Polonius, par exemple, sinon Polonius lui-même? Il n'y a jamais eu qu'un Polonius dans le monde, et la nature qui le créa dans une de ses heures de fantaisie confuse ne retrouvera plus cette grotesque inspiration. Quel singulier mélange de bon sens et de sottise, que l'âme de cet honnête chambellan! il est réellement expérimenté, et il n'en tombe pas moins en enfance, il vous donne les meilleurs conseils du monde, mais des conseils qui ne répondent jamais à la question posée; il est fin, et il manque lourdement de tact; il est véritablement fort respectable, et il est en même temps parfaitement ridicule: sa sagesse radote, ses radotages sont sentences dorées. Quant à sa fille, la charmante Ophélia, son caractère consiste à n'en pas avoir, ce qu'on n'a pas assez remarqué. Ici, la nature a été copiée avec une fidélité surprenante. Ophélia est une pure jeune fille; rien n'est accusé en elle, ni penchants, ni passions, ni caractère; elle n'a pas encore d'individualité morale, et sa charmante naïveté même tient à la jeunesse et à la nature plutôt qu'à l'âme. Ne cherchez pas en elle l'étincelle passionnée de Juliette, la distinction d'âme de Desdémona, la splendeur virginale de Miranda. C'est un gracieux faon. Hamlet a fort raison de l'aimer, car si elle devenait sa femme, elle serait capable d'un inaltérable dévouement, précisément par ce qui lui manque d'élévation; et de son côté Polonius a fort raison de la rudoyer et de veiller sur elle, car si Hamlet n'était pas tant occupé avec le fantôme, on ne voit pas comment Ophélia trouverait, dans son ignorance confiante et dans sa naïveté toute physique, des ressources suffisantes pour résister au prince de Danemark.

« Hamlet passe généralement pour un type assez vague, le type du rêveur métaphysique incapable d'action : il est un type en effet, mais il est aussi un homme en chair et en os, très-compliqué, très-ondoyant et très-divers, comme dirait Montaigne. C'est si bien un individu, — le prince Hamlet, — qu'on peut donner sur sa personne les renseignements les plus précis et les plus exacts : Goethe l'a fait en partie. Hamlet porte le deuil de son père. Il est à peine sorti de l'adolescence ; au moment où commence le drame il a de vingt-deux à vingt-quatre ans. Il a étudié à l'université de Wittenberg, et il n'y a pas encore achevé son cours d'études. Son amusement favori est l'escrime, mais il ne peut s'y livrer autant qu'il le voudrait, car il est un peu gros, et s'essouffle facilement. Il est blond comme un enfant du Nord ; son visage, jeune, cela va sans dire, est cependant prématurément fatigué, noble plutôt que beau. Ses manières sont froides, franches et discrètes, souvent aussi pleines de laisser-aller et de sans-façon. Pareil contraste dans son costume, qui est à la fois noblement sévère et négligé. Dans ses relations avec ses semblables, son caractère est un mélange de hauteur et de bonhomie, de candeur et de défiance. Il craint toujours d'être dupe : de là une certaine duplicité toute superficielle qu'il donne pour masque à sa franchise. Il est ordinairement muet, mais devant le monde et par contrainte, car il est plein d'effusion et il aime à s'épancher. Quand il parle, il parle beaucoup et longtemps, comme un homme à qui l'on n'a jamais coupé la parole, et que son rang place au-dessus de la contradiction. Parler est même son faible, et quoiqu'il soit exempt de vanité, il n'est pas sûr qu'il n'ait pas aimé le dilettantisme de la parole et le brillant déploiement de ses belles facultés. Dans ses relations avec lui-même, il est singulièrement irrésolu à force de scrupules, singulièrement scrupuleux à force d'honnêteté. L'habitude de l'analyse à outrance et de l'observation intime, en éclairant sa conscience, paralyse sa volonté. Une méditation trop continue dérange l'équilibre de ses facultés et le fait incliner vers un certain scepticisme élevé et découragé qui le rend incapable de choses que le plus vulgaire des hommes mènerait à bonne fin. C'est un vrai prince; il en a la condition essentielle, qui est d'être à son aise partout, et de savoir causer avec des soldats dans leurs casernes, ou de vulgaires fossoyeurs dans un cimetière, comme avec des courtisans dans son palais.

« Hamlet a été calomnié. Son irrésolution, sa mélancolie l'ont fait accuser de manquer d'énergie; c'est une grosse erreur. Hamlet est un des caractères les plus mâles qu'il soit possible d'imaginer; sa bravoure est à toute épreuve, sa loyauté ne se dément pas un instant, ses promesses sont sûres; toutes les qualités de l'homme viril, il les possède. Il a le courage de suivre le fantôme sans hésiter un seul instant, et avec un tel sang-froid et un calme si parfait de jugement, malgré le trouble inséparable d'une pareille aventure, qu'il commande presque à l'ombre : « Parle « maintenant, je ne te suivrai pas plus loin. » Je tiens surtout à faire remarquer qu'Hamlet n'a rien de la sentimentalité qu'on lui accorde trop généralement; personne ne foule mieux que lui au contraire tous les masques hypocrites de la passion. Loin d'être sentimental, il est très-dur et même brutal. Il a semblé du reste prévoir que cette sotte accusation serait portée contre lui, car il fait tout son possible pour la détourner, en affectionnant une certaine vulgarité d'expression très-forte, très-poétique, mais très-peu galante et aimable : une certaine grossièreté bourrue ne lui déplaît pas. Je connais peu de scènes moins sentimentales que la scène de feinte folie où il se montre si dur pour la pauvre Ophélia : *Go to a nunnery*. La violence de la race féodale se sent partout d'ailleurs chez ce noble personnage, et il crache son mépris à la face des gens avec une hauteur qui n'épargne pas même les personnes de son sang. Dans la scène avec sa mère, il va si loin que l'honnête fantôme sent la cendre de son cœur se remuer dans son tombeau, et qu'il vient avec une tendresse exquise recommander au jeune homme d'épargner celle qui, malgré ses fautes, est toujours reine, femme et mère. Il y a donc un type de faux Hamlet qui hante nos imaginations ; nous avons fait un Hamlet à notre image, un Hamlet sentimental parce qu'il est mélancolique, mou parce qu'il est irrésolu, presque féminin parce qu'il est méditatif et subtil de pensée ; mais le véritable Hamlet est à la fois méditatif et énergique, mâle et irrésolu, mélancolique et brutal. C'est une âme noble et philosophique, mais c'est aussi une âme féodale et dure.

« Oui, une âme féodale, et c'est même un de ses traits les plus accusés. Ce personnage en qui nous sentons palpiter l'esprit moderne, qui a parcouru les mêmes séries de pensées que nous, dans lequel nous nous reconnaissons, et qui parle jusqu'à un certain point notre langage, il sort cependant du moyen âge et l'ombre de cette époque plane au-dessus de lui. C'est en cela qu'Hamlet est réellement *historique*; il sonne une heure et une date, le moment remarquable où les hommes de race noble, réveillés comme en sursaut par la Réforme et la Renaissance, se frottent les yeux, regardent ébahis la disparition des vieux symboles, et sentent un nouvel esprit s'abattre en eux. Cette heure d'étonnement, d'incertitude, d'hésitation, est admirablement marquée dans Hamlet. Ce mélange de deux esprits contraires qui fait l'originalité du seizième siècle, qui prête à ses personnages je ne sais quoi de grandiose et d'énorme comme la société du moyen âge, et en même temps de raffiné et de subtil comme l'esprit moderne, est très-visible dans le drame de Shakespeare. La disposition d'âme d'Hamlet fut à un certain moment celle de tous les membres les plus nobles des sociétés européennes. Shakespeare n'a pas eu besoin d'inventer Hamlet, il existait de son temps, et il est facile de retrouver en sa personne bien des traits des gentilshommes anglais de cette époque. Ne les reconnaissez-vous pas? Ils sont soucieux, inquiets, sollicités par un esprit nouveau qu'ils adoptent avec une ardeur grave et une certaine tristesse noble, qu'ils servent avec un dévouement irrésolu et une conviction incertaine. Autour d'eux brillent encore les formes du moyen âge entamées déjà par la mort; les fantômes hantent leurs imaginations, leur donnent de funèbres messages et arment leurs mains par la vengeance personnelle, pour la politique ou la religion. L'esprit est converti, mais la chair s'obstine; les vieilles habitudes résistent et le sang bouillonne avec sa vieille vivacité : cependant un scrupule retient souvent leur bras prêt à frapper; ils ont sucé le lait de la tendre humanité, comme dit Lady Macbeth J'imagine que Shakespeare n'a eu qu'à réunir les traits épars que lui fournissaient ses contemporains pour en former ce personnage d'Hamlet. Essex et Leicester, Sir Walter Raleigh et Sir Philippe Sidney ont pu chacun lui fournir tel détail ou tel autre, car bien qu'ils n'aient aucune ressemblance avec Hamlet, il est cependant reconnaissable en eux. Ils ont, les uns sa tournure d'âme, son inquiétude secrète et sa tristesse grave; les autres, sa subtilité métaphysique aisément chimérique, et son élévation de pensée mêlée de superstition; ceux-ci, sa fière allure, unie à ses boutades de dureté et à cette rudesse de ton qui lui sont habituelles; ceux-là enfin, son esprit mâle et son irrésolution. Ce ne sont là toutefois que des traits isolés; le trait essentiel est le trait *historique* que nous avons indiqué. La situation dans laquelle se trouvèrent les héritiers du moyen âge lorsque sonna le seizième siècle est exprimée par Hamlet avec une étonnante fidélité : il réunit deux natures d'hommes en lui ; il est le dernier des féodaux, et il est le premier des hommes modernes.

« Mais le personnage d'Hamlet, s'il doit son individualité à ce cachet historique, doit sa beauté et sa grandeur à une cause plus élevée : il dépasse l'histoire, enjambe le temps. Nous avons vu le féodal, l'homme du seizième siècle; voyons l'autre nature qui est en lui; celle-là est admirable.

« La grande vertu d'Hamlet, c'est un amour inaltérable, ardent pour la vérité. Il ne peut parvenir à comprendre le mensonge : cela dépasse son intelligence et le frappe littéralement de stupidité. Quand il essaye de mentir, de paraître ce qu'il n'est pas, il est d'une inconcevable maladresse ; à chaque instant il laisse soupçonner la vérité ; à chaque instant sous la peau d'âne dont il veut en vain s'affubler perce la griffe du lion. Il ne comprend pas mieux les mensonges du cœur que les mensonges de l'esprit ; il ne comprend pas l'oubli, et il appelle hypocrisie ce qui n'est que sécheresse naturelle et égoïsme humain. Avant que le fantôme lui ait confié aucun secret, il trouve sa mère coupable parce qu'elle a trop vite oublié son père. Comment peut-on ne pas aimer toujours ce qu'on a aimé une fois? Comment les sources du cœur peuvent-elles se tarir si vite? Comment pouvons-nous être infidèles à notre âme, mentir à nos affections, bien plus à nos plaisirs? Sa franchise est sans bornes, et il la pousse jusqu'au bout d'elle-même, avec le plus insultant mépris. Un courtisan, un homme à surface lui inspire une horreur profonde, et en même temps une sorte de gaieté exubérante. Un menteur pour Hamlet dont l'élément de vie est la vérité, est une caricature, un être grotesque et surprenant, exactement comme pour l'homme antique dont l'élément de vie était la liberté, pour le Dion, pour le Pélopidas, le tyran était une sorte de monstre ridicule en dehors de toutes les règles naturelles. Il s'amuse du menteur et du flatteur, il le bafoué, il l'humilie; il le force à s'avilir et à se donner en spectacle comme dans la scène du courtisan. Les semblants en toute chose lui sont odieux. « Il me semble, « dites-vous, Madame. Je ne connais pas les semblants, » répond-il à je ne sais quel argument captieux de sa mère. Comme tous les amants de la vérité, il sait reconnaître la réalité sous l'apparence, et distinguer les cœurs qui battent fortement sous l'enveloppe charnelle qui les recouvre. Son meilleur ami est un gentilhomme de rang inférieur, Horatio, qu'il a choisi parce qu'il a reconnu en lui un esprit libre. « Donne-moi un homme qui ne « soit pas l'esclave de ses passions, et je le porterai comme « toi dans mon cœur, dans le sanctuaire de mes affections « intimes, » dit-il à Horatio. Pour connaître la vérité il ne reculera devant rien; il suivra sans hésiter les fantômes, il traversera avec joie les régions ténébreuses de la mort; il renoncera à ses habitudes chéries, fera taire les émotions de la piété filiale et de la tendresse naturelle, brisera son propre cœur, et en rejettera Ophélia et toutes ses espérances de bonheur. La vérité est pour lui une affaire de vie ou de mort; il l'aime avec cette intrépidité philosophique qui pousse une grande âme à contempler son redoutable aspect, dût-elle mourir ensuite du secret pénétré, comme on mourait chez les Juifs, lorsque l'oreille avait reçu le son des syllabes qui formaient le nom mystérieux d'Adonaï.

« C'est en cela qu'Hamlet est profondément moderne. Quelque féodal qu'il soit, le moyen âge, ses terreurs, ses superstitions disparaissent; il n'y a plus de fantômes; il ne reste devant nous qu'un homme tourmenté de la soif de connaître, et qui aspire de toutes les forces de son âme à la vérité. La vertu d'Hamlet, c'est aussi, je crois, le caractère dominant, le signe élevé et glorieux de l'homme moderne dont nous parlons beaucoup, mais qui est fort difficile à définir : c'est l'amour de la vérité pure, de la vérité en *elle-même*, et pour *elle-même*, de la vérité contemplée sans voiles, dépouillée de toute enveloppe et de tout symbole matériel, nue comme lorsqu'elle sortit des puits de l'antique Grèce. C'est là le principe immuable au milieu de toutes les vicissitudes historiques, immobile et résistant au milieu de toutes les oscillations et incertitudes de la pensée, qui soutient l'âme humaine depuis trois siècles. C'est à ce principe aussi qu'on doit l'accélération du mouvement d'activité infinie imprimé à l'âme par le christianisme. Dans Hamlet, nous avons pour ainsi dire le point de départ de cette accélération, ralentie par la nuit et les obstacles pendant tant de siècles. De là l'agitation fébrile, les incertitudes, les appréhensions de ce personnage, dont l'âme est entraînée par un mouvement qu'elle ne peut modérer, ni guider. Il est le premier de cette chaîne électrique qui relie les hommes des derniers siècles ; il a ressenti la secousse imprimée par l'étincelle avec la même force que nous qui sommes nés d'hier. Tout à l'heure nous avons vu qu'il marquait une date, un moment de la vie d'un siècle ; maintenant il marque aussi une date, mais c'est celle d'une nouvelle ère de l'histoire humaine, de la plus récente et de la dernière peut-être.

« Cet amour de la vérité pure et nue, cette ardeur à briser les enveloppes et les symboles, à chercher les réalités qu'ils cachent, cette haine de l'apparence ne sont pas seulement les qualités métaphysiques et scientifiques des temps modernes. Ces sentiments constituent une manière de vivre, non pas, il est vrai, pour le vulgaire troupeau des hommes, mais pour l'élite humaine, — non pas pour les nations, mais pour les individus. Ils créent un langage subtil, inquiet, tourmenté, mais plein de ressources, et qui partout devient plus capable de saisir les nuances les plus ondoyantes de la pensée. Ils affectent la vie idéale et la vie matérielle à la fois, et rendent le bonheur plus difficile et la satisfaction de l'âme moins paisible. Ils multiplient nos chimères et nos rêves, et nous en dégoûtent en même temps; car ils augmentent dans une proportion infinie les exigences de nos imaginations. Ils affectent même jusqu'au tempérament, et donnent à l'élément nerveux la prédominance sur l'élément sanguin et bilieux qui fut tout-puissant à une autre époque. Il y a donc pour certaines âmes une vie morale qui n'existait en rien autrefois et qui est due à cet amour particulier de la vérité. Ce qui m'étonne, c'est que les poëtes n'aient pas remarqué plus souvent un fait si digne d'attention. Ils copient les vulgarités de la vie, ils créent des personnages dont le type et le mode d'existence sont depuis longtemps épuisés, et ils négligent l'élément vraiment poétique qu'ils ont sous les yeux, ou pour mieux dire ils ne l'aperçoivent pas. Trois héros seuls nous frappent dans la littérature des derniers siècles par ces signes modernes, et nous semblent seuls parler un langage approprié aux temps nouveaux. Oui, quoique cette union semble bizarre, Hamlet, Alceste et Werther seuls ne doivent rien de ce qui est essentiel en eux à la vie des âges écoulés. Ils n'ont leur origine morale dans aucune autre époque que l'époque moderne; ils sont contemporains pour ainsi dire l'un de l'autre, et ils ne doivent rien à leurs âges respectifs que leur costume et leur tournure éphémère, Hamlet son titre de prince et sa brusquerie de féodal, Alceste ses rubans verts et son dédain de gentilhomme, Werther sa sentimentalité et son air d'étudiant d'université allemande. Ces trois personnages furent pour ainsi dire les œuvres personnelles des trois poëtes qui les créèrent. *Hamlet* était la pièce favorite de Shakespeare. Molière, qui d'ordinaire n'aime pas à s'élever au-dessus d'un certain niveau moral, a mis dans Alceste tout ce que son âme pouvait concevoir de noble. Quant à Werther, nous savons qu'il fut l'autobiographie d'une certaine époque de la vie de Goethe, que le grand poëte eut pour lui pendant longtemps une vraie prédilection, et que si plus tard il le condamna vivement, c'est peut-être parce que sa conscience lui reprochait de n'avoir pas conservé cet amour exclusif, absolu de la vérité, qui se refuse à tout compromis de sagesse mondaine, qui préfère le désespoir et le suicide à une vie passée dans des transactions avec les idoles et les préjugés du monde. Chacun des trois poëtes a tracé son idéal d'homme, et il est remarquable qu'ils sont arrivés tous trois à rencontrer le même, à donner tous trois l'héroïsme de la franchise comme le type suprême de l'élévation. Une telle rencontre n'est pas fortuite et fait rêver. Trois poëtes qui cherchent quel est l'idéal humain et qui le placent également dans l'amour de la vérité, cela n'indique-t-il pas que cet idéal est pour certaines âmes une réalité, un fait existant? »

Je n'ajouterai qu'un mot. J'ai vu jouer plusieurs fois *Hamlet* en anglais, et une fois entre autres par l'illustre Macready et la charmante miss Héléna Faucitt, dans le rôle d'Ophélia. Cette représentation reste dans ma mémoire comme un ineffaçable souvenir; c'est l'impression dramatique la plus profonde que j'aie jamais ressentie. Je n'oublierai jamais l'énergie d'effroi de Macready à l'entrée du fantôme, et la manière dont il prononçait ce vers: *Angels, and ministers of grace defend us!* j'oublierai encore moins la scène des comédiens où il s'asseyait aux genoux de la jeune Ophélia. Quel mélange admirable du gentilhomme et du fou, du prince et du misérable ver de terre! Avec quelle grâce insensée il jouait avec l'éventail d'Ophélia! et quel incroyable alliage de bon ton et de négligence égarée dans la manière dont il croisait les jambes en se posant sur le plancher! J'ai vu jouer ensuite *Hamlet* par des acteurs qui étaient la médiocrité même, et l'effet a été encore immense. De toutes les pièces de Shakespeare *Hamlet* est la plus métaphysique, la plus rêveuse, celle où l'action marche le plus lentement, où l'analyse domine davantage, et cependant c'est la plus fortement dramatique. Ni *Othello*, si pathétique, ni *Mac-*

beth, ni *Roméo*, ne donnent des émotions aussi intenses.

A tous les points de vue, *Hamlet* reste le drame le plus extraordinaire qu'il y ait dans aucun théâtre, et, si j'ose me servir de ce mot, le plus excentrique. Remarquez, en effet, qu'*Hamlet* ne repose sur aucun des sentiments humains qui peuvent si facilement aboutir à des résultats dramatiques. Othello, c'est la jalousie; Roméo, c'est l'amour; Macbeth, c'est l'ambition; le roi Lear, c'est l'ingratitude; Coriolan, c'est l'orgueil; mais il n'y a rien de cette unité et de cette simplicité de sentiments dans Hamlet. *Hamlet* repose tout entier sur une situation d'âme singulièrement complexe, et se compose, si j'ose m'exprimer ainsi, de deux points d'interrogation; l'un posé par Hamlet : comment arriver à la vengeance? l'autre posé par les spectateurs eux-mêmes : les projets du prince réussiront-ils? C'est là, dans cette suspension, dans cette longue incertitude de la curiosité, qu'il faut chercher le prodigieux intérêt dramatique de cette œuvre, qui serait unique au monde, si le théâtre grec ne lui avait donné, longtemps avant sa naissance, une rivale dans le chef-d'œuvre des chefs-d'œuvre, l'*OEdipe roi* de Sophocle. *OEdipe roi* repose, en effet, comme *Hamlet*, sur une situation d'âme et une suspension prolongée de la curiosité. Avec quelle émotion on suit la marche lente, mais sûre, de la révélation fatale, depuis l'entrée du vieux Tirésias s'écriant dans un accès de douleur prophétique : « Hélas! hélas! combien il est terrible de savoir! » jusqu'à celle du berger qui vient donner les preuves certaines de l'identité du roi et du fils de Jocaste! Dans les deux pièces, la source dramatique est la même, la colère des Dieux dont l'action cachée se révèle aux hommes par des fléaux vengeurs et des intermédiaires révélateurs des crimes commis. Au-dessus des Dieux eux-mêmes apparaît l'impassible et toute-puissante destinée, qui agite à son gré les faibles humains, les mène à la mort par la prudence, à la folie par la sagesse, à la ruine par l'heureuse fortune. Il ne saurait y avoir, et il n'y a en effet rien de plus grand au monde. *OEdipe roi* et *Hamlet* restent les deux drames incomparables entre tous. Nous ne pouvons qu'indiquer cette ressemblance entre les deux chefs-d'œuvre, dont la comparaison nous mènerait trop au delà des bornes dans lesquelles doit se renfermer une notice sommaire ; et celle-ci n'est déjà peut-être que trop prolongée. Il nous faut donc abandonner *Hamlet*, après l'avoir effleuré à peine; n'avions-nous pas raison de dire tout à l'heure qu'un commentaire de cette pièce exigerait un volume entier?

PERSONNAGES DU DRAME.

CLAUDIUS, ROI DE DANEMARK.
HAMLET, fils du feu ROI et neveu du présent ROI.
POLONIUS, SEIGNEUR CHAMBELLAN.
HORATIO, ami d'HAMLET.
LAERTES, fils de POLONIUS.
VOLTIMAND,
CORNÉLIUS,
ROSENCRANTZ, } COURTISANS,
GUILDENSTERN,
OSRIC,
UN GENTILHOMME.
UN PRÊTRE.
MARCELLUS,
BERNARDO, } OFFICIERS.
FRANCISCO,
REYNALDO, serviteur de POLONIUS.
FORTINBRAS, PRINCE DE NORWÉGE.
DES COMÉDIENS.
DEUX FOSSOYEURS.
UN CAPITAINE.
AMBASSADEURS ANGLAIS.
LE FANTÔME DU PÈRE D'HAMLET.

GERTRUDE, REINE DE DANEMARK et mère d'HAMLET.
OPHÉLIA, fille de POLONIUS.
SEIGNEURS, DAMES, OFFICIERS, SOLDATS, MARINS, MESSAGERS, ET AUTRES COMPARSES.

SCÈNE. — ELSENEUR.

HAMLET,
PRINCE DE DANEMARK.

ACTE I.

SCÈNE PREMIÈRE.

Une esplanade devant le château.

FRANCISCO *est de garde.* BERNARDO *entre, et vient a lui.*

Bernardo. — Qui va là?

Francisco. — Parbleu, c'est à vous à me répondre; halte, et faites-vous connaître.

Bernardo. — Vive le roi!

Francisco. — Bernardo?

Bernardo. — Lui-même.

Francisco. — Vous êtes très-exact à votre heure.

Bernardo. — Il vient de frapper minuit; va te coucher, Francisco.

Francisco. — Bien des remerciments pour m'avoir relevé de faction : il fait un froid piquant, et je suis transi jusqu'à la moelle.

Bernardo. — Avez-vous eu une garde paisible?

Francisco. — Pas une souris n'a remué.

Bernardo. — Eh bien ! bonne nuit. Si vous rencontrez Horatio et Marcellus qui sont mes camarades de garde, dites-leur de se dépêcher.

Francisco. — Je crois que je les entends. — Halte, holà ! Qui va là ?

Entrent HORATIO *et* MARCELLUS.

Horatio. — Amis de ce pays.

Marcellus. — Et hommes liges du roi de Danemark.

Francisco. — Je vous souhaite une bonne nuit.

Marcellus. — Allons, adieu, honnête soldat : qui vous a relevé ?

Francisco. — Bernardo a pris ma place. Je vous souhaite une bonne nuit. (*Il sort.*)

Marcellus. — Holà ! Bernardo !

Bernardo. — Parlez. Eh bien, est-ce qu'Horatio est ici ?

Horatio. — Quelqu'un qui lui ressemble.

Bernardo. — Bonsoir, Horatio ; bonsoir, mon bon Marcellus.

Marcellus. — Eh bien ! cette vision a-t-elle apparu encore cette nuit ?

Bernardo. — Je n'ai rien vu.

Marcellus. — Horatio dit que c'est seulement une imagination de notre part, et ne veut pas se laisser persuader au sujet de cette terrible apparition deux fois vue de nous : en conséquence, je l'ai prié de venir avec nous veiller attentivement toute cette nuit, afin que si l'apparition revient encore, il puisse vérifier que nos yeux n'ont point menti, et lui parler.

Horatio. — Bah, bah ! elle n'apparaîtra pas.

Bernardo. — Asseyons-nous un instant, et permettez-nous de donner un nouvel assaut à vos oreilles qui sont si bien fortifiées contre le récit de ce que nous avons vu pendant deux nuits.

Horatio. — Bon, asseyons-nous, et écoutons Bernardo nous conter la chose.

Bernardo. — La dernière nuit, lorsque cette même

ACTE I, SCÈNE I.

étoile à l'ouest du pôle avait accompli son voyage pour venir illuminer cette partie du ciel où elle brille à cette heure, Marcellus et moi, au moment où la cloche sonnait une heure....

MARCELLUS. — Paix! arrête-toi; regarde, le voici qui vient encore!

Entre LE FANTÔME.

BERNARDO. — Exactement avec le même aspect que le roi qui est mort.

MARCELLUS. — Toi qui es un savant, parle-lui, Horatio[4].

BERNARDO. — N'a-t-il pas tout l'air du roi? regarde-le bien, Horatio.

HORATIO. — C'est le roi lui-même : — j'en suis anéanti d'épouvante et d'étonnement.

BERNARDO. — Il voudrait qu'on lui parlât.

MARCELLUS. — Questionne-le, Horatio.

HORATIO. — Qui es-tu, toi qui empruntes cette heure de la nuit pour usurper les belles et vaillantes formes sous lesquelles marchait naguère la majesté du défunt roi de Danemark? par le ciel, parle, je te l'enjoins!

MARCELLUS. — Il est offensé.

BERNARDO. — Voyez! il s'éloigne fièrement!

HORATIO. — Arrête! parle, parle! je te l'enjoins, parle! (*Sort le Fantôme.*)

MARCELLUS. — Il est parti et ne répondra pas.

BERNARDO. — Eh bien, Horatio! voilà que vous tremblez et que vous êtes pâle : n'est-ce pas quelque chose de plus qu'une imagination de notre part? Qu'en pensez-vous?

HORATIO. — Devant mon Dieu, je n'aurais jamais pu le croire sans le témoignage sensible et certain de mes propres yeux.

MARCELLUS. — Ne ressemble-t-il pas au roi?

HORATIO. — Comme tu te ressembles à toi-même : telle était l'armure même qu'il portait, lorsqu'il combattit l'ambitieux roi de Norwége : c'est ainsi qu'il fronça le sourcil, lorsqu'un jour dans une discussion orageuse, il frappa sur la glace le Polonais en traîneau. C'est étrange.

Marcellus. — C'est ainsi que deux fois déjà, et juste à cette heure nocturne, il a passé près de notre garde avec cette fière allure guerrière.

Horatio. — Je ne sais pas trop comment il faut prendre la chose; en substance, l'opinion vers laquelle je pencherais, c'est que cela présage à notre état quelque étrange révolution.

Marcellus. — Mon bon ami, assieds-toi maintenant, et dis-moi qui sait pourquoi cette même garde stricte et vigilante fatigue chaque nuit les sujets de ce royaume? pourquoi cette fonte journalière de canons de bronze, et ces marchés à l'étranger pour des munitions de guerre? pourquoi un tel embauchage d'ouvriers de marine dont la rude tâche ne distingue plus le dimanche du reste de la semaine? qu'est-ce qu'il peut y avoir en jeu pour que cette activité prodigieuse fasse des nuits les compagnes de travail des jours? qui peut m'en informer?

Horatio. — Moi, je le puis; au moins voici ce que dit la rumeur. Notre dernier roi, dont l'image vient à l'instant de nous apparaître, fut, comme vous le savez, défié au combat par Fortinbras de Norwége, piqué par un orgueil des plus jaloux. Dans ce combat, notre vaillant Hamlet (c'est l'épithète que lui donnait cette hémisphère de notre monde connu) tua ce Fontinbras, qui, par acte scellé et régulièrement conforme à la loi et aux coutumes héraldiques, consentait à abandonner avec la vie à son vainqueur toutes les terres qui composaient ses domaines : notre roi, de son côté, s'était engagé à céder une portion égale de territoire qui serait revenue à Fortinbras, s'il eût été vainqueur, comme en vertu de ce contrat réciproque, et de par la clause de l'article mentionné, son lot est tombé en partage à Hamlet. Maintenant, Monsieur, le jeune Fortinbras, plein d'un bouillant courage qui n'a pas encore reçu les leçons de l'expérience, a sur les lisières de la Norwége, ici et là, ramassé une bande de vagabonds résolus, prêts pour les vivres

ACTE I, SCÈNE I.

et l'entretien à toute entreprise demandant de l'audace : or, l'entreprise qu'il médite (comme cela paraît clair à notre gouvernement) consiste à nous reprendre, de haute main et par contrainte, lesdites terres ainsi perdues par son père : et voilà, je crois, la principale cause de nos préparatifs, l'origine de nos gardes, et la première raison de cette activité fiévreuse et de ce remue-ménage dans le royaume.

BERNARDO. — Je pense que c'est bien cela et rien d'autre : et cet état de choses pourrait bien être l'explication de cette apparition merveilleuse qui passe armée à travers notre garde, apparition si semblable au roi qui fut et qui est le sujet de ces guerres.

HORATIO. — C'est un grain de poussière bien fait pour troubler l'œil de l'âme. A l'époque où Rome était la plus haute et la plus triomphante, un peu avant que tombât le tout-puissant Jules, les tombeaux lâchèrent leurs habitants, et les morts en linceuls poussèrent des cris et des gémissements à travers les rues de Rome : on vit des étoiles avec des queues de flammes, des rosées de sang, des désastres dans le soleil, et l'astre humide dont l'influence régit l'empire de Neptune subit une éclipse presque semblable à celle du jour du jugement : or ces mêmes signes précurseurs d'événements terribles, le ciel et la terre les ont aussi montrés à nos climats et à nos compatriotes, comme les avant-coureurs qui précèdent toujours les destinées, comme le prologue aux catastrophes prochaines. Mais doucement, voyez, le voici qui vient encore !

Rentre LE FANTÔME.

HORATIO. — Je vais lui barrer la route, quand bien même il devrait me jeter un sort (*a*). — Arrête, illusion ! Si tu as voix ou langage quelconque, parle-moi : — s'il y a quelque bonne œuvre à accomplir qui puisse nous donner, à toi du soulagement, à moi la faveur

---

(*a*) *I will cross it, though it blast me.* C'était une croyance que quiconque traversait l'endroit où apparaissait un fantôme était soumis à son influence.

de la grâce, parle-moi : — si tu as connaissance de quelque fatalité menaçante pour ton pays, qui, révélée d'avance, pourrait être détournée, oh! parle! — ou bien si pendant ta vie tu as caché dans le sein de la terre des trésors extorqués, motif pour lequel, dit-on, vous esprits vous rôdez souvent au sein de la mort[2], parle-m'en : — arrête et parle! (*Le coq chante.*) Arrête-le, Marcellus.

Marcellus. — Le frapperai-je de ma pertuisane?

Horatio. — Oui, s'il ne veut pas s'arrêter.

Bernardo. — Il est ici!

Horatio. — Il est là!

Marcellus. — Il est parti! (*Sort le Fantôme.*) Nous agissons mal en faisant montre de violence envers cet être si majestueux; car il est comme l'air invulnérable, et nos coups sont une plaisanterie aussi vaine que méchante.

Bernardo. — Il allait parler lorsque le coq a chanté.

Horatio. — Et alors il a décampé comme une créature coupable qui obéit à une sommation terrible. J'ai entendu dire que le coq qui est le trompette du matin, réveille le Dieu du jour de sa voix haute et perçante, et qu'à son signal, tout esprit errant et vagabond soit sur la mer ou dans le feu, soit sur la terre ou dans l'air, retourne à son domicile : de cette vérité, la présente apparition est la preuve [3].

Marcellus. — Elle s'est fondue au cri du coq. Il y en a qui disent que toujours à l'époque où est célébrée la naissance de notre Sauveur, cet oiseau de l'aube chante tout le long de la nuit : alors, dit-on, aucun esprit n'ose errer au dehors : pendant ces semaines-là les nuits sont salubres; nulle planète n'a de mauvaise influence, nulle fée ne jette de charme, nulle sorcière n'a de pouvoir d'enchanter, si béni et si plein de grâce est ce moment de l'année.

Horatio. — C'est ce que j'ai entendu dire aussi, et je le crois en partie. Mais, voyez, le matin, en manteau rouge brun, marche à travers la rosée sur cette haute colline qui est là-bas à l'Orient. Laissons là notre garde, et, si vous m'en croyez, allons rapporter au jeune Hamlet ce que nous avons vu cette nuit; car sur ma vie, cet esprit qui est muet pour nous lui parlera. Consentez-vous à ce que nous l'en informions, et ne croyez-vous pas que cet avis est exigé par notre affection et conforme à notre devoir?

MARCELLUS. — Faisons cela, je vous en prie : je sais où nous le trouverons ce matin pour lui parler commodément. (*Ils sortent.*)

SCÈNE II.

Une salle d'état dans le château.

Entrent LE ROI, LA REINE, HAMLET, POLONIUS, LAERTES, VOLTIMAND, CORNÉLIUS, *seigneurs et gens de la suite.*

LE ROI. — Quoique la mort de notre cher frère Hamlet soit encore de fraîche date, et qu'il pût paraître convenable que nos cœurs fussent accablés sous le chagrin, et que tout notre royaume présentât l'aspect d'une douleur unanime, cependant la discrétion a si bien combattu la nature qu'une tristesse très-sage nous permet de penser à lui en même temps qu'à nous-mêmes. C'est pourquoi avec une joie en quelque sorte déroutée, le bonheur dans un œil et la douleur dans l'autre, mêlant les réjouissances aux funérailles et les cantiques funèbres à l'hymne nuptial, faisant une part égale à l'allégresse et au deuil, nous avons pris pour femme celle qui fut autrefois notre sœur, qui est maintenant notre reine, et partage avec nous la domination de cet état guerrier : en agissant ainsi, nous n'avons pas exclu les avis de vos sagesses ; mais ils nous ont pleinement approuvé en cette affaire : nos remercîments à tous. Maintenant, ainsi que vous le savez, le jeune Fortinbras, se forgeant une faible opinion de notre valeur, ou bien associant au rêve de sa supériorité la pensée que par suite de la mort de feu notre cher frère notre état doit être disjoint et hors de défense, n'a pas manqué de nous accabler de messages tendant à la restitution de ces territoires perdus par son père et acquis par notre vaillant frère selon toutes les formes légales. Voilà pour ce qui le concerne. Maintenant, quant à ce qui nous concerne et à l'objet de la présente réunion, le voici : — nous avons écrit ici au roi de Norwége, oncle du jeune Fortinbras, qui, impotent et gardant le lit, connaît à peine les projets de son neveu, d'avoir à couper court à ses menées ultérieures; car c'est parmi ses sujets que se font levées, enrôlements et recrues : en conséquence, nous vous dépêchons vous, mon bon Cornélius, et vous, Voltimand, pour porter cette lettre amicale au vieux roi de Norwége; quant à votre pouvoir personnel pour traiter de cette affaire avec le roi, nous défendons qu'il dépasse les limites que nous lui imposons dans ces articles détaillés. Adieu, et que votre promptitude témoigne de votre dévouement.

Cornélius *et* Voltimand. — En cette affaire, comme en toutes choses, nous vous montrerons notre dévouement.

Le roi. — Nous n'en doutons nullement : cordial adieu. (*Sortent Voltimand et Cornélius.*) Et maintenant, Laertes, qu'avez-vous à nous dire de nouveau? Vous nous aviez parlé d'une requête; quelle est-elle, Laertes? Vous n'avez pas à craindre de dépenser en vain vos paroles quand vous adresserez une demande raisonnable au roi de Danemark. Quelle chose pourrais-tu bien me demander, Laertes, que je ne sois plutôt prêt à t'offrir que toi à la solliciter? La tête n'est pas plus sœur du cœur, la main n'est pas plus servante de la bouche, que ce trône de Danemark n'est dévoué à ton père. Que désirerais-tu, Laertes?

Laertes. — Mon redouté Seigneur, votre agrément et votre permission pour retourner en France. J'en suis parti de grand cœur pour venir en Danemark vous présenter mes respects à votre couronnement; cependant, je dois l'avouer, maintenant que ce devoir est rempli, mes pensées et mes vœux me tirent de nouveau du côté de la France, et se courbent devant vous pour demander votre gracieux congé et votre indulgence.

Le roi. — Avez-vous la permission de votre père? Que dit Polonius?

Polonius. — Il m'a arraché une permission récalcitrante à force de me harceler de prières, et à la fin j'ai fort à contre-cœur scellé son désir de mon consentement : je vous en prie, donnez-lui permission de partir, Monseigneur.

Le roi. — Choisis ton heure, Laertes : que ton temps t'appartienne, et fais-en l'emploi qui te sourira le mieux ! — Et maintenant, mon neveu et mon fils, Hamlet....

Hamlet, *à part*. — Un peu plus que parent, mais un peu moins que père [4].

Le roi. — Pourquoi ces nuages qui continuent à vous envelopper ?

Hamlet. — Je n'ai pas de nuages, Monseigneur ; je ne suis que trop au soleil [5].

La reine. — Mon bon Hamlet, laisse là cette physionomie lugubre, et que ton œil se tourne vers le roi de Danemark comme vers un ami. Que tes regards baissés ne cherchent pas éternellement ton noble père dans la poussière : tu sais que c'est la loi commune : — tous ceux qui vivent doivent mourir, et passer de la nature à l'éternité.

Hamlet. — Oui, Madame, c'est la loi commune.

La reine. — Si c'est la loi commune, pourquoi en sembles-tu affligé comme si cela t'était particulier ?

Hamlet. — *Semble*, Madame ! non, c'est bien une réalité ; je ne connais pas de semblants. Ma bonne mère, ce n'est ni mon manteau couleur d'encre, ni l'appareil ordinaire du deuil solennel, ni le souffle gémissant d'une respiration oppressée, ni l'œil changé en fleuve de larmes, ni l'aspect accablé du visage, ni le cortége entier des formes, expressions, apparences du chagrin, qui peuvent traduire avec vérité mon cœur. Ces choses-là sont en effet des semblants, car ce sont des actions qu'un homme peut contrefaire : mais j'ai en moi quelque chose qui dépasse toutes les manifestations extérieures, lesquelles ne sont que la livrée et le décor de la douleur.

Le roi. — Il est délicat et honorable pour votre nature, Hamlet, de rendre à votre père ces hommages de douleur : mais, vous le savez bien, votre père avait perdu un père ; ce père qu'il perdit, avait perdu le sien ; et le survivant est tenu par piété filiale de montrer pendant un temps la douleur qui convient au deuil : mais persévérer dans une affliction obstinée est la conduite d'une opiniâtreté impie ; c'est un chagrin sans virilité : cela montre une volonté très-indocile envers le ciel, un cœur sans force sur lui-même, une âme impatiente, une intelligence simple et sans lumières : car, pourquoi prendrions-nous à cœur avec une opposition chagrine ce que nous savons devoir être nécessairement, et qui est chose ordinaire s'il en est au monde ? Fi ! c'est une offense envers le ciel, une offense envers le mort, une offense envers la nature, une offense de la plus grande absurdité envers la raison dont le thème ordinaire est la mort des pères, et qui, depuis le premier cadavre, jusqu'à celui qui mourut hier, n'a cessé de crier : « Il en doit être ainsi. » Nous vous en prions, donnez congé à cette douleur impuissante, et regardez-nous comme un père ; car nous voulons que le monde en prenne note, vous êtes le plus rapproché de notre trône, et la tendresse la plus exaltée qu'un père puisse porter à son fils, je la ressens pour vous. Quant à votre intention de retourner à l'université de Wittenberg, elle est très-opposée à nos désirs : nous vous en conjurons, consentez à rester ici pour la joie et la fête de nos yeux, comme le premier de notre cour, notre neveu, et notre fils.

La reine. — Que ta mère ne perde pas ses prières, Hamlet ; je t'en prie, reste avec nous, ne vas pas à Wittenberg[6].

Hamlet. — Je ferai de mon mieux pour vous obéir en toutes choses, Madame.

Le roi. — Allons, c'est une bonne et affectueuse réponse : soyez comme nous-mêmes en Danemark. — Venez, Madame ; cet aimable et volontaire consentement d'Hamlet fait sourire mon cœur ; pour le fêter, le roi de Danemark ne portera pas aujourd'hui une santé joyeuse, sans que le canon retentissant aille en avertir les nuages, et que les cieux, en répétant le terrestre tonnerre, proclament une seconde fois le toast du roi. — Allons. (*Tous sortent, sauf Hamlet.*)

Hamlet. — Oh! si cette trop, trop solide chair pouvait se fondre, se liquéfier et se résoudre en rosée! Oh! si l'Éternel n'avait pas formulé ses décrets contre le suicide! Ô Dieu! Ô Dieu! combien fastidieux, usés, vulgaires, stériles me semblent tous les biens de ce monde! Fi de ce monde! Oh! fi! c'est un jardin non sarclé où les herbes folles poussent d'elles-mêmes; les plantes malfaisantes et de grossière nature le possèdent seules. Que les choses en soient venues là! Mort seulement depuis deux mois! pas même autant, pas deux mois : un roi si excellent, qui, comparé à cet autre, était ce qu'Hypérion[7] est à un satyre, — si aimant pour ma mère qu'il ne pouvait pas souffrir que les vents du ciel visitassent trop rudement son visage. Ciel et terre! faut-il que je me le rappelle! vraiment elle s'accrochait à lui comme si son appétit n'avait fait que croître davantage à mesure qu'il était satisfait : et cependant au bout d'un mois.... Oh! ne pensons pas à cela.... Fragilité, ton nom est femme! — Un tout petit mois; avant même qu'elle eût achevé d'user les souliers avec lesquels elle suivait le convoi de mon pauvre père toute en larmes, comme Niobé! — elle, elle-même, — ô Dieu! une bête privée de la faculté de raisonner aurait pleuré plus longtemps, — elle s'est mariée à mon oncle, le frère de mon père, mais qui ne ressemble pas plus à mon père que je ne ressemble à Hercule : au bout d'un mois; avant que le sel de ses très-indignes larmes eût cessé d'irriter ses yeux rougis, elle s'est mariée! — Oh! l'exécrable promptitude! courir en poste avec cette vivacité vers des draps incestueux! Cela n'est pas bien, cela ne peut pas mener à bien : mais brise-toi, mon cœur, car je dois retenir ma langue!

Entrent HORATIO, MARCELLUS *et* BERNARDO.

Horatio. — Salut à Votre Seigneurie!

Hamlet. — Je suis heureux de vous voir en bonne santé : — Horatio, si j'ai mémoire de moi-même?

Horatio. — Lui-même, Monseigneur, et toujours votre pauvre serviteur.

Hamlet. — Mon bon ami, Monsieur ; je veux que cette qualité remplace celle que vous vous donnez. Et pourquoi êtes-vous revenu de Wittenberg, Horatio? — Marcellus?

Marcellus. — Mon bon Seigneur?...

Horatio. — Je suis très-heureux de vous voir. — Bonsoir, Monsieur. — Mais en bonne franchise, qu'est-ce qui vous a fait venir de Wittenberg?

Horatio. — Une envie de dissipation, mon bon Seigneur.

Hamlet. — Je ne voudrais pas entendre votre ennemi parler ainsi; et vous n'imposerez pas à mon oreille cette violence de lui faire croire à votre témoignage contre vous-même : je sais que vous n'êtes pas dissipé. Mais quelle affaire avez-vous dans Elseneur? Nous vous apprendrons à boire sec avant votre départ.

Horatio. — Monseigneur, j'étais venu pour voir les funérailles de votre père.

Hamlet. — Ne te moque pas de moi, je t'en prie, camarade d'université; je pense que c'était pour voir le mariage de ma mère.

Horatio. — En vérité, Monseigneur, cela a suivi de bien près.

Hamlet. — L'économie, l'économie, Horatio! Les restes refroidis du repas des funérailles ont fourni les tables du repas de noces[8]. Oh! que n'ai-je pu me rencontrer dans le ciel avec mon plus intime ennemi avant de voir un pareil jour, Horatio! — Mon père, — il me semble que je le vois, mon père.

Horatio. — Oh! où donc, Monseigneur?

Hamlet. — Je le vois par l'œil de mon âme, Horatio.

Horatio. — Je l'ai vu jadis; c'était un beau roi.

Hamlet. — C'était un homme tellement accompli que je ne reverrai jamais son pareil.

Horatio. — Monseigneur, je crois que je l'ai vu la nuit dernière.

Hamlet. — Vu qui?

Horatio. — Le roi votre père, Monseigneur.

Hamlet. — Le roi mon père !

Horatio. — Modérez assez votre étonnement pour me prêter un instant une oreille attentive, afin que je puisse vous raconter ce miracle sous le témoignage de ces gentilshommes.

Hamlet. — Pour l'amour de Dieu, racontez-moi cela.

Horatio. — Deux nuits de suite, pendant leur garde, au plein milieu et dans le vaste silence de la nuit, ces deux gentilshommes, Marcellus et Bernardo, avaient eu la visite que voici. Une figure pareille à votre père, armée de pied en cap de tous points comme lui, apparaît devant eux, et d'un pas solennel va et vient à leurs côtés, lentement et majestueusement. Trois fois leurs yeux terrifiés et saisis de surprise l'ont vu s'approcher à une distance égale à la longueur de son bâton de commandement ; mais eux, presque dissous en gelée par la crainte, sont restés muets et ne lui ont pas parlé. Ils me communiquèrent le fait en secret avec terreur, et je partageai leur garde la troisième nuit : l'apparition vint telle exactement qu'ils l'avaient décrite, juste à la même heure, juste sous la même forme. Je connaissais votre père ; ces deux mains ne se ressemblent pas davantage qu'il ne ressemblait à ce fantôme.

Hamlet. — Mais où était-ce ?

Marcellus. — Monseigneur, sur l'esplanade où nous montions la garde.

Hamlet. — Ne lui avez-vous pas parlé ?

Horatio. — Je lui ai parlé, Monseigneur ; mais il n'a fait aucune réponse : cependant une fois il m'a semblé qu'il relevait la tête, et qu'il prenait l'attitude de quelqu'un qui allait parler ; mais, à ce moment même, le coq matinal chanta de sa voix la plus haute ; et à ce son il s'éloigna en toute hâte et disparut à nos yeux.

Hamlet. — C'est très-étrange.

Horatio. — C'est la vérité, comme j'existe, mon honoré Seigneur, et il nous a paru que notre devoir nous faisait une loi de vous découvrir ce fait.

Hamlet. — Vraiment, vraiment, Messieurs, cela me trouble. — Êtes-vous de garde cette nuit?

Marcellus et Bernardo. — Oui, Monseigneur.

Hamlet. — Et il était armé, dites-vous?

Marcellus et Bernardo. — Armé, Monseigneur.

Hamlet. — Du sommet du crâne à l'orteil?

Marcellus et Bernardo. — De la tête aux pieds, Monseigneur.

Hamlet. — Et vous n'avez pu voir son visage alors?

Horatio. — Oh si, Monseigneur; sa visière était relevée.

Hamlet. — Quel était son aspect? menaçant?

Horatio. — Il y avait dans sa physionomie plus de douleur que de colère.

Hamlet. — Pâle ou coloré?

Horatio. — Extrêmement pâle, vraiment.

Hamlet. — Et il a fixé ses yeux sur vous?

Horatio. — Très-fermement.

Hamlet. — J'aurais voulu être là.

Horatio. — Cela vous aurait beaucoup étonné.

Hamlet. — C'est vraisemblable, très-vraisemblable [9]. — Est-ce qu'il est resté longtemps?

Horatio. — Le temps qu'il faudrait pour compter jusqu'à cent en se hâtant modérément.

Marcellus et Bernardo. — Plus longtemps, plus longtemps.

Horatio. — Non pas lorsque je l'ai vu.

Hamlet. — Sa barbe était-elle grisonnante? non?

Horatio. — Elle était comme je l'ai vue pendant sa vie, noire argentée.

Hamlet. — Je veillerai cette nuit; peut-être reparaîtra-t-il?

Horatio. — Je vous garantis qu'il reparaîtra.

Hamlet. — S'il se présente sous la forme de mon noble père, je lui parlerai quand bien même l'enfer ouvrirait sa gueule pour me hurler de me tenir en paix. Je vous en prie tous, si vous avez jusqu'ici gardé le secret sur cette vision, continuez à rester silencieux; et quelque chose qui arrive cette nuit, bornez-vous à la comprendre ; mais pas de paroles : je récompenserai votre amitié. Là-dessus, adieu : j'irai vous rejoindre sur l'esplanade entre onze heures et minuit.

Tous. — Notre obéissance est au service de Votre Honneur.

Hamlet. — Dites votre amitié, comme la mienne est à votre service : adieu. (*Sortent Horatio, Marcellus et Bernardo.*) Le fantôme de mon père en armes ! tout n'est pas droit ; je soupçonne quelque vilain jeu : que je voudrais que la nuit fût venue ! Jusque-là, reste paisible, mon âme : les actions indignes apparaîtront toujours, quand bien même toute la terre les couvrirait pour les cacher aux yeux des hommes ! (*Il sort.*)

SCÈNE III.

Un appartement dans la demeure de POLONIUS.

Entrent LAERTES *et* OPHÉLIA.

Laertes. — Mes effets sont embarqués ; adieu : et, ma sœur, toutes les fois que les vents seront bons et qu'il y aura un navire en partance, ne soyez pas paresseuse, mais faites-moi savoir de vos nouvelles.

Ophélia. — Doutez-vous que je ne le fasse ?

Laertes. — Quant à Hamlet, et au badinage de ses attentions, regardez cela comme une fantaisie, un caprice du sang, une violette aux premiers jours de la nature printanière, précoce mais non permanente, suave mais non durable, le parfum et la volupté d'une minute, rien de plus.

Ophélia. — Rien de plus que cela ?

Laertes. — Ne le tenez pour rien d'autre : car la nature en croissant ne se développe pas seulement en muscles et en volume ; mais à mesure que ce temple grandit, le service intérieur de l'esprit et de l'âme grandit également. Peut-être vous aime-t-il maintenant ; et peut-être maintenant aucune ombre, aucune hypocrisie ne ternissent-elles la vertu de sa volonté : mais vous devez craindre que sa grandeur ne l'emporte sur sa volonté, quand elles seront pesées ensemble. Il est en effet l'esclave de sa naissance, et il ne peut comme les personnes sans condition choisir selon ses goûts personnels ; car de son choix dépendent la sécurité et la santé de l'état tout entier, et par conséquent son choix doit être subordonné à la voix et à l'assentiment du corps dont il est la tête. Ainsi, s'il vous dit qu'il vous aime, il convient à votre sagesse de ne le croire que dans la mesure où sa condition et ses devoirs particuliers lui permettent de mettre d'accord ses actes et ses paroles, et cette mesure c'est l'opinion générale du Danemark qui la détermine. Ainsi réfléchissez bien à la tache que pourrait souffrir votre honneur, si vous prêtiez à ses chansons une oreille trop crédule, ou si vous perdiez votre cœur, ou si vous lui ouvriez le trésor de votre chasteté sous la pression de son importunité. Craignez cela, Ophélia, craignez cela, ma chère sœur ; et tenez-vous à l'arrière-garde de votre affection, hors de l'atteinte des coups de feu et des dangers du désir. La fille la plus avare d'elle-même en est assez prodigue si elle démasque sa beauté devant la lune : la vertu elle-même n'échappe pas aux coups de la calomnie : le ver outrage les enfants du printemps trop souvent avant même que leurs boutons se soient ouverts ; et c'est au matin et pendant la liquide rosée de la jeunesse que les brouillards contagieux sont le plus à redouter. Ainsi, soyez circonspecte ; la crainte est la meilleure garantie de sécurité : la jeunesse est rebelle contre elle-même, même quand personne n'est là pour l'exciter.

OPHÉLIA. — Je retiendrai le sens de cette belle leçon, et je la donnerai comme gardienne à mon cœur. Mais, mon bon frère, ne faites pas comme font certains profanes prédicateurs, qui vous montrent le chemin escarpé et épineux du ciel, tandis qu'eux-mêmes, libertins sans frein et sans loi, foulent le sentier fleuri du plaisir et n'observent pas leur propre sermon.

LAERTES. — Oh! ne craignez pas pour moi. Je reste trop longtemps; — mais voici mon père qui vient.

Entre POLONIUS.

LAERTES. — Une double bénédiction est une double grâce; je suis heureux de la bonne occasion qui m'est donnée de prendre un second congé.

POLONIUS. — Encore ici, Laertes! A bord, à bord, c'est une honte! le vent souffle au dos de vos voiles, et on vous attend. Allons, ma bénédiction soit avec vous! (*Il pose sa main sur la tête de Laertes*) et grave dans ta mémoire ces quelques préceptes. Ne donne pas de langue à tes pensées, et ne fais jamais passer dans l'action une pensée peu réfléchie. Sois familier, mais évite par tous les moyens possibles d'être banal. Quand tu auras éprouvé l'affection de tes amis, enchâsse-les dans ton âme avec des cercles d'acier; mais ne prostitue pas ta poignée de main à tout nouveau, à tout passager camarade. Crains de te fourrer dans une querelle; mais une fois que tu y seras entré, soutiens-la de façon que ton adversaire te craigne. Prête à tous ton oreille, mais à peu ta voix; accepte l'opinion d'un chacun, mais réserve ton jugement. Que ta mise soit aussi somptueuse que te le permettra ta bourse, mais qu'elle n'obéisse pas au caprice; qu'elle soit riche, mais non voyante : car le costume révèle souvent l'homme; et les gens de haut rang et de condition en France, sont principalement sur cet article de la toilette, d'une élégance aussi pleine de goût que de magnificence. Ne sois ni prêteur, ni emprunteur; car on perd souvent en prêtant et le prêt et l'ami, et emprunter émousse le fil de l'esprit d'ordre. Par-dessus tout, sois vrai envers toi-même, et il s'ensuivra, comme la nuit suit le jour, que tu ne pourras être faux envers personne. Adieu : que ma bénédiction fasse fructifier en toi ces conseils!

LAERTES. — Je prends très-humblement mon congé, Monseigneur.

POLONIUS. — Le temps vous presse; allez, vos serviteurs vous attendent.

LAERTES. — Adieu, Ophélia, et rappelez-vous bien ce que je vous ai dit.

OPHÉLIA. — Vos paroles sont fermées dans ma mémoire, dont vous garderez vous-même la clef avec vous.

LAERTES. — Adieu. (*Il sort.*)

POLONIUS. — Qu'est-ce qu'il vous disait, Ophélia ?

OPHÉLIA. — Avec votre permission, quelque chose touchant le Seigneur Hamlet.

POLONIUS. — Pardi, c'était bien pensé. On me dit que très-souvent dans ces derniers temps Hamlet vous a consacré beaucoup de ses heures, et que vous-même vous avez été libérale et prodigue de votre société : s'il en est ainsi, — c'est ce qu'on m'a rapporté, et cela par mesure de prudence, — je dois vous dire que vous ne comprenez pas ce que vous êtes aussi clairement qu'il conviendrait à ma fille et à votre honneur. Qu'y a-t-il entre vous ? dites-moi la vérité.

OPHÉLIA. — Plusieurs fois dans ces derniers temps, Monseigneur, il m'a fait l'offre de son affection.

POLONIUS. — *Son affection !* ta, ta ! Vous parlez comme une fillette encore toute verte, et qui n'a pas l'expérience de telles dangereuses circonstances. Croyez-vous à ses *offres*, comme vous les appelez ?

OPHÉLIA. — Je ne sais pas, Monseigneur, ce que j'en dois penser.

POLONIUS. — Pardi, je vais vous l'apprendre : pensez que vous êtes un enfant à la mamelle qui avez pris pour du bon argent ces *offres* qui sont monnaie fausse. *Offrez-vous* à vous-même plus d'affection bien entendue ; ou si non, — soit dit sans vouloir forcer le sens de ce pauvre mot — vous arriveriez à *m'offrir* l'imbécillité.

OPHÉLIA. — Monseigneur, il m'a pressée de son amour d'une manière honorable.

POLONIUS. — Oh oui, vous pouvez bien appeler ça *manière :* allez, allez.

OPHÉLIA. — Et il a appuyé ses discours, Monseigneur, de presque tous les serments les plus sacrés du ciel.

POLONIUS. — Oui, des lacets à prendre les bécasses. Je

sais avec quelle prodigalité, lorsque le sang brûle, l'âme conduit les serments à la langue. Vous ne devez pas prendre pour du feu véritable, ma fille, ces lueurs qui donnent plus de clarté que de chaleur, et qui, perdant à la fois clarté et chaleur au moment même où elles les annoncent, s'éteignent aussi vite qu'elles sont nées. A partir de ce moment, ma fille, soyez un peu plus avare de votre virginale présence ; placez vos entretiens à un plus haut prix qu'une invitation à la causerie. Quant au Seigneur Hamlet, ce qu'il vous faut croire à son sujet, c'est qu'il est jeune, et qu'il peut marcher avec des lisières moins courtes que celles qui vous sont permises : bref, Ophélia, ne croyez pas à ses serments, car ce sont des entremetteurs ; non de la nuance de ceux qui montrent ouvertement ce qu'ils sont, mais des solliciteurs de profanes requêtes, qu'ils présentent comme des requêtes saintes et pieuses, afin de mieux tromper. Que cela soit dit une fois pour toutes ; en termes nets, à partir de ce moment, je désirerais vous voir éviter de faire de votre plus petit moment de loisir un aussi mauvais usage que celui de parler ou d'échanger des promesses avec le Seigneur Hamlet. Faites-y attention, je vous y engage : allez à vos occupations.

Ophélia. — J'obéirai, Monseigneur. (*Ils sortent.*)

SCENE IV.

L'esplanade.

Entrent HAMLET, HORATIO *et* MARCELLUS.

Hamlet. — L'air pique rudement ; il fait très-froid.
Horatio. — Oui, l'air est âpre et mordant.
Hamlet. — Quelle heure est-il ?
Horatio. — Bien près de minuit, je crois.
Marcellus. — Non, il a sonné.
Horatio. — Vraiment ? Je ne l'ai pas entendu : en ce cas nous approchons de l'heure où le spectre a l'habitude de faire son apparition. (*Bruit de trompettes et dé-*

charges d'artillerie à l'intérieur du château.) Qu'est-ce que cela signifie, Monseigneur?

Hamlet. — Le roi donne ce soir un réveillon; il s'amuse à boire, il se grise, et chancelle en dansant des *sauteuses* effrénées; toutes les fois qu'il a vidé son hanap de vin du Rhin, la timbale et le tambour braient de cette façon le triomphe du toast qu'il porte.

Horatio. — Est-ce une coutume?

Hamlet. — Oui, parbleu; mais à mon sens, — quoique je sois né ici, et que j'aie été élevé dans ces mœurs, — c'est une coutume qu'il est plus honorable d'enfreindre que d'observer. Ces abrutissantes orgies nous livrent, de l'Orient à l'Occident, à la critique et au mépris des autres nations: elles nous appellent ivrognes, et souillent nos titres de l'épithète de cochons; et véritablement, quelle que soit la hauteur qu'ils atteignent, ce vice retire à nos exploits le suc et la moelle même de la gloire qu'ils méritent[10]. C'est ainsi qu'il arrive souvent chez les individus, que par le fait de quelque tache vicieuse de nature, comme celle de la naissance (dont ils ne sont pas coupables cependant, puisque nous ne choisissons pas notre origine), ou par la croissance excessive de quelque propension naturelle qui brise trop souvent les remparts et les palissades de la raison, ou par le fait de quelque habitude qui a mis trop de levain dans la pâte des bonnes manières, — c'est ainsi, dis-je, que ces hommes, parce qu'ils portent la marque d'un unique défaut, — livrée de la nature, ou sort de leur étoile, — verront leurs vertus, fussent-elles pures comme la grâce divine, et aussi infinies que le permet l'humaine condition, regardées par l'opinion générale comme infectées de corruption à cause de ce défaut particulier: la goutte de mal infecte toute la noble substance du soupçon de son venin.

Horatio. — Regardez, Monseigneur, il vient!

Entre le fantôme.

Hamlet. — Anges et ministres de la grâce, défendez-nous! — Que tu sois un esprit béni ou une âme damnée, que tu apportes avec toi les parfums du ciel ou les exhalaisons de l'enfer, que tes intentions soient méchantes ou charitables, tu m'apparais sous une forme si intéressante, que je veux te parler. Je t'appelle, ô Hamlet, roi, père, prince danois : ô réponds-moi ! Ne me laisse pas succomber sous l'angoisse de mon ignorance ! mais dis-moi pourquoi tes os bénits, ensevelis dans la mort, ont brisé leurs bandelettes ! pourquoi le sépulcre, où nous t'avons vu déposer inerte, a ouvert ses pesantes mâchoires de marbre pour te rejeter de nouveau à l'air libre ! Qu'est-ce que cela peut signifier, que toi, corps mort, armé de nouveau de pied en cap [11], tu viennes revoir la clarté de la lune, en remplissant la nuit d'épouvante, et ébranler si horriblement notre être par des pensées qui dépassent la portée de nos âmes, à nous jouets ignorants de la nature ? Dis-moi pourquoi cela ? dans quel but ? que devons-nous faire ? (*Le Fantôme fait signe à Hamlet.*)

Horatio. — Il vous fait signe d'aller avec lui, comme s'il désirait vous faire quelque communication à vous seul.

Marcellus. — Voyez avec quel geste courtois il vous fait signe de le suivre dans un lieu plus écarté : mais n'allez pas avec lui.

Horatio. — Non, en aucune façon.

Hamlet. — Il ne parlera pas ; il faut donc que je le suive.

Horatio. — Ne faites pas cela, Monseigneur.

Hamlet. — Pourquoi ? où est le motif de craindre ? pour ce qui est de ma vie, je ne m'en soucie pas plus que d'une épingle : et quant à mon âme, qu'est-ce qu'il peut lui faire, puisqu'elle est comme lui chose immortelle ? Il me fait signe de nouveau ; je vais le suivre.

Horatio. — Mais s'il vous entraînait vers les flots, Monseigneur, ou sur le sommet effrayant de la falaise qui avance sur la mer à si grande distance de sa base, et si une fois là, il allait prendre quelque autre horrible forme qui vous privât de la souveraineté de votre raison et vous poussât vers la folie ? Pensez-y : ce lieu seul, sans autre motif, suffit pour donner des envies de se précipiter à quiconque regarde la mer à tant de toises d'élévation, et l'entend mugir en bas.

Hamlet. — Il me fait signe encore. — Marche, je te suis.

Marcellus. — Vous n'irez pas, Monseigneur.

Hamlet. — Retirez vos mains !

Horatio. — Laissez-vous contraindre ; vous n'irez pas.

Hamlet. — Ma destinée m'appelle à haute voix, et donne au plus petit artère de ce corps la force des muscles du lion de Némée. (*Le Fantôme fait signe à Hamlet.*) Il m'appelle encore ; — laissez-moi, gentilshommes ; — (*il s'arrache de leurs bras*) par le ciel, je vais faire un fantôme de celui qui voudra me retenir ! — arrière, dis-je ! — Marche, je te suis. (*Sortent le Fantôme et Hamlet.*)

Horatio. — Le délire s'empare de son imagination.

Marcellus. — Suivons-le ; il n'est pas bien à nous de lui obéir ainsi.

Horatio. — Volontiers. Qu'est-ce qui va résulter de cela ?

Marcellus. — Il y a quelque chose de pourri dans l'état de Danemark.

Horatio. — Le ciel arrangera cela.

Marcellus. — Allons, suivons-le. (*Ils sortent.*)

SCÈNE V.

Une partie plus solitaire de l'esplanade.

Entrent le fantôme *et* HAMLET.

Hamlet. — Où veux-tu me conduire ? parle, je n'irai pas plus loin.

Le fantôme. — Écoute-moi.

Hamlet. — Je t'écoute.

Le fantôme. — L'heure est presque arrivée où il me faut retourner aux flammes sulfureuses et torturantes.

ACTE I, SCÈNE V.

Hamlet. — Hélas ! pauvre fantôme !

Le fantôme. — Ne t'apitoie pas sur moi, mais prête ta sérieuse attention à ce que je vais te révéler.

Hamlet. — Parle, mon devoir est de t'écouter.

Le fantôme. — Et aussi de me venger, lorsque tu m'auras entendu.

Hamlet. — Quoi !

Le fantôme. — Je suis l'âme de ton père, condamnée pour un certain temps à errer la nuit, et à jeûner pendant le jour dans une prison de feu [12], jusqu'à ce que les crimes dont je me suis souillé pendant ma vie selon la nature soient effacés par les flammes de purification. N'était qu'il m'est interdit de révéler les secrets de ma prison, je te ferais un récit dont le moindre mot déchirerait ton âme, glacerait ton jeune sang, ferait jaillir tes yeux de leurs orbites comme deux étoiles hors de leurs sphères, détruirait l'harmonie de ta chevelure symétriquement bouclée, et ferait se dresser tout droit chacun de tes cheveux comme les dards du porc-épic irrité ; mais ces révélations de l'éternité ne sont point faites pour les oreilles de chair et de sang. Écoute, écoute, oh, écoute ! si jamais tu aimas ton cher père....

Hamlet. — Ô Dieu !

Le fantôme. — Venge-le d'un meurtre infâme et très-dénaturé.

Hamlet. — *D'un meurtre !*

Le fantôme. — D'un meurtre infâme ; le moins coupable est toujours tel, mais celui-là fut au suprême degré infâme, étrange et dénaturé.

Hamlet. — Hâte-toi de me le faire connaître afin que je vole à ma vengeance avec des ailes aussi rapides que celles de la méditation ou des pensées de l'amour.

Le fantôme. — Te voilà disposé comme je te désire ; mais si mon récit ne pouvait t'émouvoir, il faudrait que tu fusses plus inerte que l'herbe grasse qui pourrit à loisir sur le rivage du Léthé. Maintenant, écoute, Hamlet : il est admis qu'un serpent me piqua pendant que je dormais dans mon jardin ; c'est ainsi que l'opinion générale du

Danemark est grossièrement abusée par un récit fabriqué de ma mort : mais sache, noble jeune homme, que le serpent dont la piqûre priva ton père de la vie porte aujourd'hui sa couronne.

Hamlet. — Ô pressentiments de mon âme ! mon oncle !

Le fantôme. — Oui, cette brute incestueuse, adultère, par la sorcellerie de son esprit et la perversité de ses dons, — ô esprit, ô dons maudits, ceux qui ont le pouvoir de séduire de la sorte ! — conquit à sa honteuse convoitise le consentement de ma reine à la si vertueuse apparence. Ô Hamlet, quelle chute cela fut ! Tomber de moi, dont l'amour avait une telle dignité qu'il était resté inaltérablement fidèle au serment que je lui avais fait au mariage, à un misérable dont les dons naturels étaient chétifs comparés aux miens ! Mais de même que la vertu ne pourrait jamais être ébranlée quand bien même le libertinage la tenterait sous une forme divine, de même la luxure, fût-elle accouplée avec un ange radieux, se dégoûtera d'une couche céleste et ira se gorger de tripailles. Mais doucement ! il me semble que je sens l'air du matin ; il me faut être bref. — Comme je sommeillais dans mon jardin, pendant l'après-midi, selon ma coutume invariable, ton oncle se glissa près de moi à cette heure où j'étais sans défense, avec une fiole pleine du suc maudit de la jusquiame, et versa dans les porches de mes oreilles la lépreuse liqueur, qui est tellement ennemie du sang de l'homme, que vive comme le vif-argent, elle court à travers les portes naturelles et les allées du corps, et qu'avec une vigueur soudaine, pareille à des gouttes d'acide dans du lait, elle coagule et caille le sang fluide et sain : ainsi fit-elle du mien, et à l'instant une éruption dartreuse couvrit d'une vile et dégoûtante croûte mon corps lisse et le rendit comme celui d'un lépreux. C'est ainsi que je fus dans mon sommeil privé à la fois de ma vie, de ma couronne, de ma reine, par la main d'un frère, retranché du monde, l'âme toute pénétrée de péché, sans préparation à la mort, sans administration des sacrements, sans extrême-onction, et renvoyé rendre mes comptes avec toutes mes fautes sur ma tête, avant que j'eusse pu faire mon examen de conscience. Oh! c'est horrible! horrible, horrible à l'excès! Si tu as un cœur en toi, ne supporte pas une chose pareille; ne permets pas que le lit royal de Danemark devienne la couche de la luxure et de l'inceste damné. Mais de quelque façon que tu poursuives cette vengeance, que ton esprit ne se souille pas, et que ton âme n'entreprenne quoi que ce soit contre ta mère; abandonne-la au ciel, et laisse à ces épines qu'elle loge dans son sein l'office de la piquer et de la déchirer. Adieu sans retard! le ver luisant me montre que le matin s'approche par son feu sans chaleur qui commence à pâlir[18]. Adieu, adieu! Hamlet, souviens-toi de moi! (*Il sort.*)

Hamlet. — Ô vous toutes, cohortes du ciel! Ô terre! et quoi encore? y joindrai-je l'enfer? Oh! fi! Contiens-toi, mon cœur; et vous, mes nerfs, ne devenez pas subitement caducs, mais soutenez-moi vigoureusement debout. Me souvenir de toi! oui, pauvre fantôme, tant que la mémoire conservera son siége sous ce crâne bouleversé. Me souvenir de toi! oui, des tablettes de ma mémoire je veux effacer toutes les réminiscences vulgaires et frivoles, toutes les phrases des livres, toutes les formes, toutes les impressions du passé que la jeunesse et l'observation y avaient copiées, et ton commandement tout seul vivra dans le livre et le volume de mon cerveau, séparé de toute basse matière : oui, par le ciel! Ô femme très-perverse! Ô scélérat! scélérat! scélérat damné à l'hypocrite sourire! — Mes tablettes, — il est bon que j'y écrive qu'on peut sourire, et sourire encore, et n'être qu'un scélérat; au moins je suis sûr qu'il en peut être ainsi en Danemark : (*il écrit*) bien, mon oncle, vous y voilà couché. Maintenant, à mon mot d'ordre; c'est « Adieu, adieu! souviens-toi de moi! » Je l'ai juré.

Horatio, *dans le lointain*. — Monseigneur! Monseigneur!

Marcellus, *dans le lointain*. — Seigneur Hamlet!

Horatio, *dans le lointain*. — Le ciel le tienne sous sa garde!

MARCELLUS, *dans le lointain*. — Ainsi soit-il

HORATIO, *dans le lointain*. — Hé! hé! hé! Monseigneur!

HAMLET. — Ohé! hé! hé! mon garçon! viens, mon oiseau, viens [14].

Entrent HORATIO *et* MARCELLUS.

MARCELLUS. — Que s'est-il passé, mon noble Seigneur?

HORATIO. — Quelles nouvelles, Monseigneur?

HAMLET. — Oh! c'est merveilleux!

HORATIO. — Racontez-nous cela, mon bon Seigneur.

HAMLET. — Non, vous le révéleriez.

HORATIO. — Non pas moi, par le ciel, Monseigneur.

MARCELLUS. — Ni moi, Monseigneur.

HAMLET. — Qu'en dites-vous alors? le cœur de l'homme aurait-il jamais pu le penser? — Mais serez-vous discrets?

HORATIO *et* MARCELLUS. — Oui, par le ciel, Monseigneur.

HAMLET. — Il n'y eut jamais dans tout le Danemark un scélérat qui ne fût un fieffé coquin.

HORATIO. — Point n'est besoin qu'un fantôme sorte de la tombe pour nous révéler cela, Monseigneur.

HAMLET. — Parbleu, c'est juste; vous êtes dans le vrai; et là-dessus, sans plus d'explications, je juge bon que nous nous serrions la main, et que nous nous séparions, vous, pour aller où vous appellent vos affaires et vos désirs, — car chacun a des affaires et des désirs d'une nature quelconque, — et pour ma part, à moi, pauvre être, je vais aller prier, voyez-vous.

HORATIO. — Ce ne sont là que des paroles fiévreuses et désordonnées, Monseigneur.

HAMLET. — Je suis fâché de tout mon cœur qu'elles vous offensent; oui, ma foi, de tout mon cœur.

HORATIO. — Il n'y a pas d'offense, Monseigneur.

HAMLET. — Oui, par saint Patrick [15], il y a une offense, Horatio, et une grande offense encore. Relativement à cette apparition de tout à l'heure, — c'est un honnête fantôme, laissez-moi vous le dire : quant à votre désir de savoir ce qui s'est passé entre nous, maîtrisez-le de votre mieux. Et maintenant, mes bons amis, en vos qualités d'amis, de gens de noble éducation et de soldats, accordez-moi une pauvre requête.

Horatio. — Laquelle, Monseigneur? nous y consentons.

Hamlet. — De ne jamais révéler ce que vous avez vu cette nuit.

Horatio et Marcellus. — Nous ne le révélerons pas, Monseigneur.

Hamlet. — Oui, mais jurez-le.

Horatio. — Sur ma foi, Monseigneur, je n'en dirai rien!

Marcellus. — Ni moi, sur ma foi, Monseigneur!

Hamlet. — Sur mon épée!

Marcellus. — Nous avons déjà juré, Monseigneur.

Hamlet. — Sur mon épée, un serment en règle, sur mon épée!

Le fantôme, *sous terre*. — Jurez!

Hamlet. — Ah! ah! l'ami! est-ce ainsi que tu parles? tu es donc là, ma bonne pièce sonnante [16]? Avancez, — vous entendez ce camarade qui est dans la cave, — consentez à jurer.

Horatio. — Proposez le serment, Monseigneur.

Hamlet. — Jurez par mon épée de ne jamais parler de ce que vous avez vu.

Le fantôme, *sous terre*. — Jurez!

Hamlet. — *Hic et ubique* [17]? alors nous allons changer de place. Venez ici, gentilshommes, et posez de nouveau vos mains sur mon épée : jurez par mon épée de ne jamais parler de ce que vous avez entendu.

Le fantôme, *sous terre*. — Jurez par son épée!

Hamlet. — Bien dit, vieille taupe! Comment, tu peux travailler si vite sous terre? Excellent pionnier! — Changeons de place encore une fois, mes bons amis.

Horatio. — Par le jour et la nuit, cela est merveilleusement étrange!

HAMLET. — Donnez-lui donc en conséquence la bienvenue comme à un *étranger*. Horatio, il y a plus de choses dans le ciel et sur la terre, que n'en rêve votre philosophie. Mais, venez ; — à cette place-ci, comme vous avez fait déjà, (et que la grâce vous assiste !) jurez que jamais, quelque étrange ou bizarre que soit ma conduite, — car il est possible que par la suite je juge convenable de prendre des allures désordonnées, — lorsque vous me verrez à de tels moments, jurez que jamais, soit en vous croisant ainsi les bras, soit en secouant ainsi la tête, soit en prononçant quelque phrase dubitative, telle que « *Bien, bien, nous savons,* » ou « *Nous pourrions si nous voulions,* » ou « *S'il nous convenait de parler* », ou « *Il y en a qui s'ils le pouvaient,* » ou toute autre insinuation ambiguë de cette espèce, vous ne donnerez indice que vous savez quoi que ce soit sur mon compte ; — jurez de ne pas faire cela, et que la grâce et la clémence divine vous soient en aide à l'heure où vous en aurez un besoin pressant !

LE FANTÔME, *sous terre*. — Jurez !

HAMLET. — Repose, repose, âme en peine ! — Maintenant, gentilshommes, je me recommande à vous de toute la force de mon affection, et aussi pauvre homme que soit Hamlet, Dieu aidant, rien de ce qu'il pourra faire pour vous exprimer son affection et son amitié ne vous manquera. Rentrons ensemble ; — et éternellement vos doigts sur vos lèvres, je vous prie. Ce temps-ci est hors de son équilibre : ô fatalité maudite ! pourquoi faut-il que je sois né pour l'y faire rentrer ! — Allons, venez, rentrons ensemble. (*Ils sortent.*)

ACTE II.

SCÈNE PREMIÈRE.

Un appartement dans la demeure de POLONIUS.

Entrent POLONIUS *et* REYNALDO.

POLONIUS. — Donnez-lui cet argent et ces notes, Reynaldo.

REYNALDO. — Oui, Monseigneur.

POLONIUS. — Il sera singulièrement sage à vous, mon bon Reynaldo, avant de le visiter, de vous informer de sa conduite.

REYNALDO. — Monseigneur, c'était mon intention.

POLONIUS. — Bien dit, parbleu; très-bien dit. En premier lieu, Monsieur, veuillez vous informer des Danois qui sont à Paris; cherchez à savoir quels ils sont, pourquoi ils y sont, comment ils y vivent, quelle est leur demeure, quelle société ils fréquentent, quelles dépenses ils font; et quand vous découvrirez par ce réseau et ce manége de questions calculées qu'ils connaissent mon fils, approchez de sa personne plus que vous n'en aurez l'air par vos interrogations: faites semblant de le connaître comme qui dirait de loin; parlez ainsi : « Je connais son père et ses amis, je le connais aussi un peu; » entendez-vous bien, Reynaldo?

REYNALDO. — Oui, très-bien, Monseigneur.

POLONIUS. — « Je le connais un peu, mais pas beaucoup, » devez-vous dire; « mais si c'est celui dont je veux parler, il est très-dissipé, adonné à ceci et à cela; » là-dessus inventez à son sujet tous les contes qu'il vous fera plaisir;

aucun qui soit assez grave, pour le déshonorer au moins ; prenez garde à cela, Monsieur; tenez-vous-en à ces folles fredaines, et à ces glissades qui sont compagnes habituelles et bien connues de la jeunesse et de la liberté.

Reynaldo. — Comme le jeu, Monseigneur.

Polonius. — Oui, où les griseries, les duels, les jurons, l'humeur querelleuse, les visites chez les filles : vous pouvez aller jusque-là.

Reynaldo. — Monseigneur, cela le déshonorerait.

Polonius. — Non vraiment, puisque vous pouvez atténuer l'accusation en la portant. Vous ne devez pas le calomnier en le présentant comme adonné à l'incontinence, ce n'est pas ma pensée : mais énoncez ses fautes si adroitement qu'elles paraissent simplement les incartades de la liberté, les éclats et les entraînements d'une âme bouillante, l'impétuosité d'un sang qui n'est point exempt des assauts que tout homme connaît.

Reynaldo. — Mais, mon bon Seigneur....

Polonius. — Vous voulez savoir pourquoi vous devez faire cela?

Reynaldo. — Oui, Monseigneur, c'est ce que je voudrais savoir.

Polonius. — Pardi, Monsieur, voilà mon plan, et je crois que c'est un stratagème qui doit réussir. Quand vous aurez jeté ces légères taches sur mon fils, taches semblables à celles d'un objet quelque peu souillé par l'ouvrier dans l'ardeur du travail, l'homme avec lequel vous causerez, remarquez bien, celui que vous voudrez sonder, s'il a toujours vu le jeune homme se rendre coupable des fautes dont vous l'accusez, ne manquera pas, soyez-en sûr, de mettre fin à votre conversation par cette réponse : « Mon bon Monsieur, » dira-t-il, ou quelque chose de semblable, ou « mon ami, » ou « mon gentilhomme, » selon la manière de parler du pays ou les titres de l'interlocuteur.

Reynaldo. — Excellent, Monseigneur.

Polonius. — Et alors, Monsieur, il en vient à, — il en vient.... — qu'est-ce que je voulais dire? — Par la messe, je voulais dire quelque chose : — où en étais-je resté?

REYNALDO. — A « mettre fin à votre conversation par cette réponse », et à « mon ami ou quelque chose de semblable » et « mon gentilhomme. »

POLONIUS. — A « mettre fin à votre conversation par cette réponse ; » oui, pardi, c'est cela : eh bien, il y met fin ainsi : « je connais le gentilhomme ; je l'ai vu hier, ou l'autre jour, ou ce jour-ci, ou ce jour-là ; avec tels ou tels ; et comme vous dites il jouait ; je l'ai surpris se grisant ; il se querellait au jeu de paume ; » ou peut-être, « je l'ai vu entrer dans un mauvais lieu, » *videlicet*, un bordel, ou autre chose semblable ; — comprenez-vous maintenant ? l'amorce de votre mensonge aura pris cette carpe de vérité : c'est ainsi que nous gens sages et expérimentés, par des machines en dessous, et en attaquant les choses de biais, nous trouvons indirectement la droite vérité ; et c'est comme cela qu'en suivant la leçon et les avis que je viens de vous donner, vous découvrirez la conduite de mon fils. Vous m'avez compris ; m'avez-vous compris ?

REYNALDO. — Oui, Monseigneur, je vous ai compris.

POLONIUS. — Dieu soit avec vous ; bonne santé.

REYNALDO. — Mon bon Seigneur !

POLONIUS. — Observez ses inclinations par vos propres yeux.

REYNALDO. — Je n'y manquerai pas, Monseigneur.

POLONIUS. — Et laissez-le chanter sur le ton qui lui plaît.

REYNALDO. — Bien, Monseigneur.

POLONIUS. — Adieu ! (*Sort Reynaldo.*)

Entre OPHÉLIA

POLONIUS. — Eh bien ! qu'est-ce, Ophélia ? qu'y a-t-il ?

OPHÉLIA. — Hélas ! Monseigneur, j'ai été si effrayée !

POLONIUS. — De quoi, au nom du ciel ?

OPHÉLIA. — Monseigneur, comme j'étais à coudre dans ma chambre, le Seigneur Hamlet, — son pourpoint tout ouverts ; sans chapeau sur la tête ; ses bas salis, sans jarretières et tombant sur ses chevilles ; pâle comme sa chemise; ses genoux claquant l'un contre l'autre, et avec un regard annonçant quelque chose de lamentable, comme s'il avait été lâché hors de l'enfer pour parler d'horreurs, — le voilà qui s'avance devant moi.

Polonius. — Il est fou d'amour pour toi!

Ophélia. — Monseigneur, je n'en sais rien; mais en vérité, je le crains.

Polonius. — Qu'a-t-il dit?

Ophélia. — Il m'a prise par le poignet et m'a serrée fortement; puis il s'est éloigné de toute la longueur de son bras, et avec son autre main ainsi sur son front, il s'est mis à étudier mon visage avec tant d'attention, qu'on aurait dit qu'il voulait le dessiner. Il est resté longtemps dans cette attitude; enfin me secouant un peu le bras, et baissant et relevant trois fois sa tête, — comme cela, — il a poussé un soupir si lamentable et si profond qu'il semblait ébranler toute sa charpente et emporter sa vie: cela fait, il m'a lâchée: puis la tête retournée par-dessus son épaule, on aurait dit qu'il trouvait son chemin sans le secours de ses yeux, car il est sorti sans se servir d'eux, et, jusqu'à la fin, il n'a cessé de diriger sur moi leur lumière.

Polonius. — Allons, viens avec moi; je vais aller trouver le roi. C'est le délire même de l'amour, dont le caractère violent est d'attenter à lui-même et de conduire la volonté à des entreprises désespérées, aussi souvent que toute autre passion dont nos natures soient affligées sous le ciel. Je suis désolé; — dites-moi, lui avez-vous adressé récemment quelque parole dure?

Ophélia. — Non, mon bon Seigneur; mais ainsi que vous me l'aviez commandé, j'ai renvoyé ses lettres, et je lui ai refusé accès auprès de moi.

Polonius. — C'est ce qui l'a rendu fou. Je suis désolé de ne pas l'avoir observé avec plus de précaution et de jugement: je croyais qu'il ne faisait que plaisanter et qu'il avait envie de te faire faire naufrage; mais maudites soient mes appréhensions! Il semble qu'il soit aussi particulier à ceux de mon âge, de pécher par trop de sévérité dans nos opinions, qu'il est ordinaire aux jeunes gens de manquer de discernement. Viens, allons trouver le roi : cela doit être connu, car tenir cela caché, pourrait nous apporter plus de chagrin que révéler cet amour ne nous vaudra de haine. (*Ils sortent.*)

SCÈNE II.

Un appartement dans le château.

Entrent LE ROI, LA REINE, ROSENCRANTZ, GUILDENSTERN, *et des gens de la suite.*

LE ROI. — Soyez les bienvenus, mes chers Rosencrantz et Guildenstern ! Outre que depuis longtemps nous désirions vous voir, le besoin que nous avons de vous employer nous a provoqués à vous envoyer chercher en toute hâte. Vous avez eu quelque nouvelle de la transformation d'Hamlet ; je l'appelle ainsi, puisque ni à l'extérieur ni à l'intérieur, l'homme ne ressemble plus à ce qu'il était. Ce qui a pu à ce point l'égarer hors de lui-même, si c'est autre chose que la mort de son père, je ne puis l'imaginer. Je vous en supplie tous les deux, vous qui depuis vos premières années avez été élevés avec lui, et qui en conséquence avez connu de si près sa jeunesse et son humeur, accordez-nous la faveur de séjourner quelque temps ici, dans notre cour : vous l'inciterez au plaisir par votre compagnie ; et recueillez autant d'indices que l'occasion vous en présentera, afin que nous arrivions à découvrir si son affliction a quelque cause à nous inconnue dont le remède soit en notre pouvoir.

LA REINE. — Mes bons gentilshommes, il a beaucoup parlé de vous, et je suis sûre qu'il n'est pas deux hommes actuellement vivants auxquels il soit plus attaché. S'il vous plaisait de nous montrer assez de bonne grâce et de bonne volonté pour dépenser vos heures avec nous pendant un certain temps au bénéfice et au succès de nos espérances, votre visite recevrait les remercîments qui conviennent à la reconnaissance d'un roi.

Rosencrantz. — Vos deux Majestés peuvent, par le pouvoir souverain qu'elles ont sur nous, nous imposer l'exécution de leurs redoutées volontés au lieu de la solliciter de nous.

Guildenstern. — Nous sommes prêts tous deux à l'obéissance, et ici, nous faisons abandon complet de nos personnes, et nous déposons librement nos services à vos pieds, attendant que vous nous commandiez.

Le roi. — Merci, Rosencrantz; merci, gentil Guildenstern.

La reine. — Merci, Guildenstern; merci, gentil Rosencrantz : je vous en conjure, visitez immédiatement mon fils trop changé. — Allez, quelques-uns d'entre vous, et conduisez ces gentilshommes à l'endroit où est Hamlet.

Guildenstern. — Veuillent les cieux que notre présence et nos efforts lui soient agréables et salutaires!

La reine. — Oui, *Amen!* (*Sortent Rosencrantz, Guildenstern, et quelques personnes de la suite.*)

Entre POLONIUS.

Polonius. — Les ambassadeurs de Norwége, mon bon Seigneur, sont de retour pleins de joie.

Le roi. — Tu as toujours été le père des bonnes nouvelles.

Polonius. — Bien vrai, Monseigneur? Soyez sûr, mon bon Suzerain, que je garde mon dévouement au service de mon gracieux roi, comme je garde mon âme au service de mon Dieu : or je crois (ou bien cette même cervelle ne sait plus suivre les pistes de la politique aussi sûrement qu'elle avait coutume de le faire) que j'ai trouvé la véritable cause de l'égarement d'Hamlet.

Le roi. — Oh! découvre-la-moi, je brûle de l'entendre.

Polonius. — Donnez d'abord audience aux ambassadeurs; mes nouvelles seront le dessert de ce grand festin.

ACTE II, SCÈNE II.

Le roi. — Fais-leur toi-même honneur; introduis-les: (*Sort Polonius.*) Il me dit, ma charmante reine, qu'il a trouvé la cause et la source de l'égarement de votre fils.

La reine. — Je doute qu'il y en ait d'autre que ce grand motif, la mort de son père et notre mariage précipité.

Le roi. — Bon, nous l'éplucherons.

Rentre POLONIUS *avec* VOLTIMAND *et* CORNÉLIUS.

Le roi. — Soyez les bienvenus, mes bons amis! Parlez, Voltimand; que dit notre frère de Norwége?

Voltimand. — Il vous retourne en toute courtoisie vos compliments et vos bons vœux. Dès notre arrivée, il envoya des ordres pour qu'on arrêtât les levées de son neveu, lesquelles lui paraissaient des préparatifs contre les Polonais; mais en mieux examinant, il découvrit que ces préparatifs étaient bien en réalité dirigés contre Votre Altesse : alors, affligé de ce qu'on profitait pour le tromper de sa maladie, de sa vieillesse et de son impuissance, il fit envoyer à Fortinbras sommation de s'arrêter, sommation à laquelle celui-ci obéit incontinent; et après avoir reçu du roi de Norwége une sévère réprimande, il a fait serment devant son oncle de ne jamais plus chercher à attaquer par les armes Votre Majesté. Là-dessus le vieux Norwége, transporté de joie, lui a fait don de trois mille écus de revenu annuel, et lui a octroyé sa commission pour employer contre les Polonais ces soldats qu'on avait cru levés en effet contre eux; et il a exprimé le désir, ici plus amplement formulé (*il remet un papier au roi*), qu'il plût à Votre Majesté de permettre libre passage à travers vos états pour cette entreprise, et cela en vous donnant les gages de sécurité et les allocations qui sont consignées dans cet écrit.

Le roi. — Cela nous plaît beaucoup; à un moment de meilleur loisir, nous lirons cette requête, nous y réfléchirons, et nous lui donnerons réponse. En attendant, nous vous remercions pour les peines que vous avez prises et qui ont été si bien couronnées de succès : allez vous reposer; ce soir nous festoierons ensemble :

soyez les très-bienvenus dans la patrie! (*Sortent Voltimand et Cornélius.*)

Polonius. — Cette affaire est heureusement terminée. — Mon Suzerain — et vous, Madame, — disserter sur ce que devrait être la majesté, sur ce que doit être la loyauté d'un sujet, chercher pourquoi le jour est le jour, la nuit la nuit, et le temps le temps, ne serait rien que perdre la nuit, le jour, et le temps. En conséquence, puisque la concision est l'âme de l'esprit, et que les longs discours n'en sont que les membres et les ornements extérieurs, je serai bref : votre noble fils est fou : j'appelle cela être fou; car, chercher à définir la vraie folie, qu'est-ce sinon être tout simplement fou? mais passons.

La reine. — Plus de matière et moins d'art.

Polonius. — Madame, je jure que je n'emploie pas d'art du tout. Il est vrai qu'il est fou; il est vrai que cela est pitié; et c'est pitié que ce soit vrai : voilà une sotte phrase, mais ma foi, bonsoir, je n'emploierai aucun art. Donc, accordons qu'il est fou : reste maintenant à chercher la cause de cet effet, ou plutôt la cause de cet état *défectif*, car cet *effet défectif* vient d'une cause. Voilà donc ce qui reste à trouver, et ce reste voilà ce que c'est. Pesez bien la chose. J'ai une fille, — je l'ai tant qu'elle m'est encore soumise, — laquelle par obéissance et déférence, entendez bien, m'a remis ceci : maintenant, conjecturez et concluez. (*Il lit.*) « A la céleste, à la suprêmement belle Ophélia, idole de mon âme. » C'est une mauvaise phrase, une méchante phrase — « suprêmement belle » est une mauvaise expression; mais vous allez entendre. Voici: (*il lit*) « lignes destinées à son beau sein blanc, etc.[1] »

La reine. — Est-ce Hamlet qui lui a envoyé cela?

Polonius. — Madame, attendez un instant; je serai un lecteur fidèle. (*Il lit.*)

« Doutez que les étoiles soient de feu;
Doutez que le soleil se meuve;
Doutez de la vérité et prenez-la pour le mensonge;
Mais ne doutez jamais que j'aime.

Ô chère Ophélia, je suis mal à l'aise dans le mètre, je n'ai pas l'art de mesurer mes soupirs ; mais que je t'aime bien, oh oui, bien fort ! crois-le. Adieu. A toi pour toujours, ma très-chère Dame, tant que cette machine du corps lui appartiendra, HAMLET. » Voici ce que, par obéissance, ma fille m'a montré ; et elle m'avait auparavant averti de toutes ses sollicitations toutes les fois qu'il lui en adressait, avec mention du lieu où il les adressait et des moyens qu'il employait.

LE ROI. — Mais comment a-t-elle reçu son amour ?

POLONIUS. — Que me supposez-vous donc ?

LE ROI. — Un homme fidèle et honorable.

POLONIUS. — Je voudrais vous le bien prouver. Mais qu'auriez-vous pensé, si voyant cet amour si chaud prendre essor, — et je l'avais aperçu, je dois vous le déclarer, avant que ma fille m'en eût averti, — qu'auriez-vous bien pensé, ainsi que Sa chère Majesté la reine, ici présente, si j'avais joué le rôle de pupitre ou de tablettes ; ou si j'avais cligné de l'œil à mon cœur pour l'avertir d'être muet comme un poisson ; ou si j'avais observé cet amour sans faire semblant de le voir ? qu'auriez-vous pensé ? Mais non, je suis entré rondement en matière, et j'ai parlé ainsi à ma jeune Demoiselle : « Le Seigneur Hamlet est un prince hors de ta sphère ; cela ne doit pas être, » et puis je lui ai fait la leçon pour lui dire qu'elle devait se dérober à ses entretiens, ne pas admettre de messagers, ne pas recevoir de cadeaux. La leçon faite, mes conseils ont porté fruit, et se voyant repoussé (c'est une histoire courte à raconter), il est tombé dans la tristesse, de là dans la perte de l'appétit, de là dans la perte du sommeil, de là dans l'affaiblissement, de là dans l'égarement, et en descendant cette échelle, dans la folie qui le fait délirer aujourd'hui et sur laquelle nous gémissons tous.

LE ROI. — Croyez-vous que ce soit cela ?

LA REINE. — Il n'y a rien que de très-possible.

POLONIUS. — S'est-il jamais présenté une occasion (je voudrais bien savoir cela) où quand j'ai eu dit positivement, « c'est ainsi », on ait trouvé que les choses étaient autrement?

Le roi. — Non pas que je sache.

Polonius, *montrant sa tête et ses épaules*. — Enlevez ceci de là-dessus, s'il en est autrement : quand je suis guidé par les circonstances, je trouverais la vérité, quand bien même elle serait cachée au centre de la terre.

Le roi. — Comment pourrions-nous pénétrer plus avant dans l'affaire?

Polonius. — Vous savez que quelquefois il se promène quatre heures de suite, là, dans la galerie.

La reine. — C'est ce qu'il fait effectivement.

Polonius. — A un de ces moments, je lui lâcherai ma fille : tenons-nous alors derrière une tapisserie, vous et moi; observons l'entrevue. S'il ne l'aime pas, et s'il n'a pas perdu la raison par suite de cet amour, que je ne sois plus un conseiller de l'état, mais qu'on m'envoie tenir une ferme et diriger des charretiers.

Le roi. — Nous ferons cette expérience.

La reine. — Mais voyez, voici le pauvre malheureux qui vient en lisant avec une attention sérieuse.

Polonius. — Retirez-vous, je vous en conjure; retirez-vous tous les deux; je vais l'aborder immédiatement : — Oh, accordez-moi cette liberté. (*Sortent le roi, la reine et les assistants.*)

Entre HAMLET, *lisant.*

Polonius. — Comment va mon bon Seigneur Hamlet?

Hamlet. — Bien, Dieu merci.

Polonius. — Me connaissez-vous, Monseigneur?

Hamlet. — Parfaitement, parfaitement bien; vous êtes un vendeur de poissons.

Polonius. — Moi, Monseigneur? non.

Hamlet. — Alors je voudrais que vous fussiez un aussi honnête homme.

Polonius. — Honnête, Monseigneur!

Hamlet. — Oui, Monsieur; être honnête, au train de ce monde, équivaut à être un homme trié sur dix mille.

POLONIUS. — C'est très-vrai, Monseigneur.

HAMLET, *lisant*. — « Car si le soleil peut engendrer des larves dans un chien mort, lui, un dieu baisant une charogne.... » Avez-vous une fille ?

POLONIUS. — Oui, Monseigneur.

HAMLET. — Ne la laissez pas promener au soleil : la conception est une bénédiction ; mais non pas de la manière dont votre fille pourrait concevoir : — mon ami, veillez-y.

POLONIUS, *à part*. — Que dites-vous de cela ? le voilà encore préoccupé de ma fille ; cependant il ne m'a pas reconnu d'abord, il a dit que j'étais un vendeur de poisson. Il est égaré, tout à fait égaré : mais pour dire la vérité, dans ma jeunesse, j'ai connu par amour de telles extrémités ; je suis allé bien près de son état. Je vais lui parler encore. — Que lisez-vous, Monseigneur ?

HAMLET. — Des mots, des mots, des mots.

POLONIUS. — De quoi retourne-t-il, Monseigneur ?

HAMLET. — De quoi il retourne ! pour qui ?

POLONIUS. — Je vous demande de quoi il retourne dans le livre que vous lisez, Monseigneur.

HAMLET. — De médisances, Monsieur ; car le coquin de satirique dit ici que les vieillards ont des barbes grises, que leurs faces sont ridées, que de leurs yeux découlent l'ambre épais et la gomme du prunier, et qu'ils ont une riche pénurie d'esprit en même temps que de très-faibles jarrets, toutes choses, Monsieur, que je ne trouve pas honnête d'écrire, bien que j'y croie de toute ma conviction et de toute mon intelligence ; car vous, vous-même, Monsieur, si vous pouviez marcher à reculons comme le crabe, vous atteindriez juste mon âge.

POLONIUS, *à part*. — Quoique ce soit de la folie, il y a cependant là de la méthode. — Voulez-vous vous retirer de l'air, Monseigneur ?

HAMLET. — Pour entrer dans ma tombe.

POLONIUS. — Ce serait en effet se retirer tout à fait de l'air. (*A part*.) Comme ses réponses sont quelquefois profondes ! La folie touche juste souvent avec un bonheur que la santé et la raison ne pourraient attraper. Je vais le quitter, et arranger immédiatement les moyens de le faire se rencontrer avec ma fille. — Mon honorable Seigneur, je vais très-humblement prendre congé de vous.

Hamlet. — Vous ne pouvez, Monsieur, me prendre rien dont je puisse me passer plus volontiers, — excepté ma vie, excepté ma vie, excepté ma vie.

Polonius. — Portez-vous bien, Monseigneur.

Hamlet. — Oh ces vieux fous ennuyeux!

Entrent ROSENCRANTZ *et* GUILDENSTERN.

Polonius. — Vous allez chercher le Seigneur Hamlet; le voici.

Rosencrantz, *à Polonius.* — Dieu vous garde, Monsieur! (*Sort Polonius.*)

Guildenstern. — Mon honoré Seigneur!

Rosencrantz. — Mon très-cher Seigneur!

Hamlet. — Mes bons et excellents amis! Comment vas-tu, Guildenstern? et toi, Rosencrantz? Comment allez-vous tous les deux, mes bons enfants?

Rosencrantz. — Comme le commun des enfants de ce monde.

Guildenstern. — Heureux en cela que le bonheur ne nous accable pas; nous ne sommes point le pompon du chapeau de la Fortune.

Hamlet. — Ni les semelles de ses souliers?

Rosencrantz. — Pas davantage, Monseigneur.

Hamlet. — En ce cas, vous vivez à la hauteur de sa ceinture, comme qui dirait dans le plein milieu de ses faveurs?

Guildenstern. — Ma foi, nous sommes de ses intimes.

Hamlet. — Vous connaissez les parties secrètes de la Fortune? C'est vrai au fait, c'est une catin. Quelles nouvelles?

Rosencrantz. — Aucune, Monseigneur, si ce n'est que le monde est devenu honnête.

Hamlet. — Alors c'est que le jour du jugement est proche; mais vos nouvelles ne sont pas vraies. Permettez-moi de vous interroger plus particulièrement; qu'avez-vous fait à la Fortune, mes bons amis, pour mériter qu'elle vous envoie ici en prison?

GUILDENSTERN. — En prison, Monseigneur?

HAMLET. — Le Danemark est une prison.

ROSENCRANTZ. — Alors le monde en est une.

HAMLET. — Et une remarquable encore; elle a de nombreux cachots, guichets et donjons, dont le Danemark est un des pires.

ROSENCRANTZ. — Nous ne pensons pas ainsi, Monseigneur.

HAMLET. — Eh bien, en ce cas, ce n'est pas une prison pour vous; car les choses ne sont bonnes ou mauvaises que selon notre jugement : pour moi, c'est une prison.

ROSENCRANTZ. — En ce cas, c'est votre ambition qui en fait une prison : le Danemark est trop étroit pour votre âme.

HAMLET. — Ô Dieu ! n'était que j'ai de mauvais rêves, je pourrais me renfermer dans une coquille de noix et me considérer comme le roi d'un territoire immense.

GUILDENSTERN. — Mais ces rêves sont l'ambition, car la véritable substance de l'ambitieux est d'être simplement l'ombre d'un rêve.

HAMLET. — Un rêve n'est lui-même qu'une ombre.

ROSENCRANTZ. — C'est vrai, et je tiens l'ambition pour être d'une essence si aérienne et si légère qu'elle n'est que l'ombre d'une ombre.

HAMLET. — En ce cas, nos mendiants sont des corps, et nos monarques et nos héros avec leur prolongement de gloire ne sont que les ombres des mendiants. Allons-nous à la cour? car, sur ma foi, je suis incapable de raisonner.

ROSENCRANTZ *et* GUILDENSTERN. — Nous vous accompagnerons.

HAMLET. — Pas du tout : je ne veux pas vous associer au reste de mes serviteurs; car pour vous parler comme un honnête homme, je suis terriblement accompagné. Mais, pour aller rondement et comme un ami, que faites-vous ici dans Elseneur?

Rosencrantz. — Nous sommes venus vous voir, Monseigneur ; pas d'autre motif.

Hamlet. — Mendiant que je suis, je suis pauvre même de remercîments ; cependant je vous remercie : mais à coup sûr, mes chers amis, mes remercîments seraient trop cher payés un sou. Ne vous a-t-on pas envoyé chercher ? Est-ce de votre propre mouvement que vous êtes ici ? Est-ce une libre visite ? Voyons, agissez loyalement avec moi : voyons, voyons ; parlez, allons.

Guildenstern. — Que devons-nous dire, Monseigneur ?

Hamlet. — Parbleu, ce que vous voudrez, pourvu que cela réponde à ma question. On vous a envoyé chercher, et il y a dans vos yeux une sorte de confession que votre honnêteté n'a pas l'habileté de dissimuler : je sais que le bon roi et la reine vous ont envoyé chercher.

Rosencrantz. — Dans quel but, Monseigneur ?

Hamlet. — C'est à vous à me l'apprendre. Mais je vous en conjure, par les droits de notre camaraderie, par les sympathies naturelles de notre jeunesse, par l'obligation de notre amitié qui ne fut jamais troublée, et par toute autre chose plus sacrée encore par laquelle un meilleur que moi pourrait vous supplier, soyez francs et droits avec moi, et dites-moi si on vous a envoyé chercher ou non.

Rosencrantz, *à part*, *à* Guildenstern. — Que répondez-vous ?

Hamlet, *à part*. — Oh parbleu, je vous observe du coin de l'œil. (*Haut.*) Si vous m'aimez, ne me mentez pas.

Guildenstern. — Monseigneur, on nous a envoyé chercher.

Hamlet. — Je vais vous dire pourquoi ; en sorte que j'anticiperai sur votre aveu, et que la discrétion que vous devez au roi et à la reine n'aura pas une plume à dire. Dans ces derniers temps, — mais pourquoi cela, je n'en sais rien, — j'ai perdu toute ma gaieté, je me suis déshabitué de tous mes exercices accoutumés : et vraiment, mes dispositions sont si mauvaises, que cette belle sphère la terre me semble un stérile promontoire ; que ce dais ravissant, l'air, voyez-vous, — ce splendide firmament suspendu sur nos têtes, ce toit majestueux émaillé de feu doré, — ne m'apparaît pas autre chose, parbleu, qu'un odieux et pestilentiel assemblage de vapeurs. Quel chef-d'œuvre que l'homme ! comme sa raison est noble ! comme ses facultés sont infinies ! comme sa forme et son mouvement sont expressifs et admirables ! comme il ressemble à un ange par l'action ! comme il ressemble à un dieu par l'intelligence ! c'est la beauté du monde ! le type suprême des êtres créés ! Et cependant qu'est-ce pour moi que cette quintessence de poussière ? l'homme ne me plaît pas ; non, ni la femme non plus, quoique votre sourire semble dire qu'elle me plaît.

Rosencrantz. — Monseigneur, il n'y avait rien de pareil dans ma pensée.

Hamlet. — Pourquoi avez-vous ri, alors, lorsque j'ai dit « l'homme ne me plaît pas ? »

Rosencrantz. — En pensant, Monseigneur, que si l'homme ne vous plaît pas, nos comédiens recevront de vous un bien maigre accueil : nous les avons ramassés sur le chemin, et ils viennent ici pour vous offrir leurs services.

Hamlet. — Celui qui joue le roi sera le bienvenu, — sa majesté recevra tribut de moi ; le chevalier aventureux emploiera son épée et son bouclier ; l'amant ne soupirera pas gratis ; le querelleur ridicule terminera son rôle en paix ; le bouffon fera rire ceux dont la rate est sensible, et la jeune première exprimera librement son âme, dût-elle pour cela estropier le vers blanc. Quels sont ces comédiens ?

Rosencrantz. — Ceux-là même qui avaient coutume de vous plaire si fort, les tragédiens de la ville.

Hamlet. — Comment se fait-il qu'ils voyagent ? le séjour fixe valait deux fois mieux pour eux, et comme réputation, et comme profit.

Rosencrantz. — Je pense que leur empêchement vient de la dernière inovation.

Hamlet. — Sont-ils toujours tenus en aussi grande

estime que lorsque j'étais dans la ville? sont-ils toujours aussi suivis?

Rosencrantz. — Non, en vérité, ils ne le sont plus autant.

Hamlet. — D'où cela vient-il? Est-ce qu'ils se rouillent?

Rosencrantz. — Non, leurs efforts vont toujours du même pas: mais, Monseigneur, il a surgi une nichée d'enfants, de jeunes aiglons, qui vous criaillent au-dessus du ton, et sont applaudis à outrance pour ce fait: ce sont eux qui sont aujourd'hui à la mode, et ils ont si bien réussi à déprécier les planches ordinaires, — c'est ainsi qu'on appelle les théâtres, — que bien des gens portant rapière ont peur des dards de plumes d'oie, et osent à peine s'y rendre.

Hamlet. — Comment! ce sont des enfants? Qui les entretient? comment sont-ils payés? Ne continueront-ils leur métier que jusqu'au temps de mue de leurs voix? Et plus tard, s'ils deviennent comédiens ordinaires (ce qui est probable, s'ils n'ont pas moyen de faire autre chose), ne diront-ils pas que leurs auteurs leur ont fait tort, en les obligeant à clabauder contre le métier qui devait succéder à celui qu'ils font [2]?

Rosencrantz. — Ma foi, il y a eu beaucoup à faire des deux côtés; et la nation ne regarde pas comme un péché de souffler la dispute entre eux: il y eut un temps où il ne fallait pas espérer de recettes, si le poëte et le comédien n'en venaient aux gifles.

Hamlet. — Est-ce possible?

Guildenstern. — Oh, il y a eu pas mal de caboches brisées.

Hamlet. — Ainsi les enfants l'emportent?

Rosencrantz. — Oui, Monseigneur; ils emportent Hercule et le globe qu'il soutient par-dessus le marché [3].

Hamlet. — Il n'y a là rien d'extraordinaire; car mon oncle est roi de Danemark, et ceux qui lui auraient fait des grimaces pendant que mon père vivait, vont donner vingt, quarante, cent ducats pour avoir sa miniature. Sang de Dieu! il y a là quelque chose qui est au-dessus de la nature, si la philosophie pouvait découvrir ce que c'est.

(*Fanfares de trompettes à l'extérieur.*)

GUILDENSTERN. — Voici les comédiens.

HAMLET. — Messieurs, vous êtes les bienvenus dans Elseneur. Vos mains. Allons, la politesse et les cérémonies sont les marques ordinaires d'un bon accueil : permettez-moi de vous traiter selon toutes les règles ; sans cela je craindrais que l'accueil que je vais faire aux comédiens, — car je veux les recevoir avec la plus grande politesse extérieure, je vous en préviens, — ne parût supérieur à celui que je vous fais. Vous êtes les bienvenus : mais mon oncle qui est mon père et ma mère qui est ma tante se sont trompés.

GUILDENSTERN. — En quoi, mon cher Seigneur ?

HAMLET. — Je ne suis fou que lorsque le vent souffle du nord-nord-ouest : lorsque le vent est au sud, je reconnais un faucon d'un héron.

Entre POLONIUS.

POLONIUS. — Salut, mes gentilshommes !

HAMLET. — Ecoutez, Guildenstern, — et vous aussi ; — un écouteur à chaque oreille : — ce grand enfant que vous voyez là n'est pas encore hors de ses langes.

ROSENCRANTZ. — Peut-être y est-il rentré ; car on dit qu'un vieillard est enfant une seconde fois.

HAMLET. — Je prophétise qu'il vient me parler des comédiens : faites attention. — Vous dites vrai, Seigneur : c'était lundi matin, c'était ce jour-là même, vraiment.

POLONIUS. — Monseigneur, j'ai des nouvelles à vous apprendre.

HAMLET. — Monseigneur, j'ai des nouvelles à vous apprendre. Lorsque Roscius était acteur à Rome....

POLONIUS. — Les acteurs sont venus, Monseigneur.

HAMLET. — Ta ! ta ! ta !

POLONIUS. — Sur mon honneur,....

HAMLET :

Alors chaque acteur vint sur son âne.

POLONIUS. — Les meilleurs acteurs du monde, pour la tragédie, la comédie, le drame-chronique, la pastorale, la pastorale comique, la pastorale historique, la pastorale tragico-historique, la pastorale tragico-comico-historique, pour toute pièce sans divisions ou tout poëme sans limites : ni Sénèque n'est trop triste, ni Plaute trop gai pour eux : pour les pièces selon les règles, comme pour les pièces libres, ils n'ont pas leurs pareils.

Hamlet. — Ô Jephté, juge d'Israël, quel trésor tu possédais !

Polonius. — Quel trésor possédait-il, Monseigneur ?

Hamlet. — Parbleu,

Une belle fille, et rien autre chose,
Qu'il aimait étonnamment [4]

Polonius, *à part.* — Encore occupé de ma fille...

Hamlet. — N'ai-je pas raison, vieux Jephté ?

Polonius. — Si vous m'appelez Jephté, Monseigneur, j'ai une fille que j'aime en effet étonnamment.

Hamlet. — Vraiment, ce n'est pas une conséquence logique.

Polonius. — Quelle est la conséquence logique, en ce cas, Monseigneur ?

Hamlet. — Eh bien,

Comme par le fait du sort, Dieu le sait,

et puis vous savez,

Il arriva, comme cela était très-probable....

la première colonne de la pieuse chanson vous en dira davantage ; car voyez, voici ma raison d'abréger qui s'avance.

Entrent quatre ou cinq COMÉDIENS.

Hamlet. — Vous êtes les bienvenus, mes maîtres ; tous les bienvenus : — je suis heureux de te voir en bonne santé : — soyez les bienvenus, mes bons amis. Ah, mon vieil ami ! Quel air rébarbatif tu as pris depuis que je ne t'ai vu ; viens-tu donc pour me défier en Danemark ? — Ah ! ma jeune Dame et maîtresse ! par Notre-Dame, votre grâce s'est rapprochée du ciel, depuis que je ne vous ai vue, de toute la hauteur d'un patin[5]. Prions Dieu que votre voix n'ait pas reçu quelque fêlure, comme une pièce d'or n'ayant plus cours[6]. Mes maîtres, vous êtes tous les bienvenus. Nous allons sans retard imiter les faucons français qui volent vers toute chose qu'ils aperçoivent ; nous allons entendre une tirade sur-le-champ : allons, donnez-nous un échantillon de votre talent ; voyons, une tirade passionnée.

Premier comédien. — Quelle tirade, Monseigneur?

Hamlet. — Je t'ai entendu me dire une fois une tirade, — mais elle ne fut jamais déclamée sur la scène, ou si elle y fut dite, ce ne fut pas plus d'une fois ; car la pièce, il m'en souvient, ne plut pas à la multitude ; c'était du caviar pour le public[7] : mais, dans mon opinion, et dans l'opinion d'autres dont les jugements en telle matière avaient bien plus de poids que les miens, c'était un excellent drame, logiquement composé, écrit avec autant de simplicité que d'art. Je me rappelle qu'une certaine personne dit qu'il n'y avait pas dans les vers assez d'épices pour rendre la matière savoureuse, ni dans les phrases assez de pensée pour que l'auteur pût être accusé d'affectation ; mais que la méthode d'après laquelle cette pièce avait été faite était une honnête méthode, aussi salubre que douce, et infiniment plus belle que jolie. Il y avait une tirade que j'aimais particulièrement : c'était le récit d'Énée à Didon, et surtout le passage où il parle du meurtre de Priam : si votre mémoire a retenu ce passage, commencez à cette ligne ; — voyons, voyons ; —

Le farouche Pyrrhus, comme la bête d'Hyrcanie,

ce n'est pas cela ; — cela commence avec Pyrrhus ; —

Le farouche Pyrrhus, l'homme aux armes d'ébène,
Noires comme son projet, qui le faisaient ressembler à la nuit,
Lorsqu'il était couché entre les flancs du cheval fatal, —

Présente maintenant cet aspect redoutable et sombre souillé
D'un blason plus sinistre encore ; de la tête aux pieds

Il n'est que *gueules* (a), horriblement *armorié* qu'il est
Du sang de pères, de mères, de filles, de fils,
Collé et séché par la chaleur des rues incendiées
Qui prêtent une lumière implacable et maudite
A leurs vils meurtres : rôti par la colère et le feu,
Et tout enduit ainsi de sang coagulé,
Avec des yeux pareils à des escarboucles, l'infernal Pyrrhus
Cherche le vieux monarque Priam.

Maintenant continuez.

Polonius. — Par Dieu, Monseigneur, c'est bien récité, avec un bon accent et une parfaite mesure.

Premier comédien :

                      Bientôt il le trouve
Combattant à armes trop courtes avec les Grecs ; sa vieille épée
Rebelle à son bras, reste là où elle tombe,
Et désobéit à son maître : inégal adversaire,
Pyrrhus court à Priam ; il frappe à faux dans sa rage,
Mais au seul vent et au seul sifflement de sa cruelle épée
Le vieillard affaibli tombe. Alors la citadelle *insensible* d'Ilion,
Semblant *ressentir* ce coup, affaisse sur sa base
Son sommet enflammé, et par un hideux craquement
Fait prisonnière l'oreille de Pyrrhus : car, voyez, son épée
Qui s'abaissait sur la tête blanche comme lait
Du respectable Priam, sembla s'arrêter dans l'air ;
En sorte que Pyrrhus se tint immobile, comme un tyran en peinture,
Et, comme s'il eût été indifférent à sa volonté et à son action projetée, ne fit rien.
Mais ainsi que nous voyons souvent, au moment de quelque tempête,

---

(a) Couleur rouge en blason.

Le ciel faire silence, les nuages rester immobiles,
Les vents impétueux sans voix, et le globe au-dessous d'eux
Rouler muet comme la mort, et tout à coup le redoutable tonnerre
Déchirant l'air; ainsi, après la pause de Pyrrhus,
La vengeance réveillée l'excite de nouveau à l'œuvre,
Et jamais les marteaux des Cyclopes ne tombèrent
Sur l'armure de Mars, forgée pour un usage éternel,
Avec moins de remords que ne tomba alors sur Priam
L'épée sanglante de Pyrrhus.
A bas, à bas, Fortune, à bas catin ! Ah, vous Dieux,
Enlevez-lui son pouvoir dans votre grande assemblée ;
Brisez de sa roue tous les rayons et toutes les jantes,
Et faites-en rouler le moyeu du sommet de la colline du ciel
Jusque chez les démons !

POLONIUS. — C'est trop long.

HAMLET. — On l'enverra chez le barbier avec votre barbe. — Je t'en prie, continue : — il lui faut du plaisant[8] ou du grivois, sans quoi il s'endort : — continue ; — venons à Hécube.

PREMIER COMÉDIEN :

Mais qui, oh ! qui eût vu la reine encapuchonnée....

HAMLET. — *La reine encapuchonnée ?*

POLONIUS. — Cela est bon : *reine encapuchonnée* est bon.

PREMIER COMÉDIEN :

Courir pieds nus du haut en bas de la ville, menaçant les flammes
Du double fleuve de ses yeux ; un chiffon sur cette tête
Que tout à l'heure ceignait le diadème ; au lieu de robe,
Autour de ses reins maigres, dévastés par sa fécondité,
Portant une couverture saisie en hâte au milieu des alarmes ;
Qui eût vu cela, eût d'une langue trempée de venin,
Proclamé traîtresse la Fortune ;

Mais si les dieux eux-mêmes l'avaient vue,
Alors qu'elle aperçut Pyrrhus s'amusant malicieusement
A couper en morceaux avec son épée les membres de son mari,
S'ils avaient entendu le rugissement qu'elle poussa
(A moins que les choses mortelles ne les touchent pas du tout),
Oui, elle leur aurait arraché leur compassion,
Et tiré des larmes d'eau des yeux de flamme du ciel.

POLONIUS. — Voyez-moi un peu s'il n'a pas changé de couleur, et s'il n'a pas de larmes dans les yeux! Assez, je t'en prie.

HAMLET. — C'est bon; je te prierai de me dire le reste bientôt. — Mon bon Seigneur, voulez-vous veiller à ce que les comédiens soient bien pourvus de tout ce qu'il leur faut. Entendez-vous? qu'ils soient bien traités; car ils sont la petite chronique et les mémoires courants de leur époque, et mieux vaudrait pour vous avoir après votre mort une méchante épitaphe que d'encourir leur mauvaise opinion pendant votre vie.

POLONIUS. — Monseigneur, je les traiterai selon leurs mérites.

HAMLET. — Corps de Dieu, beaucoup mieux, l'ami, beaucoup mieux : traitez les gens selon leurs mérites, et dites-moi en ce cas qui échappera au fouet! Traitez-les d'après votre propre honneur et votre propre dignité : moins ils méritent, plus grande est votre générosité. Conduisez-les dans l'intérieur.

POLONIUS. — Venez, Messieurs.

HAMLET. — Suivez-le, mes amis : nous écouterons un drame demain. (*Sort Polonius avec tous les comédiens, sauf le premier auquel Hamlet parle à part.*) M'entends-tu, mon vieil ami? Pouvez-vous jouer *le Meurtre de Gonzague?*

PREMIER COMÉDIEN. — Oui, Monseigneur.

HAMLET. — En ce cas, nous l'aurons demain soir. Pourriez-vous, en cas de nécessité, apprendre un discours de quelques douze ou seize vers que j'écrirais et intercalerais là dedans, le pourriez-vous?

Premier comédien. — Oui, Monseigneur.

Hamlet. — Très-bien. — Suivez ce Seigneur, et ayez bien soin de ne pas vous moquer de lui. (*Sort le premier comédien.*) (*A Rosencrantz et à Guildenstern.*) Mes bons amis, je vais vous laisser jusqu'à ce soir : vous êtes les bienvenus dans Elseneur.

Rosencrantz. — Mon bon Seigneur! (*Sortent Rosencrantz et Guildenstern.*)

Hamlet. — Oui, Dieu soit avec vous! — Maintenant je suis seul. Oh quel coquin et quel grossier manant je suis! N'est-il pas monstrueux que ce comédien qui était là, dans une pure fiction, dans un pur rêve de passion, ait pu forcer son âme à s'accorder avec son imagination, à ce point que sous la pression de son illusion, son visage tout entier a pâli, que des larmes ont coulé de ses yeux, que l'égarement s'est peint sur sa physionomie, que les sanglots ont entre-coupé sa voix, que toutes les expressions de son être ont pris des formes en harmonie avec son personnage fictif? et tout cela pour rien? pour Hécube? Que lui fait Hécube, et qu'est-il à Hécube pour pleurer ainsi sur elle? Et que ferait-il donc s'il avait les mêmes motifs et les mêmes mobiles de douleur que moi? Il inonderait le théâtre de larmes, il déchirerait les oreilles des spectateurs d'horribles accents; il rendrait fous les coupables, il ferait pâlir les innocents, il remplirait les ignorants de trouble, et bouleverserait jusqu'au vertige les facultés même de la vue et de l'ouïe. Et cependant, moi, drôle stupide et au cœur de boue, je suis là inerte comme un Jeannot rêveur, insensible à ma cause, et je ne puis rien dire, rien, et cela pour un roi dont le royaume et la vie précieuse ont été volés par un crime damné. Suis-je un lâche? Qui veut m'appeler scélérat? qui veut me frapper au travers du visage? qui veut m'arracher la barbe et me la jeter à la face? qui veut me tirer par le nez? qui veut me donner le démenti par la gorge, et me l'enfoncer jusqu'aux poumons? qui veut me faire cela, eh! Sang de Dieu, je l'accepterais, car il est trop évident que j'ai un foie de pigeon, et que je manque de fiel pour donner à la tyrannie l'amertume qui lui convient; sans cela, j'aurais déjà engraissé tous les vautours du pays avec la charogne de ce manant. Scélérat sanguinaire et corrompu! scélérat dénaturé, traître, paillard, sans remords! Oh, vengeance! — Oh quel âne que je suis! Voilà qui est fort courageux à moi, le fils d'un cher père assassiné, à moi qui suis excité à la vengeance par le ciel et l'enfer, de soulager mon cœur par des mots comme une putain, et d'être là à maudire, comme une vraie souillon, comme une marmitonne! Fi donc, fi! A votre tâche, ma pensée! J'ai entendu dire que des personnes coupables, assistant à une représentation dramatique, ont été tellement atteintes à l'âme par l'illusion de la scène, qu'elles ont sur-le-champ proclamé leurs méfaits; car le meurtre, bien qu'il n'ait pas de langue, se dénoncera par un organe très-miraculeux[9]. Je ferai jouer devant mon oncle par ces comédiens quelque pièce rappelant le meurtre de mon père : j'observerai ses regards; je le sonderai jusqu'au vif; s'il vient seulement à tressaillir, je sais ce que je dois faire. L'esprit que j'ai vu peut être le diable : or le diable a pouvoir de revêtir une forme aimable aux yeux; oui, et peut-être veut-il tirer parti pour me damner de ma faiblesse et de ma mélancolie, car il est très-puissant avec des âmes de la nature de la mienne. Il me faut marcher sur un terrain plus solide que celui-là : — cette représentation dramatique est le moyen dont je me servirai pour surprendre la conscience du roi. (*Il sort.*)

ACTE III.

SCÈNE PREMIÈRE.

Un appartement dans le château.

Entrent LE ROI, LA REINE, POLONIUS, OPHÉLIA, ROSENCRANTZ *et* GUILDENSTERN.

LE ROI. — Et ne pouvez-vous donc, en dirigeant adroitement la conversation, arriver à lui faire dire pourquoi il est tombé dans ce désordre qui si cruellement est venu torturer ses ours de paix par une dangereuse et turbulente folie?

ROSENCRANTZ. — Il avoue qu'il se sent lui-même atteint d'égarement; mais quelle en est la cause, voilà ce qu'il ne veut absolument pas dire.

GUILDENSTERN. — De plus nous l'avons trouvé très-difficile à sonder; car avec la ruse de la folie, il se dérobe, lorsque nous essayons de l'amener à quelque aveu de son véritable état.

LA REINE. — Vous a-t-il bien reçu?

ROSENCRANTZ. — Tout à fait comme un gentilhomme.

GUILDENSTERN. — Mais avec des dispositions trahissant beaucoup de contrainte.

ROSENCRANTZ. — Il s'est montré très-avare de questions; mais quant à nos demandes, il y a répondu très-librement.

LA REINE. — Avez-vous essayé de lui donner envie de quelque amusement?

ROSENCRANTZ. — Madame, il s'est trouvé que nous avons ramassé sur notre route certains comédiens : nous l'avons informé du fait, et il a semblé ressentir en l'apprenant une sorte de joie : ces gens sont aux environs de la cour, et je crois qu'ils ont déjà l'ordre de jouer ce soir devant lui.

Polonius. — C'est très-vrai, et il m'a prié d'inviter vos majestés à voir et à écouter ce spectacle.

Le roi. — De tout mon cœur, et je suis fort content d'apprendre qu'il a eu cette fantaisie. Mes bons gentilshommes, stimulez-le encore davantage, et dirigez ses pensées vers ces divertissements-là.

Rosencrantz. — Nous le ferons, Monseigneur. (*Sortent Rosencrantz et Guildenstern.*)

Le roi. — Aimable Gertrude, laissez-nous aussi ; car nous avons envoyé secrètement chercher Hamlet, afin qu'il se rencontre en face d'Ophélia, comme si c'était par accident. Son père et moi, légitimes espions, nous nous placerons de façon à voir, sans être vus nous-mêmes ; nous pourrons ainsi franchement juger de leur entrevue, et découvrir d'après sa conduite, si le mal dont il souffre est ou non une peine d'amour.

La reine. — Je vais vous obéir : — quant à vous, ma chère Ophélia, je souhaite fort que votre charmante beauté soit l'heureuse cause de l'égarement d'Hamlet : de la sorte j'aurai lieu d'espérer que vos vertus pourront le ramener à son état ordinaire, pour votre plus grand honneur à vous deux.

Ophélia. — Madame, je souhaite que cela se puisse. (*Sort la reine.*)

Polonius. — Ophélia, promenez-vous par là. (*Au roi.*) Mon gracieux monarque, si vous le voulez bien, nous allons nous cacher. (*A Ophélia.*) Lisez dans ce livre ; cette occupation apparente donnera une explication plausible à votre solitude. — Nous sommes souvent à blâmer en ceci, — ce n'est que trop prouvé, — qu'en empruntant le visage de la dévotion, et avec de pieuses actions extérieures, nous faisons paraître doux comme sucre le diable lui-même.

Le roi, *à part.* — Ô ce n'est que trop vrai ! Quel coup

de fouet cinglant ces paroles donnent à ma conscience! La joue de la catin embellie par l'artifice du fard, n'est pas plus hideuse sous la matière dont elle s'aide, que ne l'est mon crime sous mes paroles si bien peintes. Ô pesant fardeau!

Polonius. — Je l'entends qui vient : retirons-nous, Monseigneur. (*Sortent le roi et Polonius.*)

Entre HAMLET.

Hamlet. — Être ou n'être pas, voilà la question. Quel est le plus noble parti? supporter les coups de fronde et les flèches de l'injurieuse fortune, ou prendre les armes contre un monde de douleurs, et y mettre fin en leur résistant? — Mourir, — dormir, — rien de plus; dire que par un sommeil nous mettons fin au mal du cœur et aux mille accidents naturels auxquels notre chair est sujette, — certes c'est un dénoûment que l'on peut dévotement désirer. Mourir, — dormir; — dormir, peut-être rêver : — oui, voilà le point d'interrogation; car quels sont les rêves qui peuvent nous venir dans ce sommeil de la mort, lorsque nous avons échappé à cette tourmente humaine? cela nous oblige à réfléchir. Voilà la considération qui prolonge si longtemps la vie du misérable : qui voudrait en effet supporter les coups de fouet et les mépris du monde, les injustices de l'oppresseur, les affronts de l'homme orgueilleux, les tortures de l'amour dédaigné, les lenteurs de la justice, l'insolence des gens en place, et les coups de pied que le mérite patient reçoit des indignes, quand on pourrait soi-même s'octroyer le repos avec un simple petit poignard? qui voudrait gémir et suer sous les fardeaux d'une vie fatigante, sans la crainte de quelque chose après la mort, cette contrée inconnue, dont aucun voyageur ne repasse la frontière? Voilà ce qui embarrasse la volonté, et nous décide à supporter les maux que nous avons, plutôt que de courir à d'autres que nous ne connaissons pas. C'est ainsi que la conscience fait des lâches de nous tous; c'est ainsi que les couleurs naturelles de notre résolution bien portante sont pâlies par le teint blafard de la pensée maladive, et que des entreprises de grande portée et de grande importance, grâces à cette considération, changent de cours, et s'égarant, perdent le nom d'action. — Mais doucement! la belle Ophélia! — Nymphe, veuille dans tes prières te rappeler de tous mes péchés!

Ophélia. — Mon bon Seigneur, comment va Votre Honneur depuis ces longs derniers jours?

Hamlet. — Je vous remercie humblement; bien, bien, bien.

Ophélia. — Monseigneur, j'ai reçu de vous des présents que depuis longtemps je désire vous rendre; je vous en prie, recevez-les à cette heure.

Hamlet. — Non, non; je ne vous ai jamais donné quoi que ce soit.

Ophélia. — Mon honoré Seigneur, vous savez fort bien que vous m'en avez envoyé, et avec eux des paroles d'une si suave tendresse, que les cadeaux en augmentaient de richesse : reprenez-les, puisque le parfum de ces paroles est perdu; car pour les âmes nobles, les riches présents deviennent pauvres lorsque ceux qui les donnent montrent qu'ils n'aiment pas. Les voici, Monseigneur.

Hamlet. — Ah! ah! vous êtes honnête?

Ophélia. — Monseigneur?

Hamlet. — Êtes-vous belle?

Ophélia. — Que veut dire Votre Seigneurie?

Hamlet. — Que si vous êtes honnête et belle, votre honnêteté ne devrait avoir aucun commerce avec votre beauté.

Ophélia. — Mais, Monseigneur, la beauté pourrait-elle avoir de plus vertueux rapports que ceux qu'elle entretient avec l'honnêteté?

Hamlet. — Oui vraiment; car le pouvoir de la beauté transformera plus vite l'honnêteté en entremetteuse, que la force de l'honnêteté ne métamorphosera la beauté en son semblable : ce fut un paradoxe pendant un certain temps, mais aujourd'hui cela est prouvé par l'expérience. Je vous ai aimée autrefois.

OPHÉLIA. — En vérité, Monseigneur, c'est ce que vous m'avez fait croire.

HAMLET. — Vous n'auriez pas dû me croire; car la vertu ne peut à ce point greffer notre vieille souche, qu'il ne nous reste toujours quelque chose de ses vices : je ne vous aimais pas.

OPHÉLIA. — Je n'en ai été que plus trompée.

HAMLET. — Va-t'en dans un couvent : pourquoi voudrais-tu devenir une mère de pécheurs? Je suis moi-même à peu près honnête, et cependant je pourrais m'accuser de telles choses, qu'il vaudrait mieux que ma mère ne m'eût pas mis au monde : je suis orgueilleux à l'excès, vindicatif, ambitieux, assailli par plus de tentations de péchés que je n'ai de pensées pour les écouter, d'imagination pour leur donner forme, et de temps pour les mettre en action. Où est l'utilité que des êtres qui me ressemblent rampent entre ciel et terre? Nous sommes tous de fieffés coquins; ne croyez à aucun de nous. Va-t'en bien vite dans un couvent. Où est votre père?

OPHÉLIA. — Au logis, Monseigneur.

HAMLET. — Faites fermer les portes sur lui, afin qu'il ne puisse jouer le fou nulle part ailleurs que dans sa propre maison. Adieu.

OPHÉLIA. — Ô Cieux cléments, secourez-le!

HAMLET. — Si tu te maries, je te donne pour dot cette vérité maudite : sois chaste comme la glace, pure comme la neige, tu n'échapperas pas à la calomnie. Va-t'en dans un couvent, va : adieu. Cependant si tu veux absolument te marier, épouse un imbécile; car les gens sages savent trop bien quels monstres vous faites d'eux. Au couvent, va, et vivement encore. Adieu.

OPHÉLIA. — Ô puissances célestes, rappelez-le à la raison!

HAMLET. — J'ai aussi entendu plus d'une fois parler de votre habitude de vous farder; Dieu vous a donné un visage, et vous vous en faites un autre : vous sautillez, vous glissez, vous blaisez, vous donnez des petits noms enfantins aux créatures de Dieu, et vous voulez faire passer pour de la naïveté ce qui en vous est coquetterie. Allez, j'ai assez de tout cela, c'est ce qui m'a rendu fou. Je vous le dis, nous n'aurons plus de mariages ; ceux qui sont déjà mariés, hormis un seul, vivront ; les autres resteront comme ils sont. Au couvent, va. (*Il sort.*)

Ophélia. — Oh ! quel noble esprit est ici renversé ! L'œil de l'homme de cour, l'épée du soldat, l'éloquence du lettré, la fleur et l'espérance de ce beau royaume, le miroir de la mode et le moule des manières, le modèle sur lequel tous avaient les yeux, tout cela détruit tout à fait, tout à fait ! Et moi, je suis la plus malheureuse et la plus affligée des Dames, puisque après avoir sucé le miel de ses paroles mélodieuses, il me faut voir cette noble et très-souveraine raison, hors de ton et d'harmonie, comme des cloches au doux son qui font charivari, et la beauté incomparable de cette jeunesse en fleurs flétrie par le délire : ô malheur à moi d'avoir vu ce que j'ai vu, et de voir maintenant ce que je vois !

Rentrent le ROI *et* POLONIUS.

Le roi. — L'amour ! ce n'est pas de ce côté que se portent ses sentiments ; et ce qu'il a dit, quoique la logique y fît un peu défaut, ne ressemblait pas à de la folie. Il y a dans son âme quelque chose sur laquelle sa mélancolie s'est mise à couver ; et quand ce quelque chose éclora, je crains bien que le résultat n'en soit quelque danger : pour prévenir cela, j'ai décidé spontanément la ligne de conduite que voici : — il ira promptement en Angleterre, pour demander notre tribut en retard ; peut-être les mers, des contrées différentes, la variété des spectacles, chasseront de son cœur ce quelque chose qui s'y est fixé, et sur lequel sa pensée bat sans relâche, ce qui met sa raison hors d'elle-même. Qu'en pensez-vous ?

Polonius. — Cela sera bien : mais cependant je crois que l'origine et le commencement de son chagrin sont sortis de l'amour dédaigné. — Eh bien, Ophélia, point n'est besoin que vous nous répétiez ce que le Seigneur Hamlet vous a dit; nous avons tout entendu. — Monseigneur, faites ce qui vous plaira; mais si vous le trouviez bon, vous devriez après la représentation laisser la reine sa mère seule avec lui pour qu'elle le supplie de lui dévoiler son chagrin : qu'elle y aille rondement avec lui; et moi, si cela vous plaît, je me placerai à portée d'entendre toute leur conversation. Si elle ne parvient pas à le faire expliquer, envoyez-le en Angleterre, ou reléguez-le là où votre sagesse le jugera le plus convenable.

Le roi. — C'est ce que nous ferons : la folie chez les grands ne doit pas être laissée sans surveillance. (*Ils sortent.*)

SCÈNE II.

Une salle dans le château.

Entrent HAMLET *et quelques* COMÉDIENS.

Hamlet. — Prononcez le discours, je vous en prie, comme je vous l'ai déclamé, d'une langue agile : mais si vous le mâchonnez, comme beaucoup de vos comédiens ont coutume de faire, j'aimerais autant que le crieur public de la ville récitât mes vers. Ayez soin aussi de ne pas trop scier l'air avec votre main, comme cela; mais comportez-vous en tout avec modération : car même au milieu du torrent, de la tempête, et, si je puis le dire, du tourbillon de votre passion, vous devez garder et observer une mesure qui tempère l'orage. Ô cela me blesse jusqu'à l'âme d'entendre un robuste gaillard, la tête emperruquée, mettre une passion en pièces, en véritables loques, et déchirer les oreilles des gens du parterre, qui pour la plupart ne sont capables de rien comprendre si ce n'est les pantomimes inintelligibles, ou bien le bruit : je voudrais qu'un tel gaillard fût fouetté pour exagérer même le *Termagant*[1]; un tel gaillard *exhérode* Hérode lui-même[2] : je vous en prie, évitez ces excès.

Premier comédien. — Je le promets à Votre Honneur.

Hamlet. — Ne soyez pas non plus trop froid, mais que votre propre tact vous dirige : faites accorder l'action avec la parole, la parole avec l'action, en ayant soin seulement de faire attention à ne pas dépasser les limites de la nature ; car toute exagération s'éloigne du but de l'art dramatique, lequel, depuis l'origine jusqu'à nos jours, a toujours consisté à présenter pour ainsi dire le miroir à la nature, à montrer à la vertu ses propres traits, au vice sa propre image, et aux époques successives leur forme et leur physionomie particulières. Si ces conditions sont exagérées ou imparfaitement exécutées, on peut faire rire les ignorants, mais on ne peut qu'affliger les gens judicieux, et la censure de ces derniers doit peser d'un plus grand poids dans votre estime qu'un plein théâtre d'autres personnes. Oh, j'ai vu jouer des comédiens, et j'en ai entendu vanter d'autres et bien haut, lesquels, — sans vouloir rien dire de mal, — n'ayant ni accent de chrétiens, ni dégaine de chrétiens, de païens ou d'hommes quelconques, gambadaient et mugissaient tellement que j'ai supposé que quelques-uns des gros ouvriers de la Nature les avaient faits, et mal faits, tant ils imitaient abominablement l'humanité.

Premier comédien. — J'espère, Monseigneur, que pour ce qui est de nous, nous nous sommes passablement bien corrigés de ces défauts.

Hamlet. — Oh ! corrigez-vous-en tout à fait. Quant à ceux qui jouent vos bouffons, qu'ils n'en disent pas plus que leurs rôles : car il y en a qui vont se mettre à rire pour faire rire avec eux une masse de spectateurs imbéciles, quoique dans ce moment-là même il y ait peut-être dans la pièce quelque chose valant la peine d'être remarqué : c'est bête, et cela montre une pitoyable ambition chez le sot capable de telle chose. Allez, préparez-vous. (*Sortent les comédiens.*)

ACTE III, SCÈNE II.

Entrent POLONIUS, ROSENCRANTZ *et* GUIL-
DENSTERN.

Hamlet. — Eh bien, Monseigneur! le roi entendra-t-il cette pièce?

Polonius. — Et la reine aussi, et cela immédiatement.

Hamlet. — Allez avertir les comédiens de se dépêcher. (*Sort Polonius.*) Voulez-vous, vous deux, aller aussi les faire se hâter?

Rosencrantz *et* Guildenstern. — Nous voulons bien, Monseigneur. (*Ils sortent.*)

Hamlet. — Hé! Horatio!

Entre HORATIO.

Horatio. — Présent, à votre service, mon aimable Seigneur.

Hamlet. — Horatio, tu es l'homme le plus juste avec qui j'aie jamais entretenu commerce.

Horatio. — Ô mon cher Seigneur!

Hamlet. — Parbleu, ne crois pas que je flatte; car quel avancement puis-je espérer de toi qui n'as d'autre revenu que ton bon esprit pour te nourrir et te vêtir? Pourquoi le pauvre serait-il flatté? Non, que les langues de sucre lèchent la pompe stupide, et que les souples genoux se courbent là où la récompense peut suivre immédiatement la flatterie. Entends-tu? Depuis que mon âme qui m'est chère fut maîtresse de son choix et put distinguer entre les hommes, sa préférence t'a scellé pour son partage; car tu t'es montré un homme qui, en sachant tout souffrir, t'es exempté de toute souffrance, un homme qui a su recevoir les rebuffades et les récompenses de la fortune avec d'égaux remercîments : et bienheureux ceux dont le sang et le jugement sont en si bel équilibre, qu'ils ne sont pas de ces flûtes sur lesquelles la Fortune peut jouer tout air qu'elle veut. Donne-moi l'homme qui n'est pas l'esclave de la passion, et je le porterai tout près de mon cœur, oui, je le porterai dans le cœur de mon cœur, comme je fais de toi. En voilà déjà trop là-dessus. On joue ce soir une pièce devant le roi : une des scènes se rapproche de ces circonstances de la mort de mon père dont je t'ai parlé : lorsque cet acte arrivera, je t'en prie, observe mon oncle avec tout ce que ton âme a de perspicacité : si sa culpabilité cachée ne se révèle pas à certaine tirade, c'est un fantôme damné que nous avons vu, et mes suppositions sont aussi noires que la forge de Vulcain. Donne-lui soigneuse attention : car moi, de mon côté, j'attacherai mes yeux sur son visage, et ensuite nous réunirons nos deux jugements pour prononcer sur ce qu'il aura laissé paraître.

Horatio. — Bien, Monseigneur : s'il me dérobe quelque chose pendant la représentation, et qu'il échappe à ma vigilance, je consens à payer son vol.

Hamlet. — Les voici qui viennent pour la représentation : il faut que j'aie l'air d'être absent de moi-même : choisissez-vous une place.

Marche danoise. Fanfare. Entrent le ROI, la REINE, POLONIUS, OPHÉLIA, ROSENCRANTZ, GUILDENSTERN, *et autres Seigneurs, et des gardes portant des torches.*

Le roi. — Comment se traite notre neveu Hamlet?

Hamlet. — Extrêmement bien, ma foi; avec les mets du caméléon ; je mange de l'air, je me bourre de promesses : vous ne pouvez engraisser des chapons avec cette méthode.

Le roi. — Cette réponse ne me dit rien, Hamlet ; ces mots ne sont pas à mon usage.

Hamlet. — Non, et ils ne sont plus au mien à cette heure. (*A Polonius.*) Monseigneur, vous avez joué la comédie à l'université autrefois, dites-vous?

Polonius. — Oui, Monseigneur, et je passais pour bon acteur.

Hamlet. — Et quel est le rôle dont vous étiez chargé?

Polonius. — J'ai représenté Jules César : j'étais tué au Capitole ; Brutus me tuait.

Hamlet. — C'était de sa part un rôle de brute que d'y

tuer un veau si remarquable. — Les comédiens sont-ils prêts?

Rosencrantz. — Oui, Monseigneur, ils attendent votre bon plaisir.

La reine. — Venez ici, mon cher Hamlet, asseyez-vous auprès de moi.

Hamlet. — Non, ma bonne mère, voici un métal plus attractif.

Polonius, *au roi*. — Oh, oh! remarquez-vous cela?

Hamlet, *se couchant aux pieds d'Ophélia* [3]. — Belle Dame, m'étendrai-je sur votre sein?

Ophélia. — Non, Monseigneur.

Hamlet. — J'entends dire, poserai-je ma tête sur votre sein?

Ophélia. — Oui, Monseigneur.

Hamlet. — Supposez-vous que j'avais une pensée de rustre?

Ophélia. — Je ne suppose rien, Monseigneur.

Hamlet. — C'est une jolie idée que de se coucher entre les cuisses d'une fille.

Ophélia. — Que voulez-vous dire, Monseigneur?

Hamlet. — Rien.

Ophélia. — Vous êtes gai, Monseigneur.

Hamlet. — Qui, moi?

Ophélia. — Oui, Monseigneur.

Hamlet. — Oh! mon Dieu, je suis votre simple faiseur de chansonnettes. Qu'est-ce qu'un homme a de mieux à faire que d'être gai? Tenez, regardez comme ma mère a l'air joyeux, et mon père est mort il y a deux heures.

Ophélia. — Non, il y a deux fois deux mois, Monseigneur.

Hamlet. — Si longtemps? Eh bien, en ce cas, que le diable porte le deuil, je veux avoir un beau vêtement de fourrures [4]. Ô cieux! mort depuis deux mois, et pas encore oublié? Alors il y a espoir que le souvenir d'un grand homme puisse survivre six mois à sa mort : mais par Notre-Dame, alors, il faut qu'il bâtisse des églises; ou bien on ne pensera pas plus à lui qu'on ne pense au cheval de la mascarade de mai dont la chanson donne l'épitaphe :

> Car hé! car hé!
> Le cheval de bois est oublié[5]!

Musique de hautbois. Entrent les personnages d'une pantomime. Un roi et une reine entrent en faisant des démonstrations d'amour ; ils s'embrassent réciproquement. Elle s'agenouille et semble lui faire des protestations. Il la relève, incline sa tête sur son sein, puis se couche sur un lit de fleurs : elle, le voyant endormi, le quitte. Alors entre un autre personnage, qui lui enlève sa couronne qu'il embrasse, verse du poison dans l'oreille du roi, et sort. La reine revient, trouve le roi mort, et se livre à une pantomime de désespoir. L'empoisonneur avec deux ou trois personnages muets rentre, et semble se lamenter avec elle. Le corps mort est emporté. L'empoisonneur courtise la reine et lui offre des présents ; elle semble un moment vouloir résister, mais à la fin elle accepte son amour. (Ils sortent.)

OPHÉLIA. — Que signifie cela, Monseigneur?

HAMLET. — Parbleu, cela signifie faire son coup en cachette[6], cela signifie méfait.

OPHÉLIA. — Peut-être que cette pantomime représente l'argument de la pièce.

Entre LE PROLOGUE.

HAMLET. — Nous le saurons par ce compère : les comédiens ne peuvent garder un secret; ils nous diront tout.

OPHÉLIA. — Va-t-il nous dire ce que signifiait ce que nous venons de voir?

HAMLET. — Oui, et tout ce que vous voudrez lui faire voir. N'ayez pas honte de lui montrer, il n'aura pas honte de vous dire comment cela s'appelle.

OPHÉLIA. — Vous êtes mauvais, vous êtes mauvais : je veux écouter la pièce.

Le prologue :

Nous prosternant ici devant votre clémence,
Nous implorons votre patiente attention,
Pour nous et pour notre tragédie.

Hamlet. — Est-ce un prologue ou la devise d'un anneau ?
Ophélia. — Il est court, Monseigneur.
Hamlet. — Comme l'amour d'une femme.

Entrent GONZAGO *et* BAPTISTA.

Gonzago :

Trente fois Phébus a fait sur son char le tour
De la mer salée de Neptune et de la sphère ronde de Tellus,
Et trente douzaines de lunes de leurs lumières empruntées
Ont éclairé le globe pendant trente fois douze mois,
Depuis que l'amour a joint nos cœurs, et l'hymen nos mains,
Dans les liens mutuels les plus sacrés

Baptista :

Puissent le soleil et la lune nous faire encore compter
Autant de voyages avant que notre amour expire !
Mais, malheureuse que je suis, vous êtes depuis ces derniers temps si souffrant,
Si loin de votre enjouement et de votre précédent état,
Que j'ai peur pour vous. Cependant, malgré mes craintes,
Vous ne devez, Monseigneur, concevoir aucune inquiétude,
Car les craintes d'une femme vont de pair avec son amour ;
Ou bien l'un et les autres sont nuls, ou bien extrêmes.
Ce qu'est mon amour, vous en avez eu la preuve ;
Et ma crainte est maintenant de même taille que mon amour.

Lorsque l'amour est grand, les plus petits soupçons deviennent craintes ;
Là où les petites craintes deviennent grandes, là fleurit un grand amour.

GONZAGO :

En vérité, chérie, il faudra que je te quitte, et bientôt ;
Mes forces vitales se relâchent de leurs fonctions,
Et tu vivras après moi dans cet admirable monde,
Honorée et bien-aimée, et peut-être auras-tu pour époux
Quelqu'un d'aussi tendre...

BAPTISTA :

Oh ! n'en dis pas davantage !
Un tel amour serait une trahison de mon cœur
Que je sois maudite si je prends un second époux !
Nulle n'en épousa jamais un second si elle n'avait tué le premier.

HAMLET, *à part*. — Voilà de l'absinthe, de l'absinthe !

BAPTISTA :

Les seconds mariages ne sont jamais déterminés
Que par de vils motifs d'intérêt, mais l'amour n'y est pour rien ;
Je tue une seconde fois mon Seigneur qui est mort,
Lorsqu'un second époux m'embrasse dans mon lit.

GONZAGO :

Je crois que vous pensez ce que vous exprimez en cet instant,
Mais souvent nous manquons à ce que nous avons résolu.
Nos projets sont esclaves de notre mémoire ;
Violents à leur naissance, ils sont de santé peu forte ;
Tant qu'ils sont encore pareils au fruit vert, ils tiennent solidement à l'arbre,
Mais dès qu'ils sont arrivés à maturité, ils tombent sans être ébranlés.

ACTE III, SCÈNE II.

Il nous est fort nécessaire d'oublier
De nous payer la dette contractée par nous-mêmes
 envers nous-mêmes :
Ce que nous nous proposons de faire quand nous sommes
 saisis par la passion,
Perd toute raison d'être, la passion cessant.
La joie et le chagrin par leur propre violence
Mettent à néant leurs propres entreprises :
Là où la joie est la plus vive, là où la douleur est la
 plus éplorée,
Un léger accident survenant, voilà la douleur qui rit et
 la joie qui pleure.
Ce monde n'est pas éternel ; aussi n'est-il pas étrange
Que nos amours même changent avec nos fortunes ;
Car c'est une question qui nous reste encore à ré-
 soudre
De savoir si c'est l'amour qui guide la fortune, ou la
 fortune l'amour.
L'homme puissant une fois à bas, voyez comme s'éva-
 nouit son favori ;
Le pauvre qui s'élève au contraire voit ses ennemis se
 changer en amis.
Jusques à ce jour-ci l'amour a toujours suivi la for-
 tune :
Car quiconque est à l'abri du besoin, ne manquera ja-
 mais d'amis ;
Mais quiconque étant dans le besoin mettra à l'épreuve
 un de ces creux amis,
Le changera immédiatement en ennemi.
Mais pour finir logiquement comme j'ai commencé, —
Nos volontés et nos destins suivent des routes si con-
 traires,
Que nos projets sont toujours renversés ;
Nos pensées sont à nous, leur réalisation ne nous appar-
 tient pas ;
C'est ainsi que tu crois ne pas épouser un second époux,
Mais tes pensées mourront lorsque ton premier Seigneur
 sera mort.

Baptista :

Que la terre refuse de me nourrir, et le ciel de m'éclairer !
Que le jour me refuse récréation, que la nuit me refuse repos !
Que ma confiance et mon espérance se changent en désespoir !
Que le régime d'un anachorète dans sa cellule soit mon seul avenir !
Que toutes les influences qui altèrent le visage de la joie,
Heurtent mes plus chers désirs et les détruisent !
Qu'ici-bas et par delà ce monde, un éternel châtiment me poursuive,
Si, une fois veuve, je redeviens jamais épouse.

Hamlet, *à Ophélia*. — Et si elle violait ses serments à cette heure !

Gonzago :

Voilà qui est solennellement jurer. Chérie, quitte-moi un instant,
Mes esprits s'alourdissent, et volontiers je tromperais
Le jour fatigant par le sommeil. (*Il s'endort.*)

Baptista :

Que le sommeil berce ton âme,
Et que jamais le malheur ne se glisse entre nous deux !
(*Elle sort.*)

Hamlet. — Madame, comment trouvez-vous cette pièce ?

La reine. — La Dame fait, me semble-t-il, beaucoup trop de protestations.

Hamlet. — Oh, mais elle tiendra sa parole.

Le roi. — Avez-vous suivi l'argument de la pièce ? Est-ce qu'il n'y a pas de crime là dedans ?

Hamlet. — Non, non, ils ne font que plaisanter ; on empoisonne pour plaisanter. Il n'y a pas là le moindre crime.

Le roi. — Comment appelez-vous cette pièce?

Hamlet. — *La trappe à souris*. Comment ça, me direz-vous? Parbleu, c'est une figure. Cette pièce est la représentation d'un meurtre commis à Vienne : Gonzago est le nom du duc; celui de sa femme, Baptista : vous verrez tout à l'heure; c'est une trame diabolique : mais qu'est-ce que cela fait? cela ne nous touche pas, Votre Majesté et moi; nous, nous avons des consciences pures : que le roussin écorché tressaille, nos garots sont sans blessures à nous.

Entre LUCIANUS.

Hamlet. — Celui-ci est un certain Lucianus, neveu du roi.

Ophélia. — Vous valez un chœur, Monseigneur.

Hamlet. — Je pourrais servir d'interprète entre vous et votre amoureux, si je voyais les marionnettes s'ébattre ensemble.

Ophélia. — Vous êtes piquant, Monseigneur, vous êtes piquant.

Hamlet. — Cela vous coûterait un gémissement si vous émoussiez ma pointe.

Ophélia. — Encore mieux, et encore pis.

Hamlet. — C'est ainsi que vous promettez de prendre vos maris (*a*). — Commence, meurtrier; laisse tes damnées grimaces, et commence. Allons; le corbeau qui croasse appelle vengeance avec une rauque furie.

Lucianus :

Noires pensées, mains toutes prêtes, poison convenable
    au meurtre, heure propice,
Tout s'accorde : l'occasion me favorise, et nul œil ne
    me voit.
Ô toi mélange malfaisant, extrait d'herbes à minuit,
Trois fois ensorcelé par la malédiction d'Hécate, trois
    fois infecté,

(*a*) Allusion à la promesse de suivre son mari dans la bonne comme dans la mauvaise fortune, dans le *mieux* et dans le *pire*.

Que ta nature magique et tes propriétés sinistres
Usurpent immédiatement la vie salubre.
(*Il verse le poison dans l'oreille du dormeur.*)

Hamlet. — Il l'empoisonne dans le jardin pour s'emparer de son état. Son nom est Gonzago : l'histoire existe, et elle est écrite en italien très-élégant. Vous verrez tout à l'heure comment le meurtrier gagne l'amour de la femme de Gonzago.

Ophélia. — Le roi se lève!

Hamlet. — Comment, il est effrayé par un feu pour rire!

La reine. — Comment se trouve mon Seigneur?

Polonius. — Cessez la représentation.

Le roi. — Éclairez-moi; — partons!

Tous. — Des flambeaux, des flambeaux, des flambeaux! (*Tous sortent, hormis Hamlet et Horatio.*)

Hamlet :

Parbleu, laissez le daim blessé pleurer,
Et laissez jouer le daim sans blessures ;
Car les uns doivent veiller, tandis que les autres dorment ;
Et ainsi va le monde.

Ne croyez-vous pas, Monsieur, que cette chanson-là, en y ajoutant une forêt de panaches, et deux rosettes en forme de roses de Provins[7] sur mes souliers à large ouverture, ne pourrait pas me valoir le titre de sociétaire dans une troupe de comédiens, si ce qui me reste de fortune vient à se conduire en Turc avec moi?

Horatio. — Certes, une demi-part de profits.

Hamlet. — Une part entière, j'en suis sûr[8].

Car tu sais, ô mon cher Damon,
Que ce royaume devint veuf
De Jupiter lui-même ; et celui dont le règne est ici tout neuf,
Est un vrai, un vrai — paon.

Horatio. — Vous auriez pu trouver un mot qui rime mieux.

Hamlet. — Ô mon bon Horatio, je parie mille livres que le fantôme a dit vrai. As-tu remarqué?

Horatio. — Parfaitement bien, Monseigneur.

Hamlet. — Dès qu'on a parlé d'empoisonnement....

Horatio. — Je l'ai parfaitement remarqué.

Hamlet. — Ah, ah! — Allons, un peu de musique! Eh, en avant les flageolets!

Car si le roi n'aime pas la comédie,
Eh bien alors, c'est que sans doute il ne l'aime pas, et
voilà tout, pardi.

Allons, un peu de musique!

Entrent ROSENCRANTZ *et* GUILDENSTERN.

Guildenstern. — Mon bon Seigneur, permettez-moi de vous dire un mot.

Hamlet. — Toute une histoire, si vous voulez, Monsieur.

Guildenstern. — Le roi, Seigneur....

Hamlet. — Eh bien, Monsieur, qu'y a-t-il à son sujet?

Guildenstern. — S'est retiré dans son appartement, étonnamment indisposé.

Hamlet. — D'ivresse, Monsieur?

Guildenstern. — Non, Monseigneur, de colère.

Hamlet. — Vous auriez montré une sagesse plus avisée en avertissant son médecin de ce fait; car pour moi, si j'entreprenais sa purgation, peut-être ne ferais-je que le plonger plus avant dans la colère.

Guildenstern. — Mon bon Seigneur, mettez quelque ordre dans vos discours, et ne faites pas de tels bonds hors de l'affaire dont je dois vous parler.

Hamlet. — Me voilà dompté, Monsieur : parlez.

Guildenstern. — La reine votre mère, qui est dans une grande affliction d'esprit, m'a envoyé vous chercher.

Hamlet. — Vous êtes le bienvenu.

GUILDENSTERN. — Parbleu, mon bon Seigneur, cette politesse n'est guère à sa place. S'il vous plaît de me faire une réponse de bon sens, j'exécuterai l'ordre de votre mère : sinon, je terminerai mon affaire en vous priant de m'excuser et en m'en retournant.

HAMLET. — Je ne puis pas, Monsieur.

GUILDENSTERN. — Quoi, Monseigneur?

HAMLET. — Vous faire une réponse de bon sens; mon esprit est malade. Mais, Monsieur, vous pouvez exiger la réponse que je puis faire, quelle qu'elle soit; ou plutôt comme vous dites, ma mère peut l'exiger : par conséquent, assez, et au fait : ma mère, dites-vous....

ROSENCRANTZ. — Voici ce qu'elle dit : votre conduite l'a plongée dans la stupéfaction et l'étonnement....

HAMLET. — Oh! le fils merveilleux qui peut à ce point étonner sa mère! — Mais est-ce qu'il n'y a rien qui fasse cortége à l'étonnement de ma mère?

ROSENCRANTZ. — Elle désire vous parler dans son cabinet avant que vous alliez au lit.

HAMLET. — Nous obéirons, fût-elle dix fois notre mère. Avez-vous autre chose à me dire?

ROSENCRANTZ. — Monseigneur, vous m'aimiez autrefois.

HAMLET. — Et je vous aime toujours, par ces organes de vol et de larcin que voilà (*a*)!

ROSENCRANTZ. — Mon bon Seigneur, quelle est la cause de votre égarement? A coup sûr, en refusant de communiquer vos chagrins à vos amis, vous retenez prisonnière votre propre liberté.

HAMLET. — Monsieur, j'aurais besoin d'avancement.

ROSENCRANTZ. — Comment cela se peut-il, puisque vous avez la parole du roi lui-même que vous lui succéderez en Danemark?

HAMLET. — Oui, mais *pendant que l'herbe pousse*, — le proverbe est un peu moisi [9].

Rentrent des COMÉDIENS *avec des* JOUEURS *de flageolets* [10].

HAMLET. — Ah! des flageolets! voyons-en donc un. —

(*a*) C'est-à-dire, par ses mains.

Vous voulez que je me retire avec vous. — Pourquoi êtes-vous à me barrer passage comme si vous vouliez me pousser dans un filet?

Guildenstern. — Ô Monseigneur, si je mets trop de hardiesse à remplir mon devoir, la faute de cette impolitesse en est à mon affection.

Hamlet. — Je ne comprends pas bien cela. Voulez-vous jouer de ce flageolet?

Guildenstern. — Monseigneur, je ne puis pas.

Hamlet. — Je vous en prie.

Guildenstern. — Croyez-moi, je ne puis.

Hamlet. Je vous en conjure.

Guildenstern. — Je n'ai pas la moindre habitude de cet instrument, Monseigneur.

Hamlet. — C'est aussi aisé que de mentir : gouvernez ces trous-là avec les doigts et le pouce, donnez voix à cet instrument avec votre propre souffle, et il exécutera une très-éloquente musique. Voyez, voici les clefs.

Guildenstern. — Mais je ne puis les manœuvrer de manière à leur faire rendre une harmonie; je n'ai pas ce talent.

Hamlet. — Eh bien, en ce cas, voyez un peu comme vous me traitez mal! Vous voudriez jouer de moi; vous semblez vouloir connaître mes clefs; vous voudriez faire jaillir le cœur de mon mystère; vous voudriez me faire résonner depuis mes plus basses jusqu'à mes plus hautes notes : et voilà ce petit instrument qui contient une voix excellente et abondance de musique, et cependant vous ne pouvez le faire parler! Sang de Dieu! croyez-vous qu'il soit plus aisé de jouer de moi que d'une flûte? Appelez-moi du nom de l'instrument que vous voudrez; vous pourrez bien *taquiner* de ma personne, mais vous ne pourrez pas en jouer.

Rentre POLONIUS.

Hamlet. — Dieu vous bénisse, Seigneur!

Polonius. — Monseigneur, la reine voudrait vous parler, et cela immédiatement.

Hamlet. — Voyez-vous là-bas ce nuage qui a presque la forme d'un chameau?

Polonius. — Par la messe, c'est, en effet, tout à fait un chameau.

Hamlet. — Il me semble que c'est une belette.

Polonius. — Il a le dos comme une belette.

Hamlet. — Ou comme une baleine.

Polonius. — Tout à fait comme une baleine.

Hamlet. — Eh bien, je vais aller tout de suite trouver ma mère. (*A part.*) Ils finiront par me rendre fou réellement à force de me contraindre à jouer ce rôle. — (*Haut.*) J'y vais à l'instant.

Polonius. — Je vais le lui dire.

Hamlet. — A l'instant est facile à dire. (*Sort Polonius.*) Laissez-moi, mes amis. (*Sortent Rosencrantz, Guildenstern et les comédiens.*) Maintenant il est l'heure des sortiléges nocturnes, l'heure où les cimetières baillent leurs morts, et où l'enfer en personne souffle la contagion sur ce monde; en ce moment-ci je pourrais boire du sang chaud, je pourrais exécuter une besogne cruelle à faire pâlir la lumière si elle était exécutée de jour. Doucement! allons trouver ma mère. — Ô mon cœur, ne perds pas ta nature; que jamais l'âme de Néron n'entre dans cette ferme poitrine : soyons cruel, non dénaturé; ma bouche lancera des poignards, mais mes mains n'en emploieront aucun. Ma langue et mon âme, soyez hypocrites dans cette entrevue; — quelque cruellement que mes paroles la menacent, ô mon âme, ne consens à leur donner jamais le sceau de l'exécution! (*Il sort.*)

SCÈNE III.

Un appartement dans le château.

Entrent LE ROI, ROSENCRANTZ *et* GUILDENSTERN.

Le roi. — Il me déplaît, et d'ailleurs il n'est pas prudent à nous de laisser le champ libre à sa folie. Par conséquent préparez-vous ; je vais sur-le-champ vous rédiger votre commission, et il ira en Angleterre avec vous : les exigences de notre gouvernement ne peuvent s'arranger de hasards aussi dangereux que ceux que ses lubies enfantent à toute heure.

Guildenstern. — Nous allons faire nos dispositions : elle est très-sainte et très-religieuse la sollicitude qui cherche à protéger la sécurité de tant et tant de milliers d'hommes qui vivent et travaillent sous la garde de Votre Majesté.

Rosencrantz. — Chaque simple particulier a le droit d'employer toute sa force et toute sa trempe d'âme à se défendre contre le danger ; combien plus a-t-il ce droit celui de qui dépendent et sur qui reposent les existences de tant d'individus? À son trépas, la majesté royale ne meurt pas seule ; mais comme un gouffre, elle entraîne avec elle tout ce qui est près d'elle : c'est une roue colossale placée au sommet de la plus haute montagne ; dans ses vastes rayons sont enchâssées et attachées dix mille choses plus petites, et lorsqu'elle tombe, toutes ces petites annexes, toutes ces chétives dépendances accompagnent la ruine bruyante. Jamais le roi ne soupira que le peuple en masse ne gémit.

Le roi. — Préparez-vous, je vous en prie, pour ce voyage précipité ; car nous mettrons des fers à ce danger qui marche maintenant d'un pied trop libre.

Rosencrantz *et* Guildenstern. — Nous allons faire toute diligence. (*Ils sortent.*)

Entre POLONIUS.

Polonius. — Monseigneur, il se rend à l'appartement de sa mère : je vais m'embusquer derrière la tapisserie pour entendre la conversation. Elle va le tancer vertement, j'en répondrais : mais comme vous l'avez dit, et sagement dit, il est bon qu'une autre personne qu'une mère, partiale par nature, puisse entendre en tapinois ce que le hasard de la conversation révélera. Adieu, mon Suzerain ; je viendrai vous retrouver avant d'aller au lit, et je vous rapporterai ce que j'aurai appris.

Le roi. — Merci, mon cher Seigneur. (*Sort Polonius.*) Oh! mon crime est empesté! son odeur monte au ciel; la malédiction du premier crime, le meurtre d'un frère, pèse sur lui! Je ne puis prier, quoique j'en aie besoin aussi vivement que vouloir : le sentiment de ma culpabilité, plus fort que ma ferme résolution, la met en déroute, et pareil à un homme attaché à une double besogne, je m'arrête incertain de savoir par laquelle je dois commencer, et je les néglige l'une et l'autre. Mais quoi! quand bien même cette main serait épaisse du sang de mon frère à en être doublée, n'y a-t-il pas assez d'eau dans les cieux cléments pour la rendre blanche comme neige? A quoi sert la miséricorde, sinon à regarder en face le visage du péché? Et qu'est-ce que la prière, sinon cette double force qui retient avant la chute, ou qui pardonne après? Eh bien, je lèverai les yeux au ciel; ma faute appartient au passé. Mais quelle forme de prière s'applique à ma situation? Dirai-je, pardonnez-moi mon meurtre odieux? Cela ne se peut, puisque je suis toujours en possession de ces choses, qui furent les mobiles du meurtre commis par moi, ma couronne, mon ambition, ma reine. Peut-on obtenir pardon, en gardant les fruits du péché? Dans les sentiers de corruption de ce monde, le crime à la main dorée peut esquiver la justice, et on voit souvent acheter la loi avec le butin même du crime : mais il n'en est pas ainsi là-haut; là, il n'y a pas moyen d'échapper; là, nos actions se montrent dans leur vraie nature, et nous sommes forcés de venir faire notre déclaration aux dents et à la face même de nos péchés. Eh bien, en ce cas, qu'est-ce qui reste? Essayer ce que peut le repentir : que ne peut-il pas? et que peut-il cependant pour celui qui ne peut se repentir? Ô misérable situation! Ô cœur noir comme la mort! Ô âme engluée qui, en luttant pour s'affranchir, ne fait que s'empêtrer davantage! Au secours, anges! faites un effort! Courbez-vous, genoux orgueilleux, et toi, cœur aux fibres d'acier, deviens souple comme les muscles de l'enfant nouveau-né! Tout peut bien tourner! (*Il s'agenouille.*)

Entre HAMLET.

Hamlet. — Le voilà en prières, je puis l'expédier en ce moment, et c'est ce que je vais faire ; — mais alors il va au ciel. Est-ce là me venger ? voilà qui mérite réflexion. Un scélérat tue mon père ; et pour cela, moi son unique fils, j'envoie au ciel ce scélérat. Parbleu, ce n'est pas se venger, c'est payer à son forfait gages et salaire. Il tua sauvagement mon père, alors que ce dernier était appesanti par la digestion, et que tous ses péchés étaient épanouis et abondants comme les fleurs en mai ; comment il a rendu ses comptes, le ciel seul le sait ! mais dans ma pensée et d'après ce que je connais, ils pèsent lourdement sur lui. Et moi, je me croirais vengé en tuant celui-là, au moment où son âme se purge, alors qu'il est en bonne préparation, bien équipé pour son voyage ? Non. Dans ta gaîne, mon épée ; réserve-toi pour un coup plus horrible : lorsqu'il sera ivre, endormi, en proie à la rage, plongé dans les plaisirs incestueux de son lit, jouant, blasphémant, ou occupé à toute autre action n'ayant aucun atome des vertus qui sauvent, alors abats-le-moi, de façon qu'il donne du talon contre le ciel, et que son âme soit aussi damnée et aussi noire que l'enfer où elle ira. Ma mère attend : — ce remède-ci ne fait que prolonger tes jours condamnés. (*Il sort.*)

Le ROI *se lève*.

Le roi. — Mes paroles montent en haut, mais mes pensées restent en bas : des paroles séparées de leurs pensées ne montèrent jamais au ciel. (*Il sort.*)

SCÈNE IV.

Un autre appartement dans le château.

Entrent LA REINE *et* POLONIUS.

Polonius. — Il va venir tout de suite. Ayez soin de le tancer vertement ; dites-lui que ses incartades sont allées trop loin pour être supportées, et que votre grâce, en s'interposant, l'a protégé contre une grande colère. Je vais me tenir coi ici-même. Je vous en prie, allez-y rondement avec lui.

Hamlet, *de l'extérieur.* — Mère, mère, mère !

La reine. — Je vous le garantis ; ne craignez rien : — retirez-vous, je l'entends qui vient. (*Polonius se cache derrière la tapisserie*[11].)

Hamlet. — Eh bien, mère, qu'y a-t-il ?

La reine. — Hamlet, tu as grandement offensé ton père.

Hamlet. — Mère, vous avez grandement offensé mon père.

La reine. — Allons, allons, vous me répondez avec une langue extravagante.

Hamlet. — Allons, allons, vous m'interrogez avec une langue scélérate.

La reine. — Eh bien, qu'est-ce à dire, Hamlet !

Hamlet. — Qu'y a-t-il donc maintenant ?

La reine. — Avez-vous oublié qui je suis ?

Hamlet. — Non, par le crucifix, non certes : vous êtes la reine, la femme du frère de votre époux, et — plût au ciel que cela ne fût pas ! — vous êtes ma mère.

La reine. — Allons, puisqu'il en est ainsi, je vais appeler quelqu'un qui pourra vous parler.

Hamlet. — Allons, allons, restez assise ; vous ne bougerez pas ; vous ne partirez pas avant que je vous aie présenté un miroir où vous pourrez voir l'intérieur de vous-même.

La reine. — Que veux-tu faire ? tu ne veux pas m'assassiner sans doute ? Au secours, au secours, holà !

Polonius, *derrière la tapisserie.* — Holà ! au secours, au secours, au secours !

Hamlet. — Qu'y a-t-il là ? un rat ? (*Il tire son épée et traverse la tapisserie.*) Mort ! je parie un ducat qu'il est mort !

Polonius. — Oh je suis tué ! (*Il tombe et meurt.*)

La reine. — Ô ciel, qu'as-tu fait ?

HAMLET. — Vraiment, je ne sais pas : est-ce le roi? (*Il soulève la tapisserie et voit Polonius.*)

LA REINE. — Oh! quelle action précipitée et sanguinaire!

HAMLET. — Une action sanguinaire! presque aussi mauvaise, ma bonne mère, que de tuer un roi et d'épouser son frère.

LA REINE. — *Que de tuer un roi!*

HAMLET. — Oui, Madame, c'est bien ce que j'ai dit. (*A Polonius.*) Misérable sot, téméraire et indiscret, adieu! je t'ai pris pour un plus grand que toi : attrape ce qui t'arrive; tu as vu qu'il y a quelque danger à faire trop l'empressé. — Cessez de vous tordre les mains : paix! asseyez-vous, et laissez-moi vous tordre le cœur : car tordu il sera, s'il est fait d'une matière accessible à la souffrance, si l'habitude damnée ne l'a pas bronzé au point de le mettre à l'épreuve et à l'abri de toute sensation.

LA REINE. — Qu'ai-je fait, pour que tu oses permettre à ta langue de m'insulter avec tant de bruit?

HAMLET. — Un acte tel qu'il flétrit la grâce et le frais incarnat de la pudeur; qu'il fait confondre la vertu avec l'hypocrisie; qu'il enlève la rose du beau front d'un amour innocent, et y plante un ulcère; qu'il rend les vœux du mariage aussi trompeurs que les serments du joueur : oh! un tel acte arrache du corps des contrats leur âme même, et change la douce religion en une rhapsodie de mots! la face du ciel en rougit; oui, même cette masse compacte et solide du monde devient malade à la pensée de cet acte, au point de prendre un aspect sombre, comme si le jour du jugement était proche.

LA REINE. — Hélas! mais quelle est donc cette tragédie qui rugit si haut, et tonne dès le prologue?

HAMLET. — Regardez ce portrait, et puis celui-là, représentations peintes de deux frères [12]. Voyez quelle grâce était répandue sur ce front; c'étaient les boucles d'Hypérion, c'était la tête de Jupiter lui-même; l'œil menaçait et commandait comme celui de Mars; le port était celui du héraut Mercure quand il vient de s'abattre sur une colline qui baise le ciel ; c'était une combinaison de formes où chaque dieu semblait vraiment avoir mis son cachet, pour donner au monde l'assurance qu'il était un homme : celui-là était votre époux. — Regardez maintenant cet autre ; voici votre époux, qui pareil à une gerbe mouillée moisit son frère à la riche santé. Avez-vous des yeux ? Est-il possible que vous ayez cessé de vivre sur cette belle montagne pour venir patauger dans ce marais ? Ah ! avez-vous des yeux ? Vous ne pouvez appeler cela amour ; car à votre âge la chaleur du sang a baissé, il est devenu humble et suit les conseils du jugement ; et quel jugement voudrait passer de celui-ci à celui-là ? Vous êtes douée de sentiment, à coup sûr, car sans cela, vous ne seriez pas animée ; mais à coup sûr aussi ce sentiment est frappé d'apoplexie : car la folie même ne pourrait errer à ce degré, et le bon sens ne fut jamais enchaîné par le délire au point de ne pouvoir garder assez de discernement pour faire une différence semblable. Quel est donc le diable qui vous a dupé ainsi au jeu de colin-maillard ? Des yeux dépourvus de sentiment, une sensibilité privée de la faculté de voir, des oreilles privées des secours des mains et des yeux, un odorat sans rien d'autre, ou n'importe quelle portion mutilée d'un vrai sens n'auraient jamais pu s'égarer à ce point. Ô honte ! où est ta rougeur ? Enfer rebelle, si tu es capable de te révolter dans les os d'une matrone, la vertu peut bien être de cire chez l'ardente jeunesse et se fondre à son feu : ne crions plus à la honte lorsque l'excès de l'ardeur nous entraîne, puisque la glace elle-même brûle tout aussi activement, et que la raison sert d'entremetteuse au désir.

La reine. — Ô Hamlet, n'en dis pas davantage : tu tournes mes yeux sur mon âme même ; et là je vois des taches si noires, si invétérées, que jamais elles ne perdront leur couleur.

Hamlet. — Certes, mais vivre dans la sueur fétide d'un lit graisseux ; cuire dans la corruption ; faire l'amour et s'ébattre sur la sale litière....

La reine. — Oh, ne me parle pas davantage ! tes paroles entrent dans mes oreilles comme des poignards; assez, mon aimable Hamlet!

Hamlet. — Un meurtrier et un scélérat! un esclave qui ne vaut pas la vingtième partie du dixième de votre précédent époux! un roi de comédie où il peut jouer le personnage du vice! un filou d'empire et de pouvoir qui a volé sur une étagère le précieux diadème et l'a mis dans sa poche!

La reine. — Assez!

Hamlet. — Un roi d'oripeaux et d'habits d'arlequin!

Entre le fantôme.

Hamlet. — Protégez-moi, et couvrez-moi de vos ailes, célestes gardiens! — Que veut votre gracieux fantôme?

La reine. — Hélas! il est fou!

Hamlet. — Ne venez-vous pas pour gronder votre fils trop lent, qui laissant passer le temps et refroidir la colère, néglige l'importante exécution de votre ordre redoutable? Oh, dites!

Le fantôme. — N'oublie pas : cette visite n'a pour but que d'aiguiser ta résolution presque émoussée à cette heure. Mais vois! la stupeur s'est emparée de ta mère : elle et son âme luttent ensemble, — oh! interpose-toi entre elles; ce sont les plus faibles corps que l'imagination travaille le plus fortement; parle-lui, Hamlet.

Hamlet. — Comment vous trouvez-vous, Madame?

La reine. — Hélas! comment vous trouvez-vous vous-même, vous qui tenez vos yeux fixés sur le vide, et entretenez conversation avec l'air sans corps? Vos esprits se précipitent comme effarés hors de vos yeux, et pareille aux soldats tirés en sursaut de leur sommeil par l'alarme, votre chevelure couchée, comme si elle avait vie, se redresse et se tient roide. Ô mon aimable fils, arrose de la froide patience la chaleur et la flamme de ta fièvre. Qu'est-ce que vous regardez?

Hamlet. — Lui, lui! Voyez comme ses regards brillent d'une pâle lumière! Avec une telle forme et une telle cause unies, s'il prêchait à des pierres, il les rendrait sensibles. — Ne me regardez pas; votre physionomie lamentable serait capable d'attendrir la dure fermeté de mes résolutions : l'acte que je dois faire perdrait sa vraie couleur; les larmes couleraient peut-être en place de sang.

La reine. — A qui adressez-vous ces paroles?

Hamlet. — Ne voyez-vous rien ici?

La reine. — Rien du tout; pourtant je vois bien tout ce qui est ici.

Hamlet. — Et vous n'avez rien entendu non plus?

La reine. — Non, rien, si ce n'est nous-mêmes.

Hamlet. — Mais regardez donc là! regardez de quel pas il s'éloigne! c'est mon père tel qu'il était vivant! regardez, le voici qui à ce moment même passe la porte! (*Sort le Fantôme.*)

La reine. — C'est votre cerveau qui forge cela : cette apparition sans corps est une de ces œuvres que le délire est puissant à produire.

Hamlet. — *Le délire!* mon pouls bat avec la même régularité que le vôtre, et chante la même musique de santé : ce que j'ai dit n'est pas folie : mettez-moi à l'épreuve, et je vous décrirai de nouveau la chose exactement comme je vous l'ai déjà décrite, tandis que la folie s'égarerait en gambades hors de sa première description. Mère, pour l'amour de la grâce, n'étendez pas sur votre âme le baume flatteur de cette raison, que c'est ma folie qui parle et non votre faute : ce baume-là ne servirait qu'à fermer et à recouvrir l'ulcère extérieurement, tandis que la corruption impure, minant tout en dessous, vous infecterait d'une manière invisible. Confessez-vous au ciel; repentez-vous de ce qui est passé, évitez ce qui est à venir, et ne répandez pas l'engrais sur les mauvaises herbes pour les rendre plus abondantes. Pardonnez-moi, ma vertu; car, par ces temps poussifs de grasse corruption, la vertu elle-même doit demander pardon au vice; oui, il lui faut se courber et le supplier de se laisser faire du bien.

La reine. — Ô Hamlet, tu as fendu mon cœur en deux!

HAMLET. — Oh, rejetez-en la pire moitié, et vivez d'autant plus pure avec l'autre. Bonne nuit : mais n'allez pas au lit de mon oncle; imposez-vous une vertu, si vous ne l'avez pas. La coutume, ce monstre qui dévore toute chose sensée, ce diable trop fréquent de nos habitudes est cependant un ange en ceci qu'elle donne aux actions belles et bonnes passées en usage, un froc ou une livrée qui s'adapte exactement à leur taille. Abstenez-vous cette nuit : cela vous prêtera une sorte d'assistance pour supporter plus aisément la prochaine abstinence : la suivante sera plus aisée encore; car l'habitude peut presque changer la marque de la nature, et se rendre maîtresse du diable ou le chasser avec une puissance merveilleuse. Une fois encore, bonne nuit : et quand vous ressentirez le désir d'être bénie du ciel, je viendrai solliciter votre bénédiction. Quant à ce Seigneur (*il désigne Polonius*), je me repens de ce que j'ai fait; mais il a plu aux cieux de me punir par lui et de le punir par moi, afin que je fusse leur fouet et leur ministre. Je vais le déposer en lieu convenable, et je porterai la responsabilité de la mort que je lui ai donnée. Bonne nuit, encore une fois. Je dois être cruel, mais c'est pour être tendre : la première scène est tragique, et de plus terribles restent à venir. Un mot encore, bonne Madame?

LA REINE. — Que devrai-je faire?

HAMLET. — Avant tout, rien de ce que je vous ai recommandé : laissez ce roi bouffi vous conduire encore à sa couche, vous tapoter amoureusement sur la joue, vous appeler sa souris, et qu'en échange d'un ou de deux baisers fumeux, ou de quelques caresses de ses doigts damnés sur votre cou, il vous arrache le secret de toute cette affaire, vous fasse dire comment je ne suis pas réellement fou, mais seulement fou par ruse. Il serait bon de le lui laisser connaître; car comment une reine, qui n'est que belle, sage et sobre, consentirait-elle à cacher de si précieuses informations à un crapaud, à une chauve-souris, à un matou? Quelle est celle qui ferait cela? Non, en dépit du bon sens et de la discrétion, ouvrez la cage sur le toit de la maison, donnez la volée aux oiseaux, et comme le singe fameux, glissez-vous dans la cage pour faire une expérience, et cassez-vous le cou en tombant avec elle.

La reine. — Sois assuré que si les paroles sont faites de souffle, et que si le souffle est fait de vie, je n'ai aucune vie pour souffler mot de ce que tu m'as dit.

Hamlet. — Je dois aller en Angleterre; vous savez cela?

La reine. — Hélas! j'avais oublié que c'est une chose ainsi arrêtée.

Hamlet. — Voici mes lettres scellées : mes deux camarades d'études, auxquels je me fierai comme à des vipères pourvues de crocs, portent l'ordre; ils doivent déblayer ma route, et me conduire vers un traquenard. Laissons faire! c'est plaisir de voir l'ingénieur sauter en l'air par le fait de son propre pétard : il faudra que les choses soient bien difficiles, si je ne creuse pas à une toise au-dessous de leur mine, et si je ne les lance pas jusqu'à la lune. Oh, c'est la chose la plus amusante, quand deux ruses marchant sur une même ligne se rencontrent de front. — Cet homme que voici mort va hâter mes paquets : je vais traîner sa charogne dans la chambre voisine. Mère, bonne nuit. — En vérité, ce conseiller qui vivant était un sot drôle babillard, est maintenant fort silencieux, fort discret, et fort grave. Venez, Monsieur, nous allons en' finir avec vous. — Bonne nuit, mère. (*Ils sortent de divers côtés, et Hamlet en traînant le corps de Polonius.*)

ACTE IV.

SCÈNE PREMIÈRE.

Un appartement dans le château.

Entrent LE ROI, LA REINE, ROSENCRANTZ, *et* GUILDENSTERN.

LE ROI. — Ces soupirs, ces profonds gémissements ont une raison d'être; vous devez nous les expliquer : il est convenable que nous sachions ce qu'ils veulent dire. Où est votre fils ?

LA REINE, *à Rosencrantz et à Guildenstern*. — Cédez-nous cette place-ci un tout petit instant. (*Ils sortent.*) Ah! mon bon Seigneur, qu'ai-je vu ce soir!

LE ROI. — Quoi, Gertrude ? comment se porte Hamlet ?

LA REINE. — Il est fou comme la mer et le vent lorsque tous deux luttent à qui sera le plus puissant : dans l'accès de son délire, comme il entendait quelque chose remuer derrière la tapisserie, voilà qu'il tire sa rapière, crie *un rat, un rat!* et poussé par cette terreur de son cerveau en délire, il tue le bon vieillard qui était caché.

LE ROI. — Oh! la grave action! il nous en serait arrivé autant si nous avions été là : sa liberté est pleine de menaces pour tous ; pour vous-même, pour nous, pour chacun. Hélas! comment réparerons-nous cet acte sanguinaire ? On nous l'imputera à nous dont la prévoyance aurait dû brider, surveiller, et tenir hors de toute compagnie ce fou jeune homme : mais si grand était notre amour, que nous n'avons pas voulu comprendre ce qu'il était convenable de faire : nous avons agi comme l'homme atteint d'une odieuse maladie, qui pour ne pas la divulguer, la laisse le ronger jusqu'à la moelle de la vie. Où est-il allé?

La reine. — Mettre en lieu sûr le cadavre qu'il a fait, et à ce propos, il faut dire que, relativement à cet acte, sa folie, pareille à un filon d'or au milieu d'une veine de vils métaux, se montre pure ; il pleure de ce qu'il a fait.

Le roi. — Ô Gertrude, sortons! Dès que le soleil aura touché les montagnes de son premier rayon, nous le ferons embarquer : quant à cette vile action, il nous faudra employer toutes les ressources de notre majesté et de notre habileté pour l'expliquer et l'excuser. — Holà, Guildenstern!

Rentrent ROSENCRANTZ *et* GUILDENSTERN.

Le roi. — Mes amis, allez tous deux vous procurer quelques aides : Hamlet dans sa folie a tué Polonius, et il l'a traîné hors du cabinet de sa mère : allez le chercher; parlez-lui doucement, et transportez le corps dans la chapelle. Je vous en prie, dépêchez vite cette affaire. (*Sortent Rosencrantz et Guildenstern.*) Venez, Gertrude, nous allons convoquer nos plus sages amis pour leur annoncer, et ce que nous avons l'intention de faire, et ce qui a été fait accidentellement : peut-être, en agissant ainsi, la calomnie, dont le chuchotement, sur le diamètre entier du monde, lance sa décharge empoisonnée aussi droit que le boulet de canon touche son but, n'aura-t-elle pas la chance d'atteindre nos noms et frappera-t-elle l'air invulnérable. Oh, sortons! mon âme est pleine de désordre et de pensées noires. (*Ils sortent.*)

SCÈNE II.

Un autre appartement dans le château.

Entre HAMLET.

Hamlet. — Le voilà en lieu sûr.

Rosencrantz *et* Guildenstern; *de l'extérieur.* — Hamlet! Seigneur Hamlet!

Hamlet. — Mais doucement! quel est ce bruit? qui appelle Hamlet? Oh! les voici qui viennent.

Entrent ROSENCRANTZ *et* GUILDENSTERN.

Rosencrantz. — Qu'avez-vous fait du cadavre, Monseigneur?

Hamlet. — Je l'ai mêlé à la poussière dont il est parent.

Rosencrantz. — Dites-nous où il est, afin que nous puissions l'enlever et le porter à la chapelle.

Hamlet. — Ne croyez pas cela.

Rosencrantz. — Ne pas croire quoi?

Hamlet. — Que je puis garder votre secret et non pas le mien. Et puis être questionné par une éponge! quelle réponse voulez-vous que fasse un fils de roi?

Rosencrantz. — Me prenez-vous pour une éponge, Monseigneur?

Hamlet. — Oui, Monsieur, pour une éponge qui s'imbibe de la protection du roi, de ses récompenses, de son autorité. Mais ce n'est qu'à la fin que des officiers tels que vous rendent au roi leurs meilleurs services : il les garde comme un singe garde des noix dans le coin de sa mâchoire; il commence par les mettre dans sa bouche, et les y tient en réserve pour les avaler plus tard : lorsqu'il a besoin de ce que vous avez glané, il n'a qu'à vous presser, et, éponge que vous êtes, vous voilà de nouveau à sec.

Rosencrantz. — Je ne vous comprends pas, Monseigneur.

HAMLET. — J'en suis joyeux : à discours malicieux oreille sotte est sourde.

ROSENCRANTZ. — Monseigneur, il faut nous dire où est le corps, et puis venir avec nous trouver le roi.

HAMLET. — Le corps est avec le roi, mais le roi n'est pas avec le corps. Le roi est une chose....

ROSENCRANTZ. — *Une chose*, Monseigneur?

HAMLET. — De rien du tout : conduisez-moi auprès de lui. Cache-toi, renard, et tous en chasse[1] ! (*Ils sortent.*)

SCÈNE III.

Un autre appartement dans le château.

Entre LE ROI *avec sa suite.*

LE ROI. — Je l'ai envoyé chercher, et en même temps j'ai donné ordre qu'on trouvât le cadavre. Combien il est dangereux de laisser cet homme en liberté ! Cependant nous ne devons pas lui imposer toute la rigueur de la loi : il est aimé de la folle multitude, laquelle aime, non d'après sa raison, mais d'après ses yeux ; quand il en est ainsi, ce que l'on pèse c'est le châtiment de l'offenseur, mais jamais l'offense. Pour que tout se passe bien et soit bien pris, il est bon que ce soudain départ paraisse le résultat d'une mûre délibération : les maladies qui sont devenues désespérées, sont guéries par des remèdes désespérés aussi, ou ne sont pas guéries du tout.

Entre ROSENCRANTZ.

LE ROI. — Eh bien ! qu'est-ce qui s'est passé ?

ROSENCRANTZ. — Nous ne pouvons lui faire dire où le cadavre est déposé, Monseigneur.

LE ROI. — Mais où est-il, lui ?

ROSENCRANTZ. — Là dehors, Monseigneur, surveillé, et attendant votre plaisir.

LE ROI. — Amenez-le devant nous.

ACTE IV, SCÈNE III.

Rosencrantz. — Holà! Guildenstern! introduisez Monseigneur.

Entrent HAMLET *et* GUILDENSTERN.

Le roi. — Eh bien, Hamlet, où est Polonius?

Hamlet. — A souper.

Le roi. — *A souper!* où cela?

Hamlet. — Non pas à un souper où il mange, mais à un souper où il est mangé : il y a une certaine convocation de vers politiques qui sont tout à l'heure à s'occuper de lui[2]. Votre ver est l'unique empereur de la diète : nous engraissons toutes les autres créatures pour nous engraisser, et nous nous engraissons nous-mêmes pour les vers : votre empereur gras et votre mendiant maigre ne sont que des services variés, — deux plats, mais une seule table; c'est la fin de tout.

Le roi. — Hélas! hélas!

Hamlet. — Un homme peut pêcher avec le ver qui a mangé d'un roi, et manger du poisson qui a mangé ce ver.

Le roi. — Que veux-tu dire par là?

Hamlet. — Rien, si ce n'est vous montrer par quels voyages un roi peut tomber dans les tripes d'un mendiant.

Le roi. — Où est Polonius?

Hamlet. — Au ciel; envoyez-y voir : si votre messager ne l'y trouve pas, cherchez-le dans l'autre endroit vous-même. Mais en vérité, si vous ne le trouvez pas d'ici à un mois, votre nez le sentira quand vous monterez des escaliers dans le couloir.

Le roi, *à quelques assistants*. — Allez le chercher à cet endroit.

Hamlet. — Il attendra jusqu'à votre arrivée. (*Sortent les assistants.*)

Le roi. — Hamlet, cette action exige pour ta sûreté personnelle, — objet de notre chère sollicitude, autant que ton action est l'objet de notre douloureux regret, — ton départ précipité d'ici : par conséquent, prends tes dispositions; la barque est prête, le vent est favorable, tes compagnons t'attendent, et tout est arrangé pour un voyage en Angleterre.

Hamlet. — Pour l'Angleterre!

Le roi. — Oui, Hamlet.

Hamlet. — Bon.

Le roi. — Cela te paraîtrait bon en effet, si tu connaissais nos projets.

Hamlet. — Je vois un chérubin qui les voit. Mais allons; pour l'Angleterre! — Adieu, ma chère mère.

Le roi. — Ton tendre père, Hamlet!

Hamlet. — Ma mère : le père et la mère sont l'homme et la femme; l'homme et la femme ne font qu'une chair; par conséquent ma mère. — Allons, pour l'Angleterre! (*Il sort.*)

Le roi. — Suivez-le de près; excitez-le à s'embarquer promptement; ne retardez pas; je veux qu'il parte d'ici cette nuit : en route! car toutes les choses qui se rapportent à cette affaire sont écrites et scellées : je vous en prie, dépêchez-vous. (*Sortent Rosencrantz et Guildenstern.*) Angleterre, si tu tiens tant soit peu à ma bienveillance, — comme ma grande puissance doit t'y engager, puisque la cicatrice que l'épée danoise t'a faite est encore fraîche et saignante, et que ton respect volontaire nous paye hommage, — tu feras bien de ne pas dédaigner avec indifférence notre souveraine instance, et cette instance implique nettement par nos lettres, toutes tendant à ce but, la mort immédiate d'Hamlet. Fais cela, Angleterre; car pareil à la fièvre il met la rage dans mon sang, et tu dois me guérir : jusqu'à ce que je sache cela fait, quelque bien qui me soit arrivé, je n'aurai pas connu la joie. (*Il sort.*)

SCÈNE IV.

Une plaine en DANEMARK.

Entre FORTINBRAS *avec ses troupes en marche.*

FORTINBRAS. — Allez, capitaine; complimentez de ma part le roi de Danemark; dites-lui, que s'appuyant sur sa permission, Fortinbras réclame le passage promis à travers son royaume. Vous connaissez le rendez-vous. Si Sa Majesté avait quelque chose à nous dire, nous irions en sa présence lui rendre nos devoirs; informez-le de cela.

LE CAPITAINE. — Je le lui dirai, Monseigneur.

FORTINBRAS. — Marchons à tout petits pas. (*Sortent Fortinbras et ses troupes.*)

Entrent HAMLET, ROSENCRANTZ, GUILDENSTERN, *etc.*

HAMLET. — Mon bon Monsieur, d'où viennent ces troupes?

LE CAPITAINE. — Ce sont des troupes de Norwége, Monsieur.

HAMLET. — Et sur quel point les dirige-t-on, je vous prie, Monsieur?

LE CAPITAINE. — Contre une certaine partie de la Pologne.

HAMLET. — Qui les commande, Monsieur?

LE CAPITAINE. — Le neveu du vieux roi de Norwége, Fortinbras.

HAMLET. — Est-ce contre la Pologne même que vous marchez, Monsieur, ou contre quelque province de frontière?

LE CAPITAINE. — Pour vous dire la vérité, et sans y rien ajouter, nous allons conquérir un lopin de terre qui n'a d'autre valeur que le nom. Je ne voudrais pas l'affermer pour cinq ducats, oui pour cinq ducats; et la Pologne ni la Norwége n'en retireraient pas un plus gros revenu, même quand elles le vendraient en toute propriété.

HAMLET. — Mais, en ce cas, les Polonais ne le défendront jamais.

LE CAPITAINE. — Pardon, ils y ont déjà mis garnison.

HAMLET. — Deux mille âmes et vingt mille ducats ne suffiront pas pour résoudre le litige de ce brin de paille : c'est là l'abcès né de trop de richesse et d'une trop longue paix, qui crève à l'intérieur du corps sans montrer par quelle cause l'homme meurt. — Je vous remercie humblement, Monsieur.

LE CAPITAINE. — Dieu soit avec vous, Monsieur. (*Il sort.*)

ROSENCRANTZ. — Vous plairait-il de venir, Monseigneur?

HAMLET. — Je suis à vous tout à l'heure. Marchez un peu devant. (*Tous sortent.*) Comme toutes les circonstances s'unissent pour m'accuser et éperonner ma lente vengeance! Qu'est-ce qu'un homme, si son principal bien et le principal emploi de son temps consistent à dormir et à se nourrir! une bête, pas autre chose. A coup sûr celui qui nous forma avec cette vaste raison capable d'embrasser à la fois le présent et l'avenir, ne nous donna pas cette capacité, cette divine faculté pour qu'elle moisît inactive en nous. Est-ce bestial oubli? est-ce scrupule peureux d'une pensée qui réfléchit trop minutieusement sur l'acte à accomplir, — pensée dans laquelle il entre un quart de sagesse sur trois quarts de lâcheté? — je ne sais vraiment pourquoi j'en suis encore à dire « cette chose doit être faite, » puisque j'ai cause, volonté, force, et moyens pour la faire. Des exemples, gros comme le monde, m'encouragent : témoin cette armée d'un tel nombre et d'un tel train, conduite par un prince tendre et délicat, dont l'âme gonflée par une divine ambition fait la grimace à l'invisible issue de cette entreprise, et expose tout ce qui en lui est mortel et incertain, à tous les périls que la fortune, la mort et le danger peuvent lui faire courir; le tout pour une simple coquille de noix. Être vraiment grand, ne consiste pas à ne se remuer que pour une grande cause, mais à trouver avec grandeur l'objet d'une querelle dans un brin de paille, lorsque l'honneur est engagé. Comment donc se fait-il que moi, dont le père est assassiné, et la mère souillée, stimulants bien suffisants pour ma raison et ma colère, je laisse tout dormir, tandis que je vois vingt mille hommes sur lesquels la mort est suspendue, aller à leurs tombeaux comme à leurs lits, pour une chimère et un brimborion de renommée, pour la conquête d'un morceau de terre trop petit pour qu'ils s'y déploient tous, et qui n'est pas une tombe assez vaste pour cacher les morts? Oh! qu'à partir de ce moment mes pensées soient de sang, ou n'aient aucun but! (*Il sort.*)

SCÈNE V.

Elseneur. — Un appartement dans le château.

Entrent LA REINE *et* HORATIO.

La reine. — Je ne veux pas causer avec elle.

Horatio. — Elle le demande avec importunité; en vérité, elle délire; son état est fait pour inspirer la plus profonde pitié!

La reine. — Que veut-elle?

Horatio.—Elle parle beaucoup de son père, dit qu'elle sait qu'il y a de vilaines manœuvres dans le monde, gémit, frappe à la place de son cœur, entre en colère contre des fétus, prononce des paroles ambiguës qui n'ont qu'un demi-sens : ses paroles ne veulent rien dire, et cependant leur forme vague excite les auditeurs à réfléchir; ils en cherchent la signification, et ajustent les mots à leurs propres pensées; et comme elle accompagne ses paroles de clignements d'yeux, de signes de tête, de gestes, on peut être induit à penser que si rien n'est certain, il pourrait bien cependant y avoir quelque chose de mauvais. Il serait bon qu'on lui parlât; car elle peut semer de dangereuses conjectures dans les esprits enclins à penser à mal.

La reine. — Introduisez-la. (*Sort Horatio.*) Pour mon âme malade, ainsi que cela est la vraie nature du péché, toute bagatelle semble un prologue de quelque grand malheur : si pleine de malhabile inquiétude est l'âme coupable, qu'elle se châtie elle-même dans la crainte d'être châtiée.

Rentre HORATIO *avec* OPHÉLIA.

Ophélia. — Où est la belle Altesse de Danemark ?
La reine. — Eh bien, qu'y a-t-il, Ophélia ?
Ophélia, *chantant :*

Comment reconnaîtrai-je des autres
Votre fidèle amant?
A son chapeau à coquilles, à son bâton,
Et à ses sandales³.

La reine. — Hélas, douce Dame ! que signifie cette chanson ?
Ophélia. — Voilà ce que vous dites? Eh bien, écoutez, je vous prie ! (*Elle chante.*)

Il est mort et parti, Madame,
Il est mort et parti ;
A sa tête une touffe de gazon,
A ses pieds une pierre.

La reine. — Oui, mais Ophélia....
Ophélia. — Je vous en prie, faites bien attention ! (*Elle chante.*)

Son linceul blanc comme la neige de la montagne....

Entre LE ROI.

La reine. — Hélas ! voyez, Monseigneur.
Ophélia, *chantant :*

Était tout piqué de douces fleurs

Qui descendirent au tombeau
Mouillées des larmes du sincère amour.

Le roi. — Comment allez-vous, gentille Dame?

Ophélia. — Bien, Dieu vous le rende! On dit que la chouette était la fille d'un boulanger[4]. Seigneur, nous savons ce que nous sommes, mais nous ne savons pas ce que nous pouvons devenir. Dieu soit à votre table!

Le roi. — C'est la pensée de son père qui l'égare.

Ophélia. — Je vous en prie, n'en parlons plus; mais si on vous demande ce que cela signifie, répondez ceci (*elle chante*) :

Aujourd'hui est le jour de la Saint-Valentin ;
Tous sont levés de bon matin,
Et moi, jeune fille, me voici à votre fenêtre,
Pour être votre Valentine[5].

Alors il se leva, et s'habilla,
Et ouvrit la porte de la chambre ;
Fille elle y entra, mais fille encore
Elle n'en sortit plus.

Le roi. — Gentille Ophélia!

Ophélia. — Bien vrai, là, je vais finir ça, sans faire de serment (*elle chante*) :

Inri et sainte charité,
Quelle honte cela est, hélas!
Les jeunes gens feront cela s'ils en trouvent l'occasion ;
Par le coq ils sont à blâmer.

Ah, dit-elle, avant de me mettre dessous,
Vous m'aviez promis de m'épouser.
Et c'est ce que j'aurais fait, par ce soleil là-haut,
Si tu n'étais pas entrée dans mon lit.

Le roi. — Depuis combien de temps est-elle ainsi?

Ophélia. — J'espère que tout ira bien. Nous devons être patients; mais je ne puis m'empêcher de pleurer en pensant qu'ils ont dû le mettre dans la froide terre. Mon frère en sera informé, et là-dessus je vous remercie pour votre bon conseil. — Avancez, mon carrosse! — Bonne nuit, Mesdames; bonne nuit, charmantes Dames; bonne nuit, bonne nuit. (*Elle sort.*)

Le roi. — Suivez-la de près; surveillez-la avec soin, je vous en prie. (*Sort Horatio.*) Oh, c'est là le poison d'une profonde douleur; il découle tout entier de la mort de son père. Ô Gertrude, Gertrude, lorsque viennent les chagrins, ils ne viennent pas comme des éclaireurs isolés, mais par bataillons complets! Premier malheur, son père tué; second chagrin, le départ de votre fils, et il faut encore que ce soit lui-même qui soit le très-violent auteur de son juste éloignement; ensuite le peuple barbotant dans ses suppositions et ses commérages absurdes et dangereux au sujet de la mort du bon Polonius, — et à ce propos, nous-même nous avons agi fort étourdiment en le faisant enterrer à la sourdine; — puis la pauvre Ophélia absente d'elle-même, privée de sa raison sans laquelle nous ne sommes que des peintures et de pures bêtes : enfin, dernier accident, presque aussi gros que tous les autres ensemble, son frère est secrètement venu de France ; absorbé dans sa douloureuse stupeur, il ne sort pas de ses nuages, et il ne se manque point de mouches bourdonnantes pour empoisonner son oreille de pernicieux propos sur la mort de son père; sur ce sujet, la rumeur à court de faits ne se gênera point pour colporter notre propre nom d'oreille en oreille. Ô ma chère Gertrude, cette affaire, pareille à une machine meurtrière, me porte d'une foule de côtés plus de coups qu'il n'en faudrait pour me tuer. (*Bruit à l'extérieur.*)

La reine. — Hélas! quel est ce bruit?

Le roi. — Où sont mes Suisses? qu'ils gardent la porte.

Entre un gentilhomme.

Le roi. — Qu'y a-t-il?

Le gentilhomme. — Protégez votre vie, Monseigneur! l'océan, quand il envahit ses rivages, ne dévore pas les

terres avec une plus impétueuse rapidité, que le jeune
Laertes, à la tête d'une foule ameutée, ne repousse vos
officiers. La canaille l'appelle Seigneur, et tout comme
si le monde en était à commencer d'aujourd'hui, et que
fussent oubliées et inconnues l'antiquité et la coutume,
ces étais et ces sanctions de toute parole, elle crie :
« Choisissons-le! Laertes sera roi! » Chapeaux, mains,
voix, portent jusqu'aux nuages cette acclamation : « Laertes sera roi, Laertes roi! »

La reine. — Comme ils aboient joyeusement sur la
fausse piste! Eh, c'est la route à reculons, mauvais chiens
danois!

Le roi. — Les portes sont brisées! (*Bruit à l'extérieur.*)

Entre LAERTES *armé; des* Danois *le suivent.*

Laertes. — Où est ce roi? — Messieurs, restez tous
en dehors.

Les Danois. — Non, laissez-nous entrer.

Laertes. — Je vous en prie, accordez-moi cela.

Les Danois. — Oui, oui. (*Ils se retirent.*)

Laertes. — Je vous remercie : — gardez la porte. —
Ô toi, vil roi, rends-moi mon père!

La reine. — Du calme, mon bon Laertes.

Laertes. — La goutte de sang qui en moi serait calme,
me proclamerait bâtard, crierait cocu à mon père, et
écrirait au fer rouge le mot catin sur le front chaste et
sans tache de ma vertueuse mère!

Le roi. — Pour quelle cause, Laertes, ta révolte prend-
elle cette allure de géant? Laissez-le faire, Gertrude; ne
craignez point pour notre personne; un roi est environné
d'une telle divinité, que tout ce que peut la trahison,
c'est d'apercevoir ce qu'elle voudrait, mais elle réalise
peu de ses désirs. — Dis-moi, Laertes, pourquoi tu
es ainsi irrité : — laissez-le faire, Gertrude : — parle,
mon ami.

Laertes. — Où est mon père?

Le roi. — Mort.

La reine. — Mais non par son fait.

LE ROI. — Laissez-le questionner à son aise.

LAERTES. — Comment est-il mort? Je ne me laisserai pas tromper. En enfer, ma fidélité de sujet! au diable le plus noir, mes serments! au plus profond de l'abîme, conscience et religion! Je défie la damnation : j'en suis à ce point, que je me moque de ce monde et de l'autre, advienne que pourra; seulement je veux être vengé pleinement de la mort de mon père.

LE ROI. — Qui vous y aidera?

LAERTES. — Ma volonté et rien d'autre au monde; et quant à mes moyens d'y parvenir, je les ménagerai si bien qu'ils iront loin avec peu.

LE ROI. — Mon bon Laertes, si vous désirez savoir la vérité sur la mort de votre cher père, est-il écrit dans votre vengeance, que comme un joueur qui fait rafle, vous devez emporter à la fois ami et ennemi, perdant et gagnant?

LAERTES. — Rien que ses ennemis.

LE ROI. — Voulez-vous les connaître alors?

LAERTES. — A ses bons amis j'ouvre ainsi mes bras tout larges, et comme le pélican généreux de sa propre vie, je m'offre à les nourrir de mon sang.

LE ROI. — Ah! vous parlez maintenant comme un bon fils et un vrai gentilhomme. Aussi clairement que votre œil voit le jour, votre jugement découvrira que je suis innocent de la mort de votre père, et que j'en ressens un chagrin très-profond.

LES DANOIS, *de l'extérieur.* — Laissez-la entrer.

LAERTES. — Qu'est-ce donc? quel est ce bruit?

Rentre OPHÉLIA.

LAERTES. — Ô fièvre brûlante, dessèche mon cerveau! larmes sept fois salées, détruisez dans mes yeux le sens et le don de voir! Par le ciel, ta folie sera payée à son poids, jusqu'à ce que la balance penche de notre côté! Ô rose de mai! chère vierge! tendre sœur! douce Ophélia! Ô ciel! est-il possible que la raison d'une jeune fille soit aussi accessible à la mort que la vie d'un vieillard? La nature est généreuse quand elle aime, et dans sa générosité, elle envoie à ce qu'elle aime quelque précieux souvenir d'elle-même, tiré de sa propre substance.

OPHÉLIA, *chantant* :

    Ils le portèrent à découvert sur sa bière ;
    Hey nonny, nonny, nonny, hey nonny ;
    Et sur sa tombe coulèrent bien des larmes....

Portez-vous bien, ma colombe !

LAERTES. — Si tu avais ta raison, et si tu me poussais à la vengeance, tu ne pourrais m'émouvoir autant que tu le fais.

OPHÉLIA, *chantant* :

    Vous pouvez lui chanter, en bas, en bas,
    Si vous l'appelez un homme d'en bas.

Comme le refrain est bien à sa place là ! C'est l'histoire de l'intendant perfide qui enleva la fille de son maître.

LAERTES. — Ces riens en disent plus que des choses sensées.

OPHÉLIA. — Voici du romarin, c'est pour le souvenir. (*Elle chante.*)

    Je vous en prie, mon amour, souvenez-vous :

et voilà des pensées, c'est pour la réflexion.

LAERTES. — De la logique dans la folie ! les pensées et le souvenir ont été associés à leurs vrais emblèmes.

OPHÉLIA. — Voici du fenouil pour vous et des colombines : voici de la rue pour vous, et en voilà un peu pour moi : nous pourrons l'appeler les dimanches l'herbe de grâce : oh ! vous devrez porter votre rue avec un sentiment un peu différent du mien. Voici une marguerite : — j'aurais voulu vous donner quelques violettes, mais elles se sont toutes flétries lorsque mon père est mort : — on dit qu'il a fait une bonne fin [6]. (*Elle chante.*)

    Car le bon gentil Robin fait toute ma joie.

LAERTES. — Pensée et affliction, passion, enfer lui-même, elle revêt tout cela de grâce et de gentillesse.

OPHÉLIA, *chantant :*

Et ne reviendra-t-il pas ?
Et ne reviendra-t-il pas ?
Non, non, il est mort.
Vas toi-même à ton lit de mort,
Il ne reviendra jamais.

Sa barbe était blanche comme neige,
Et ses cheveux blonds comme chanvre;
Il est parti, il est parti,
Et nous perdons en vain nos gémissements :
Dieu ait en pitié son âme !

Ainsi que toutes les âmes chrétiennes, j'en prie Dieu. Dieu soit avec vous. (*Elle sort.*)

LAERTES. — Voyez-vous cela, ô mon Dieu ?

LE ROI. — Laertes, je dois des explications à votre douleur, ou vous me faites injustice. Retirons-nous à part seulement, et faites choix de ceux de vos sages amis que vous voudrez; ils entendront et jugeront entre vous et moi : s'ils nous découvrent impliqué dans ce malheur directement, ou indirectement, nous consentons à vous donner en compensation notre royaume, notre couronne, notre vie, et tout ce que nous appelons nôtre; mais si cela n'est pas, contentez-vous de nous prêter votre patience, et nous travaillerons de concert avec votre âme pour lui donner due satisfaction.

LAERTES. — Soit : son genre de mort, ses funérailles obscures, cette absence de trophée, de glaive, d'écusson sur ses restes, cette omission de tout noble rite et de toute démonstration officielle, tout cela me crie, à se faire entendre de la terre au ciel, que je dois demander compte de ce qui s'est passé.

LE ROI. — Et compte vous sera rendu; puis que la hache de la justice tombe là où se trouvera l'offense. Je vous en prie, venez avec moi. (*Ils sortent.*)

SCÈNE VI.

Un autre appartement dans le château.

Entrent HORATIO *et* un serviteur.

Horatio. — Quels sont les hommes qui veulent me parler?

Le serviteur. — Des marins, Monsieur : ils disent qu'ils ont des lettres pour vous.

Horatio. — Faites-les entrer. (*Sort le serviteur.*) Je ne sais de quelle partie du monde peuvent me venir des compliments, si ce n'est de la part du Seigneur Hamlet.

Entrent des marins.

Premier marin. — Dieu vous bénisse, Monsieur.

Horatio. — Qu'il te bénisse aussi.

Premier marin. — C'est ce qu'il fera, Monsieur, si tel est son bon plaisir. Voici une lettre pour vous, Monsieur; elle vient de l'ambassadeur qui se rendait en Angleterre, si votre nom est Horatio, comme je me le suis laissé dire.

Horatio, *lisant*. — « Horatio, lorsque tu auras parcouru cette lettre, donne à ces gens les moyens d'approcher le roi; ils ont des lettres pour lui. Nous n'étions pas en mer depuis deux jours, qu'un navire pirate fortement armé en guerre nous a donné la chasse. Comme nous nous sommes trouvés trop courts de voiles, force nous a été de faire appel à notre valeur; le grappin jeté, je me suis élancé à l'abordage; mais en un instant ils ont eu balayé notre vaisseau, si bien que je suis resté seul leur prisonnier. Ils ont agi avec moi comme des voleurs cléments; mais ils savaient ce qu'ils faisaient; je leur dois pour cela un bon service en retour. Qu'on remette au roi les lettres que j'ai envoyées, et rends-toi auprès de moi avec autant de promptitude que tu en mettrais à fuir la mort. J'ai à communiquer à ton oreille des paroles qui te frapperont de mutisme, et cependant elles seront trop faibles encore pour l'importance des choses qu'elles doivent exprimer. Ces bonnes gens te conduiront où je suis. Rosencrantz et Guildenstern continuent leur route pour l'Angleterre : j'ai beaucoup de choses à te dire sur eux. Adieu. Celui que tu sais tout à toi, HAMLET. » Venez, je vais vous donner moyen de remettre ces lettres ; et faites aussi vite que possible, afin que vous me conduisiez vers celui qui vous les a remises. (*Ils sortent.*)

SCÈNE VII.

Un autre appartement dans le château.

Entrent LE ROI *et* LAERTES.

LE ROI. — Maintenant votre conscience doit signer mon acquittement, et votre cœur doit m'accepter comme ami, puisque vous avez entendu, et cela d'une oreille bien ouverte, que celui qui a tué votre noble père poursuivait aussi ma vie.

LAERTES. — Cela est très-apparent : — mais dites-moi pourquoi vous n'avez pas procédé contre ces actes criminels au premier chef s'il en fut, alors que vous y étiez essentiellement invité par votre sécurité, votre sagesse, tout enfin.

LE ROI. — Oh! pour deux raisons particulières, qui vous sembleront peut-être très-pusillanimes, mais qui pour moi sont très-fortes. La reine, sa mère, vit presque de le contempler, et pour ce qui est de moi, — c'est peut-être ma vertu, peut-être ma malédiction, — elle est tellement associée à ma vie et à mon âme, que de même que l'étoile ne se meut que dans sa sphère, je ne puis rien que ce qu'elle veut. L'autre motif pour lequel je n'ai pu rendre de compte public, c'est le grand amour que lui porte la foule; pareille à la source qui change le bois en pierre, en baignant toutes ses fautes dans son affection, elle aurait changé ses fers en ornements; en sorte que mes flèches, d'un bois trop léger pour un vent si fort, seraient revenues vers mon arc et n'auraient pas atteint le but que j'aurais visé.

LAERTES. — Et de la sorte il me faut avoir perdu un noble père ! et une sœur dont je puis dire, s'il est utile de décerner mes louanges à ce qui n'est plus, que son mérite et ses perfections pouvaient défier la comparaison avec les dons de toute personne de ce temps-ci, aura été poussée à la folie par le désespoir ! — mais ma vengeance viendra.

LE ROI. — N'allez pas perdre le sommeil pour cela : vous pouvez bien croire que nous ne sommes pas faits d'une substance si molle et si plate que nous laissions le danger nous tirer la barbe, en considérant la chose comme une plaisanterie. Vous en entendrez sous peu davantage : j'aimais votre père et je m'aime moi-même ; et cela vous aidera, j'espère, à imaginer....

Entre UN MESSAGER.

LE ROI. — Eh bien ! quelles nouvelles ?

LE MESSAGER. — Des lettres d'Hamlet, Monseigneur. celle-ci pour Votre Majesté ; celle-là pour la reine.

LE ROI. — De la part d'Hamlet ! Qui les a portées ?

LE MESSAGER. — Des matelots, dit-on, Monseigneur : je ne les ai pas vus. Ces lettres m'ont été remises par Claudio ; il les a reçues de la personne qui les avait accompagnés.

LE ROI. — Laertes, vous en entendrez la lecture. — Laissez-nous. (*Sort le messager.*) (*Il lit.*) « Très-haut et très-puissant, vous saurez que me voici jeté nu dans votre royaume. Demain je vous demanderai la permission de contempler votre royal visage : alors, après vous avoir d'abord demandé pardon, je vous raconterai les circonstances de mon soudain et très-étrange retour. HAMLET. » Qu'est-ce que cela peut signifier ? Tous les autres sont-ils revenus ? ou bien est-ce quelque mensonge, et n'y a-t-il rien de pareil ?

LAERTES. — Connaissez-vous l'écriture ?

Le roi. — C'est celle d'Hamlet : — « *Nu* » — et dans un *post-scriptum*, il dit « *seul!* » Pouvez-vous m'aider à comprendre ?

Laertes. — Je me perds dans cette énigme, Monseigneur. Mais qu'il vienne ; cela réchauffe mon cœur malade de songer que je vivrai pour lui dire à ses dents : « Voilà ce que tu as fait! »

Le roi. — S'il en est ainsi, Laertes, — mais comment en serait-il ainsi? et comment, d'autre part, en serait-il autrement ? — voulez-vous vous laisser guider par moi?

Laertes. — Oui, Monseigneur, pourvu que vous ne me guidiez pas de manière à m'imposer la paix.

Le roi. — C'est ta propre paix, à toi, que je veux te donner. S'il est à cette heure revenu, ayant échappé à son voyage et sans intention de le recommencer, je saurai l'amener à un exploit, maintenant arrêté dans ma pensée, sous lequel il ne peut que succomber ; en sorte que sa mort ne soulèvera pas le plus petit murmure de blâme, et que sa mère elle-même absoudra le complot et l'appellera accident.

Laertes. — Monseigneur, je me laisserai diriger par vous, surtout si vous pouvez arranger votre projet de telle sorte que j'en sois l'instrument.

Le roi. — C'est justement ma pensée. Depuis votre voyage on vous a beaucoup vanté, et cela en présence d'Hamlet, pour un talent dans lequel vous brillez, dit-on : toute la somme de vos mérites réunis n'a pas excité chez lui autant d'envie que ce seul talent, et cependant il est à mon avis de l'ordre le moins élevé.

Laertes. — Quel est ce talent, Monseigneur ?

Le roi. — Oh, un simple ruban au chapeau de la jeunesse, mais qui lui est nécessaire cependant ; car la parure riante et négligée qu'elle porte convient aussi bien à la jeunesse, que conviennent à l'âge mûr ses robes et ses fourrures, insignes de santé et de gravité. Il y a deux mois, un gentilhomme de Normandie était ici ; — j'ai vu de mes yeux les Français et j'ai servi contre eux ; ils sont bons cavaliers : mais ce galant homme avait de la sorcellerie dans son équitation ; il prenait racine sur sa selle ; il faisait exécuter à son cheval de si merveilleux manéges, qu'on aurait dit qu'il était incorporé à sa brave bête, et qu'ils faisaient les deux moitiés d'une seule créature : il battait à ce point mon imagination, que tout ce que j'avais pu concevoir de manéges et de tours d'adresse, était dépassé par ce qu'il exécutait.

Laertes. — C'était un Normand ?

Le roi. — Un Normand.

Laertes. — Lamond, sur ma vie.

Le roi. — Lui-même.

Laertes. — Je le connais bien ; il est vraiment le joyau et la perle de toute la nation.

Le roi. — Il parla de vous, et nous fit un rapport si élogieux de votre art et de votre habitude de l'escrime, et spécialement de votre talent à la rapière, qu'il finit par s'écrier que si on pouvait vous trouver un adversaire digne de vous, un tel assaut serait vraiment chose à voir : les escrimeurs de leur nation, jura-t-il, n'avaient ni vivacité d'attaque, ni garde, ni œil, quand ils luttaient avec vous. Ce rapport, Monsieur, gonfla tellement Hamlet d'envie qu'il ne put s'empêcher de souhaiter et de demander que vous revinssiez aussitôt pour faire assaut avec lui. Maintenant cela nous permet....

Laertes. — Quoi, Monseigneur ?

Le roi. — Laertes, votre père vous était-il cher ? ou n'êtes-vous que la peinture d'un chagrin, une face et pas de cœur ?

Laertes. — Pourquoi demandez-vous cela ?

Le roi. — Ce n'est pas parce que je pense que vous n'aimiez pas votre père ; mais parce que je sais que l'amour a eu son commencement dans le temps, et que je vois le temps aux heures d'épreuves décisives en modifier le feu et l'étincelle. Au sein même de la flamme de l'amour brûle une sorte de mèche ou de lumignon qui l'obscurcira ; il n'y a rien d'ailleurs qui soit toujours au même degré d'excellence, car le bien croissant outre mesure meurt de sa trop grande plénitude : ce que nous voudrions faire, nous devrions le faire au moment où nous le voudrions; car ce *voudrions* change, et contient autant de modifications et de délais qu'il se rencontre de langues, de mains, et d'accidents; et à son tour ce *devrions* est comme le soupir d'un prodigue qui épuise en soulageant. Mais pour en revenir au vif de notre ulcère : — Hamlet revient : qu'entreprendriez-vous volontiers pour vous montrer le fils de votre père en acte plus qu'en paroles?

Laertes. — J'irais jusqu'à lui couper la gorge dans l'église.

Le roi. — Nul lieu, en vérité, ne devrait protéger le meurtre; la vengeance ne devrait pas trouver de barrières. Mais, mon bon Laertes, si vous voulez faire cela, restez étroitement enfermé dans votre chambre. Une fois de retour, Hamlet saura que vous êtes revenu; nous donnerons le mot à des gens qui loueront votre supériorité à l'escrime, et qui passeront un double vernis sur les éloges que le Français vous a donnés; bref, nous ferons si bien que nous vous mettrons en présence et que nous engagerons des paris sur vos têtes : lui qui ira de franc jeu, sans arrière-pensée, et libre de tout soupçon, n'examinera pas les fleurets; de sorte que vous pourrez aisément, ou avec un peu d'adresse, choisir un fleuret non moucheté, et par une botte habile lui faire payer la mort de votre père.

Laertes. — Je le ferai, et dans ce but, j'empoisonnerai mon épée. J'ai acheté d'un empirique une essence si mortelle, que si vous y trempez un couteau, et que ce couteau tire un peu de sang, il n'est pas de remède si rare, fût-il extrait de tous les simples qui sous la lune ont vertu médicinale, capable de sauver de la mort l'individu qui est seulement égratigné : j'oindrai ma pointe de ce poison, en sorte que si je le touche légèrement, ce sera la mort.

Le roi. — Pensons plus amplement à cette affaire; méditons soigneusement l'occasion et les moyens qui peuvent le mieux faire réussir notre projet : s'il échouait, et que notre plan vînt à se révéler par une mauvaise exécution, il vaudrait mieux ne pas l'avoir essayé : en conséquence, par derrière ce projet, nous devons en tenir en réserve un second qui puisse toucher droit, si celui-là fait long feu. Doucement! — voyons un peu; — nous établirons un pari solennel sur vos forces respectives à l'escrime.... — Ah! je tiens mon projet! — Lorsque par suite de la vivacité de l'action vous serez échauffés et altérés, — et ayez soin de pousser vivement vos bottes à cette fin, — s'il demande à boire, je lui ferai présenter une coupe préparée pour l'occasion, et s'il y trempe seulement les lèvres, nous aurons atteint notre but, dans le cas où il aurait eu la chance d'échapper à votre estocade empoisonnée.

Entre LA REINE.

LE ROI. — Qu'y a-t-il, aimable reine?

LA REINE. — On peut dire qu'un malheur marche sur les talons de celui qui le précède, tant ils se suivent de près : — votre sœur s'est noyée, Laertes.

LAERTES. — *Noyée!* — Oh, où cela?

LA REINE. — Près d'un cours d'eau, il y a un saule qui mire ses feuilles blanchâtres dans la glace de l'onde; elle est venue là avec des guirlandes fantasques composées de renoncules, d'orties, de marguerites, et de ces longues fleurs pourprées que nos bergers au langage indécent nomment d'un nom plus grossier, mais que nos chastes vierges appellent doigts de morts: pendant qu'elle grimpait à ce saule pour accrocher à ses rameaux pendants sa couronne d'herbes fleuries, une branche envieuse s'est cassée, et alors, elle et ses trophées de verdure sont tombés dans l'eau gémissante. Ses vêtements se sont déployés sur la surface de l'eau, et ils l'ont soutenue un instant pareille à une sirène : pendant ce temps-là elle chantait des fragments de vieux chants, comme une personne sans conscience de sa détresse, ou comme une créature native ou habitante de cet élément : mais il n'a pas fallu longtemps pour que ses vêtements pesants de l'eau qu'ils avaient bue arrachassent la pauvre malheureuse à ses lais mélodieux pour la conduire à un tombeau de vase.

Laertes. — Hélas! elle est donc noyée, alors?

La reine. — Noyée, noyée.

Laertes. — Tu n'as déjà que trop d'eau, pauvre Ophélia, par conséquent je saurai retenir mes larmes : et cependant, c'est notre instinct; la nature veut suivre sa loi habituelle, que la fausse honte en dise ce qu'elle voudra : lorsque ces larmes auront cessé, tout ce qu'il y a de la femme en moi sera épuisé. Adieu, Monseigneur; j'ai des paroles de feu qui jailliraient volontiers en flammes, n'était que cette sotte douleur les éteint. (*Il sort.*)

Le roi. — Suivons-le, Gertrude. Combien j'avais eu à faire pour calmer sa rage! maintenant, je le crains, cet événement va la réveiller; par conséquent, suivons-le. (*Ils sortent.*)

ACTE V.

SCÈNE PREMIÈRE.

Un cimetière.

Entrent deux fossoyeurs *avec des bêches, etc.*

Premier fossoyeur. — Est-ce qu'elle doit être ensevelie en terre chrétienne, celle qui volontairement est allée au-devant de son propre salut?

Second fossoyeur. — Je te dis que oui, et par conséquent creuse sa fosse immédiatement; le *coroner* a fait son enquête et a reconnu qu'elle devait recevoir une sépulture chrétienne.

Premier fossoyeur. — Comment cela se peut-il, à moins qu'elle ne se soit noyée à son corps défendant?

Second fossoyeur. — Eh bien, c'est comme cela que la chose s'est passée, on l'a reconnu.

Premier fossoyeur. — Cela doit être *se offendendo*; il ne se peut pas qu'il en soit autrement. En effet voici le point: si je me noie à bon escient, cela suppose un acte: or un acte a trois branches; c'est-à-dire, agir, faire et accomplir : *adonc*, elle s'est noyée à bon escient.

Second fossoyeur. — Oui, mais écoutez, fossoyeur, mon bonhomme....

Premier fossoyeur. — Laissez-moi parler. Voici l'eau; bon : voilà l'homme; bon : si l'homme va vers cette eau et se noie, c'est lui qui se noie, qu'il l'ait ou non voulu, puisqu'il est allé la trouver, remarquez bien cela; mais si l'eau vient à lui, et le noie, il ne se noie pas lui-même : *adonc* celui qui n'est pas coupable de sa propre mort n'abrége pas sa propre vie[1].

Second fossoyeur. — Mais est-ce la loi?

Premier fossoyeur. — Oui, pardi, c'est la loi, la loi de l'enquête par le *coroner*.

Second fossoyeur. — Voulez-vous que je vous dise là-dessus la vérité? Si ça n'avait pas été une Demoiselle noble, elle n'aurait pas eu de sépulture chrétienne.

Premier fossoyeur. — Parbleu, tu dis le fin mot, et c'est d'autant plus pitié que les grands aient dans ce monde permission de se pendre et de se noyer plus que leurs simples frères chrétiens. — Avance ici, ma bêche. Il n'y a pas de plus anciens gentilshommes que les jardiniers, les terrassiers et les fossoyeurs; ils suivent la profession d'Adam.

Second fossoyeur. — Était-il gentilhomme?

Premier fossoyeur. — Il est le premier qui ait jamais porté des armes.

Second fossoyeur. — Comment! il n'en avait aucune!

Premier fossoyeur. — Quoi! est-ce que tu es un païen? comment comprends-tu l'Écriture? L'Écriture dit qu'Adam piocha : pouvait-il piocher sans nos armes (a) ? Je vais te poser une autre question : si tu ne me réponds pas juste, confesse que tu es....

Second fossoyeur. — Marche.

Premier fossoyeur. — Quel est celui qui bâtit plus solidement que le maçon, le constructeur de navires, ou le charpentier ?

Second fossoyeur. — Le constructeur de potences, car cette charpente survit à mille locataires.

Premier fossoyeur. — J'aime bien ta réponse, sur ma bonne foi ; la potence est bien : mais comment est-elle bien ? Elle est bien pour ceux qui font mal : maintenant tu fais mal de dire que la potence est bâtie plus solidement que l'église ; *adonc* la potence pourrait fort bien t'aller. Allons, cherche encore.

Second fossoyeur. — Qui bâtit plus solidement qu'un maçon, un constructeur de navires, ou un charpentier ?

Premier fossoyeur. — Oui, dis-moi cela, et puis détele.

Second fossoyeur. — Pardi, maintenant je le sais.

Premier fossoyeur. — Dis-le.

Second fossoyeur. — Par la messe, je n'en sais rien.

Entrent HAMLET *et* HORATIO *à distance.*

Premier fossoyeur. — Ne tracasse plus ta cervelle de cela, car votre âne stupide ne changera point son pas parce que vous le battrez ; et la première fois qu'on vous posera cette question, répondez, *c'est un fossoyeur*, — les maisons qu'il bâtit durent jusqu'au jour du jugement. Allons, va-t'en chez Yaughan[2], et porte-moi un verre de liqueur. (*Sort le second fossoyeur.*)

Premier fossoyeur, *chantant pendant qu'il pioche :*

Dans la jeunesse, quand j'aimais, j'aimais,
Il me semblait que c'était très-doux
Pour passer, oh, le temps ; car, oh, *à ma convenance,*
Oh, il me semblait que rien n'était bon.

(a) Il y a ici un calembour impossible à rendre qui porte sur la double signification du mot *arms*, bras ou armes.

HAMLET. — Est-ce que ce gaillard n'a aucun sentiment de ce qu'il fait qu'il chante en creusant une fosse?

HORATIO. — L'habitude a fait pour lui de cette occupation une chose indifférente.

HAMLET. — C'est précisément cela : la main qui travaille peu est celle qui a le tact le plus délicat.

PREMIER FOSSOYEUR, *chantant* :

> Mais l'âge avec ses pas furtifs
> M'a saisi par sa griffe,
> Et m'a voituré *dedans* la terre,
> Comme si jeune je n'avais pas été.
> (*Il fait sauter un crâne.*)

HAMLET. — Ce crâne contenait une langue et pouvait chanter autrefois : comme ce drôle vous le fait rouler à terre, ni plus ni moins que si c'était la mâchoire de Caïn qui commit le premier meurtre! C'était peut-être la caboche d'un politique, ce crâne que cet âne traite avec ce sans gêne, d'un homme qui croyait pouvoir jouer Dieu; n'est-ce pas possible?

HORATIO. — Très-possible, Monseigneur.

HAMLET. — Ou bien le crâne d'un courtisan qui pouvait dire « bonjour, mon doux Seigneur! comment vas-tu, mon bon Seigneur? » C'était peut-être le crâne de Monseigneur un tel qui faisait l'éloge du cheval de Monseigneur un tel autre, lorsqu'il avait l'intention de le lui mendier; n'est-ce pas possible?

HORATIO. — Oui, Monseigneur.

HAMLET. — Parbleu! c'est cela même : et maintenant le voilà la propriété de Madame de la Vermine, sans mâchoire, et frappé sur le museau par la bêche d'un fossoyeur : voici un beau changement, si nous avions l'esprit de le voir. Ces os ont donc coûté bien peu de peine à former, qu'ils ne sont bons que pour jouer aux quilles? les miens me font mal d'y penser.

PREMIER FOSSOYEUR, *chantant* :

> Une pioche, et une bêche, une bêche,
> Et un linceul pour vêtement;

Oh! et une fosse d'argile :
Voilà tout ce qu'il faut à un tel hôte[3].
(*Il fait sauter un autre crâne.*)

HAMLET. — En voici un autre : pourquoi ne serait-ce pas le crâne d'un légiste? Où sont ses subtilités maintenant, ses distinctions, ses espèces, ses conclusions, et ses finesses? Pourquoi permet-il que ce grossier drôle lui frappe sur la caboche avec une sale pelle, et ne lui intente-t-il pas une action pour voies de fait? Hum! ce compère fut peut-être en son temps un grand acheteur de terres, avec statuts, reconnaissances, transferts, doubles garanties, recouvrances. Est-ce là le transfert de ses transferts de rentes et la recouvrance de ses recouvrances d'avoir sa jolie caboche pleine de jolie terre boueuse? Est-ce que ses doubles garanties ne lui garantissent pas autre chose de ses acquisitions que la double possession en longueur et en largeur d'un espace grand comme une couple de rôles de légistes? Les titres de ses propriétés tiendraient à peine dans cette boîte; est-ce que le propriétaire lui-même ne peut en avoir davantage, eh?

HORATIO. — Pas un pouce de plus, Monseigneur.

HAMLET. — Est-ce que le parchemin n'est pas fait de peaux de moutons?

HORATIO. — Oui, Monseigneur, et de peaux de veau aussi.

HAMLET. — Ce sont des moutons et des veaux, ceux qui cherchent assurance dans ces parchemins-là. Je vais parler à ce camarade. — A qui cette fosse, Monsieur?

LE FOSSOYEUR. — A moi, Monsieur. (*Il chante.*)

Oh! une fosse d'argile,
C'est tout ce qu'il faut à un tel hôte.

HAMLET. — Je crois qu'elle est vraiment à toi, car tu y es enfoncé.

PREMIER FOSSOYEUR. — Vous vous enfoncez à son sujet, Monsieur, et par conséquent elle n'est pas à vous; mais moi je ne m'enfonce pas, et cependant elle est à moi.

HAMLET. — Tu t'enfonces en disant qu'elle est à toi parce que tu es dedans : elle est pour le mort et non pour le vivant; par conséquent tu mens (a).

PREMIER FOSSOYEUR. — Voilà un démenti bien vivant, lui, Monsieur; il a la force de s'en retourner de moi à vous.

HAMLET. — Pour quel homme creuses-tu cette fosse?

PREMIER FOSSOYEUR. — Pour aucun homme, Monsieur.

HAMLET. — Pour quelle femme alors?

PREMIER FOSSOYEUR. — Ce n'est pas davantage pour une femme.

HAMLET. — Qui doit y être enseveli?

PREMIER FOSSOYEUR. — Quelqu'un qui fut une femme, Monsieur; mais que son âme repose en paix, elle est morte.

HAMLET. — Comme ce drôle est précis! Nous allons être obligés de lui parler le dictionnaire à la main, ou bien il va nous battre au combat de l'équivoque. Par le Seigneur, Horatio, c'est une observation que j'ai faite dans ces trois dernières années : cette époque-ci est devenue vétilleuse au point que l'orteil du paysan s'approche assez du talon du courtisan pour écorcher ses engelures. — Depuis combien de temps es-tu fossoyeur?

PREMIER FOSSOYEUR. — Pour compter bien exactement et à partir du premier jour, je commençai ce métier le jour où notre feu roi Hamlet vainquit Fortinbras.

HAMLET. — Combien y a-t-il depuis cette époque?

PREMIER FOSSOYEUR. — Ne pouvez-vous dire cela? le premier imbécile venu peut dire cela : ce fut le jour même où naquit le jeune Hamlet, — celui qui était fou et qu'on a envoyé en Angleterre.

HAMLET. — Oui, pardi, et pourquoi a-t-il été envoyé en Angleterre?

PREMIER FOSSOYEUR. — Parbleu, parce qu'il était fou; il y recouvrera son bon sens, et s'il ne le fait pas, cela ne fera pas grand'chose là-bas.

(a) Série de calembours sur la double signification du verbe *to lie*, mentir, et être couché, se coucher, s'étendre.

HAMLET. — Pourquoi?

PREMIER FOSSOYEUR. — On ne s'en apercevra pas dans ce pays-là; tous les hommes y sont aussi fous que lui.

HAMLET. — Comment est-il devenu fou?

PREMIER FOSSOYEUR. — Très-singulièrement, dit-on.

HAMLET. — Et de quelle façon singulière?

PREMIER FOSSOYEUR. — Ma foi, en perdant son bon sens.

HAMLET. — Sur quel terrain l'a-t-il perdu?

PREMIER FOSSOYEUR. — Pardi, ici, en Danemark : j'y ai été fossoyeur, homme fait et enfant, depuis trente ans.

HAMLET. — Combien de temps un homme déposé en terre met-il à pourrir?

PREMIER FOSSOYEUR. — Ma foi, s'il n'est pas pourri avant de mourir, — car nous avons au jour d'aujourd'hui beaucoup de ces cadavres vérolés qui peuvent à peine supporter l'enterrement, — il vous mettra quelque huit ou neuf ans à pourrir : un tanneur va vous mettre neuf ans.

HAMLET. — Pourquoi lui plus qu'un autre?

PREMIER FOSSOYEUR. — Parbleu, Monsieur, sa peau est si bien tannée par son métier, qu'il reste beaucoup plus longtemps impénétrable à l'eau; et l'eau, voyez-vous, est un âcre dissolvant de vos putassiers de corps morts. Tenez, voici un crâne; ce crâne a été mis en terre il y a vingt-trois ans.

HAMLET. — A qui appartenait-il?

PREMIER FOSSOYEUR. — C'était celui d'un camarade bien fou : à qui pensez-vous qu'il appartenait?

HAMLET. — Vraiment, je l'ignore.

PREMIER FOSSOYEUR. — C'était un coquin bien fou, peste soit de lui! il me versa une fois sur la tête un flacon de vin du Rhin. Ce crâne, Monsieur, ce crâne que vous voyez là, Monsieur, était le crâne d'Yorik, le bouffon du roi.

HAMLET. — Ce crâne-ci?

PREMIER FOSSOYEUR. — Celui-là même.

Hamlet. — Laisse-moi voir. (*Il prend le crâne.*) Hélas, pauvre Yorik! Je l'ai connu, Horatio; c'était un garçon d'un esprit de plaisanterie infini, d'une fantaisie excellente : il m'a porté mille fois sur son dos; et maintenant comme il fait horreur à mon imagination! ma gorge s'en soulève. Là pendaient ces lèvres que j'ai baisées je ne sais combien de fois. Où sont vos quolibets à cette heure? vos folâtreries? vos chansons? vos éclairs de facéties qui soulevaient dans toute la table une tempête de rires? Il ne vous reste pas une seule plaisanterie pour vous moquer de votre propre grimace? vous voilà tout à fait bouche muette? Allez maintenant dans la chambre de Madame, et dites-lui que quand bien même elle se mettrait un pouce de peinture, elle devra en venir à ce visage-là; faites-la rire en lui disant cela. — Horatio, dis-moi une chose, je t'en prie?

Horatio. — Quoi, Monseigneur?

Hamlet. — Crois-tu qu'Alexandre avait cette physionomie en terre?

Horatio. — Exactement la même.

Hamlet. — Et qu'il puait ainsi? pouah! (*Il pose le crâne.*)

Horatio. — Absolument ainsi, Monseigneur.

Hamlet. — A quels bas usages nous pouvons retourner, Horatio! notre imagination ne peut-elle aisément suivre le voyage de la noble poussière d'Alexandre, jusqu'à ce qu'elle la trouve bouchant la bonde d'une barrique?

Horatio. — Ce serait observer avec trop de subtilité qu'observer ainsi.

Hamlet. — Non, ma foi; pas le moins du monde; mais en suivant ses pérégrinations avec une logique qui respecte suffisamment la vraisemblance, voici à quoi nous arrivons : Alexandre mourut, Alexandre fut enterré, Alexandre retourna en poussière; la poussière est de la terre, de la terre nous faisons du mortier, et pourquoi ce mortier en lequel il fut converti ne serait-il pas employé à fermer un baril de bière? L'impérial César, mort et retourné en terre glaise, bouche peut-être un trou pour nous préserver du vent : oh ! dire que cette poignée de terre qui tenait le monde sous son obéissance, rapièce peut-être un mur pour fermer passage à la bise d'hiver ! — Mais doucement ! mais doucement ! mettons-nous de côté : voici venir le roi, la reine, les courtisans. Qui donc accompagnent-ils à sa dernière demeure ? et pour qui ces funérailles ainsi mutilées ? Cela indique que le mort qu'ils suivent attenta à sa propre vie d'une main désespérée : c'était quelqu'un de certaine condition. Effaçons-nous un instant, et observons. (*Il se retire avec Horatio.*)

Entrent en procession DES PRÊTRES, *puis le corps d'*OPHÉLIA *suivi par* LAERTES *et des pleureurs*, LE ROI, LA REINE, *leurs suites, etc.*

LAERTES. — Quelle cérémonie reste-t-il à faire ?

HAMLET. — C'est Laertes, un très-noble jeune homme : attention.

LAERTES. — Quelle cérémonie reste-t-il à faire ?

PREMIER PRÊTRE. — Ses obsèques ont été célébrées aussi amplement que nous en avions latitude : sa mort était douteuse, et si un ordre puissant ne nous avait pas fait sauter par-dessus la coutume, elle aurait habité en terre profane jusqu'à la trompette du dernier jour ; en place de prières charitables, on aurait jeté sur elle des tessons, des cailloux et des pierres : cependant on lui a conservé ses couronnes de vierge, ses fleurs de jeune fille, et on lui a accordé d'être conduite à sa dernière demeure et enterrée au son des cloches.

LAERTES. — Est-ce qu'on ne peut faire rien d'autre ?

PREMIER PRÊTRE. — *Rien d'autre !*, nous profanerions le service des morts si nous chantions un *Requiem* ou toute autre de ces prières implorant le repos qu'on chante pour les âmes qui sont parties en paix.

LAERTES. — Déposez-la dans la terre, et puissent de sa belle chair sans souillure naître des violettes ! Je te le dis, prêtre grossier, ma sœur sera un ange dans le ciel, tandis que toi tu seras hurlant en enfer.

ACTE V, SCÈNE I.

Hamlet. — Quoi! la belle Ophélia!

La reine. — Des choses gracieuses à cette grâce! adieu! (*Elle répand des fleurs sur le cercueil.*) J'espérais que tu serais la femme de mon Hamlet; c'était ton lit nuptial que je me croyais appelée à orner, douce vierge, et non pas ta tombe à semer de fleurs.

Laertes. — Oh! qu'un triple malheur tombe trois fois décuple sur la tête maudite de celui dont l'acte scélérat te priva de ta très-charmante raison! Retenez la terre un instant jusqu'à ce que je l'aie serrée une fois encore dans mes bras. (*Il saute dans la fosse.*) Maintenant, entassez votre poussière sur le vivant et la morte jusqu'à ce que vous ayez fait de cette plaine une montagne capable de dominer le vieux Pélion ou la cime céleste de l'Olympe aux couleurs bleues.

Hamlet, *s'avançant.* — Quel est-il celui dont le chagrin s'exprime avec une telle emphase? celui dont la douleur se répand en phrases capables de conjurer les étoiles errantes, et de les faire s'arrêter immobiles comme des auditeurs frappés d'étonnement? Me voici, moi, Hamlet le Danois! (*Il saute dans la fosse.*)

Laertes. — Le diable prenne ton âme! (*Il se précipite sur lui.*)

Hamlet. — Ta prière est mauvaise. Je t'en prie, retire tes doigts de ma gorge; car bien que je ne sois pas emporté et prompt dans ma colère, j'ai pourtant en moi quelque chose de dangereux que je conseille à ta prudence de craindre : à bas ta main!

Le roi. — Séparez-les!

La reine. — Hamlet, Hamlet!

Horatio. — Mon bon Seigneur, soyez calme. (*Les assistants les séparent, et ils sortent de la fosse.*)

Hamlet. — Parbleu, je combattrai avec lui pour ce motif tant que mes paupières pourront se mouvoir.

La reine. — Ô mon fils! quel motif?

Hamlet. — J'aimais Ophélia; quarante mille frères ne pourraient, avec toute la masse de leurs amours, faire la somme du mien. — Que ferais-tu pour elle?

Le roi. — Oh, il est fou, Laertes.

La reine. — Pour l'amour de Dieu, prenez garde à lui.

Hamlet. — Allons, montre-moi ce que tu peux faire. Peux-tu pleurer? peux-tu combattre? peux-tu jeûner? peux-tu te mettre en pièces toi-même? peux-tu boire du vinaigre? manger un crocodile? je le ferai. Es-tu venu ici pour pleurnicher? pour me braver en sautant dans sa fosse? Fais-toi enterrer vivant avec elle, et j'en ferai autant; et si tu babilles de montagnes, qu'on entasse sur nous des millions d'acres jusqu'à ce que notre tombe, allant roussir sa tête à la zone enflammée, fasse paraître l'Ossa comme une verrue! Parbleu, si tu fais de grandes phrases, je puis déclamer aussi bien que toi.

La reine. — Ceci est pure folie : son accès va durer ainsi un instant; et puis son silence va s'absorber dans la rêverie, patient comme la tourterelle au moment où elle attend que ses jumeaux au duvet d'or brisent leur coquille.

Hamlet. — Entendez-vous, Monsieur; pour quelle raison me traitez-vous ainsi? Je vous ai toujours aimé : mais peu importe; qu'Hercule lui-même fasse ce qu'il pourra, le chat miaulera et le chien aura son jour. (*Il sort.*)

Le roi. — Je vous en prie, mon bon Horatio, veillez sur lui. (*Sort Horatio.*) (*A Laertes.*) Que notre conversation de la nuit dernière vous fasse prendre patience; nous allons amener l'affaire à une crise immédiate. — Ma bonne Gertrude, faites un peu surveiller votre fils. — Cette tombe obtiendra un monument en chair et en os (*a*): bientôt nous retrouverons des heures calmes; jusqu'à ce moment procédons avec patience. (*Ils sortent.*)

(*a*) *A living monument*, c'est-à-dire Hamlet que le roi se dispose à aire 'uer

SCÈNE II.

Un appartement dans le château.

Entrent HAMLET *et* HORATIO.

Hamlet. — Voilà pour cette affaire, Monsieur : maintenant voyons l'autre ; — vous vous rappelez toutes les circonstances ?

Horatio. — Si je me les rappelle, Monseigneur ?

Hamlet. — Monsieur, il y avait dans mon cœur une sorte de combat qui ne voulait pas me laisser dormir : il me semblait que je souffrais plus que les mutins mis aux fers [4]. Précipitamment, — et louée soit notre précipitation, car il faut que nous sachions que notre indiscrétion nous sert quelquefois bien alors que nos plans les plus caressés nous faussent promesse ; et cela devrait nous apprendre qu'il y a une divinité qui donne à nos projets le résultat qu'il lui plaît, quel que soit le but que nous ayons arrêté....

Horatio. — C'est très-certain.

Hamlet. — Je sors de ma cabine, ma chemise de marin roulée autour de moi, et je cherche à tâtons dans les ténèbres pour les découvrir : mes désirs sont exaucés ; je mets la main sur leur paquet, et enfin je me retire de nouveau dans ma chambre : là, mes craintes parlant plus haut que mon éducation, je m'enhardis à décacheter leur grande commission ; et qu'est-ce que j'y découvre, Horatio ? — ô la royale scélératesse ! — un ordre exprès de mort, lardé de toutes sortes de raisons important au salut du Danemark et de l'Angleterre aussi, le tout accompagné de l'évocation des diables et des fantômes qu'il fallait craindre, si je restais en vie : donc lecture faite de cet ordre, sans délai aucun, pas même celui qui était nécessaire pour aiguiser la hache, ma tête devait tomber.

Horatio. — Est-ce possible ?

Hamlet. — Voici la commission; lis-la plus à loisir. Mais veux-tu savoir comment j'ai procédé?

Horatio. — Oui, je vous en prie.

Hamlet. — Me voyant ainsi pris dans des rets de scélératesse, je m'assieds, et avant même que le prologue de la méditation fût commencé, mon cerveau avait déjà trouvé son plan d'action : j'inventai une nouvelle commission ; je l'écrivis d'une belle écriture : — autrefois je tenais pour chose vulgaire ce talent d'une belle écriture, et partageant là-dessus l'avis de nos hommes d'état, je faisais tous mes efforts pour le désapprendre; mais à ce moment-là, Monsieur, il me rendit un solide service ; — veux-tu savoir la substance de ce que j'écrivis?

Horatio. — Oui, mon bon Seigneur.

Hamlet. — Une ardente prière de la part du roi, au nom de la fidélité que l'Angleterre lui devait comme tributaire, au nom de l'affection qui devait s'épanouir entre les deux royaumes comme le palmier, au nom de la paix qui devait à jamais porter sa couronne de moissons et servir de trait d'union entre leurs alliances, et nombre d'autres *au nom* de semblable importance, — la prière, dis-je, au vu et au su du contenu de ces lettres, d'avoir à faire mettre soudainement à mort les porteurs d'icelles, sans délai petit ou grand, sans même leur donner le temps de la confession.

Horatio. — Mais comment cet ordre fut-il scellé?

Hamlet. — Ah! c'est ici que s'est montrée la volonté du ciel. J'avais dans ma bourse le cachet de mon père qui était le modèle de ce sceau de Danemark : je pliai cet écrit sous la même forme que l'autre; j'y mis l'adresse; je lui imprimai le sceau; je le plaçai exactement en son lieu, en sorte que l'enfant substitué ne fut jamais reconnu. Maintenant, le jour suivant fut celui de notre combat de mer, et tu sais déjà ce qui en fut la suite.

Horatio. — En sorte que Rosencrantz et Guildenstern ont porté cet ordre-là?

Hamlet. — Ma foi, l'ami, ils ont accepté cet emploi avec empressement; ils n'inquiètent donc pas ma conscience; leur défaite est le résultat de leur propre complaisance : il est dangereux aux basses natures de s'entremettre entre les passes et les pointes cruelles des épées dirigées par la colère de puissants ennemis.

Horatio. — Vraiment, quel roi est celui-là !

Hamlet. — Ne juges-tu pas, dis-moi, que je suis autorisé en parfaite conscience à m'acquitter par le secours de ce bras envers l'homme qui a tué le roi mon père, fait une catin de ma mère, qui s'est fourré entre le trône et mes espérances, qui a jeté la ligne pour pêcher ma propre vie, et cela avec une fourberie pareille? et n'est-il pas damnable de laisser ce chancre de notre espèce commettre encore plus de mal?

Horatio. — Il ne se peut pas qu'il ne lui arrive bientôt d'Angleterre des nouvelles de l'issue qu'a eue cette affaire.

Hamlet. — Cela sera court : l'intervalle est à moi, et la vie d'un homme ne coûte pas à prendre plus que le temps de dire *un*. Mais je suis très-chagrin, mon bon Horatio, de m'être oublié avec Laertes; car dans l'image de ma cause je vois le portrait de la sienne : je veux conquérir sa bonne grâce : mais vraiment, l'emphase de sa douleur m'avait jeté dans une frénésie excessive.

Horatio. — Paix ! Qui vient ici ?

Entre OSRIC.

Osric. — Votre Seigneurie est la très-bienvenue à son heureux retour en Danemark.

Hamlet. — Mes humbles remercîments, Monsieur. (*A part, à Horatio.*) Connais-tu cette libellule ?

Horatio, *à part, à Hamlet.* — Non, mon bon Seigneur.

Hamlet, *à part, à Horatio.* — Tu n'en es que plus moral, car c'est un vice de le connaître. Il a beaucoup de terres, et fertiles; qu'une bête soit le roi des bêtes, et la table du roi sera sa mangeoire. C'est un choucas; mais, comme je te l'ai dit, pourvu d'une grande étendue de fange.

Osric. — Aimable Seigneur, si Votre Seigneurie était de loisir, je vous communiquerais une chose de la part de Sa Majesté.

Hamlet. — Je la recevrai en toute diligence d'esprit. Employez votre bonnet à son véritable usage; il est fait pour la tête.

Osric. — Je remercie Votre Seigneurie, il fait très-chaud.

Hamlet. — Non, croyez-moi, il fait très-froid; le vent est au nord.

Osric. — Il fait assez froid, Monseigneur, c'est la vérité.

Hamlet. — Il me semble qu'il fait chaud et vraiment étouffant pour ma complexion....

Osric. — Excessivement, Monseigneur, il fait très-étouffant, — comme qui dirait, — je ne sais dire comment. Mais, Monseigneur, Sa Majesté m'a donné l'ordre de vous signifier qu'il a fait un gros pari sur votre tête : Seigneur, voilà l'affaire....

Hamlet. — Je vous en conjure, veuillez donc.... (*Il s'avance pour lui mettre son chapeau.*)

Osric. — Non, sur ma bonne foi; c'est pour ma propre commodité, je vous assure. Seigneur, Laertes est nouvellement revenu à la cour : c'est, croyez-moi, un gentilhomme accompli, plein de talents aussi divers qu'excellents, d'une très-suave société, et avec le plus grand air du monde : en vérité, pour parler de lui comme il convient, c'est la carte ou le calendrier de la noblesse; car vous trouvez en lui le *continent* de n'importe quelle région des belles manières qu'un gentilhomme puisse désirer connaître.

Hamlet. — Seigneur, sa définition ne souffre point d'être donnée par vous, bien que je sache que si on voulait l'inventorier en détail, le compte de ses qualités embrouillerait la mémoire, et que tout l'esprit du monde ne pourrait courir assez vite pour lutter avec la rapidité de ses voiles. Mais pour le louer avec vérité, je tiens son âme pour une marchandise de grand prix, et l'élixir de ses qualités est d'une telle rareté et d'une telle valeur, que pour le décrire fidèlement, il faut dire qu'il n'a de semblable que dans son miroir, et que quiconque voudrait suivre ses traces, serait son ombre et rien de plus.

Osric. — Votre Seigneurie parle de lui avec *infaillibilité*.

Hamlet. — Mais la *concernance* de votre affaire, Monsieur? Pourquoi essayons-nous d'envelopper le gentilhomme dans le tourbillon trop faible de nos éloges?

Osric. — Seigneur?

Horatio. — Ne serait-il pas possible de nous comprendre dans une autre langue? Vous le pouvez assurément, Monsieur.

Hamlet. — A quoi tendait votre *nomination* de ce gentilhomme (a)?

Osric. — De Laertes?

Horatio. — Sa bourse est déjà vide; toutes ses paroles dorées sont épuisées.

Hamlet. — De lui-même, Monsieur.

Osric. — Je sais que vous n'êtes pas ignorant....

Hamlet. — Je voudrais que vous dissiez vrai, Monsieur; cependant, sur ma foi, quand bien même vous diriez vrai, cela ne ferait pas grand éloge de ma personne. — Bien, Monsieur.

Osric. — Vous n'êtes pas ignorant de quelle excellence est Laertes....

Hamlet. — Je n'ose pas confesser cela, de crainte d'être obligé de me comparer à lui pour l'excellence; mais bien connaître un homme, équivaudrait à être cet homme même.

Osric. — J'entends, Seigneur, son excellence aux armes; car dans la réputation qu'elles lui ont acquise, dans le talent qu'il y montre, il est sans rival.

Hamlet. — Quelle est son arme?

(a) Action de nommer. Nous conservons autant que possible le jargon du bel air dont se servent Osric et Hamlet.

Osric. — La rapière et la dague.

Hamlet. — Cela fait deux armes : mais, bien.

Osric. — Le roi, Seigneur, a parié contre lui six chevaux de Barbarie : contre cet enjeu, Laertes a engagé, selon mes informations, six rapières et six dagues françaises avec tous les objets y attenant, tels que ceinturons, attaches et autres choses semblables : trois de ces *trains*, sur ma foi, sont vraiment séduisants à l'imagination, vraiment complaisants à la poignée, ce sont des *trains* fort délicats, et d'une invention vraiment heureuse.

Hamlet. — Qu'appelez-vous les *trains* ?

Horatio. — Je savais bien que vous auriez besoin de regarder à la marge avant d'avoir fini.

Osric. — Les *trains*, Seigneur, ce sont les attaches.

Hamlet. — La phrase conviendrait mieux à la matière, si nous pouvions porter des canons à nos hanches : j'aimerais jusqu'à ce moment qu'on continuât à les appeler des attaches. Mais, continuons : six chevaux de Barbarie contre six épées françaises, leurs accessoires, et trois *trains* d'une invention heureuse : voilà l'enjeu français contre l'enjeu danois. Et pourquoi ces épées sont-elles *engagées*, comme vous dites[5] ?

Osric. — Le roi, Seigneur, a parié que sur une douzaine de passes entre vous et lui, Laertes ne vous toucherait pas plus de trois fois ; Laertes a parié pour neuf sur douze ; et on en viendrait à une épreuve immédiate, si Votre Seigneurie accordait une réponse.

Hamlet. — Et quoi si je réponds non ?

Osric. — Je veux dire, Monseigneur, si vous consentez à présenter votre personne à l'épreuve.

Hamlet. — Monsieur, je vais me promener ici dans la salle ; — c'est mon heure de récréations : — si cela plaît à Sa Majesté, qu'on apporte les fleurets ; si le gentilhomme est de bon vouloir, et que le roi maintienne son pari, je ferai mon possible pour le lui gagner ; sinon, je n'y gagnerai rien que ma courte honte et les quelques bottes que j'aurai reçues.

Osric. — Rapporterai-je ainsi votre réponse ?

Hamlet. — Dans ce sens-là, Monsieur, et avec tous les enjolivements de langage qu'il plaira à votre génie.

Osric. — Je recommande mes services à Votre Seigneurie.

Hamlet. — Votre serviteur, votre serviteur. (*Sort Osric.*) Il fait fort bien de se recommander lui-même ; il n'y a pas de langue capable de lui rendre ce service.

Horatio. — Cet étourneau s'enfuit avec la coquille sur la tête.

Hamlet. — Certes celui-là faisait des révérences à son tetin avant de le sucer. C'est ainsi que cet individu, — et combien j'en connais d'autres du même essaim dont raffole cette piètre époque, — s'est borné à attraper seulement le ton du jour et l'extérieur du savoir vivre ; ils ont une sorte de raclure de levain qui leur permet de monter au-dessus de la fine fleur de farine des opinions les plus tamisées ; mais soufflez un peu dessus pour les mettre à l'épreuve, et les bulles vont crever.

Entre un seigneur.

Le seigneur. — Monseigneur, Sa Majesté s'est fait recommander à vous par le jeune Osric qui lui rapporte que vous l'attendez dans la salle : il envoie savoir si votre plaisir est de faire assaut maintenant avec Laertes, ou si vous voulez remettre la partie à plus tard.

Hamlet. — Je suis fidèle à mes décisions ; elles suivent le bon plaisir du roi : s'il est disposé, je le suis ; maintenant, ou quand il voudra, pourvu que je sois aussi bien en train que maintenant.

Le seigneur. — Le roi, la reine, et tous vont descendre.

Hamlet. — Fort bien.

Le seigneur. — La reine désire que vous ayez quelques mots aimables pour Laertes avant d'engager la lutte.

Hamlet. — Elle me donne un excellent avis. (*Sort le Seigneur.*)

Horatio. — Vous perdrez ce pari, Monseigneur.

Hamlet. — Je ne crois pas ; depuis son départ pour la

France, je me suis continuellement exercé ; je gagnerai, grâce aux bottes qu'il me rend. Mais tu ne saurais croire quel malaise je me sens au cœur : mais peu importe.

Horatio. — Voyons, mon bon Seigneur....

Hamlet. — Ce n'est que sottise ; mais j'ai une sorte de découragement qui peut-être troublerait une femme.

Horatio. — Si votre esprit se sent mal disposé en quelque chose, obéissez-lui : je monterai afin de prévenir leur arrivée, et je leur dirai que vous n'êtes pas en train.

Hamlet. — Pas le moins du monde, nous voulons défier le présage ; un moineau ne tombe pas sans une permission spéciale de la Providence. Si c'est pour cette heure-ci, ce n'est plus à venir ; si ce n'est plus à venir, c'est pour cette heure-ci : si ce n'est pas pour cette heure-ci, ce sera pour une autre fois. Être prêt est tout : puisque nul homme n'emporte rien de ce qu'il quitte, qu'importe de le quitter prématurément.

Entrent LE ROI, LA REINE, LAERTES, OSRIC, DES SEIGNEURS, *les gens de la suite avec les fleurets.*

Le roi. — Venez, Hamlet, venez, et acceptez cette main que je place dans la vôtre. (*Le roi place la main de Laertes dans celle d'Hamlet.*)

Hamlet. — Pardonnez-moi, Seigneur : je vous ai fait injure ; mais pardonnez, comme il convient à un gentilhomme. Cette royale assemblée sait, et il ne se peut pas que vous n'ayez appris de quel cruel égarement je suis affligé. Dans ce que j'ai fait, tout ce qui a pu brutalement réveiller votre nature, votre honneur, votre susceptibilité, était pure folie. Était-ce Hamlet qui a outragé Laertes ? Jamais ce ne fut Hamlet : si Hamlet est enlevé à lui-même, et qu'il outrage Laertes lorsqu'il n'est plus lui-même, alors ce n'est plus Hamlet qui fait cela, Hamlet nie que ce soit lui. Qui fait donc cela ? sa folie. S'il en est ainsi, Hamlet est du parti qui est outragé ; sa folie est l'ennemie du pauvre Hamlet. Seigneur, en présence de cette assemblée, permettez que mon désaveu de toute malice préméditée me justifie assez pleinement devant vos sentiments les plus généreux, pour que vous ne voyiez plus en moi qu'un homme qui en lançant sa flèche par-dessus la maison a blessé son frère.

Laertes. — Mon cœur qui dans ce cas particulier devrait cependant me pousser à la vengeance, déclare avoir obtenu pleine satisfaction : mais l'honneur me fait une loi de continuer à me tenir à l'écart ; je ne veux pas de réconciliation, jusqu'à ce que des juges plus âgés, d'un honneur reconnu, aient établi l'arrêt et les précédents d'une paix qui puisse conserver mon nom sans tache. Mais jusqu'à ce moment, j'accepte votre offre d'amitié comme sincère, et je ne la tromperai pas.

Hamlet. — J'accepte volontiers cette assurance ; et je veux aider franchement à décider ce pari d'un frère. — Donnez-nous les fleurets. — Marchons.

Laertes. — Allons, donnez-m'en un.

Hamlet. — Je serai non votre *fleuret*, Laertes, mais le *fleuron* de votre renommée ; car pareil à une étoile dans la plus sombre nuit, votre talent va singulièrement resplendir devant mon ignorance.

Laertes. — Vous vous moquez de moi, Seigneur.

Hamlet. — Non, par cette main.

Le roi. — Donnez-leur les fleurets, jeune Osric. — Neveu Hamlet, vous connaissez le pari ?

Hamlet. — Parfaitement, Monseigneur ; Votre Grâce a placé ses chances sur la plus faible des deux parties.

Le roi. — Je ne crains pas cela ; je vous ai vus tous deux : mais comme il s'est perfectionné, nous avons réclamé des avantages pour rétablir l'égalité.

Laertes. — Celui-là est trop pesant, voyons-en un autre.

Hamlet. — Celui-ci me va parfaitement. Ces fleurets ont tous même longueur ?

Osric. — Oui, mon bon Seigneur.

Le roi. — Placez-moi les flacons de vin sur cette table. — Si Hamlet porte la première ou la seconde botte, ou s'il riposte à la troisième passe, que tous les remparts fassent une décharge de leur artillerie; le roi boira au renouvellement d'haleine d'Hamlet, et dans la coupe il jettera une perle plus riche qu'aucune de celles que la couronne de Danemark ait portées sous quatre rois successifs. Donnez-moi les coupes; que le tambour dise à la trompette, la trompette au canonnier qui est au dehors, les canons aux cieux, et les cieux à la terre : « en cet instant le roi boit au succès d'Hamlet. » Allons, commençons; — et vous, juges, observez d'un œil attentif.

Hamlet. — Allons, Monsieur.

Laertes. — Allons, Monseigneur. (*Ils font asaut.*)

Hamlet. — Une.

Laertes. — Non.

Hamlet. — J'en appelle aux juges.

Osric. — C'est touché, évidemment touché.

Laertes. — Bon, recommençons.

Le roi. — Arrêtez, donnez-moi à boire. Hamlet, cette perle est à toi; je bois à ta santé. (*Les trompettes sonnent et les canons retentissent au dehors.*) Donnez-lui la coupe.

Hamlet. — Je veux d'abord terminer la partie; placez la coupe un instant de côté. — Allons. (*Ils luttent.*) Autre touché; qu'en dites-vous ?

Laertes. — Touché, touché, je le confesse.

Le roi. — Notre fils gagnera.

La reine. — Il est gras, et il a l'haleine courte. — Tiens, Hamlet, prends mon mouchoir, essuie ton front : la reine boit à ta fortune, Hamlet.

Hamlet. — Bien, Madame.

Le roi. — Gertrude, ne buvez pas.

La reine. — J'ai besoin de boire; pardonnez-moi, je vous en prie, Monseigneur.

Le roi, *à part*. — C'est la coupe empoisonnée! il est trop tard !

Hamlet. — Je n'ose pas boire encore, Madame; tout à l'heure.

La reine. — Allons, laisse-moi t'essuyer le visage.

Laertes. — Monseigneur, je vais le toucher maintenant.

Le roi. — Je ne le pense pas.

Laertes, *à part*. — Et cependant c'est presque contre ma conscience.

Hamlet. — Allons, à la troisième; Laertes, vous ne faites que badiner; je vous en prie, poussez-moi avec toute votre vivacité; j'ai peur que vous ne me traitiez comme un bambin.

Laertes. — C'est ainsi que vous parlez? marchons. (*Ils luttent.*)

Osric. — Rien, ni d'un côté, ni de l'autre.

Laertes. — A vous maintenant!

(LAERTES *blesse* HAMLET; *dans la chaleur du combat ils échangent leurs rapières*, *et* HAMLET *blesse* LAERTES.)

Le roi. — Séparez-les! ils ont perdu la tête.

Hamlet. — Non, recommençons. (*La reine tombe.*)

Osric. — Veillez sur la reine! holà!

Horatio. — Ils saignent tous les deux! — Comment vous trouvez-vous, Monseigneur?

Osric. — Comment vous trouvez-vous, Laertes?

Laertes. — Parbleu, comme un coq de bruyère, pris dans mon propre piége, Osric; je suis justement tué par ma propre tricherie.

Hamlet. — Comment se trouve la reine?

Le roi. — Elle s'évanouit en les voyant saigner.

La reine. — Non, non, c'est le breuvage, le breuvage! Ô mon cher Hamlet! Le breuvage, le breuvage! je suis empoisonnée. (*Elle meurt.*)

Hamlet. — Oh! scélératesse! Holà, qu'on ferme la porte! Trahison! qu'on découvre d'où elle vient. (*Laertes tombe.*)

Laertes. — Elle est ici même, Hamlet: Hamlet, tu es assassiné; nulle médecine au monde ne peut te guérir, il n'y a pas en toi une demi-heure de vie; l'instrument de trahison est dans ta main, aigu et envenimé: l'odieux stratagème s'est tourné contre moi; las, me voici à terre, et pour ne plus me relever! ta mère est empoisonnée; —

je ne puis en dire davantage : — c'est au roi, au roi qu'en revient le blâme !

Hamlet. — La pointe empoisonnée aussi ! — Eh bien, poison, fais ton œuvre. (*Il tue le roi.*)

Tous. — Trahison ! trahison !

Le roi. — Oh ! défendez-moi encore, mes amis ; je ne suis que blessé.

Hamlet. — Allons, Danois incestueux, meurtrier, damné, bois cette potion : — ta perle y est-elle ? Suis ma mère. (*Le roi meurt.*)

Laertes. — Il est servi selon ses mérites ; c'est un poison qu'il avait préparé lui-même. Faisons échange de pardons, noble Hamlet ! que ma mort et celle de mon père ne pèsent pas sur ton âme, ni ta mort sur la mienne ! (*Il meurt.*)

Hamlet. — Que le ciel t'exempte à cet égard de toute responsabilité ! Je te suis. — Je suis mort, Horatio. — Malheureuse reine, adieu ! — Vous qui êtes pâles et tremblants devant cette fatalité, qui n'êtes dans cette tragédie que des muets et des spectateurs, si j'avais plus de temps, si ce cruel sergent, le trépas, n'était pas si strict à sa consigne, oh ! je pourrais vous dire, — mais laissons cela. — Horatio, je suis mort ; tu vis ; justifie ma cause et mon caractère auprès de ceux qui douteraient et seraient dans l'incertitude.

Horatio. — Ne croyez pas que je vous survive. J'ai en moi plus d'un antique Romain que d'un Danois : il reste encore un peu du breuvage....

Hamlet. — Si tu es un homme, donne-moi la coupe : lâche-la ; par le ciel, je la veux ! Ô mon bon Horatio, si les choses restent inconnues, quel nom blessé je laisserai après moi ! Si tu m'as jamais tenu pour cher à ton cœur, reste éloigné quelque temps encore de la suprême félicité, et consens à respirer dans la souffrance au sein de ce dur monde pour raconter mon histoire. (*Une marche dans le lointain, et des décharges de mousqueterie à l'extérieur.*) Quel est ce bruit de guerre ?

Osric. — Le jeune Fortinbras, revenu vainqueur de

Pologne, salue les ambassadeurs d'Angleterre de cette volée guerrière.

Hamlet, *tombant*. — Oh! je meurs, Horatio; la puissance du poison terrasse mon âme : je ne puis vivre assez pour apprendre les nouvelles d'Angleterre; mais je prophétise que l'élection tombera sur le jeune Fortinbras : il a ma voix d'agonisant. Dis-le-lui, et apprends-lui les événements, grands et petits, qui ont amené cette catastrophe. — Le reste est silence. (*Il meurt.*)

Horatio. — Voilà que se brise un noble cœur. Bonne nuit, aimable prince, et que des essaims d'anges bercent par leurs chants ton sommeil! (*Marche à l'extérieur.*) Pourquoi le tambour vient-il ici?

Entrent FORTINBRAS, les ambassadeurs d'Angleterre, *et autres.*

Fortinbras. — Où est ce spectacle?

Horatio. — Qu'est-ce que vous voudriez voir? si c'est un spectacle de douleur ou d'étonnement, arrêtez ici vos recherches.

Fortinbras. — Cette curée crie : *Sans quartier!* O mort orgueilleuse, quelle fête tu dois faire dans ta cave éternelle, toi qui d'un seul coup as si cruellement frappé tant de princes!

Premier ambassadeur. — Ce spectacle est lugubre; et nos affaires d'Angleterre viennent trop tard : il est insensible celui dont les oreilles devaient nous entendre raconter que son commandement était accompli, que Rosencrantz et Guildenstern sont morts : de qui recevrions-nous des remerciments?

Horatio. — Ce n'est pas de la bouche de celui dont vous parlez, eût-il pour vous remercier la faculté de la vie : il ne donna jamais d'ordres pour leur mort. Mais, puisque vous êtes arrivé ici, vous des guerres de Pologne, et vous d'Angleterre, juste au moment de cette sanglante tragédie, ordonnez que ces corps soient exposés u sommet d'une estrade devant les regards de la foule; t là, laissez-moi raconter au monde qui l'ignore encore comment ces choses sont arrivées : vous entendrez parler alors de crimes luxurieux, sanguinaires et dénaturés, de jugements rendus par le hasard, de meurtres arrivés par accident, de morts amenées par les manéges de la ruse et de la force, et pour couronner le tout, de complots qui s'étant égarés sont retombés sur les têtes de leurs inventeurs. Tout cela je puis vous le révéler en toute vérité.

Fortinbras. — Hâtons-nous d'entendre ce récit, et convoquons les plus nobles à cette audience. Pour moi, c'est avec douleur que j'embrasse ma fortune; j'ai sur ce royaume des droits connus, et que l'occasion favorable m'invite à réclamer à cette heure.

Horatio. — J'aurai aussi sujet de parler de cela, et au nom de celui dont la voix en entraînera beaucoup d'autres en votre faveur; mais accomplissons immédiatement ce projet, pendant que les esprits sont en proie à l'égarement, de crainte que par erreurs ou séditions, il n'arrive d'autres malheurs.

Fortinbras. — Que quatre capitaines portent Hamlet sur l'estrade, comme on fait pour les soldats; car il est vraisemblable, que si le destin l'eût mis à l'épreuve, il se fût montré très-grand roi : que la musique guerrière et les marques du respect militaire l'accompagnent sur son passage. Enlevez les corps; un spectacle pareil orne un champ de bataille, mais offre ici un aspect lugubre. Allez, ordonnez aux soldats de faire une décharge de mousqueterie. (*Marche funèbre. Ils sortent emportant les corps, après quoi on entend une décharge d'artillerie.*)

COMMENTAIRE.

ACTE I

1. La croyance au pouvoir des savants et des lettrés sur les fantômes venait probablement de l'habitude de réciter les exorcismes en latin.

2. On croyait que les esprits des personnes qui avaient caché des trésors revenaient sur la terre afin de révéler l'endroit où ces trésors étaient enfouis.

3. Un commentateur anglais, Farmer, fit remarquer que Prudence, poëte chrétien de la décadence latine, avait dans une de ses hymnes, *ad Gallicinium* (*au point du jour, à l'aube*), exprimé la même croyance que Shakespeare. Voici le passage de Prudence :

> Ferunt, vagantes Dœmonas,
> Lætos tenebris noctium,
> Gallo canente exterritos
> Sparsim timere, et cedere.
> Hoc esse signum præscii
> Norunt repromissæ spei
> Qua nos soporis liberi
> Speramus adventum Dei.

« On rapporte que les démons errants, qui s'ébattent joyeux dans le ténèbres des nuits, dès que le coq chante, saisis de crainte, s'enfuient çà et là effrayés et s'évanouissent. Les prévoyants savent que c'est là le signe de l'espérance renouvelée, par laquelle délivrés du sommeil, nous attendons l'arrivée de Dieu. » Il y aurait plus d'une réflexion à faire sur ces vers de Prudence, qui rattachent les nouvelles croyances de l'humanité chrétienne aux plus antiques croyances des hommes, aux hymnes des Vedas à la lumière, aux terreurs que la nuit inspirait aux Indiens primitifs, à l'opposition du jour et de la nuit qui donna naissance à la religion du

Mazdéisme persan. Ainsi la croyance aux esprits nocturnes de nos paysans et de nos bonnes femmes est un dernier reflet de toutes les grandes religions du passé. Voilà, j'espère, une preuve éclatante que la tradition n'est jamais interrompue un instant dans le monde, même quand elle est détruite en apparence. — Un autre commentateur anglais, Douce, a mentionné une hymne faisant autrefois partie de la liturgie du diocèse de Salisbury où se trouve un passage qui se rapporte à la même superstition. Voici ce passage :

> Præco diei jam sonat,
> Noctis profundæ pervigil ;
> Nocturna lux viantibus
> A nocte noctem segregans.
> Hoc excitatus Lucifer,
> Solvit polum caligine ;
> Hoc omnis errorum chorus
> Viam nocendi deserit.
> Gallo canente spes redit....

« Héraut toujours éveillé, déjà le coq, sentinelle de la nuit profonde, chante au jour encore à venir; lumière nocturne, il sépare pour les voyageurs la nuit de la nuit. Averti par ce chant, Lucifer délivre le pôle de sa fumée ténébreuse, et le chœur entier des illusions trompeuses quitte les sentiers du mal. Avec le chant du coq revient l'espérance. » Cette croyance que les fantômes s'évanouissaient au chant du coq était du reste très-ancienne. Dans la *Vie d'Apollonius de Thyane*, Philostrate raconte que le célèbre hiérophante évoqua l'ombre d'Achille, mais qu'elle s'évanouit dès que le coq chanta. (*Note de l'édition* STAUNTON.) — Enfin un vieil érudit, Bourne, cité par Farmer, rapporte, dans son livre intitulé *Antiquités du commun peuple*, l'observation suivante : « C'est une tradition reçue parmi le vulgaire qu'à l'heure où le coq chante, les esprits nocturnes abandonnent les régions sublunaires et retournent à leurs vraies demeures. De là vient que dans les localités rustiques, où les nécessités de la vie réclament un travail plus matinal, les journaliers se rendent joyeusement à l'ouvrage dès que cette heure-là est venue, tandis que s'ils sont obligés de s'y rendre plus tôt, ils s'imaginent que tout ce qu'ils voient est un fantôme errant. »

4. *A little more than kin and less than kind*, il y a dans ces paroles d'Hamlet une sorte de calembour par à peu près qui porte sur la demi-ressemblance des mots *kin* parent, et *kind* tendre.

5. Ces paroles contiennent un sens triple. Et d'abord Hamlet joue sur la ressemblance par à peu près des mots *sun*, soleil, et *son*, fils ; ensuite il fait allusion à cette vieille expression proverbiale, « sortir de l'ombre bénie de Dieu pour aller sous le soleil étouffant ; » enfin il veut faire entendre qu'il n'est que trop en vue pour le moment, et peut-être aussi qu'il ne serait pas convenable qu'il parût aux fêtes d'une cour si vite consolée.

6. L'université de Wittenberg en Allemagne était une des universités célèbres au moyen âge.

7. Hyperion, un des noms d'Apollon ou du Soleil.

8. « L'habitude de faire des festins aux funérailles, habitude qui a été générale dans ce pays et d'autres, et qui n'est pas encore tout à fait tombée en désuétude dans quelques-uns des comtés du nord de l'Angleterre, vint certainement de la *cœna feralis* des anciens, coutume que mentionnent Juvénal dans sa cinquième satire et la loi des douze tables. Cette coutume consistait à offrir au fantôme du défunt du lait, du vin, du miel et des fleurs. La même coutume paraît avoir prévalu chez les Grecs pour les héros et les grands hommes. C'est aux appétits des vivants que l'on s'adresse chez nous. Dans le nord, cette coutume est appelée *arval*, ou *arvil supper*, et les pains qui sont quelquefois à cette occasion distribués aux pauvres s'appellent *pains arvals*. » (DOUCE.) Quel est le sens de ce mot *arval*? Ne viendrait-il pas du mot latin *arvales, arvales fratres*, les prêtres de Cérès? Nares dans son *Glossaire* en doute, mais le fait mentionné par Douce de ces pains qui s'appelaient le pain *arval* semblerait au contraire insinuer que cette explication est la vraie. Pain de Cérès, pain des prêtres de Cérès, pourrait bien être le sens réel. Cette expression aura été généralisée, et après s'être appliquée au pain seul aura été transportée au repas entier. Peut-être le clergé appliqua-t-il ce mot à quelque autre coutume, le peuple le retint, et comme rien ne lui plaît autant que de faire usage de mots qu'il n'entend pas, il le répéta de siècle en siècle comme une parole qui rendait à ses oreilles un agréable son de sorcellerie, et l'appliqua à une coutume à laquelle il ne convenait point. Peut-être encore ce mot d'*arval* doit-il s'entendre dans le sens de repas rustique, frugal, fait de simple pain. Peut-être enfin cette expression s'appliqua-t-elle primitivement au pain fait pendant la moisson même avec le premier blé de l'année. — Ces repas existent encore dans quelques-unes de nos provinces du Centre, la Marche par exemple, et celui qui écrit ces lignes a plusieurs fois dans son enfance assisté à ces dîners d'enterrement.

9. *Very like, very like*. On peut hésiter ici entre trois sens : ou bien Hamlet veut dire que le fantôme décrit est très-semblable à son père, ou bien il se parle à lui-même et se dit que ce qu'on lui raconte est très-probable, ou bien il répond à Horatio qui lui dit qu'il aurait été très-étonné, que selon toute vraisemblance il l'aurait été en effet.

10. A l'époque d'Élisabeth, il y avait, paraît-il, à Londres un Danois qui est ainsi mentionné dans une œuvre du temps intitulée : *Faites-y bien attention, ou je vous tuerai* : « Vous qui tiendriez tête à Reynaldo à le coucher ivre mort, ce Danois qui boirait dans sa botte », et il paraît, d'après une lettre d'Howell datée de Hambourg, 1632, que le roi de Danemark d'alors n'avait pas dégénéré de la jovialité de ses prédécesseurs. Dans son récit d'une fête donnée par Sa Majesté au comte de Leicester, il nous raconte que le roi, après avoir porté trente-cinq toasts, fut enlevé sur son fauteuil, et que tous les officiers de la cour étaient ivres. » (STEEVENS.)

11. Olaus Wormius rapporte que c'était une coutume d'ensevelir les rois de Danemark dans leurs armures. (*Note de l'édition* PETER *et* GALPIN.)

12. Le peuple croyait que la faim et la soif étaient au nombre des tourments du purgatoire.

13. C'était une croyance populaire que les fantômes ne pouvaient pas endurer la lumière, et disparaissaient en conséquence au point du jour. Cette superstition venait de la croyance de nos ancêtres du Nord, qui admettaient que le soleil, et toute chose contenant *lumière ou feu*, avaient la propriété de chasser les démons et les esprits de tout genre. L'origine de cette superstition se trouve dans les légendes de l'Edda, spécialement dans celle où il est raconté comment Thor dans ses batailles contre les géants et les mauvais démons fit usage de son terrible marteau de fer, et le leur lança comme Jupiter lança ses foudres contre les Titans. Plusieurs des pierres précieuses *transparentes* étaient supposées posséder le pouvoir de chasser les mauvais esprits, et les cailloux et autres pierres qu'on trouve dans les tombeaux des nations du Nord y avaient été placés parce qu'on supposait qu'ils avaient la puissance de retenir les morts dans leurs cercueils. On appelait ces pierres les marteaux de Thor. (DOUCE.)

14. Cri des fauconniers rappelant l'oiseau.

15. Saint Patrick était le saint patron de l'Irlande ; mais nous ne saurions trop dire pourquoi le nom de ce saint se trouve dans la bouche d'Hamlet. Ce juron était-il un juron des étudiants de l'époque ? Peut-être : Hamlet est jeune, et nous savons qu'il n'a pas encore achevé ses études à l'université de Wittenberg. Nous nous contentons d'émettre cette supposition sans la garantir en aucune façon. Peut-être aussi ce juron est-il là par allusion au fameux trou de saint Patrick et à la légende qui s'y rapporte, laquelle est rappelée à l'esprit d'Hamlet par la visite de son père habitant du purgatoire.

16. Expression populaire pour désigner un honnête homme.

17. Ici et partout.

ACTE II

1. Les Dames avaient la coutume d'avoir une poche taillée dans leur robe à la place du sein pour y serrer les lettres et autres petits objets précieux qu'elles désiraient garder toujours sur elles.

2. Ce passage se rapporte aux enfants de chœur de la chapelle royale de Saint-Paul, dont il est fait dans un pamphlet antérieur à Hamlet (1569) l'aimable mention que voici : « Jamais les comédies ne seront supprimées tant que les mignons encore sans plumes de Sa Majesté se pavaneront dans la soie et le satin. Ils feraient tout aussi bien d'aller à leur service papiste avec les habits du diable.... Même dans la chapelle de Sa Majesté, ces gentils drôles de rien du tout profanent le jour du Seigneur en tortillant lascivement leurs jeunes membres, en faisant étalage de leur

magnifique costume, et en représentant des fables impudiques tirées des profanes auteurs païens. » Le titre du pamphlet est à l'unisson de ces aménités : *Les enfants de la chapelle déculottés et fouettés.*

3. Allusion à l'enseigne du théâtre du *Globe* qui représentait Hercule soutenant le globe.

4. Cette ballade qui ne se retrouve pas dans les vieilles collections de chants populaires fut, selon Percy qui l'a imprimée dans ses *Relics of ancient english poetry*, sauvée de l'oubli par la mémoire d'une dame qui la transcrivit de mémoire telle qu'elle l'avait entendu chanter à son père. Percy la tenait de l'amitié de Steevens ; voici cette ballade assez semblable à ces complaintes que chantent ces mendiants vagabonds que dans nos provinces on appelle encore les *Saint-Huberts.*

>N'avez-vous pas entendu dire qu'il y a bien des années,
>Jephté était juge d'Israël ?
>Il n'avait qu'une fille et pas davantage,
>Laquelle il aimait par-dessus tout ;
>Et comme par un fait du sort,
>Dieu le sait,
>Il vint à arriver,
>Comme c'était la volonté de Dieu,
>Que de grandes guerres éclatèrent.
>Et que le chef choisi fut lui seul.
>
>Et lorsqu'il fut nommé juge
>Et général de la compagnie,
>Il fit à Dieu le vœu solennel,
>S'il revenait avec la victoire,
>Qu'à son retour
>Il brûlerait
>Le premier être vivant
>Qu'il rencontrerait
>Sur le chemin de sa maison quand il y retournerait.
>
>Il advint que les guerres prirent fin,
>Et il revint victorieux ;
>Sa chère et unique fille, la première de tous,
>Vint en tête des autres pour accueillir son père :
>Et tout le long du chemin,
>Elle jouait
>Sur le tambourin et le flageolet
>Plus d'un air bruyant,
>Sur un ton bien haut,
>Par joie de savoir son père si proche.
>
>Mais lorsqu'il vit sa fille chérie
>Venant à lui tout à fait en tête,

Il se tordit les mains et arracha sa chevelure
Et pleura très-piteusement :
« Oh ! c'est toi, dit-il,
Qui m'as terrassé
Si bas
Et qui m'as tant troublé,
Que je ne sais que faire.

Car j'ai fait un vœu, dit-il,
Lequel doit être exécuté....
. . . .
— Ce que tu as prononcé
Ne le révoque pas ;
De ce que tu as dit,
Ne sois pas en crainte :
Quoique ce soit moi,
Garde ta promesse à Dieu le très-haut.

Mais, mon cher père, accorde-moi une requête
Permets que j'aille dans la solitude,
Pour y rester trois mois avec mes compagnes,
Et y pleurer ma virginité ;
Et qu'il soit permis,
Dit-elle,
A deux ou trois jeunes filles
D'y faire séjour avec moi. »
Là-dessus elle s'en retourna
Pour gémir, pour gémir, jusqu'au jour de sa mort.

5. C'étaient des espèces de socques en bois que portaient les Dames italiennes et anglaises de l'époque. Coryat, dans ses *Singularités* (1609), décrit ainsi ceux des dames de Venise : « Ce sont des objets en bois couverts de cuirs de diverses couleurs, tantôt blanc, tantôt rouge, tantôt jaune. Quelques-uns sont peints avec grand soin et j'en ai vu de parfaitement dorés. Il y a beaucoup de ces *chapineys* d'une grande hauteur, même d'un demi-pied de haut, ce qui fait paraître beaucoup de leurs femmes, qui sont très-petites, bien plus grandes que les plus grandes femmes que nous ayons en Angleterre. En outre j'ai entendu remarquer que plus une femme est noble, plus ses *chapineys* sont hautes. Toutes leurs femmes de qualités, et beaucoup de femmes mariées et de veuves riches, sont assistées et soutenues par des hommes et des femmes lorsqu'elles sortent, afin de ne pas tomber. Elles sont habituellement soutenues par le bras gauche, sans quoi elles pourraient facilement tomber. »

6. Les anciennes pièces d'or étaient très-minces, et par conséquent susceptibles de se fendre. Sur la pièce il y avait un cercle ou anneau qui encadrait la tête du souverain ou un emblème quelconque, et si la fê-

lure dépassait le cercle la pièce sortait de la circulation. Il ne faut pas oublier que les rôles étaient remplis par de jeunes garçons, et par cette expression une voix hors de circulation, Hamlet entend une voix qui aurait mué, qui aurait passé de la voix flûtée de l'enfance à la voix enrouée de l'adolescence.

7. On voit que ce n'est pas d'aujourd'hui que le caviar, cette friandise de Samoïède, dont l'aspect est celui de confitures de cirage, passe pour une délicatesse auprès des gourmets à l'appétit dépravé.

8. *Jig*, dit le texte. Ce mot désignait d'abord une danse, puis il désigna un air joyeux quelconque, puis un dialogue et un intermède comique.

9. Je trouve sur ce passage l'intéressante note suivante dans l'édition de M. Staunton. « Il y a une curieuse *illustration* de ce passage dans Heywood, *Apologie pour les acteurs*, 1612, et la même histoire est rapportée dans une vieille tragédie intitulée « *Un avertissement pour les belles femmes*, 1599. » — « A Lynn, dans le Norfolk, les acteurs du comte de Sussex de l'époque de cette histoire jouaient la vieille histoire de Feyer Francis, et représentaient une femme qui, prise pour un jeune homme d'une passion insatiable, afin de s'approprier plus étroitement l'objet de sa passion, assassina secrètement et méchamment son mari. Mais le fantôme du mort la hantait, et lui apparaissait à des heures diverses, dans ses méditations les plus solitaires et les plus privées, sous des formes horribles et terribles, et se tenait droit devant elle. Comme ce fait était représenté, une femme de la ville jusqu'alors de bonne renommée, sa conscience étant troublée à l'excès par ce spectacle, poussa soudainement une clameur, et s'écria : « Oh ! mon mari, mon mari ! je vois le fantôme de mon mari qui me menace terriblement. » A cette sortie et à ce cri inattendus, les gens qui l'entouraient, saisis d'étonnement, lui demandèrent la raison de ses clameurs. Alors immédiatement, sans y être contrainte, elle confessa qu'il y avait sept ans, pour posséder un certain monsieur, elle avait empoisonné son mari dont la terrible image se présentait à elle sous la forme de ce fantôme. Là-dessus la meurtrière fut appréhendée, examinée plus amplement devant les juges, et puis ensuite condamnée sur ses aveux volontaires. »

ACTE III

1. Termagant dans les vieux poëmes de chevalerie est le nom du Dieu des Sarrasins.

2. Hérode dans les anciens mystères est le type du tyran violent, colérique, tonnant à pleine gueule et roulant des yeux en boule de loto, pour parler comme le peuple.

3. Se coucher aux pieds de sa maîtresse pendant une représentation dramatique était, paraît-il, un acte habituel aux jeunes galants. C'était aussi,

paraît-il, une marque d'amitié, et il n'était pas rare de voir un jeune gentilhomme s'asseoir aux pieds d'un ami pour regarder un spectacle.

Quelque obscurité règne dans ce passage : *for I will wear a suit of sables*, dit Hamlet. *Sables* désignait les objets de couleur noire. Hamlet veut-il dire qu'il craint de prendre le deuil ? Mais il le porte déjà. Veut-il dire qu'il aura encore bien longtemps à le porter, trop longtemps à son gré ? C'est possible, mais la supposition la plus probable pour nous, c'est que par ce mot *sables* il entend tout beau et riche vêtement quelconque, et qu'il veut dire : Ma foi non, que le diable porte le deuil, moi je veux avoir un beau costume.

5. Fragment d'une complainte populaire déplorant l'abolition du *Hobby Horse*, cheval de bois des fêtes de mai, par les puritains.

6. *Miching mallecho*, dit le texte. Expression légèrement argotique pour signifier tramer un complot perfide. Ne serait-ce pas dans cette expression, par parenthèse, qu'il faut chercher l'origine de notre mot *mic-mac* ? *Miching*, disent les commentateurs, vient du vieux anglais *to mich*, qui signifie agir sournoisement, en dessous. Le verbe italien *micheggiare*, qui signifie la même chose avec une nuance encore mieux marquée, manœuvrer, se faire donner par menées sournoises, arriver à ses fins par trames subtiles, doit avoir ses racines dans ce même mot, qui aura été apporté par la conquête germanique. Ce verbe jouait un grand rôle en Italie aux derniers siècles, et Gozzi dans ses Mémoires nous apprend de quel usage il était dans les coulisses des théâtres de Venise. *Micheggiare* signifiait manœuvrer pour se faire donner des présents, par câlineries, patelinages, etc. Les demoiselles de la troupe du vieux Sacqui *micheggiavan* avec succès et vivacité. De là le mot *michée* qui est resté dans l'argot des filles pour désigner l'amant à cadeaux. Or ici le roi du théâtre fait juste une des actions qu'exprime le verbe *micheggiare*. Il donne des présents, mais pour s'en faire donner un plus grand, il *pateline* pour obtenir un trône. *Mallecho* est un mot espagnol qui signifie mauvaise action, méfait.

7. *Provincial roses*, roses de Provins et non de Provence, comme on l'a cru quelquefois. On avait donné ce nom à d'énormes rosettes que l'on portait aux souliers.

8. Les comédiens étaient payés non par salaires fixes, mais par dividendes déterminés selon les rôles et les services rendus.

9. « Pendant que le gazon pousse, le cheval crève de faim, » vieux proverbe anglais.

10. Cet instrument mentionné plusieurs fois par Shakespeare et ses contemporains est appelé le *recorder*. Qu'était-ce en réalité ? Shakespeare en fait mention comme d'une petite flûte, du flageolet ou du fifre. Mais d'autre part il paraît que les vieilles gravures où cet instrument est représenté le montrent allant de la bouche aux genoux du joueur, et que certains vieux auteurs de traités de musique le décrivent comme se rapprochant de la suavité de la voix humaine. Ce fut, je crois, une manière de clarinette, comme le virginal fut une manière de piano.

11. Les tapisseries laissaient un intervalle entre elles et le mur, en

sorte qu'une personne pouvait aisément se cacher derrière elles. Voir *Les joyeuses Commères de Windsor.*

12. Malone et Steevens nous ont conservé quelques détails sur la tradition scénique de ce passage. Autrefois ces deux portraits désignés par *Hamlet* étaient figurés sous forme de cadres pendant aux murs; les acteurs du dernier siècle y substituèrent deux miniatures qu'Hamlet tirait de sa poche et montrait à sa mère. Cette peu heureuse innovation n'arriva, paraît-il, qu'après la mort de Betterton. Au moment où Hamlet voit le fantôme, la tradition veut aussi qu'il renverse une chaise : ce détail scénique s'est transmis de comédien en comédien.

ACTE IV

1. *Hide fox, and all after;* c'est le jeu de cache-cache sous un vieux nom.

2. On prétend voir ici une allusion à la diète de Worms convoquée par Charles-Quint en 1521, celle même où Luther fut sommé de comparaître; nous ne pouvons nous empêcher de trouver que l'allusion serait bien lointaine. Il y a là tout simplement une série de jeux de mots dus à cette association des idées qui est chère à tout poète. Le mot *diet*, régime, rappelle à Shakespeare la diète germanique, la diète germanique le fait penser aux personnages qui en faisaient partie, etc.; et comme les personnages qui mangent Polonius sont des vers, il s'ensuit que le mot *worms* arrive tout naturellement.

3. C'était la coutume ordinaire des pèlerins. Les coquilles attachées au chapeau ou passées au cou en forme de collier étaient l'insigne de cette vocation, parce que les lieux de pèlerinage se trouvaient soit par delà la mer, soit sur les rivages mêmes de la mer. Il paraît que très-souvent les amoureux persécutés, obligés de fuir ou de se cacher, ou bien aventureux par caractère, avaient recours à ce déguisement qui leur permettait d'échapper sans être reconnus, ou de s'introduire auprès de la personne aimée sans être soupçonnés.

4. Allusion à une vieille légende du Gloucestershire. Notre Seigneur, dit cette légende, entra dans la boutique d'un boulanger où l'on pétrissait une fournée, et demanda un peu de pain. La maîtresse de la boutique prit un morceau de pâte et le mit dans le four pour le faire cuire à l'intention du Seigneur, mais la fille de la maîtresse la réprimanda, et retirant le morceau de pâte, le réduisit à de plus petites proportions. La pâte cependant ainsi réduite n'en commença pas moins à se gonfler, et devint immédiatement d'une dimension énorme. Là-dessus la fille du boulanger cria: *Hou, hou, hou,* et ce cri de chouette donna à Notre Seigneur l'idée d'en faire un oiseau de ce plumage puisqu'elle en avait déjà le ramage.

5. La coutume de se choisir un Valentin ou une Valentine le jour du saint de ce nom est de date fort ancienne, mais d'origine inconnue.

Douce la fait remonter à un usage du même genre, qui faisait partie des fêtes romaines des Lupercales. Ces fêtes se célébraient au mois de février, et comme l'anniversaire de saint Valentin se rapportait juste à cette date, les premiers chrétiens, pour effacer de cette coutume toute trace païenne, l'auraient mise sous l'invocation de ce saint. Cela est bien possible ; cependant comment ce vieil usage s'est-il conservé dans la Grande-Bretagne seule, tandis que les autres provinces où les coutumes romaines étaient bien plus fortes ne l'ont pas retenu? Mais l'histoire est pleine de singularités de ce genre, et nous ne voudrions pas répondre que ce n'est pas là l'origine de cette poétique coutume.

6. Les fleurs présentées par Ophélia ont chacune une signification symbolique en parfait rapport avec l'âge, le caractère et l'histoire des personnes auxquelles elles sont remises. A Laertes elle donne du romarin, fleur qui, dit-on, fortifiait la mémoire, emblème de souvenir fidèle, éternel, et qu'en cette qualité on portait comme signe de regret et signe d'amour, aux funérailles et aux mariages. C'est comme si elle disait à son frère, rappelle-toi notre père. Elle lui donne aussi des pensées, emblème de réflexions inquiètes et qui ne doivent pas être dissipées. Au roi elle donne du fenouil, symbole de flatterie et de paillardise, le fenouil étant un aphrodisiaque, et des colombines, symbole d'ingratitude. Pour la reine et elle-même, elle conserve la rue, emblème de chagrin, mais en indiquant qu'elles doivent les porter d'une manière différente : elle-même Ophélia comme symbole de douleur imméritée, la reine comme symbole de douleurs nées du remords.

ACTE V

1. Sir John Hawkins a suggéré judicieusement que ce passage était une satire de la logique saugrenue des légistes qui furent appelés à juger un certain procès né d'un cas de suicide, le procès de la dame Hale rapporté dans les commentaires de Plowden. Le mari de cette dame, Sir John Hale, se noya, et la question était de savoir si un certain fermage qui lui appartenait au moment de sa mort revenait à la couronne. Voici la manière de raisonner des juges de ce temps-là. Premier Bridoison portant pour nom Walsh ratiocine comme suit : « L'acte consiste en trois parties. La première est d'imagination, ce qui est une réflexion ou méditation de l'esprit pour savoir s'il est ou non convenable de se détruire et de quelle manière la chose peut être faite. La seconde est la résolution qui est la détermination prise de se détruire, et d'accomplir l'acte par un moyen arrêté irrévocablement. La troisième est l'exécution de ladite résolution. Cette exécution elle-même se divise en deux parties, le commencement et la fin. Le commencement est l'accomplissement de l'acte qui cause la mort, et la fin est la mort qui est une conséquence de cet acte. » Puissamment raisonné, maître Walsh. Admirons maintenant la logique des maîtres Weston, Anthony Brown, et Lord Dyer : « Sir John Hale est

mort; et comment a-t-il trouvé la mort? Il faut répondre, par la noyade. Et qui l'a noyé? Sir John Hale lui-même? Et quand s'est-il noyé? Pendant sa vie. Si bien que John Hale étant en vie força John Hale à mourir, et que l'acte de l'homme vivant fut la cause de la mort de l'homme qui est mort. Et par conséquent pour cette offense, il est raisonnable de punir l'homme vivant qui a commis l'offense et non l'homme mort, etc., etc. » Hélas! pauvre humanité! par quels puissants logiciens tu as été éclairée. Ce qui est fait pour étonner, c'est que tu ne sois pas devenue complétement dénuée de tout bon sens.

2. *Get thee to Yaughan*: il est difficile de déterminer si ce *Yaughan* est un nom de personne ou un nom de localité.

3. Les trois strophes que chante le fossoyeur en les estropiant appartiennent à une romance de Lord Vaux, imprimée en 1557 et reproduite dans le recueil de Percy. Voici cette ballade:

L'AMOUREUX VIEILLI RENONCE A L'AMOUR.

Je me détourne de ce que j'aimais,
De ce qui me paraissait doux dans ma jeunesse,
Comme le temps l'exige pour ma dignité;
Cela n'est plus convenable, me semble-t-il.

Mes gaillardises m'abandonnent,
Mes fantaisies se sont toutes envolées,
Et la marche du temps commence à teindre
Ma tête de cheveux gris.

L'âge marchant à pas furtifs
M'a égratigné avec sa griffe,
Et saute par-dessus la vie joyeuse
Comme si elle n'avait jamais existé.

Ma muse ne m'amuse plus
Comme elle m'amusait autrefois;
Ma main et ma plume ne vont plus en accord
Comme elles allaient jadis.

Car la raison me refuse
Ces jeunes et insouciantes sornettes,
Et jour après jour elle me crie,
Laisse à temps ces bagatelles.

Les rides sur mon front,
Les sillons sur ma face,
Disent que l'âge boiteux veut habiter
Là où la jeunesse doit lui céder la place.

Je vois chevaucher devant moi
Le messager de la mort.
La toux, le rhume, l'haleine courte,
Me disent qu'il faut me préparer,

Une bêche, une pioche
Et un linceul pour m'envelopper ;
Et qu'il faut faire construire une demeure d'argile,
Bonne pour un hôte comme moi.

Il me semble que j'entends le bedeau
Qui sonne le glas funèbre,
Et qui m'invite à laisser là mes tristes œuvres,
Avant que la nature ne m'y force.

Mes serviteurs préparent le linceul
Que la jeunesse méprise en riant,
Pour moi, qui serai bientôt oublié,
Comme si je n'avais jamais été.

Je dois donc renoncer à la jeunesse
Dont j'ai si longtemps porté les couleurs ;
Je dois céder la coupe folâtre
A ceux qui peuvent la porter mieux que moi.

Las ! voici le crâne chauve
Dont la nudité m'apprend
Que l'âge en se courbant arrachera
Ce qu'avait semé la jeunesse.

Car la beauté avec sa troupe
A opéré ces moroses soucis,
Et m'a embarqué pour ce pays
D'où je suis venu à l'origine.

Et vous qui restez après moi,
N'ayez pas d'autre croyance ;
Comme vous êtes par naissance faits d'argile,
Ainsi vous retournerez en poussière.

4. Ces chaînes s'appelaient *bilboes*, de la ville espagnole Bilboa, célèbre par sa fabrication d'objets en fer. Les bilboes étaient de longues barres de fer avec des chaînes annexées qui unissaient ensemble les matelots punis, comme une brochette humaine, si bien que l'un ne pouvait remuer sans obliger son compagnon, ou ses compagnons, à faire le même mouvement que lui. Parmi les objets saisis sur les vaisseaux espagnols après

le désastre de *l'Armada* se trouvaient force *bilboes*; on les montre encore à la Tour de Londres.

5. Nous avons traduit de notre mieux cette incroyable conversation écrite tout entière en style d'*euphuisme*, le style du bel air mis à la mode par Lilly, style qui fut pour l'Angleterre quelque chose de comparable à ce que fut pour l'Espagne le style *culto*, mais dont l'influence fut heureusement plus passagère.

OTHELLO.

IMPRIMÉ POUR LA PREMIÈRE FOIS EN 1622. DATE
DE LA REPRÉSENTATION, 1604.

AVERTISSEMENT.

On sait que toutes les pièces de Shakespeare qui ne furent pas éditées de son vivant, parurent pour la première fois dans la grande édition *in-folio* de 1623. *Othello* cependant fait exception à cet égard. La première édition de cette pièce fut un *in-quarto* publié en 1622, un an par conséquent avant l'*in-folio* d'Heminge et Condell. Un second *in-quarto* fut imprimé huit ans après, en 1630. La date de la représentation a paru longtemps incertaine; Malone, qui a varié plusieurs fois à son sujet, l'avait placée d'abord en 1611, puis s'était formellement prononcé pour 1604, mais sans donner aucune preuve à l'appui de son opinion. Cette dernière supposition était parfaitement fondée, ainsi que l'ont prouvé les recherches de l'érudition contemporaine. Dans les *Extraits des comptes rendus des divertissements de la cour* édités par M. Cunningham pour la société de Shakespeare, on trouve que la tragédie du *Maure de Venise* fut représentée à Whichall au jour de la Toussaint, 1604; mais elle ne paraît pas cependant avoir été jouée sur le théâtre du *Globe* avant l'année 1610. Elle y eut, paraît-il, un grand succès qui se prolongea jusqu'après 1613.

Le sujet de cette pièce est tiré d'une nouvelle du recueil de Cinthio intitulé *les Hecatommithi*, ou autrement dit *les Cent nouvelles*. Ces nouvelles furent traduites en français en

1584; mais comme il n'y en eut aucune traduction anglaise du vivant de Shakespeare, nous ne savons à quelle source il a puisé directement. Nous allons donner une analyse minutieuse de ce récit, afin de mettre le lecteur à même de juger des admirables modifications que le grand poëte à fait subir à cette anecdote grossière comme un fait divers de journal ou une aventure de cour d'assises.

La différence éclate dès les premières lignes de la nouvelle. Une noble dame de Venise nommée Desdémona, s'était éprise des vertus vaillantes d'un général maure au service de la république, et l'avait épousé en dépit de l'opposition opiniâtre de ses parents : les deux époux vécurent longtemps à Venise en parfaite union. Ainsi le mariage de Desdémona s'est fait au grand jour. Pas d'évasion nocturne, pas de Brabantio réveillé en sursaut, pas de réclamations devant le suprême conseil de Venise. Desdémona est une personne libre de son choix et dont la volonté a pu triompher de tous les obstacles; ce simple détail suffit déjà pour ranger cette histoire dans la catégorie de toutes les aventures ordinaires d'amour, et pour lui retrancher ses ressorts les plus dramatiques. Nous comprenons bien plus profondément, en effet, l'horreur du sort de Desdémona, lorsque nous avons vu quels sacrifices elle a dû faire à son amour; il lui a fallu surmonter la pudeur de son sexe, celle plus grande encore de son âme, vaincre les préjugés de son sang et de son rang, blesser à mort le plus noble et le meilleur des pères. Ajoutons que par ce début qui est tout entier de son invention, Shakespeare nous introduit dans l'âme même de Venise. Lorsque Brabantio plaide sa cause devant le Doge, ce n'est pas seulement un père outragé qui réclame justice, c'est un membre de cette aristocratie si exclusive qui demande à ses frères de venger leur honneur outragé en lui par un soldat stipendié à leur service, et qui les prie indirectement de mesurer la distance qu'il y a entre un aventurier afri cain et un *magnifico* de cette Venise qui dicte des lois à toutes les mers. L'orgueil oligarchique éclate là dans ce qu'il a de plus avouable et de plus délicat, et Shakespeare en inventant cette scène a compris Venise aussi profondément qu'elle pourrait l'être par l'historien le plus érudit dans la connaissance de ses annales.

Les seigneurs de Venise font choix du Maure pour capitaine général de Chypre ; Desdémona se refuse à rester à Venise sans son mari, et lui déclare qu'elle le suivra partout où il ira, dût-elle passer « en chemise au travers du feu ». Le Maure s'embarque donc, emmenant avec lui deux personnages fort importants dans cette histoire : un enseigne, d'âme très-méchante, dont la femme était fort aimée de Desdémona, et un caporal (lieutenant) très-apprécié du Maure qui l'invitait souvent à sa table, autrement dit Iago et Cassio. Un jour, l'enseigne dont le Maure (il ne porte aucun nom dans la nouvelle de Cinthio, non plus que l'enseigne et le caporal) ne soupçonnait pas l'âme déloyale, s'avise de s'éprendre d'amour pour Desdémona. Il fait tous ses efforts pour lui révéler sa passion, mais c'est en vain ; le cœur de Desdémona étant tout entier à son mari, elle n'aperçoit rien des sentiments qui s'agitent à ses côtés. L'enseigne, bassement soupçonneux comme toutes les âmes viles, loin d'attribuer l'inattention de Desdémona à son véritable mobile, l'amour de son époux, s'ingère de penser que probablement elle est amoureuse du caporal, et conçoit par suite de cette lubie jalouse une haine atroce contre l'innocent officier. Pour se venger de cette offense imaginaire, et aussi pour faire en sorte que le Maure ne jouisse pas plus longtemps de sa femme, puisque lui-même ne peut la posséder, il prend la résolution d'accuser Desdémona d'adultère avec le caporal, et épie soigneusement l'occasion qui pourra prêter probabilité à son accusation. Cette occasion se présente bientôt : le caporal ayant engagé une querelle et mis pour la soutenir l'épée à la main, est cassé par le Maure; et quelques jours après, ce dernier, causant avec l'enseigne, lui dit qu'il était tant importuné par sa femme à cause du caporal, qu'il serait forcé de le reprendre. Alors l'enseigne insinue perfidement l'accusation d'adultère de manière à laisser tomber une semence de passion meurtrière dans l'âme du Maure. Le général en effet sort de cette conversation tout mélancolique, et à dater de ce jour il n'est plus envers sa femme comme par le passé. Comme elle le sollicite derechef, il éclate : « C'est grand cas, Desdémona, lui dit-il, que vous ayez tant de soin de celui-là ; il n'est ni votre frère, ni votre parent pour lui vouloir tant de bien. » Desdémona s'excuse humblement, et lui représente que la faute du caporal était après tout légère; « mais vous autres Maures, lui dit-elle, vous êtes naturellement si chauds que la moindre chose vous excite au courroux et à la vengeance. » Là-dessus le Maure s'enflamme encore davantage : « Telle la pourrait éprouver qui ne le pense pas, dit-il; je verrai telle vengeance des injures que l'on me fait que j'en serai saoul. »

C'est bien à peu près ainsi que dans Shakespeare débute la jalousie d'Othello, et qu'Iago sème la méfiance dans l'âme du Maure. La ruse du pervers, la silencieuse agitation du Maure, ses colères inexpliquées qui laissent Desdémona confuse d'étonnement, étaient autant d'incidents bien trouvés, naturels, conformes à la logique des passions, et Shakespeare n'a eu garde d'y rien changer, car il est étonnant de voir avec quel tact il démêle dans les éléments qu'il emploie tous ceux qui respectent la nature et le bon sens. Shakespeare s'est attaché plus étroitement encore au récit de Cinthio pour toute la suite des manœuvres perverses de l'enseigne. Il vient enfin un moment où le scélérat voyant l'âme du Maure bien préparée pour la vengeance, articule nettement l'accusation d'adultère. Le Maure éclate, et tournant d'abord sa rage contre l'enseigne : « Je ne sais, dit-il, qui me tient que je ne te coupe cette langue assez hardie pour donner un tel blâme à ma femme? » L'enseigne riposte avec une aigreur calculée qu'il n'attendait rien moins que cette récompense de son zèle; mais que tout en s'y attendant, il s'est décidé à cette révélation, tant est grand l'intérêt qu'il prend à l'honneur de son maître, et que du reste il se fait fort de lui prouver l'infidélité de sa femme et même de l'en rendre témoin. « Si tu ne me fais voir ce que tu m'as dit, répond le Maure, assure-toi que je te ferai connaître que mieux t'eût valu être né muet. » On reconnaît le germe de la grande scène du troisième acte entre Othello et Iago, mais comme ce germe maigre et sec a donné une sombre et splendide floraison! Avec quelle éloquence pathétique, quelle poésie douloureuse, quelles apostrophes passionnées, ces minces éléments ont été développés!

L'incident du mouchoir a été également emprunté à Cinthio, à cette différence près que chez le conteur italien l'enseigne ne se contente pas de se le faire donner par ruse, mais qu'il le vole de sa propre main dans la ceinture de Desdémona. Cet incident est autrement naturel et subtil à la fois dans Shakespeare, grâce à la transformation qu'il lui a fait subir. Iago profite de la faiblesse de sa femme Émilia pour lui arracher ce mouchoir, et celle-ci pour ne pas mécontenter son mari consent à commettre un léger abus de confiance. Émilia se rend coupable de ce délit avec innocence, et en s'amnistiant par ces excuses que tant de femmes mettraient en avant : elle n'a pas commis de larcin, elle a ramassé un objet perdu qu'elle s'est contentée de ne pas rendre. L'objet retenu n'est après tout qu'un mouchoir. Et puis cela fait plaisir à son mari, et le devoir d'une bonne femme est de complaire à son mari. La conscience humaine est fertile à s'inventer des excuses de ce genre, et nous sommes tous exposés journellement aux méfaits de sa casuistique, qui sont autrement redoutables, étant plus multipliés, que les méfaits de la perversité.

L'enseigne porte le mouchoir sur le lit du caporal, et ici se trouve un incident assez naturellement amené dont Shakespeare n'a cependant pas cru devoir faire usage. Le caporal trouve le mouchoir, le reconnaît comme appartenant à Desdémona, et ne sachant comment il se rencontre chez lui, sort pour le rapporter à la femme de son général. Il va frapper à la porte de derrière afin de n'être pas vu, et la fatalité veut qu'en cet instant le Maure mette la tête à la fenêtre et demande qui est là. Le caporal s'enfuit à toutes jambes, pas assez vite toutefois pour que le Maure ne le reconnaisse pas. Force est donc au caporal de garder le mouchoir. Enfin l'enseigne use du stratagème d'Iago pour confirmer encore les soupçons du Maure, en lui faisant entendre une conversation perfidement calculée, ou plutôt en lui en faisant apercevoir la pantomime, et lorsque le Maure lui en demande l'explication, il lui répond que le caporal lui racontait comment il avait reçu le fameux mouchoir en don d'amour de Desdémona. Interrogée par son mari, Desdémona est obligée de répondre qu'elle a égaré ce mouchoir; puis à quelque temps de là, grâces à une sinistre faveur du hasard, l'enseigne montre au Maure une femme assise auprès de la fenêtre du caporal, et travaillant à faire une imitation de ce fatal objet dont elle connaissait la provenance et dont elle avait voulu tirer la copie avant qu'il fût rendu. Dès lors le Maure ne doute plus, et la mort de Desdémona et de son prétendu complice est irrévocablement résolue.

Le caporal est frappé par l'enseigne comme dans Shakespeare. Quant à Desdémona, elle est assassinée d'une façon aussi barbare que singulière. L'enseigne persuade au Maure qu'il faut la tuer à coups de sacs remplis de sable, et puis, quand cela sera fait, la poser sur son lit, et laisser tomber sur elle le plafond de sa chambre qui est vieux et vermoulu. Les gens croiront ainsi à un accident, et le crime aura été commis impunément. Le Maure ayant accepté, l'enseigne se cache un soir derrière la porte de la chambre et fait quelque bruit. « Lève-toi, dit le Maure à Desdémona, et vois ce que c'est. » La pauvre femme se lève sans défiance et reçoit de l'enseigne un coup de sac plein de sable qui la renverse. Elle crie au secours, n'en reçoit pas d'autre que les injures de son lâche mari, et meurt au troisième coup de l'enseigne. Alors les meurtriers la blessent et la mutilent à la tête, la posent sur son lit, et laissent tomber sur elle le plafond. Voilà l'invention à la fois baroque et vulgaire qui remplace l'oreiller d'Othello, cet oreiller, dernière marque d'amour, choisi avec tant de barbare tendresse pour que le sang de la belle créature ne soit pas répandu. Jamais femme ne fut tuée avec moins de noblesse que la Desdémona de Cinthio.

La vengeance, loin de calmer l'âme du Maure, ne fait que changer la nature de ses tourments. Ne pouvant se consoler de la mort de Desdémona, il prend l'enseigne en horreur, et finit par lui enlever son grade. Le scélérat continuant le cours de ses exploits dénonce alors au caporal l'auteur du coup qui l'a réduit à marcher avec une jambe de bois. Ce dernier accuse le Maure devant la Seigneurie de Venise, et de sa blessure, et du meurtre de Desdémona. Le Maure est mis à la torture, nie obstinément son crime, et finit par périr assassiné par les parents de Desdémona. Quant à l'enseigne, il persévère dans son infamie, et s'étant rendu coupable d'une fausse accusation nouvelle, il est soumis à la torture et meurt des suites de ses tourments. On voit combien la conclusion de cette histoire diffère de celle de Shakespeare. Nous n'insisterons que sur deux détails. Le Maure de la nouvelle italienne est une dupe lâche et cruelle, sans aucun éclair de noblesse, et qui pour tout héroïsme n'a que de l'obstination. Son âme marche de pair avec celle de l'enseigne. Sa vengeance est basse et n'a rien de la belle cruauté de la passion. Il n'ose porter la responsabilité de son crime, et choisit un genre de meurtre qui doit le faire paraître innocent. Mis à la torture, son seul courage consiste à nier. Comme nous sommes loin de cet admirable Othello, si tendre dans sa férocité, si loyal dans son crime, si franc dans sa confession, si vaillant à faire justice sur lui-même de l'erreur dont Desdémona a été victime! Remarquons encore avec quel tact Shakespeare a transposé le grief qui porte l'enseigne à dénoncer le Maure. Dans la nouvelle italienne, ce grief naît après l'assassinat de Desdémona, et comme une conséquence de cet assassinat même ; Shakespeare l'a transporté adroitement au début de sa pièce, et l'a donné pour mobile et point de départ à la scélératesse d'Iago.

Le lecteur a pu voir par notre analyse de la nouvelle de Cinthio que cette anecdote contient les éléments non d'une tragédie, mais d'un mélodrame. Les sentiments sont ceux que le mélodrame préfère ; les trois principaux personnages sont ceux qui sont nécessaires à tout mélodrame bien *corsé*, à savoir le traître, la dupe coupable, la victime dévouée. Entre les mains d'un poëte ordinaire, même doué de certaines parties de génie, ce sujet n'aurait donc jamais rendu qu'un mélodrame plus ou moins émouvant ; les contemporains même de Shakespeare nous en fournissent vingt preuves toutes plus convaincantes les unes que les autres. Combien de fois ils ont ramassé dans les greffes des tribunaux de l'époque des histoires judiciaires de ce genre ; le théâtre anglais contemporain de Shakespeare a mis en drames toutes les causes célèbres du seizième siècle, meurtres atroces, passions contre nature, procès de sorcellerie. Webster, Ford, Philippe Massinger surtout, avaient inventé naïvement le mélodrame, avant que nos modernes dramaturges eussent échafaudé théorie sur théorie pour prouver qu'ils étaient les créateurs d'un genre vieux de plus de deux siècles. Nous recommandons à tout lecteur qui voudra s'en convaincre de jeter les yeux sur quelques-unes des productions du théâtre anglais au temps de Shakespeare : *la Tragédie du Yorkshire, la Sorcière d'Edmonton, le Combat contre nature, le Fatal Douaire*. Mais ce sujet qui ne pouvait rendre qu'un mélodrame, Shakespeare a su l'élever par son art jusqu'à la tragédie, ou pour mieux dire, il a su en tirer un genre original de tragédie où la simplicité s'unit à l'élévation, et la bonhomie des peintures à la grandeur des passions. Quand on vous dira que la tragédie n'est pas capable de peintures familières et domestiques, et qu'elle ne saurait sans déroger quitter les appartements des rois et la compagnie des héros, répondez hardiment par l'exemple d'*Othello*. Quelque relevée que soit la condition des principaux personnages, est-ce que les peintures d'*Othello* ne vous reportent pas à une vie bourgeoise comme celle de nos ménages? N'avez-vous pas au premier acte la vision rapide de l'intérieur domestique de Brabantio? Ne partagez-vous pas pendant tout le reste du drame la vie intime d'Othello et de Desdémona? Ne suivez-vous pas les époux dans leurs promenades? Ne vous asseyez-vous pas avec eux dans la salle de leurs repas? N'entrez-vous pas dans leur chambre à coucher? Ne connaissez-vous pas par le menu tous les détails de leur habitation, et la domesticité de la maison ne vous est-elle pas familière? Les incidents qui amènent les péripéties du drame ne sont-ils pas ceux de la vie de tous les jours, une visite fâcheuse, un mouchoir perdu, une légèreté de femme de chambre, un mot à sens incertain, prononcé par un méchant? *Othello* prouve donc de la manière la plus irréfragable que la tragédie peut sans déroger s'associer à la vie privée, et descendre sans s'abaisser jusqu'aux simples mortels; il faut reconnaître néanmoins que cette exception est à peu près unique dans le royaume de l'art. Shakespeare a fait à la réalité une vaste place dans tous ses drames il est vrai; mais il ne l'y a introduite que par parties, comme élément, et pour servir de contraste; ici au contraire elle est le tout du drame; elle en pénètre les scènes les plus basses comme les passions les plus nobles.

Avec *Hamlet* nous nous plaignions du peu d'espace dont nous pouvions disposer pour le commentaire; nous n'avons à formuler avec *Othello* aucune plainte de ce genre. Les caractères en sont si simples, si faciles à comprendre, les passions si familières à l'expérience de tous, les mobiles d'action si clairs, si accessibles à l'intelligence du premier venu, que la critique est dispensée de longues explications. Ici elle n'a rien à faire qu'à admirer et à écrire pour tout commentaire les trois épithètes que Voltaire voulait placer au bas de chacune des pages de l'*Athalie* de Racine : « beau, sublime, admirable ». Cependant les trois principaux caractères donnent lieu à quelques observations sur lesquelles nous voulons appeler sommairement l'attention du lecteur.

Nous avons dit plusieurs fois que les personnages de Shakespeare étaient à l'inverse des personnages de la tragédie française, non des types généraux et abstraits, mais des individus. Il faut s'entendre cependant. Shakespeare crée fort bien des types; seulement il les crée par un procédé qui, s'il est tout le contraire du procédé français, est singulièrement conforme en revanche au génie de sa race et de son pays. Il crée des types par la méthode qu'inventait alors son grand compatriote, François Bacon, pour renouveler les sciences, par l'induction, la généralisation, la réunion et l'examen de tous les faits particuliers qui se rapportent à une même passion ou à un même sentiment; aussi peut-on dire en toute vérité qu'il y a union absolue de doctrine entre le philosophe et le poëte, et que ces deux grands hommes s'expliquent et se complètent l'un par l'autre. Shakespeare fait pour l'âme humaine ce que Bacon fait pour la nature. Nous avons déjà dit comment Roméo, par exemple, tout en restant un individu, se trouve réunir toutes les conditions d'où naît le parfait amoureux. Il est jeune, et l'amour n'a tout son prix que dans l'extrême jeunesse; il n'a pas connu encore d'autre passion, et l'amour n'a toute sa force que lorsqu'il règne dans l'âme sans partage. Cet amour est soudain et violent, ce qui le sépare de tout mélange de sentiments contigus ou frères; il est complet enfin, parce qu'il est physique autant que moral, et qu'il s'attache autant à la beauté de Juliette qu'à son âme. En outre Roméo est un méridional, et les méridionaux seuls portent dans l'amour assez de franchise et d'abandon pour ne laisser place en eux à aucun sentiment qui pourrait lui faire équilibre et obstacle. Le type d'Othello a été créé d'après le même procédé. Pour peindre la jalousie parfaite, Shakespeare a cherché et réuni toutes les conditions et toutes les circonstances qui permettent à cette passion de se révéler dans toute son intensité. Quel est l'âge par excellence de la jalousie ? Celui qui marque l'extrême frontière qui sépare la vie en deux parties égales, l'âge où l'homme attristé déjà par les premières brumes de son automne, voit fuir les riches campagnes de son printemps et de son été, et s'avancer les plaines glacées de son hiver. L'amour jaloux par excellence, c'est le dernier, parce qu'il est sans espoir de consolation et de revanche. Et quels sont les hommes qui par condition et profession sont le plus facilement et le plus cruellement atteints par les ravages de la jalousie? les hommes dont le principal mobile d'action est l'honneur, c'est-à-dire les militaires, parce que l'amour trompé non-seulement détruit en eux le bonheur, mais blesse le ressort même de la vie, en sorte que l'homme social est atteint du même coup qui frappe l'homme privé. Et quelles sont les races les plus aptes à céder à la jalousie et à en ressentir toutes les souffrances? L'expérience historique nous apprend que ce sont les races africaines, parce que, élevées dans l'absolue liberté du désert et de la tente, elles sont incapables de comprendre ces incessantes tran sactions, ces prudents ménagements et cette discrète tolérance que le jeu infini de passions réciproques et sans cesse renaissantes enseigne aux hommes de nos sociétés; parce que pour elles le bonheur c'est l'orgueil de l'âme, que l'orgueil n'a son plein développement que par la sécurité et la confiance, et que l'amour trompé en détruisant la sécurité ruine en même temps toute possibilité de vie heureuse. Or Othello réunit toutes ces conditions. Othello a dépassé depuis longtemps les limites de la jeunesse; il a cinquante ans. Sa vie s'est passée dans les camps, loin des douceurs de la vie sociale qu'il a toujours ignorées ou auxquelles il n'a pensé que pour les mépriser. C'est alors que le bonheur s'offre à lui d'une manière inespérée avec Desdémona. Son âme naïve s'ouvre avec le brûlant enthousiasme de sa race au tardif noviciat de l'amour; il porte dans cette passion suprême tous les trésors de tendresse entassés en lui par l'austérité de sa vie militaire. Mais son amour n'est pas, ne peut pas être de même nature que celui de sa jeune femme. L'amour de Desdémona ne se compose que de dévouement, dans celui d'Othello l'égoïsme joue forcément un rôle actif. Desdémona aime le Maure, pour lui-même; Othello aime Desdémona moins pour elle que pour lui, moins par reconnaissance que pour le bonheur dont elle l'enivre; il l'aime avec l'orgueil dont l'anobli aime son titre, avec l'avarice dont l'enrichi aime son trésor. Aussi son désespoir est-il extrême lorsque les premiers soupçons sont entrés en lui. La branche à laquelle il appuyait son bonheur craque, et il se voit, saisi de vertige, rouler dans l'abîme. Sa vie entière est déshonorée par le coup qui le frappe, et l'honneur est atteint en lui en même temps que l'amour. Othello est donc bien un type puisqu'il réunit toutes les conditions de la jalousie parfaite, sans en excepter une seule; mais comme ces conditions composent sa personnalité même, il ne devient un type qu'à force, pour ainsi dire, d'être un individu.

Je crois qu'on s'est trompé jusqu'ici sur le compte d'Iago. La plupart des critiques en font volontiers le type du traître profond, du Florentin élevé selon les doctrines de Machiavel, du scélérat de génie en un mot. Il m'est impossible de découvrir rien de pareil dans Iago, et j'y vois même tout le contraire. Iago c'est le type même de l'homme médiocre, le *fruit sec* par excellence. Tous les jours vous êtes coudoyés, abordés, approchés par des milliers d'Iagos; ils ne vous font pas grand mal, il est vrai, la plupart du temps, parce que vous ne leur en donnez ni l'occasion, ni la liberté; mais accordez-leur la moindre prise sur vous, et vous m'en direz des nouvelles. Quand vous voudrez savoir de quoi est capable un vulgaire imbécile, adressez-vous à Iago, il vous renseignera. Iago est un obscur enseigne dont l'âme plate est indignée de se morfondre dans les rangs inférieurs de l'armée. Il a demandé à Othello un avancement que celui-ci n'a pas cru devoir lui accorder, et qu'il a au contraire donné à Cassio. Il y comptait d'autant mieux qu'il soupçonnait vaguement le général de serrer sa femme d'un peu trop près, et qu'avec la servilité de pareilles natures, il avait espéré profiter pour faire plus rapidement son chemin de cette faiblesse supposée d'Othello. Il s'est vu désappointé, et le dépit entrant dans son âme comme l'atome de levain dans la pâte, l'aigrit sourdement, la fait fermenter, et enfin la pénètre tout entière du désir de la vengeance. Ce n'est point qu'il médite un grand crime; sa petite âme n'est pas capable de telles résolutions; non, il veut faire quelque chose qui puisse causer de la peine au Maure, blesser cette nature qu'il connaît si susceptible et si bouillante, lui mettre des cendres dans son potage, de la poudre piquante dans son lit, des épingles sous son siége. A l'origine ce n'est qu'un cruel farceur de caserne et de taverne, un mystificateur de l'espèce méchante. Cette visqueuse bête à sang-froid ne veut d'abord que baver; ce n'est que par degrés qu'il s'aperçoit qu'il a non-seulement la glu de la limace, mais la dent de la vipère. A la fin de la pièce nous le voyons scélérat complet, mais c'est presque à son insu et par degrés insensibles qu'il l'est devenu. Il a commencé par jouer méchamment; cela fait, il s'est aperçu que le soin de sa sécurité voulait qu'il confirmât sa fraude; qu'adviendrait-il de lui, si Othello venait à découvrir que ses insinuations sont une plaisanterie perfide? Il a menti pour se venger, il lui faut mentir maintenant pour sauver sa peau. Bientôt mentir ne suffit pas : il lui faut voler, et il vole; il lui faut tuer, et il tue; mais à chaque pas nouveau qu'il fait dans le crime, ses terreurs augmentent. Comme tout son échafaudage repose sur un malentendu, et qu'il est inévitable que cette obscurité ne soit éclaircie à l'improviste par un éclat de l'étourdi Roderigo, par une altercation entre Cassio et Othello, par une parole d'Émilia, par une enquête de Desdémona, il est nécessaire que tous ces personnages disparaissent sans soupçonner la main qui les frappe. Iago cherchait de l'avancement; il en a obtenu un sur lequel il ne comptait pas, car parti de la parfaite médiocrité de nature, il s'est élevé par ses labeurs pervers au rang de scélérat accompli.

Nous dirons peu de chose de Desdémona. C'est la plus touchante et la plus intéressante, mais non la plus pure et la plus chaste des héroïnes de Shakespeare; il s'en faut qu'elle possède cette splendeur virginale immaculée qui distingue Miranda, et cette pudeur de neige qui distingue Imogène. Il y a une ombre légère à sa pureté, une toute petite tache à sa chasteté. Desdémona a obéi, en contractant ce fatal mariage, moins à la nature, qu'aux sentiments de noblesse que lui a donnés l'éducation; la passion à laquelle elle a cédé est moins une passion du cœur qu'une passion de la tête et de l'intelligence. Desdémona est une personne d'une suprême distinction d'âme, plus capable de reculer devant ce qui est vulgaire que devant ce qui est monstrueux. La vaillance, la vertu, les longues souffrances d'Othello l'ont aveuglée sur les différences choquantes qui le séparent d'elle, et elle s'est amoureusement offerte au vieux soldat comme une victime expiatoire de sa vie laborieuse, comme un holocauste chargé de racheter ses dures fatigues. *Elle s'est offerte comme un holocauste !* Oserai-je dire qu'il y a là une pointe de perversité. Les anges aussi peuvent avoir leur perversité, et cette perversité c'est un excès de zèle séraphique, un empressement trop vif d'humilité, une expansion de charité trop ardente. Ah ce n'est pas pour rien que le conteur italien a donné à la noble patricienne de Venise ce nom singulier de *Desdemona* (la demoiselle de la maison des démons), et que Shakespeare le lui a conservé ! Mais cette perversité angélique qui est celle de l'épouse d'Othello est bien féminine, et Shakespeare, qui a compris le cœur humain dans toute son étendue, a trouvé dans cette amoureuse ardeur de sacrifice l'élément premier d'un des types les plus attachants, les plus pathétiques, les plus foncièrement féminins qui aient jamais été créés par aucun poëte.

PERSONNAGES DU DRAME.

LE DOGE DE VENISE.
BRABANTIO, sénateur.
AUTRES SÉNATEURS.
GRATIANO, frère de BRABANTIO.
LODOVICO, parent de BRABANTIO.
OTHELLO, noble maure, général au service de VENISE.
CASSIO, son lieutenant.
IAGO, son enseigne.
RODERIGO, gentilhomme vénitien.
MONTANO, prédécesseur d'OTHELLO dans le gouvernement de CHYPRE.
UN BOUFFON, valet d'OTHELLO.
UN HÉRAUT.

DESDÉMONA, fille de BRABANTIO et femme d'OTHELLO
ÉMILIA, femme d'IAGO.
BIANCA, maîtresse de CASSIO.

OFFICIERS, GENTILSHOMMES, MESSAGERS, MUSICIENS, MARINS, SUIVANTS, etc.

SCÈNE. — Le premier acte à VENISE ; pendant le reste du drame, dans un port de mer de l'île de CHYPRE.

OTHELLO

OU

LE MAURE DE VENISE.

ACTE I.

SCÈNE PREMIÈRE.

VENISE. — Une rue.

Entrent RODERIGO *et* IAGO.

RODERIGO. — Ta, ta! ne m'en parle jamais plus; je suis extrêmement blessé que toi, Iago, qui as disposé de ma bourse comme si tu en avais tenu les cordons, tu aies pu connaître cette affaire....

IAGO. — Mordieu! mais vous ne voulez pas m'écouter; — si jamais j'avais rêvé d'une semblable chose, prenez-moi en horreur.

RODERIGO. — Tu m'avais dit que tu l'avais en haine.

IAGO. — Méprisez-moi, si cela n'est pas vrai. Trois grands personnages de la cité sont allés lui tirer leur chapeau pour le solliciter de me faire son lieutenant: — et sur la foi d'un homme, je connais mon prix, je ne mérite pas une moindre place : — mais lui, qui chérit son orgueil et qui tient à ses partis pris, a esquivé leur demande avec des phrases pompeuses horriblement lardées de termes de guerre, et pour conclusion, il a refusé mes solliciteurs; « car, certes, a-t-il dit, j'ai déjà choisi mon officier. » Et quel est cet officier? Ah! un grand arithméticien, ma foi! un certain Michel Cassio, un Florentin[1], un garçon presque damné par les jolies femmes[2], qui n'a jamais manœuvré un bataillon en campagne, et qui ne connaît pas plus les dispositions d'une bataille qu'une vieille fille, excepté par théories apprises dans des livres, théories que les gens de robe pourraient expliquer aussi bien que lui : pur babil, et aucune pratique, voilà toute sa science de soldat. Mais c'est lui, Messire, qui a été élu; et moi, dont le général avait vu de ses yeux les preuves, à Rhodes, à Chypre, et sur d'autres terres chrétiennes et païennes, il faut que je me voie avec patience passer sur le corps par ce teneur de livres, ce chiffreur, ce commis de banque; c'est lui qui, l'occasion venue, sera son lieutenant, et moi, — Dieu bénisse ce titre! — je reste l'enseigne de Sa Seigneurie maure.

Roderigo. — Par le ciel, j'aurais été plutôt son bourreau.

Iago. — Mais il n'y a pas de remède à cela; c'est la malédiction du service; l'avancement s'obtient par recommandation et amitié, et non par l'ancienneté, qui devrait faire de chaque second l'héritier du premier. Maintenant, Messire, jugez par vous-même, si j'ai de bien vives raisons d'aimer le Maure.

Roderigo. — Je ne le suivrais pas, en ce cas.

Iago. — Oh! Messire, soyez tranquille; je le suis pour prendre sur lui ma revanche : nous ne pouvons pas tous être maîtres, et tous les maîtres ne peuvent pas être fidèlement servis. Vous en rencontrerez plus d'un, de ces imbéciles soumis, à genoux souples, qui raffolant de son obséquieux esclavage, use son temps, beaucoup à la manière de l'âne de son maître, pour rien d'autre que sa provende; puis, lorsqu'il est vieux, cassé aux gages : fouettez-moi ces honnêtes coquins-là. Il y en a d'autres qui, tout en observant scrupuleusement les formes de l'obéissance, et en empruntant la physionomie de la déférence, gardent leurs cœurs à leur propre service; ceux-là ne donnent à leurs maîtres que l'apparence de leur service, les utilisent pour faire leurs affaires, et lorsqu'ils ont doré leurs habits, se rendent hommage à eux-mêmes : ces compères-là ont une certaine âme, et je déclare que je suis de ceux-là. En effet, Messire, aussi vrai que vous êtes Roderigo, si j'étais le Maure, je ne voudrais pas être Iago : en le suivant, c'est moi seul que je suis; le ciel m'est juge que je n'ai pour lui ni respect, ni obéissance, mais je fais semblant d'en avoir pour arriver à mes fins particulières. Quand mes actes extérieurs laisseront apercevoir les véritables mouvements et la vraie figure de mon cœur sous leurs démonstrations de déférence, peu de temps s'écoulera avant que je porte mon cœur sur ma manche pour le faire becqueter aux corneilles. Je ne suis pas ce que je parais.

Roderigo. — Quel bonheur sans pareil aura cet être lippu, s'il peut l'emporter ainsi!

Iago. — Appelez son père, réveillez-le. Acharnez-vous après lui, empoisonnez son bonheur, criez son nom dans les rues à lui, irritez ses parents à elle, et quoiqu'il habite dans un climat fertile, assassinez-le de mouches : quoique sa joie soit bien la joie, faites-lui subir tant de vexations qu'elle en perde quelque peu de sa couleur.

Roderigo. — Voici la maison de son père; je vais l'appeler à haute voix.

Iago. — Faites, et avec le même accent d'effroi et le même lugubre prolongement de voix, que lorsqu'au milieu de la nuit et de la confiance générale, quelqu'un découvre le feu dans une cité populeuse.

Roderigo. — Holà, ho! Brabantio! Signor Brabantio, holà!

Iago. — Réveillez-vous! holà, ho! Brabantio! les voleurs! les voleurs! Veillez à votre maison, à votre fille, et à vos sacs! Les voleurs! les voleurs!

BRABANTIO *apparaît à sa fenêtre.*

Brabantio. — A quel propos m'appelle-t-on avec ces vociférations terribles? qu'y a-t-il?

Roderigo. — Signor, toute votre famille est-elle chez vous?

Iago. — Vos portes sont-elles verrouillées?

Brabantio. — Eh bien, à quel propos me demandez-vous cela?

Iago. — Pardi, Signor, vous êtes volé; pour votre honneur, passez votre robe; votre cœur est brisé, vous avez perdu la moitié de votre âme; au moment où je parle, à ce moment, à cette minute même, un vieux bélier noir est en train de couvrir votre brebis blanche. Levez-vous, levez-vous! réveillez au son de la cloche les citoyens qui ronflent, ou bien le diable fera de vous un grand-père : levez-vous, vous dis-je!

Brabantio. — Ah çà, est-ce que vous avez perdu le bon sens?

Roderigo. — Très-révérend Signor, connaissez-vous ma voix?

Brabantio. — Non, qui êtes-vous?

Roderigo. — Mon nom est Roderigo.

Brabantio. — Tu n'en es que plus mal venu; je t'ai recommandé de ne pas rôder autour de mes portes : je t'ai dit, tu le sais bien, en toute honnête franchise, que ma fille n'est pas pour toi, et maintenant, dans un accès de folie, ayant trop bien soupé et vidé trop de coupes, tu viens par malicieuse bravade me tirer en sursaut de mon sommeil!

Roderigo. — Signor, Signor, Signor....

Brabantio. — Mais tu peux être bien sûr que mon caractère et ma condition ont puissance de t'en faire repentir.

Roderigo. — Patience, mon bon Signor.

Brabantio. — Que viens-tu me parler de vol? nous sommes à Venise; ma maison n'est pas une grange en plein champ [8].

ACTE I, SCÈNE I.

Roderigo. — Très-grave Brabantio, c'est avec une âme pure et simple que je viens vers vous.

Iago. — Parbleu, Signor, vous êtes un de ces hommes qui ne serviraient pas Dieu, si le diable le leur ordonnait. Parce que nous venons pour vous rendre service, et que vous nous prenez pour des ruffians, vous laisserez couvrir votre fille par un cheval de Barbarie; vous aurez des neveux qui vous henniront à la face; vous aurez des coursiers pour cousins et des genets pour parents.

Brabantio. — Quel profane drôle es-tu?

Iago. — Je suis, Signor, un homme qui vient pour vous dire que votre fille et le Maure sont à cette heure à faire la bête à deux dos.

Brabantio. — Tu es un scélérat.

Iago. — Vous êtes — un sénateur.

Brabantio. — Tu me répondras de cela; je te connais, Roderigo.

Roderigo. — Signor, je répondrai de tout ce que vous voudrez. Mais, je vous en prie, est-ce conformément à votre plaisir et à votre très-sage consentement, — comme je vois que cela est en effet jusqu'à un certain point, — que votre belle enfant, à cette heure indue de la nuit, où tout le monde dort, sans escorte meilleure ni pire que celle d'un manant au service du public, d'un gondolier, s'en va se livrer aux embrassements grossiers d'un Maure lascif? Si le fait vous est connu, et si vous l'autorisez, alors nous vous avons fait un téméraire et insolent outrage; mais si vous n'êtes pas informé dudit fait, ma politesse me dit que vous nous outragez à tort. Ne croyez pas que, perdant à un tel point le sens des convenances, je voulusse jouer et badiner ainsi avec Votre Révérence: votre fille, je vous le répète, — si vous ne lui avez pas accordé cette permission, — s'est rendue coupable d'une grosse faute en dévouant sa foi, sa beauté, son esprit, et sa fortune, à un étranger vagabond et nomade, qui est d'ici et de partout. Éclairez-vous vous-même sur-le-champ: si elle est dans sa chambre ou dans votre maison, livrez-moi à la justice de l'état pour vous avoir trompé de la sorte.

BRABANTIO. — Battez le briquet, holà! donnez-moi un flambeau! — réveillez tous mes gens! — Cet accident ne diffère pas beaucoup de mon rêve; la crainte qu'il ne soit vrai m'oppresse déjà. — De la lumière, dis-je! de la lumière! (*Il se retire de la fenêtre.*)

IAGO. — Adieu, car il faut que je vous laisse : il ne me semble ni convenable, ni bien prudent pour ma place, d'être produit comme témoin contre le Maure, ce que je serai si je reste. L'état, en effet, bien que cette aventure soit faite pour créer au Maure quelques obstacles, ne peut sans danger rejeter ses services, je le sais; car ce sont de si fortes raisons qui lui ont fait confier ces guerres de Chypre, en train à l'heure présente, qu'ils n'en trouveraient pas, même au prix de leurs âmes, un autre de sa valeur pour diriger cette affaire : par conséquent, bien que je le haïsse comme les peines de l'enfer, les nécessités de ma vie présente m'obligent cependant à montrer extérieurement les couleurs et les signes de l'affection, simples signes en vérité. Si vous voulez sûrement le trouver, conduisez au Sagittaire[4] les chercheurs maintenant levés; j'y serai avec lui. Là-dessus, adieu. (*Il sort.*)

Entrent sur la scène BRABANTIO *et des* SERVITEURS
avec des torches.

BRABANTIO. — C'est un malheur trop vrai : elle est partie! et ce qui me reste à vivre de mes jours méprisés, ne sera plus rien qu'amertume. — Eh bien, Roderigo, où l'as-tu vue? — Ô malheureuse fille! — Avec le Maure, dis-tu? — Qui voudrait être père! — Comment as-tu su que c'était elle? — Oh elle me trompe au delà de toute imagination? — Qu'est-ce qu'elle vous a dit? — Apportez d'autres flambeaux; réveillez tous mes parents. — Sont-ils mariés, croyez-vous qu'ils le soient?

RODERIGO. — En vérité, je crois qu'ils le sont.

BRABANTIO. — Ô ciel! — Comment est-elle sortie? — Ô

trahison du sang! — Pères, ne vous fiez plus désormais aux âmes de vos filles sur la manière dont vous les voyez agir. — Est-ce qu'il n'y a pas des charmes qui permettent d'abuser de la jeunesse et de l'innocence? N'avez-vous pas lu des faits de ce genre, Roderigo?

RODERIGO. — Oui, vraiment, Signor.

BRABANTIO. — Faites lever mon frère! — Oh! pourquoi n'est-ce pas vous qui l'avez eue? — Que quelques-uns aillent d'un côté, et d'autres dans une direction différente. — Savez-vous où nous pourrons les saisir, elle et le Maure?

RODERIGO. — Je pense que je pourrai le découvrir, s'il vous convient de vous munir d'une bonne garde, et de venir avec moi.

BRABANTIO. — Je vous en prie, guidez-nous. A chaque maison, j'appellerai; je puis commander à beaucoup. — Prenez des armes, holà! et réveillez quelques-uns des officiers spécialement attachés au service de nuit [5]. — Marchons, mon bon Roderigo; — je reconnaîtrai vos peines. (*Ils sortent.*)

SCÈNE II.

VENISE. — Une autre rue.

Entrent OTHELLO, IAGO, *et des* SERVITEURS *avec des torches.*

IAGO. — Quoique j'aie tué des hommes dans le service de la guerre, je tiens cependant pour un cas de conscience de commettre un meurtre prémédité : je manque quelquefois d'iniquité pour me rendre service. Neuf ou dix fois, j'ai eu la pensée de le perforer, là, sous les côtes.

OTHELLO. — Il est mieux que les choses soient ainsi.

IAGO. — Certes, mais il bavardait et proférait des termes si injurieux et si provoquants contre Votre Honneur, qu'avec le peu de dévotion que je possède, j'ai eu bien de la peine à le supporter. Mais, je vous en prie,

Seigneur, êtes-vous mariés pour tout de bon? Soyez sûr de ceci, c'est que le *Magnifico* est très-aimé, et qu'il possède en réalité une voix deux fois plus puissante que celle du doge : il vous forcera à divorcer, ou bien il vous opposera autant d'obstacles et de vexations que la loi renforcée de tout son pouvoir lui lâchera la corde pour vous en opposer.

Othello. — Qu'il agisse conformément à son dépit : les services que j'ai rendus à la Seigneurie parleront plus haut que ses plaintes. On a encore à apprendre, — et cela, lorsque je saurai que la vanterie est un honneur, je le proclamerai, — que je tire ma vie et mon être d'hommes de condition royale ; et quant à mes mérites, ils peuvent parler, sans tirer leur bonnet, à une aussi hautaine fortune que celle que j'ai atteinte[6] : car sache, Iago, que sans l'amour que je porte à la charmante Desdémona, je ne voudrais pas pour toutes les richesses de la mer tracer des limites fixes et étroites à ma condition libre et errante. Mais, regarde! qu'est-ce que ces lumières qui viennent là-bas?

Iago. — C'est le père qui vient de se lever avec ses parents : vous feriez mieux de rentrer.

Othello. — Non pas; il faut qu'on me trouve : mon caractère, mon titre, et ma conscience sans reproches, me montreront tel que je suis. Est-ce que ce sont eux?

Iago. — Par Janus, je ne le crois pas.

Entrent CASSIO *et quelques* officiers *avec des torches.*

Othello. — Les serviteurs du doge! et mon lieutenant! — Bonne nuit à vous tous, mes amis! quelles nouvelles?

Cassio. — Le doge vous fait porter ses compliments, général, et il requiert votre présence à l'instant même, sans une minute de retard.

Othello. — De quelle affaire croyez-vous qu'il s'agisse?

Cassio. — Autant que je puis deviner, c'est quelque chose qui vient de Chypre : c'est une affaire qui paraît pressée : les galères cette nuit même ont envoyé une douzaine de messagers successifs à la queue l'un de l'autre, et bon nombre de conseillers déjà levés et réunis, sont en cet instant avec le doge. On vous a réclamé à grands cris, et lorsqu'on a vu qu'on ne vous trouvait pas à votre logement, le sénat a dépêché trois escouades différentes pour vous chercher.

OTHELLO. — Il est heureux que ce soit vous qui m'ayez trouvé. Je n'ai qu'un mot à dire ici dans la maison, et puis je suis à vous. (*Il sort.*)

CASSIO. — Enseigne, qu'est-ce qu'il fait là?

IAGO. — Ma foi, il a cette nuit abordé une caraque de terre[7]; si la prise est déclarée légale, il est riche pour toujours.

CASSIO. — Je ne comprends pas.

IAGO. — Il est marié.

CASSIO. — A qui?

Rentre OTHELLO.

IAGO. — Marié à.... — Allons, Capitaine, voulez-vous venir?

OTHELLO. — Je suis à vous.

CASSIO. — Voici une autre troupe qui vient vous chercher.

IAGO. — C'est Brabantio : — général, faites attention; il vient dans de mauvaises intentions.

Entrent BRABANTIO, RODERIGO *et des* OFFICIERS
avec des torches et des armes.

OTHELLO. — Holà! arrêtez ici!.

RODERIGO. — Signor, c'est le Maure.

BRABANTIO. — Tombez sur lui, le voleur! (*Ils dégainent des deux côtés.*)

IAGO. — A vous, Roderigo! Allons, Messire, je suis votre homme.

OTHELLO. — Rentrez vos épées brillantes, car la rosée les rouillerait. Mon bon Signor, vous pourrez mieux commander par vos années que par vos armes.

BRABANTIO. — Ô toi, odieux voleur, où as-tu déposé

ma fille? Damné que tu es, tu l'as ensorcelée; car, je m'en rapporte à tous les gens sensés, si elle n'était pas liée des chaînes de la magie, est-ce qu'une vierge si tendre, si belle, si heureuse, si opposée au mariage qu'elle se détournait des riches et beaux fils de notre nation, se serait jamais exposée à la moquerie universelle, en s'échappant de sa tutelle paternelle pour aller se réfugier dans le sein noir comme suie d'un être tel que toi, fait pour inspirer la crainte et non le plaisir. Que le monde en soit juge, n'est-il pas de toute évidence que tu as opéré sur elle par des charmes odieux, que tu as abusé de sa jeunesse délicate au moyen de drogues ou de minéraux qui éveillent les désirs charnels : — je ferai débattre la chose; elle est probable, elle est palpable à la pensée. Je t'appréhende donc et je t'accuse, comme corrupteur des personnes, et comme pratiquant des arts interdits et hors la loi. — Emparez-vous de lui ; s'il résiste, soumettez-le à ses risques et périls.

OTHELLO. — Retenez vos mains, vous deux qui m'appartenez, et vous aussi de l'autre parti : si mon rôle était de combattre, je n'aurais eu besoin de personne pour me le souffler. — Où voulez-vous que j'aille pour répondre à votre accusation?

BRABANTIO. — En prison, jusqu'à ce que le délai établi par la loi et le cours régulier de la justice t'appellent à répondre.

OTHELLO. — Qu'arrivera-t-il si j'obéis? Comment pourrai-je alors satisfaire le doge, dont les messagers sont ici à mes côtés pour m'amener en sa présence à propos de certaine urgente affaire de l'état?

PREMIER OFFICIER. — C'est vrai, très-digne Signor, le doge est en conseil, et je suis certain qu'on a envoyé chercher votre noble personne.

BRABANTIO. — Comment! le doge en conseil à cette heure de la nuit? — Emmenez-le : ma cause n'est pas une cause oiseuse : le doge lui-même et mes frères de l'état ne peuvent que ressentir mon outrage, comme s'il était le leur propre; car si de telles actions peuvent avoir un libre cours, des esclaves et des païens seront nos hommes d'état. (*Ils sortent.*)

SCÈNE III.

VENISE. — La chambre du conseil.

LE DOGE *et des* SÉNATEURS *sont assis à une table;*
des OFFICIERS *en fonctions les assistent.*

LE DOGE. — Il n'y a pas entre ces nouvelles assez d'accord pour qu'elles méritent crédit.

PREMIER SÉNATEUR. — Elles sont fort divergentes en effet; mes lettres disent cent sept galères.

LE DOGE. — Et les miennes, cent quarante

SECOND SÉNATEUR. — Et les miennes, deux cents : cependant quoique ces lettres ne s'accordent pas sur le chiffre précis — et dans les cas comme celui-ci, où les rapports se font par conjecture, fréquentes sont les différences, — toutes affirment cependant l'existence d'une flotte turque, et faisant voile pour Chypre.

LE DOGE. — Certes, la raison dit que cela est bien possible; je ne suis pas assez rassuré par ces inexactitudes, pour que le fait capital de ces nouvelles ne m'inspire pas un sentiment d'inquiétude.

UN MATELOT, *du dehors.*—Holà, hé! holà, hé! holà, hé!

PREMIER OFFICIER. — Un messager des galères.

Entre UN MATELOT.

LE DOGE. — Eh bien, quelles affaires?

LE MATELOT. — La flotte turque se dirige sur Rhodes; voilà ce que je suis chargé de rapporter à l'état de la part du Signor Angelo.

LE DOGE. — Que dites-vous de ce changement?

PREMIER SÉNATEUR. — Cela ne peut soutenir l'examen de la raison; c'est une manœuvre pour nous donner le change. Si nous considérons de quelle importance Chypre est pour le Turc, nous comprendrons que, outre que cette île concerne plus le Turc que Rhodes, il peut encore l'emporter plus facilement, car elle n'est pas armée des mêmes moyens de défense, et manque entièrement des ressources dont Rhodes est pourvue; — si nous réfléchissons à cela, nous ne pourrons pas croire que le Turc soit assez maladroit, pour laisser en dernière ligne l'île qui le concerne en première, et qu'il néglige une tentative facile et profitable pour aller réveiller et défier un danger sans profit.

Le doge. — Certes, en toute confiance, on doit croire que cette flotte n'est pas pour Rhodes.

Premier officier. — Voici d'autres nouvelles.

Entre un messager.

Le messager. — Révérends et gracieux Seigneurs, les Ottomans, se dirigeant directement vers l'île de Rhodes, se sont là renforcés d'une arrière-flotte [8].

Premier sénateur. — Oui, c'est ce que je pensais. De combien est-elle forte cette flotte, dans votre opinion?

Le messager. — De trente voiles, et maintenant, ils reviennent sur leurs pas, et ont bien l'air de porter franchement leurs desseins sur Chypre. Le Signor Montano, votre fidèle et très-vaillant serviteur, vous présente ses devoirs en vous informant du fait, et en vous priant de le croire.

Le doge. — Il est certain alors que c'est pour Chypre. Est-ce que Marc Luccicos [9] n'est pas dans la ville?

Premier sénateur. — Il est maintenant à Florence.

Le doge. — Écrivez-lui de notre part, et envoyez la lettre en toute diligence, courrier par courrier.

Premier sénateur. — Voici venir Brabantio et le vaillant Maure.

Entrent BRABANTIO, OTHELLO, IAGO, RODERIGO,
et des OFFICIERS.

Le doge. — Vaillant Othello, nous devons vous employer sur-le-champ contre l'ennemi commun, l'Ottoman [10]. (*A Brabantio.*) Je ne vous voyais pas; soyez le bienvenu, noble Signor; nous avions besoin de votre conseil et de votre aide cette nuit.

BRABANTIO. — Et moi des vôtres. Que votre vertueuse Grâce me pardonne; ce qui m'a tiré de mon lit, ce n'est ni ma fonction, ni aucun bruit des affaires venu jusqu'à moi; le souci des intérêts publics n'est pas davantage ce qui me tient maintenant à cœur; car mon chagrin particulier est d'une nature si envahissante, si impétueuse, que semblable à une inondation qui emporte tout après elle, il entraîne et engloutit tous les autres tourments, et reste encore entier après cela.

LE DOGE. — Comment! Qu'y a-t-il donc?

BRABANTIO. — Ma fille! ô ma fille!

LE DOGE et LES SÉNATEURS. — Morte?

BRABANTIO. — Oui, pour moi. Elle est subornée, elle m'est volée, elle est corrompue par des sortiléges et des médecines achetées à des charlatans; car la nature, quand elle n'est pas imbécile, aveugle, infirme de sens, ne peut se tromper à ce point sans le secours de la sorcellerie.

LE DOGE. — Quel que soit celui qui par cet odieux moyen a enlevé votre fille à elle-même, et vous l'a enlevée, il subira l'application du livre vengeur de la loi interprétée par vous-même dans son texte le plus implacable; oui, cela sera, quand bien même votre accusation tomberait sur notre propre fils.

BRABANTIO. — Je remercie humblement Votre Grâce : voici l'homme, c'est ce Maure, que votre mandat spécial a, paraît-il, appelé ici pour les affaires de l'état.

LE DOGE et LES SÉNATEURS. — Nous en ressentons le plus profond chagrin.

LE DOGE, à *Othello*. — Que pouvez-vous répondre à cela pour votre défense?

BRABANTIO. — Rien, car c'est la vérité.

OTHELLO. — Très-puissants, très-graves, très-révérends Seigneurs, mes très-nobles et très-éprouvés maîtres, il est très-vrai que j'ai enlevé la fille de ce vieillard; il est très-vrai que je l'ai épousée; la mesure et la portée de mon offense vont jusque-là, pas plus loin. Rude je suis dans mon élocution, et mal partagé dans l'art de parler le doux langage de la paix; car depuis que ces bras ont eu la taille de la septième année, sauf durant les neuf dernières lunes, ils ont trouvé toujours leurs plus chers exercices dans les champs couverts de tentes. En dehors de ce qui concerne les faits de guerre et les combats, je ne puis donc que peu parler de ce vaste monde; par conséquent, en plaidant moi-même ma cause, il est peu à craindre que je l'embellisse. Cependant, avec votre gracieuse patience, je vous ferai, rondement et sans fard, le récit de l'histoire entière de mon amour; je vous dirai par quelles drogues, quels charmes, quelles conjurations, quel pouvoir magique j'ai séduit sa fille, puisque ce sont ces moyens qu'on m'accuse d'avoir employés.

Brabantio. — Une jeune fille qui fut toujours timide, d'un caractère si paisible, si sédentaire, que lorsqu'elle remuait elle en rougissait, aller, en dépit de la nature, des années, de la nation, de la fortune, de tout, tomber amoureuse d'un être qu'elle avait peur de regarder! Il aurait un jugement mutilé et bien imparfait, celui qui déclarerait que la perfection peut errer à ce point contre toutes les lois de la nature; on est bien obligé, devant un fait pareil, d'en chercher l'explication dans les pratiques de l'artificieux enfer. Je maintiens donc encore qu'il a opéré sur elle par quelque mélange puissant sur le sang, ou par quelque potion ensorcelée à cet effet [11].

Le doge. — Maintenir cela n'est pas le prouver; il vous faut des témoignages plus précis et plus clairs que ces assertions légères et les superficielles probabilités de ces vulgaires apparences.

Premier sénateur. — Mais parlez, Othello : avez-vous par des moyens indirects et violents conquis et empoisonné les sentiments de cette jeune fille? ou bien les avez-vous conquis par prières, et par ces belles instances que l'âme adresse à l'âme?

Othello. — Je vous en conjure, envoyez chercher la Dame au Sagittaire, et qu'elle parle de moi devant son père : si son récit me montre odieux à vos yeux, ne vous contentez pas de reprendre la confiance, la charge que je tiens de vous, mais que votre sentence tombe sur ma vie même.

Le doge. — Allez chercher Desdémona.

Othello. — Enseigne, conduisez-les; vous connaissez mieux qu'eux où elle se trouve. (*Sortent Iago et quelques gens de service.*) En attendant qu'elle arrive, aussi sincèrement que je confesse au ciel les vices de mon sang, aussi franchement expliquerai-je à vos graves oreilles comment je conquis l'amour de cette belle Dame, et comment elle conquit le mien.

Le doge. — Fais-nous ce récit, Othello.

Othello. — Son père m'aimait; il m'invitait souvent; il me questionnait toujours sur l'histoire de ma vie, détaillée année par année, sur les batailles, les siéges, les diverses fortunes que j'ai connus. Je lui racontais mon histoire entière, depuis les jours de mon enfance jusqu'au moment même où il m'invitait à parler; je l'entretenais de désastreux hasards, d'accidents pathétiques sur terre et sur mer; je disais comment j'avais échappé de l'épaisseur d'un cheveu à une mort imminente sur la brèche; comment j'avais été pris par un insolent ennemi et vendu comme esclave; comment je m'étais racheté, et quelles aventures m'étaient arrivées en voyage. Alors j'avais à faire mention d'antres vastes et de déserts stériles, de carrières sauvages, de rochers et de montagnes dont les cimes touchent le ciel, — tous ces épisodes se déroulaient successivement; — puis je parlais des Cannibales qui se mangent les uns les autres, des Anthropophages, et d'hommes qui portent leurs têtes au-dessous des épaules [12]. Desdémona paraissait singulièrement intéressée par ces histoires, mais sans cesse les affaires du ménage l'obligeaient à se lever; elle les dépêchait toujours avec la plus grande diligence possible, puis elle revenait et dévorait mes discours d'une oreille avide. Ayant observé la chose, je choisis certain jour une heure opportune, et je trouvai facilement le moyen de l'amener à me prier ardemment de lui faire en entier le récit de mes voyages, dont elle avait entendu quelques parties, mais sans attention suffisante : j'y consentis, et plus d'une fois je lui dérobai des larmes, en lui parlant de quelqu'un des coups douloureux qui avaient frappé ma jeunesse. Mon histoire achevée, elle me donna pour mes peines un monde de soupirs : elle jura que c'était étrange, qu'en vérité c'était étrange à l'excès; que c'était lamentable, étonnamment lamentable : elle aurait souhaité ne pas l'entendre; — cependant elle aurait souhaité que le ciel l'eût fait naître un tel homme; — elle me remercia, et me dit que si j'avais un ami qui l'aimât, je n'avais qu'à lui apprendre à raconter mon histoire, et que cela suffirait pour qu'il l'épousât. Sur cette insinuation, je parlai : elle m'aima pour les dangers que j'avais courus, et moi je l'aimai pour la pitié qu'elle leur donna. Telle est la seule sorcellerie que j'aie employée : voici venir la Dame; qu'elle en témoigne.

Entrent DESDÉMONA, IAGO, *et gens de la suite.*

Le doge. — Je crois que ce récit vaincrait ma fille aussi. — Mon bon Brabantio, prenez au mieux cette méchante affaire : les hommes se défendent encore plus sûrement avec leurs armes brisées qu'avec leurs mains toutes nues.

Brabantio. — Écoutez-la parler, je vous prie : qu'elle confesse qu'elle fit la moitié du chemin, et je veux bien alors que la destruction tombe sur ma tête, si mon blâme le plus fort se porte sur cet homme! — Venez ici, jolie Demoiselle : découvrez-vous dans toute cette noble compagnie quel est celui à qui vous devez surtout obéissance?

Desdémona. — Mon noble père, j'aperçois ici un devoir partagé : je vous suis obligée pour ma vie et mon éducation; ma vie et mon éducation m'apprennent quel respect je vous dois. Vous êtes le maître de mon obéissance, puisque je suis toujours votre fille; — mais voici mon époux; et la même obéissance que ma mère vous montra, vous préférant à son père, je reconnais et je déclare la devoir au Maure mon époux.

ACTE I, SCÈNE III.

BRABANTIO. — Dieu soit avec vous ! — J'ai fini. — Plaise à Votre Grâce, occupons-nous des affaires de l'état : — j'aurais mieux fait d'adopter un enfant que d'engendrer ça. — Viens ici, Maure : je te donne ici de tout mon cœur, ce que je te refuserais de tout mon cœur, si tu ne l'avais déjà. — Grâces à toi, bijou, je suis joyeux du plus profond de l'âme de ne pas avoir d'autres enfants ; car ton escapade m'apprendrait à devenir tyran et à leur pendre des entraves au cou. — J'ai fini, Monseigneur.

LE DOGE. — Laissez-moi parler à votre place, et exprimer une maxime qui pourra servir d'échelon et de marchepied à ces amants pour regagner votre faveur. Quand les remèdes sont inutiles, les chagrins qui s'étaient attachés jusque-là à l'espérance, prennent fin par l'inutilité même des remèdes. Pleurer un malheur consommé et passé est le plus sûr moyen d'attirer un nouveau malheur. Quand on ne peut sauver ce qu'emporte la fortune, le mieux est de transformer par la patience cette injure en moquerie. L'homme volé qui sourit, dérobe quelque chose au voleur ; mais il se vole lui-même, celui qui se consume dans une inutile douleur.

BRABANTIO. — En ce cas, laissons le Turc nous enlever Chypre ; nous ne perdons rien, tant que nous pouvons sourire. Il porte bien facilement cette maxime, celui qui ne porte que la consolation qu'elle renferme ; mais il porte à la fois la douleur et la maxime, celui qui, pour payer le chagrin, est obligé d'emprunter à la pauvre patience. Ces maximes-là, à la fois sucre et absinthe, et également fortes des deux côtés, sont équivoques : mais les mots ne sont que des mots, et je n'ai jamais ouï dire encore qu'on pût arriver par l'oreille jusqu'à un cœur brisé. — Aux affaires de l'état, maintenant, je vous en conjure humblement.

LE DOGE. — Le Turc fait voile pour Chypre avec une très-puissante flotte. Othello, la capacité de résistance de cette place vous est particulièrement connue, et quoique nous ayons pour y tenir votre charge un homme de talent admis comme très-suffisant, cependant l'opinion, qui est la souveraine maîtresse des circonstances, vous désigne avec plus de confiance : vous devez donc vous résigner à assombrir l'éclat de votre bonheur présent par les périls et les tumultes de cette expédition.

OTHELLO. — Le tyran habitude, très-graves sénateurs, m'a rendu la couche de pierre et d'acier de la guerre, douce comme un lit du duvet le plus choisi[43] : devant les dures épreuves, je ressens, je le confesse, une allégresse naturelle et prompte; je me charge donc de la présente guerre contre les Ottomans. En conséquence, me courbant humblement devant votre puissance, je sollicite en faveur de ma femme des dispositions conformes à son rang, un lieu de séjour et un revenu en rapport avec sa condition, avec l'état de maison et la suite que réclame sa naissance.

LE DOGE. — Elle peut loger chez son père, si vous y consentez.

BRABANTIO. — Je n'y consens pas.

OTHELLO. — Ni moi.

DESDÉMONA. — Ni moi. Je me refuse à y résider, afin d'éviter à mon père les sentiments d'impatience que ma vue lui ferait éprouver. Très-gracieux Doge, prêtez à ma requête une oreille favorable, et que votre assentiment me crée une protection qui assiste ma simplicité.

LE DOGE. — Que désireriez-vous, Desdémona ?

DESDÉMONA. — Que j'ai aimé assez le Maure pour vouloir passer ma vie avec lui, l'éclat franc de ma conduite, et l'orage affronté de la fortune le proclament assez haut devant le monde : mon cœur est soumis à toutes les conditions de la carrière de mon Seigneur. C'est dans son âme que j'ai vu le visage d'Othello, et j'ai dévoué mon âme et ma fortune à son honneur et à ses vaillantes qualités. Ainsi, chers Seigneurs, si on me laisse ici comme un papillon des jours de paix, tandis que lui s'en ira à la guerre, on me prive de participer aux rites de cet honneur pour lequel je l'ai aimé, et j'aurai à supporter par sa chère absence un trop lourd intérim. Laissez-moi partir avec lui.

OTHELLO. — Votre assentiment, Seigneurs; je vous en conjure, que son désir lui soit accordé. Le ciel m'en soit témoin, ce n'est point pour flatter l'appétit de ma passion, ce n'est point pour ma satisfaction personnelle, ni pour assouvir mon ardeur dont les jeunes transports sont maintenant calmés, que je vous adresse cette demande, mais pour répondre à son vœu avec empressement et amour. Le ciel défende aussi que vos vertueuses Seigneuries pensent que je négligerai vos sérieuses et grandes affaires parce qu'elle sera avec moi : non, si jamais les jeux légers de Cupidon ailé engourdissent dans une langueur voluptueuse mes facultés de pensée et d'action, au point que mes plaisirs altèrent et corrompent mes devoirs, que les ménagères fassent une écuelle de mon casque, et que tous les guignons honteux et vils fassent échec à ma renommée !

LE DOGE. — Qu'il en soit pour son séjour ou son départ, comme vous le déciderez vous-mêmes : l'affaire réclame urgence, et la promptitude doit lui répondre.

PREMIER SÉNATEUR. — Il vous faut partir cette nuit.

OTHELLO. — De tout mon cœur.

LE DOGE. — Nous nous réunirons ici de nouveau à neuf heures du matin. Othello, laissez derrière vous quelqu'un de vos officiers, et il vous portera notre commission, avec toutes les autres ordonnances de titres et de commandement qui vous concernent.

OTHELLO. — S'il plaît à Votre Grâce, je laisserai mon enseigne; c'est un homme honnête et sûr; je lui remets le soin d'accompagner ma femme, et de me porter tout ce que votre vertueuse Grâce jugera nécessaire de m'envoyer.

LE DOGE. — Soit. Bonne nuit à tous. (*A Brabantio.*) Noble Signor, s'il est vrai que la vertu n'est jamais sans un charme de beauté, votre gendre est bien plus beau qu'il n'est noir.

Premier sénateur. — Adieu, brave Maure ! traitez bien Desdémona.

Brabantio. — Veille sur elle, Maure, si tu as des yeux pour voir; elle a trompé son père, elle peut te tromper. (*Sortent le Doge, les sénateurs, les officiers*, etc.)

Othello. — Ma vie pour gage de sa foi ! — Honnête Iago, je suis obligé de te laisser ma Desdémona : je t'en prie, que ta femme lui accorde ses services, et toi, conduis-les dans les meilleures conditions possibles. — Viens, Desdémona, je n'ai qu'une heure à te donner pour l'amour, les affaires d'intérêt et les dispositions à prendre : il nous faut obéir au temps. (*Sortent Othello et Desdémona.*)

Roderigo. — Iago !

Iago. — Que dis-tu, noble cœur ?

Roderigo. — Que penses-tu que j'aie envie de faire ?

Iago. — Parbleu, aller au lit et dormir.

Roderigo. — Je vais aller me noyer de ce pas.

Iago. — Si tu fais cela, je ne t'aimerai jamais plus ensuite. Allons donc, imbécile gentilhomme !

Roderigo. — C'est imbécillité de vivre lorsque la vie est un tourment, et nous avons une ordonnance en règle pour mourir, lorsque la mort est notre médecin.

Iago. — Ô lâcheté ! Je suis au monde maintenant depuis quatre fois sept ans, et depuis que j'ai su distinguer entre un bienfait et une injure, je n'ai pas encore trouvé d'homme qui sût s'aimer lui-même. Avant de dire que je me noierais pour l'amour d'une poulette [14], j'échangerais ma condition d'homme contre celle d'un singe.

Roderigo. — Que pourrais-je faire ? Je confesse que c'est pour moi une honte d'être amoureux à ce point; mais je n'ai pas la vertu de m'en guérir.

Iago. — *La vertu!* figue pour elle ! C'est de nous-mêmes qu'il dépend d'être tels ou tels. Nos corps sont nos jardins, et nos volontés en sont les jardiniers; de sorte que si nous voulons planter des orties ou semer des laitues, enraciner l'hysope et sarcler le thym, fournir ce jardin d'une espèce d'herbe ou le débarrasser de beaucoup d'autres, le rendre stérile à force de paresse, ou fertile à force d'industrie, nous avons dans nos volontés le pouvoir et l'autorité de le corriger à notre gré. Si la balance de nos existences n'avait pas un plateau de raison pour contre-balancer un autre plateau de sensualité, le tempérament et la bassesse de nos natures nous conduiraient aux conséquences les plus extravagantes : mais nous avons la raison pour refroidir nos mouvements de rage, nos aiguillons charnels, nos appétits sans frein ; d'où je conclus ceci, ce que vous appelez amour, est une simple bouture ou un simple rejeton.

RODERIGO. — Cela ne peut être.

IAGO. — C'est simplement une convoitise du sang et une permission de la volonté. Allons, sois un homme : te noyer ! noyez-moi des chats et des petits chiens aveugles. Je me suis déclaré ton ami, et je proteste que je suis attaché à tes mérites par des câbles d'une solidité éternelle. Jamais je ne pourrais te servir mieux qu'à cette heure. Mets de l'argent dans ta bourse, suis-nous à la guerre ; dissimule ton visage sous une barbe empruntée ; mets de l'argent dans ta bourse, te dis-je. Il n'est pas possible que Desdémona continue longtemps d'aimer le Maure, — mets de l'argent dans ta bourse, — ni que lui l'aime longtemps : c'est un commencement violent auquel tu verras bientôt correspondre une séparation violente ; — mets seulement de l'argent dans ta bourse. Ces Maures sont changeants dans leurs passions ; — remplis ta bourse d'argent : la nourriture qui lui semble à cette heure aussi délicieuse que l'ananas, lui deviendra bien vite aussi amère que la coloquinte[15]. Elle voudra de son côté changer pour un plus jeune ; lorsqu'elle sera rassasiée de sa personne, elle découvrira l'erreur de son choix ; elle voudra changer, elle le voudra : par conséquent mets de l'argent dans ta bourse. Si tu veux à toute force te damner, choisis pour cela un plus délicat moyen que la noyade. Ramasse tout l'argent que tu pourras : à moins que la sainteté du mariage et un vœu fragile entre un barbare vagabond et une super-subtile Vénitienne, ne soient une trop dure besogne pour les ressources de mon esprit et celles de toute la tribu de l'enfer, tu jouiras d'elle ; par conséquent fais de l'argent. Te noyer ! peste soit d'une telle pensée ! C'est tout à fait hors de propos : cherche plutôt à être pendu en satisfaisant ton désir, qu'à être noyé et à partir sans elle.

Roderigo. — Serviras-tu solidement mes espérances, si je me décide à en poursuivre la réalisation ?

Iago. — Tu es sûr de moi ; — va, fais de l'argent : je te l'ai dit souvent, et je te le redis encore et encore, je hais le Maure : la cause de ma haine est enracinée dans mon cœur, la tienne n'est pas moins solide ; réunissons-nous pour tirer de lui vengeance. Si tu peux le cocufier, tu te donneras un plaisir, et tu me donneras un divertissement. Le temps est gros de bien des événements dont il accouchera. En avant, marche ! Va, procure-toi de l'argent. Nous en parlerons plus longuement demain. Adieu.

Roderigo. — Où nous rencontrerons-nous demain matin ?

Iago. — A mon logement.

Roderigo. — J'irai te trouver de bonne heure.

Iago. — Bien ; adieu. Entendez-vous, Roderigo ?

Roderigo. — Que dites-vous ?

Iago. — Plus de noyades, entendez-vous ?

Roderigo. — J'ai changé de résolution : je vendrai tous mes biens.

Iago. — Allez ; adieu ! mettez de l'argent en quantité suffisante dans votre bourse. (*Sort Roderigo.*) C'est ainsi que je fais toujours de mon sot ma bourse ; car je profanerais l'expérience que j'ai acquise, si je dépensais mon temps avec un pareil dindon pour autre chose que mon amusement et mon profit. Je hais le Maure, et on croit dans le public qu'il a fait mon office entre mes draps ; je ne sais pas si c'est vrai ; mais rien que sur un soupçon de ce genre, j'agirai comme si c'était vrai. Il me tient en estime ; mes machinations n'en opéreront que mieux sur lui. Cassio est un bel homme : voyons donc un peu ; comment faire pour prendre sa place, et donner plein essor à ma vengeance par un coup double de coquinerie.... comment, comment? Voyons : le moyen, c'est dans quelque temps de tromper l'oreille d'Othello, en lui soufflant que Cassio est trop familier avec sa femme; sa personne et ses manières agréables sont faites pour inspirer le soupçon ; il est taillé pour rendre les femmes infidèles. Le Maure est d'une nature franche et ouverte, et croit honnêtes les gens qui paraissent tels; il se laissera donc conduire par le nez aussi facilement que le font les ânes. Je tiens mon plan ; le voilà engendré : l'enfer et la nuit devront maintenant faire naître au jour ce monstre. (*Il sort.*)

ACTE II.

SCÈNE PREMIÈRE.

Un port de mer dans CHYPRE. Une esplanade.

Entrent MONTANO *et* DEUX GENTILSHOMMES.

Montano. — Que discernez-vous sur mer, du cap ?
Premier gentilhomme. — Rien du tout : la mer est houleuse à l'excès; je ne puis découvrir une seule voile entre le ciel et les vagues.
Montano. — J'espère que le vent a fait un beau vacarme sur terre; jamais un ouragan plus complet n'ébranla nos remparts : s'il s'est comporté aussi tapageusement sur mer, quels flancs de chêne ont pu rester dans leurs mortaises, lorsque des montagnes d'eau s'abattaient

sur eux? Quelles nouvelles allons-nous apprendre de cette tempête?

Second gentilhomme. — La dispersion de la flotte turque : car, vous n'avez qu'à vous tenir sur le rivage écumant pour voir comment les flots irrités semblent aller frapper aux nuages, comment la vague secouée des vents, avec sa haute et monstrueuse crinière, semble jeter de l'eau sur la constellation de l'Ours enflammé, et vouloir éteindre les gardiens du pôle éternellement immobile : je n'ai jamais vu pareille tourmente sur les flots courroucés.

Montano. — Si la flotte turque ne s'est abritée et mise en rade, elle est submergée; il est impossible qu'elle ait pu résister.

Entre un troisième gentilhomme.

Troisième gentilhomme. — Des nouvelles, mes gars! Nos guerres sont finies; cette tempête effrénée a si bien houspillé les Turcs, que leur entreprise bat de l'aile : un noble vaisseau de Venise a été témoin du terrible naufrage et de la détresse de la plus grande partie de leur flotte.

Montano. — Comment! est-ce vrai?

Troisième gentilhomme. — Le vaisseau est ici en rade; un Véronais, Michel Cassio[1], lieutenant du vaillant Maure Othello, vient de débarquer : le Maure lui-même est sur mer, avec une commission absolue pour le commandement de Chypre.

Montano. — J'en suis enchanté; c'est un digne gouverneur.

Troisième gentilhomme. — Mais ce même Cassio, quoiqu'il donne des nouvelles consolantes relativement au désastre des Turcs, a l'air cependant fort triste, et prie Dieu que le Maure soit sain et sauf; car ils ont été séparés par l'horrible et violente tempête.

Montano. — Prions le ciel qu'il soit en sûreté, car j'ai servi sous lui et l'homme commande comme un soldat accompli. Holà! allons sur le rivage, aussi bien pour voir le vaisseau qui est arrivé, que pour épier de nos yeux l'arrivée du brave Othello, et faisons sentinelle, jusqu'à ce qu'à force de regarder, la mer et le bleu de l'air se confondent à notre vue.

Troisième gentilhomme. — Allons, faisons cela ; car à chaque minute on doit s'attendre à de nouvelles arrivées.

Entre CASSIO.

Cassio. — Je vous remercie, vaillant gouverneur de cette île guerrière, qui parlez en ces termes du Maure ! Oh ! puissent les cieux le défendre contre les éléments, car je l'ai perdu sur une mer pleine de dangers !

Montano. — Est-il bien équipé ?

Cassio. — Sa barque est solidement construite, et son pilote d'une habileté remarquable et reconnue ; aussi mon espoir n'est-il pas découragé et compte-t-il encore sur sa réalisation.

Voix *à l'extérieur*. — Une voile, une voile, une voile !

Entre un quatrième gentilhomme.

Cassio. — Quel est ce bruit ?

Quatrième gentilhomme. — La ville est laissée vide ; sur le bord de la mer, se tiennent des rangées de peuple, et ils crient « une voile ! »

Cassio. — Mon espoir me dit que c'est le gouverneur. (*Coup de canon.*)

Second gentilhomme. — Ils font des décharges de courtoisie : ce sont au moins nos amis.

Cassio. — Je vous en prie, Messire, allez voir, et revenez nous dire qui est arrivé.

Second gentilhomme. — J'y vais. (*Il sort.*)

Montano. — Mais, bon lieutenant, est-ce que votre général est marié ?

Cassio. — De la manière la plus heureuse : il a fait la conquête d'une jeune fille qui peut lutter avec toute description et toute exagération, d'une jeune fille qui surpasse les hyperboles des plumes brillantes, et qui pour sa beauté naturelle bat tout artiste.

Rentre LE SECOND GENTILHOMME.

Cassio. — Eh bien! qui est entré au port?

Second gentilhomme. — Un certain Iago, enseigne du général.

Cassio. — Il a fait un bien heureux et bien rapide voyage. Les tempêtes elles-mêmes, les mers houleuses, les vents mugissants, les rochers rongés des vagues, et les sables amoncelés, traîtres aux aguets pour surprendre l'innocent navire, ont comme par sentiment de la beauté, renoncé à leur nature meurtrière, pour laisser aller en toute sécurité la divine Desdémona.

Montano. — Quelle est cette personne?

Cassio. — Celle dont je vous parlais, le capitaine de notre grand capitaine, remise à la conduite du courageux Iago, dont l'arrivée ici devance notre attente d'une rapidité de sept jours. Grand Jupiter[2], protége Othello et gonfle ses voiles de ton souffle puissant, afin qu'il honore cette baie de son beau vaisseau, qu'il sente dans les bras de Desdémona les ardentes palpitations de l'amour, qu'il rallume le feu de nos courages éteints, et qu'il apporte la consolation à Chypre entière!

Entrent DESDÉMONA, ÉMILIA, IAGO, RODERIGO
et des gens de leurs suites.

Cassio. — Oh! voyez, les trésors du vaisseau sont débarqués à terre! Habitants de Chypre, agenouillez-vous devant elle. — Salut, Dame! et que la grâce du ciel t'enveloppe toute entière, par devant, par derrière, et de tous les côtés!

Desdémona. — Je vous remercie, vaillant Cassio. Quelles nouvelles pouvez-vous me donner de mon Seigneur?

Cassio. — Il n'est pas encore arrivé; mais autant que je sache, il est bien, et sera ici sous peu.

Desdémona. — Oh, mais je crains.... Comment n'êtes-vous pas en sa compagnie?

Cassio. — La grande lutte de la mer et des cieux nous a séparés : — mais écoutez! une voile!

Voix *à l'extérieur.* — Une voile! une voile! (*Détonations de canon.*)

Deuxième gentilhomme. — Ils envoient leurs saluts à la citadelle; c'est encore un ami.

Cassio. — Allez chercher les nouvelles. (*Sort le gentilhomme.*) Mon bon enseigne, vous êtes le bienvenu. (*A Émilia.*) Vous êtes la bienvenue, Madame. Mon bon Iago, ne vous emportez pas si je donne quelque extension à ma politesse; c'est mon éducation qui me porte à cette démonstration effrontée de courtoisie. (*Il embrasse Émilia.*)

Iago. — Monsieur, si elle vous donnait autant de ses lèvres qu'elle me donne souvent de sa langue, vous en auriez suffisamment.

Desdémona. — Hélas, elle ne parle pas.

Iago. — Sur ma foi, beaucoup trop; je m'en aperçois toujours quand j'ai envie de dormir: pardi, je le sais bien, devant Votre Grâce elle met un peu de sa langue dans son cœur, et se contente de quereller en pensée.

Émilia. — Vous avez peu de motifs pour parler ainsi.

Iago. — Allons donc, allons donc; vous êtes des peintures hors de chez vous, de vraies sonnettes dans vos boudoirs, des chats sauvages dans vos cuisines, des saintes quand vous outragez, des diables quand vous êtes offensées, des flâneuses dans vos ménages, et des femmes de ménage dans vos lits[3].

Desdémona. — Oh, fi de toi, calomniateur!

Iago. — Non, c'est la vérité, ou bien je suis un Turc; vous vous levez pour prendre vos récréations, et vous allez au lit pour travailler.

Émilia. — Je ne vous chargerai pas d'écrire mon éloge.

Iago. — Non, ne m'en chargez pas.

Desdémona. — Qu'écrirais-tu de moi, si tu devais faire mon éloge?

Iago. — Ô charmante Dame, ne me chargez pas d'une telle œuvre; car je ne suis rien, si je ne suis pas critique.

Desdémona. — Voyons, essaye. — Est-ce que quelqu'un est allé au port?

IAGO. — Oui, Madame.

DESDÉMONA. — Je ne suis pas gaie ; mais je trompe la disposition où je suis en faisant semblant d'être dans une disposition contraire. — Voyons, comment ferais-tu mon éloge ?

IAGO. — Je suis en train d'y réfléchir ; mais vraiment, ma pensée tient à ma caboche comme la glu au drap de frise [4], elle sort en arrachant cervelle et tout : cependant ma muse est en mal d'enfant, et voilà ce dont elle accouche. « Si elle est belle et spirituelle, beauté est pour qu'on s'en serve, esprit pour se servir de beauté. »

DESDÉMONA. — Bien loué ! Et si elle est noire et spirituelle ?

IAGO. — Si elle est noire, et si avec cela elle a de l'esprit, elle trouvera un blanc qui s'accommodera de son teint noir.

DESDÉMONA. — De pis en pis.

ÉMILIA. — Et si elle est belle et sotte ?

IAGO. — Celle qui fut belle ne fut jamais sotte ; car toujours sa sottise même l'aida à se procurer un héritier.

DESDÉMONA. — Ce sont de vieux paradoxes saugrenus pour faire rire les sots dans les cabarets. Et quelle misérable louange as-tu pour celle qui est laide et sotte ?

IAGO. — Il n'en est pas de si laide et de si sotte qui ne fasse les mêmes laides escapades que font les belles et les spirituelles.

DESDÉMONA. — Oh, la lourde ignorance ! c'est la pire que tu loues le mieux. Mais quelle louange pourrais-tu donner à une femme vertueuse, qui confiante en son mérite, oserait justement défier le témoignage de la malice elle-même ?

IAGO. — Celle qui fut toujours belle et ne fut jamais orgueilleuse ; qui put toujours parler à volonté, et ne fut jamais bruyante ; qui ne manqua jamais d'or, et jamais cependant ne fut dissipée ; qui a fui l'objet de son désir, tout en disant « je pourrais ; » celle qui, dans sa colère, lorsqu'elle tenait sa vengeance sous la main, a imposé silence à son injure et donné congé à son déplaisir ; celle dont la sagesse ne fut jamais assez fragile pour échanger une tête de morue contre une queue de saumon ; celle qui était capable de pensée, et cependant ne découvrit jamais son âme ; qui pouvait voir les amoureux la suivre, sans regarder derrière elle ; celle-là était une personne, s'il fut jamais de telles personnes....

Desdémona. — Une personne à faire quoi?

Iago. — A donner à manger aux imbéciles, et à tenir des comptes d'auberge.

Desdémona. — Ô conclusion très-boiteuse et très-impotente ! Ne va pas à son école, Émilia, quoiqu'il soit ton mari. — Qu'en dites-vous, Cassio ? est-ce qu'il n'est pas un censeur très-profane et très-licencieux ?

Cassio. — Il parle crûment, Madame ; le soldat vous plaira mieux en lui que le lettré.

Iago, *à part*. — Il la prend par la main : oui, bien dit, — chuchote : avec une aussi petite toile que celle-là, je prendrai une aussi grosse mouche que Cassio. Oui, souris-lui, va ; je t'engluerai avec ta propre politesse. Vous dites vrai ; c'est cela, ma foi : si vous perdez votre lieutenance pour des manéges comme ceux-là, il aurait mieux valu que vous n'eussiez pas embrassé si souvent vos trois doigts, ce que vous êtes en train de faire encore pour vous donner des airs de beau Monsieur. Très-bien ! bien embrassé ! excellente courtoisie ! c'est cela vraiment. Comment ! encore une fois vos doigts aux lèvres ? Que je voudrais qu'ils pussent vous servir de canules de seringue ! (*Fanfares de trompette*.) Le Maure ! — je reconnais sa trompette.

Cassio. — C'est vraiment lui.

Desdémona. — Allons à sa rencontre pour le recevoir.

Cassio. — Eh, le voici qui vient !

Entrent OTHELLO *et les gens de sa suite*.

Othello. — Ô ma belle guerrière [5] !

Desdémona. — Mon cher Othello !

Othello. — Je suis aussi émerveillé que content de

vous voir ici avant moi. Ô joie de mon âme! Si à toutes les tempêtes succèdent de tels calmes, puissent les vents souffler jusqu'à réveiller la mort! et que ma barque, luttant avec effort, escalade des montagnes d'eau hautes comme l'Olympe, et descende ensuite aussi bas que l'enfer est bas comparé au ciel! S'il me fallait mourir maintenant, ce serait le plus heureux destin; car mon âme possède un bonheur si absolu, qu'une autre joie pareille, je le crains, ne peut lui être réservée dans l'avenir inconnu.

DESDÉMONA. — Les cieux défendent que notre amour et notre bonheur cessent de croître avant que nos jours finissent!

OTHELLO. — Je réponds *Amen* à cette prière, ô puissances clémentes! Je ne puis parler comme je le voudrais de mon bonheur; il m'étouffe là; c'est trop de joie! Que ceci, et ceci encore (*il l'embrasse*) soient les plus grandes discordes que connaissent jamais nos cœurs!

IAGO, *à part*. — Vous voilà bien à l'unisson à cette heure! mais, sur la foi de l'honnête homme que je suis, je relâcherai les cordes qui font cette musique.

OTHELLO. — Venez, rendons-nous au château. — Des nouvelles, mes amis; nos guerres sont finies, les Turcs ont fait naufrage. Et comment se portent mes vieilles connaissances de cette île? — Chérie, vous serez bien fêtée dans Chypre; j'ai trouvé beaucoup d'affection parmi ses habitants. Ô ma charmante, je babille contre toutes convenances, et je radote de mon propre bonheur. — Je t'en prie, mon bon Iago, va-t'en à la baie, et débarque mes coffres: conduis le maître d'équipage à la citadelle; il est excellent, et ses talents méritent beaucoup de respect. Venez, Desdémona, une fois encore vous êtes la bien rencontrée dans Chypre. (*Sortent Othello, Desdémona, et les gens de leur suite.*)

IAGO. — Viens me rejoindre immédiatement au port. Avance ici. Si tu es vaillant, — et on prétend que les gens bas, quand ils sont amoureux, acquièrent alors une noblesse plus grande que n'aurait semblé le comporter leur nature originaire, — écoute-moi. Le lieutenant veille cette nuit au corps de garde : et d'abord, je dois te le dire, Desdémona est positivement amoureuse de lui.

Roderigo. — De lui ! allons donc, ce n'est pas possible.

Iago. — Ferme tes lèvres avec ton doigt comme cela, et laisse ton âme s'instruire. Remarque-moi avec quelle violence elle a d'abord aimé le Maure, rien que pour ses vanteries et pour les mensonges fantastiques qu'il lui débitait : est-ce qu'elle l'aimera toujours pour ces bavardages ? que ton cœur naïf ne croie pas une telle chose. Son œil aura besoin de se repaître, et alors quel plaisir trouvera-t-elle à regarder le diable ? Lorsque le sang se refroidit à force de jeux amoureux, il faut pour l'enflammer derechef, et pour donner à la satiété un nouvel appétit, de la grâce dans les traits, de l'accord dans les années, des manières, de la beauté, toutes choses dont manque le Maure : alors, faute de ces agréments indispensables, sa délicate tendresse découvrira qu'elle est dupée, elle commencera à se sentir des nausées, à détester et abhorrer le Maure ; la nature elle-même sera en cette occasion son institutrice et la poussera vers quelque second choix. Maintenant, Messire, cela posé, — et c'est une supposition aussi naturelle et aussi peu forcée que possible, — qui est aussi bien placé sur le chemin de cette bonne fortune que Cassio, un drôle très-libertin, qui a tout juste assez de conscience pour s'envelopper de formes polies et décentes, afin de mieux tenir secrets ses penchants corrompus et clandestinement déréglés ? Parbleu non, personne au monde, personne n'est mieux placé : c'est un drôle subtil et glissant, un dénicheur d'occasions ; il vous a un œil capable de créer et de faire naître par ruse les opportunités, quand bien même la véritable opportunité ne se présenterait jamais : un diabolique drôle ! En outre, le coquin est beau, jeune, et vous a toutes ces qualités que demandent la folie et les âmes sans expérience : c'est un drôle parfaitement contagieux, et la femme l'a déjà distingué.

Roderigo. — Je ne puis croire cela d'elle ; elle est pleine des dispositions les plus vertueuses.

Iago. — *Vertueuse* queue de figue ! Le vin qu'elle boit est fait de raisins : si elle avait été vertueuse, elle n'aurait jamais aimé le Maure : vertueux pudding ! Ne l'as-tu pas vue jouer avec la paume de sa main ? n'as-tu pas remarqué cela ?

Roderigo. — Oui, je l'ai remarqué ; mais c'était simple courtoisie.

Iago. — Paillardise, par cette main ! l'index et l'obscur prologue à l'histoire des pensées coupables et de la concupiscence. Leurs lèvres se sont rencontrées de si près que leurs haleines s'embrassaient. Ce sont coupables pensées, Roderigo ! Lorsque ces courtoisies réciproques ouvrent la marche, le général et le gros de l'armée arrivent bien vite, ainsi que la conclusion *incorporée*. Ah bah ! Mais, Messire, laissez-vous diriger par moi : je vous ai amené de Venise. Faites partie de la garde cette nuit ; quant à la consigne, je vous la donnerai : Cassio ne vous connaît pas ; je ne serai pas loin de vous : trouvez quelque occasion de mettre Cassio en colère, soit en parlant trop haut, ou en raillant sa discipline, ou par tout autre moyen qu'il vous plaira et dont l'heure ne pourra manquer de vous fournir l'occasion propice.

Roderigo. — Bon.

Iago. — Messire, il est emporté et très-soudain dans sa colère, et peut-être vous frappera-t-il : provoquez-le, afin qu'il le fasse ; car alors je me servirai de cette occasion pour exciter parmi les gens de Chypre une émeute, dont la pacification ne pourra s'opérer que par la destitution de Cassio. De la sorte le voyage de vos désirs vers leur but se trouvera abrégé, grâces aux moyens que j'aurai de les favoriser par suite de cette affaire, et une fois que sera heureusement écarté l'obstacle qui, tant qu'il existerait, ne nous permettrait pas de compter sur la réalisation de nos espérances.

Roderigo. — Je ferai cela, si je puis en trouver l'occasion.

IAGO. — Tu la trouveras, je t'en réponds. Viens me rejoindre dans un instant à la citadelle : il faut que je fasse débarquer ses effets. Adieu.

RODERIGO. — Adieu. (*Il sort.*)

IAGO. — Que Cassio l'aime, je le crois, vraiment; qu'elle aime Cassio, c'est possible et très-facile à croire : le Maure, — quoique je ne puisse pas le souffrir, — est d'une nature noble, constant dans ses affections, et j'ose penser qu'il se montrera pour Desdémona un très-tendre époux. Maintenant, je l'aime aussi elle; non par désir charnel, — quoique le sentiment qui me guide soit peut-être un aussi grand péché, — mais parce qu'elle me fournit en partie l'assaisonnement de ma vengeance : je soupçonne en effet ce Maure paillard de s'être insinué dans mon lit, soupçon qui comme un poison minéral me ronge les entrailles, et rien ne pourra soulager mon âme avant que je l'aie mis de pair avec moi, femme pour femme; ou bien, si je ne le puis pas, avant que j'aie jeté le Maure dans une si violente jalousie que le bon sens ne puisse le guérir. Pour atteindre ce but, si ce pauvre limier de Venise que je mène en laisse pour son ardeur à chasser, garde bien la piste, je tiendrai bientôt notre Michel Cassio par les rognons, et je le noircirai aux yeux du Maure de la façon la plus complète, car je crains que Cassio n'en veuille à mon bonnet de nuit lui aussi. Je veux que le Maure me remercie, m'aime et me récompense, pour avoir fait de lui un âne insigne, et troublé son repos et son bonheur jusqu'à le rendre fou. Le plan est là, mais encore confus; le vrai visage de la fourberie ne se découvre que lorsqu'elle a fait son œuvre. (*Il sort.*)

SCÈNE II.

Une rue.

Entre UN HÉRAUT *avec une proclamation;
le peuple le suit.*

LE HÉRAUT. — C'est le bon plaisir d'Othello, notre noble et vaillant général, que, sur les nouvelles certaines maintenant arrivées de la destruction complète de la flotte turque, les habitants célèbrent cet événement, les uns par des danses, les autres par des feux de joie, chacun par les amusements et les jeux qui lui plairont davantage; car, en outre de ces heureuses nouvelles, ce jour est aussi celui de la célébration de son mariage : — voilà ce que nous avons ordre de proclamer de ses volontés. Tous les offices du château sont ouverts; et chacun a pleine liberté d'y festiner depuis cette présente cinquième heure, jusqu'à ce que la cloche ait sonné onze heures. Le ciel bénisse l'île de Chypre et notre noble général Othello! (*Ils sortent.*)

SCÈNE III.

Une salle dans le château

Entrent OTHELLO, DESDÉMONA, CASSIO
et des gens de la suite.

OTHELLO. — Mon bon Michel, vous veillerez cette nuit à la garde : sachons mettre à nos plaisirs un honnête temps d'arrêt, afin de ne pas dépasser nous-mêmes les bornes de la retenue.

CASSIO. — Iago a reçu les instructions nécessaires; mais néanmoins j'inspecterai tout de mes propres yeux.

OTHELLO. — Iago est très-honnête. Bonne nuit, Michel : demain, à la première heure, j'aurai besoin de vous parler. (*A Desdémona.*) Venez, mon cher amour; — l'acqui-

ACTE II, SCÈNE III.

sition faite, il faut en goûter les fruits, et ce bonheur est encore à venir entre vous et moi. — Bonne nuit. (*Sortent Othello, Desdémona, et leur suite.*)

Entre IAGO.

Cassio. — Tu es le bienvenu, Iago ; nous devons faire la garde.

Iago. — Pas à cette heure, lieutenant, il n'est pas encore dix heures. Notre général nous a congédiés d'aussi bonne heure pour l'amour de sa Desdémona, et nous ne pouvons certes pas l'en blâmer : il n'a pas encore passé de bonne nuit avec elle, et c'est un morceau digne de Jupiter.

Cassio. — C'est une très-délicieuse Dame.

Iago. — Et qui aime le jeu, je lui en réponds.

Cassio. — C'est vraiment la créature la plus fraîche et la plus délicate.

Iago. — Quel œil elle vous a ! on dirait qu'il sonne un pourparler de provocation.

Cassio. — Un œil plein d'invitation, et cependant me semble-t-il tout à fait modeste.

Iago. — Et lorsqu'elle parle, ne dirait-on pas que la voix bat la diane de l'amour ?

Cassio. — Elle est la perfection même, en vérité.

Iago. — Bien, que le bonheur soit entre leurs draps ! Venez, lieutenant, j'ai une cruche de vin, et là dedans il y a un couple de braves Chypriotes qui boiraient volontiers un coup à la santé du noir Othello.

Cassio. — Pas de ce soir, mon bon Iago ; j'ai une tête des plus faibles et des moins faites qu'il y ait pour boire : je voudrais bien que la politesse eût inventé quelque autre mode de cordialité.

Iago. — Oh ! ce sont nos amis ; une coupe seulement : je boirai pour vous.

Cassio. — Je n'ai bu ce soir qu'une coupe, et je l'avais soigneusement baptisée encore, et voyez cependant comme elle a déjà opéré sur moi. Je suis affligé de cette infirmité, et je n'oserais pas mettre ma faiblesse à l'épreuve d'une seconde coupe.

Iago. — Voyons, l'ami! c'est une nuit de fête, et nos braves le désirent.

Cassio. — Où sont-ils?

Iago. — Ici, à la porte; je vous en prie, allez les chercher.

Cassio. — Je vais le faire; mais cela me déplaît. (*Il sort.*)

Iago. — Si je puis seulement lui faire avaler une coupe, cette coupe ajoutée à celle qu'il a déjà bue ce soir, il sera aussi plein de querelles et d'offenses que le chien de ma jeune maîtresse. De son côté, mon imbécile malade de Roderigo, dont l'amour a presque mis la cervelle à l'envers, a cette nuit bu coupe sur coupe en l'honneur de Desdémona, et il doit faire partie de la garde : j'ai aussi ce soir arrosé d'abondantes rasades, trois gars de Chypre, âmes nobles et bouillantes, singulièrement méticuleux sur le point d'honneur, vraie poudre et salpêtre de cette île guerrière, et ils doivent aussi être de garde. Maintenant, il me faut pousser notre Cassio à commettre parmi ce troupeau d'ivrognes quelque action qui puisse offenser l'île : — mais les voici qui viennent : si les conséquences répondent au plan que j'ai rêvé, ma barque naviguera librement avec vent et marée.

Rentre CASSIO, *suivi de* MONTANO, *d'autres* GENTILS-HOMMES, *et de serviteurs apportant du vin.*

Cassio. — Foi de Dieu, ils m'ont déjà mis en pointe.

Montano. — Bien peu, sur ma foi; pas plus d'une pinte, aussi vrai que je suis un soldat.

Iago. — Du vin, holà! (*Il chante.*)

Laissez-moi faire sonner, sonner le broc,
Laissez-moi faire sonner le broc :
Un soldat n'est qu'un homme;
La vie n'est qu'un instant;
Eh bien, donc, laissez boire le soldat.

Du vin, mes gars!

ACTE II, SCÈNE III.

Cassio. — Par le ciel, une excellente chanson.

Iago. — Je l'ai apprise en Angleterre, où ils sont vraiment très-*puissants* pour *épuiser* les pots[6]. Vos Danois, vos Allemands, et vos Hollandais au gros ventre, — à boire, holà ! — ne sont rien comparés à vos Anglais.

Cassio. — Est-ce que votre Anglais est aussi expert à boire ?

Iago. — Oh ! voyez-vous, il vous rend votre Danois ivre mort avec une facilité ! et il ne sue pas pour battre votre Allemand, et quant à votre Hollandais, il vous le renvoie vomir avant qu'on ait pu remplir le second broc.

Cassio. — A la santé de notre général !

Montano. — Je la porte, lieutenant, et je vous tiendrai tête.

Iago. — Ô charmante Angleterre ! (*Il chante.*)

Le roi Étienne était un digne pair,
Ses culottes ne lui coûtaient qu'une couronne ;
Il les trouvait encore six pence trop cher,
Et il appelait le tailleur un drôle.

C'était un gars de haut renom,
Et toi tu n'es qu'un homme de basse condition :
C'est l'orgueil qui perd la nation,
Mets donc ton vieux manteau sur toi[7].

Du vin, holà !

Cassio. — Ma foi, cette chanson est encore plus exquise que l'autre.

Iago. — Voulez-vous l'entendre encore ?

Cassio. — Non, car je tiens que celui qui fait ces choses-là est indigne de sa place. — Bon, Dieu est au-dessus de nous tous, et il y aura des âmes qui seront sauvées et des âmes qui ne seront pas sauvées.

Iago. — C'est vrai, mon bon lieutenant.

Cassio. — Quant à moi, soit dit sans offenser le général, ou tout homme de qualité, j'espère être sauvé.

Iago. — Et moi aussi, lieutenant.

Cassio. — Oui, mais avec votre permission, pas avant

moi ; le lieutenant doit être sauvé avant l'enseigne. Mais assez de cela ; occupons-nous de nos affaires.— Pardonnez-nous nos péchés ! — Messires, occupons-nous de nos affaires. Ne croyez pas que je sois ivre, Messires : voici là mon enseigne : ici est ma main droite, et là ma main gauche : — je ne suis pas ivre du tout ; je puis me tenir suffisamment droit, et parler suffisamment bien.

Tous. — Extrêmement bien.

Cassio. — Alors, très-bien ; en ce cas, vous ne devez pas penser que je suis ivre. (*Il sort.*)

Montano. — A l'esplanade, mes maîtres ; allons placer la garde.

Iago. — Vous voyez ce camarade qui vient de sortir, c'est un soldat digne de servir aux côtés de César, et de commander en chef : et cependant voyez son vice ; c'est juste l'équinoxe de son mérite ; tous deux ont même mesure : c'est dommage. J'ai bien peur que la confiance qu'Othello place en lui, ne soit un ébranlement pour cette île, un jour où son infirmité lui fera faire quelque sottise.

Montano. — Mais est-il souvent ainsi ?

Iago. — Cet état sert presque toujours de prologue à son sommeil : il va rester vingt-quatre heures sans dormir, si l'ivresse ne vient pas le bercer.

Montano. — Il serait bon que le général en fût averti. Peut-être ne le voit-il pas ; ou bien sa bonne nature, appréciant les vertus seulement qui apparaissent en Cassio, ne prête pas attention à ses défauts : n'est-ce pas la vérité ?

Entre RODERIGO.

Iago, *lui parlant à part.* — Eh bien, Roderigo ? Je vous en prie, courez vite après le lieutenant ; allez. (*Sort Roderigo.*)

Montano. — C'est grand dommage que le noble Maure risque une place aussi importante que celle de son second aux mains d'un homme affligé d'un vice aussi invétéré. Ce serait une honnête action d'en parler au Maure.

ACTE II, SCÈNE III.

IAGO. — Moi, je ne le ferais pas pour cette île entière : j'aime bien Cassio, et je ferais beaucoup pour le guérir de ce défaut. Mais écoutez! quel est ce bruit? (*Cris à l'extérieur.* Au secours! au secours!)

Rentre CASSIO, *poussant devant lui* RODERIGO.

CASSIO. — Ah, coquin! ah, canaille!

MONTANO. — Qu'y a-t-il, lieutenant?

CASSIO. — Un drôle, m'enseigner mon devoir! Je m'en vais aplatir le coquin à le faire entrer dans une bouteille d'osier.

RODERIGO. — M'aplatir!

CASSIO. — Comment, tu bavardes, coquin? (*Il frappe Roderigo.*)

MONTANO. — Voyons, mon bon lieutenant; je vous en prie, Messire, retenez votre main.

CASSIO. — Lâchez-moi, vous, Messire, ou je vous casse la mâchoire.

MONTANO. — Allons, allons, vous êtes ivre.

CASSIO. — Ivre! (*Ils se battent.*)

IAGO, *à part, à Roderigo.* — Vite, dis-je, partez et criez — *une émeute!* (*Sort Roderigo.*) Voyons, mon bon lieutenant, — hélas! gentilshommes; — au secours, holà! — lieutenant, — Messire — Montano — Messire. — Au secours, Messires! — Voilà une jolie garde en vérité! (*Le tocsin sonne.*) Qui sonne cette cloche? Diable, halte-là! La ville va se lever : puissance de Dieu, arrêtez, lieutenant! vous allez être déshonoré pour toujours.

Rentre OTHELLO, *avec des gens de sa suite.*

OTHELLO. — Qu'est-ce qui se passe ici?

MONTANO. — Mordieu, je saigne toujours! je suis blessé à mort. (*Il s'évanouit.*)

OTHELLO. — Arrêtez, si vous tenez à la vie!

IAGO. — Arrêtez, holà! lieutenant, — Messire, — Montano, — Messires, — avez-vous perdu tout sentiment du lieu où nous sommes et de vos devoirs? Arrêtez! le général vous parle : arrêtez, par pudeur!

OTHELLO. — Eh bien, qu'est-ce à dire, holà! Comment est née cette querelle? Sommes-nous devenus Turcs, et faisons-nous contre nous-mêmes ce que le ciel ne nous a pas permis de faire contre les Ottomans? Par pudeur chrétienne, cessez cette querelle barbare : celui qui fait un pas pour essayer de satisfaire sa rage, tient son âme à peu de prix, car il meurt dès son premier mouvement. —Faites taire cette cloche d'alarme! elle effraye l'île, et la tire en sursaut de son repos. — Qu'y a-t-il, Messires? — Honnête Iago, toi qui as l'air presque mort de douleur, parle, qui a commencé cette querelle? je te l'ordonne, sur ton affection, parle.

IAGO. — Je ne sais; ils étaient amis, il n'y a qu'un instant, à la minute même, dans ce quartier, en aussi bons termes que le marié et la mariée lorsqu'ils se déshabillent pour se mettre au lit ; et tout à coup, comme si quelque planète avait semé la folie, ils ont tiré leurs épées, et se sont précipités l'un contre l'autre dans une lutte sanglante. Je ne puis dire quel a été le commencement de cette absurde querelle, et je voudrais avoir perdu dans une action glorieuse ces mêmes jambes qui m'ont conduit ici pour en être le témoin!

OTHELLO. — Comment se fait-il, Michel, que vous vous soyez ainsi oublié?

CASSIO. — Pardonnez-moi, je vous en prie; je ne puis parler.

OTHELLO. — Noble Montano, vous aviez coutume d'avoir une conduite décente; le monde a remarqué la gravité et la placidité de votre jeunesse, et votre nom est hautement estimé par les censeurs les plus sages : que s'est-il donc passé, pour que vous compromettiez à ce point votre réputation, et que vous consentiez à troquer la riche estime dont vous jouissez contre la qualification de tapageur nocturne? répondez-moi là-dessus.

MONTANO. — Noble Othello, je suis dangereusement blessé; votre officier, Iago, peut vous informer de tout ce que je sais, pendant que moi je me dispenserai de parler, ce qui pour l'heure me fatiguerait quelque peu : je n'ai d'ailleurs rien dit, ni rien fait de blâmable cette nuit, à moins que la charité envers nous-mêmes ne soit quelquefois un vice, et que nous défendre lorsque la violence nous assaille ne soit un péché.

Othello. — Par le ciel, voilà maintenant que le sang commence à me gouverner en place de mes facultés plus calmes, et que la passion, obscurcissant mon jugement, essaye de guider ma conduite! Si je fais un pas, ou si je remue seulement ce bras, le meilleur de vous tous va tomber sous ma colère! Apprenez-moi comment a commencé cette odieuse querelle, qui l'a mise en train, et celui qui sera reconnu coupable de cette faute, eût-il été mon frère jumeau, né à la même heure que moi, perdra ma faveur. Comment! venir soulever une querelle particulière dans une place de guerre, encore tout émue, dont les habitants ont encore le cœur plein de crainte, et cela la nuit, dans le corps de garde de sûreté! c'est monstrueux. — Iago, qui a commencé cette querelle?

Montano. — Si, par camaraderie, ou esprit de corps, tu dis plus ou moins que la vérité, tu n'es pas un soldat.

Iago. — Ne me pressez pas si fort. J'aimerais mieux qu'on m'arrachât cette langue de la bouche que d'offenser Michel Cassio; cependant je suis bien sûr qu'en disant la vérité, je ne lui nuirai en rien. Voici ce qui s'est passé, général. Pendant que nous étions à causer, Montano et moi, arrivent un individu criant: au secours, et Cassio le poursuivant, l'épée levée pour le frapper. Seigneur, ce gentilhomme-ci s'est alors placé devant Cassio pour le prier de se retenir, et moi-même j'ai poursuivi l'individu qui criait, de crainte que par ses cris, — fait qui s'est réalisé, — il ne jetât la terreur dans la ville: mais lui, agile des talons, m'empêcha d'atteindre mon but, et moi je revins, d'autant plus vite que j'entendis des épées qui se heurtaient et qui tombaient, et Cassio qui sacrait à tue-tête, comme je ne l'avais jamais entendu sacrer avant ce soir, je puis le dire. Lorsque je fus revenu, — car tout cela n'avait duré qu'un instant, — je les trouvai aux prises, et se portant des bottes, comme vous les avez trouvés vous-même lorsque vous les avez séparés. Je ne puis dire autre chose de cette affaire : — mais les hommes sont des hommes, les meilleurs s'oublient quelquefois : — quoique Cassio ait quelque peu maltraité ce gentilhomme, — car lorsque les hommes sont furieux, ils frappent ceux qui leur veulent le plus de bien, — cependant, Cassio a sûrement reçu de la part de celui qui s'est enfui quelque étrange affront que la patience ne pouvait supporter.

OTHELLO. — Je sais, Iago, que ton honnêteté et ton amitié te portent à adoucir l'affaire, pour qu'elle pèse moins sur Cassio. — Cassio, je t'aime, mais tu ne seras jamais plus mon officier.

Rentre DESDÉMONA, *avec sa suite.*

OTHELLO. — Voyez, ma charmante bien-aimée s'est levée à ce bruit! — (*A Cassio.*) Je ferai de toi un exemple.

DESDÉMONA. — Qu'y a-t-il?

OTHELLO. — Tout est bien maintenant, chérie; retournons au lit. (*A Montano.*) Messire, je serai moi-même le chirurgien de vos blessures : qu'on l'emmène. (*Montano est emmené.*) Iago, parcours avec soin la ville, et rassure ceux que cette odieuse querelle aurait alarmés. — Viens, Desdémona : c'est la vie du soldat d'être réveillé de son doux sommeil par des bruits de combat. (*Tous sortent, excepté Iago et Cassio.*)

IAGO. — Eh bien, est-ce que vous êtes blessé, lieutenant?

CASSIO. — Oui, et sans remède possible.

IAGO. — Vraiment, veuille le ciel que non!

CASSIO. — Ma réputation, ma réputation, ma réputation! Oh, j'ai perdu ma réputation! j'ai perdu la partie immortelle de moi-même, et ce qui reste appartient à la bête. Ma réputation, Iago, ma réputation!

IAGO. — Aussi vrai que je suis un honnête homme, je croyais que vous aviez reçu quelque blessure corporelle; cela est plus grave que les blessures de la réputation. La réputation est une vaine et très-menteuse imposture : on l'acquiert souvent sans mérite et on la perd sans motifs; vous n'avez perdu aucune réputation, à moins que vous ne vous réputiez comme l'ayant perdue. Allons, l'ami! il y a encore moyen de retrouver la faveur du général; il vous a cassé tout à l'heure dans un moment de colère, plutôt par politique que par malice, absolument comme quelqu'un qui battrait son chien inoffensif pour inspirer de la crainte à un lion impérieux : sollicitez-le de nouveau, et il reviendra à vous.

Cassio. — J'aimerais mieux solliciter qu'on me méprisât, que de tromper un si bon commandant en lui proposant un officier si léger, si ivrogne, si imprudent. S'enivrer! parler comme un perroquet! quereller! faire le rodomont! jurer! et débiter des sottises à son ombre!— Ô invisible esprit du vin, si tu n'as pas de nom connu, nous devons t'appeler diable!

Iago. — Qui poursuiviez-vous avec votre épée? Que vous avait-il fait?

Cassio. — Je ne sais pas.

Iago. — Est-ce possible?

Cassio. — Je me rappelle une masse de choses, mais rien distinctement; une querelle, mais pourquoi, je n'en sais rien. — Oh Dieu! dire que les hommes peuvent faire entrer un ennemi dans leurs bouches pour leur voler leurs cervelles! que nous sommes capables de nous transformer en bêtes, avec joie, plaisir, entrain, et orgueil!

Iago. — Mais vous voilà à cette heure assez bien : comment vous êtes-vous rétabli ainsi?

Cassio. — Il a plu au diable Ivresse de céder la place au diable Colère : une imperfection m'en montre une autre, pour me faire me mépriser plus franchement moi-même.

Iago. — Allons, vous êtes un moraliste trop sévère ; étant donnés l'heure, le lieu, et la situation de ce pays-ci, j'aurais désiré de tout mon cœur que cela ne fût pas arrivé; mais puisque les choses se sont passées ainsi, raccommodez-les à votre profit.

Cassio. — Quand je lui redemanderai ma place, il me répondra que je suis un ivrogne! J'aurais autant de bouches que l'hydre, qu'une telle réponse les fermerait toutes. Être il y a un instant un homme raisonnable, puis tout à coup devenir un sot, et se trouver maintenant une bête ! oh, la chose étrange ! Chaque coupe de trop est une malédiction, et contient un démon.

Iago. — Allons, allons, le bon vin est un bon compagnon, si on le traite bien ; ne vous emportez plus contre lui. Mais, mon bon lieutenant, je suppose que vous croyez que je vous aime.

Cassio. — J'ai eu occasion d'en être sûr, Messire. — Ivre, moi !

Iago. — Vous, ou tout homme vivant peut s'enivrer à une heure donnée, l'ami. Je vais vous dire ce que vous avez à faire. C'est la femme de notre général qui est maintenant le général ; — je puis bien dire cela, puisque maintenant, il s'est adonné à la contemplation, à l'admiration et à l'adoration de ses qualités et de ses grâces : — confessez-vous à elle franchement, demandez-lui, jusqu'à en être importun, son aide pour recouvrer votre place ; elle est d'une nature si ouverte, si tendre, si obligeante, si bienveillante, que sa vertu considère comme un vice de ne pas faire plus qu'on ne lui demande. Priez-la de raccommoder cette fracture qui s'est opérée entre vous et son mari, et je parie ma fortune contre n'importe quel enjeu valant la peine d'être nommé, que votre affection réciproque n'en deviendra que plus forte après cette rupture.

Cassio. — Vous me donnez un bon conseil.

Iago. — C'est par affection sincère et honnête bon vouloir que je vous le donne, je vous le déclare.

Cassio. — Je le crois vraiment, et demain matin de bonne heure, je supplierai la vertueuse Desdémona de prendre ma cause en main : si ma fortune échoue dans cette sollicitation, je la tiens pour perdue.

Iago. — Vous êtes dans le vrai chemin. Bonne nuit, lieutenant ; il faut que je veille à la garde.

Cassio. — Bonne nuit, honnête Iago. (*Sort Cassio.*)

Iago. — Et qui oserait dire que je joue le rôle d'un scélérat, lorsque l'avis que je donne est franc et honnête,

d'une réalisation probable, et le seul moyen, vraiment,
de fléchir le Maure? En effet, il est très-aisé de décider à
toute honnête sollicitation la bienveillante Desdémona;
elle est de nature aussi généreuse que les libres éléments.
Quant à vaincre le Maure, c'est pour elle une tâche aisée,
— quand même il s'agirait pour lui de renoncer au bap-
tême, à tous les sceaux et à tous les symboles de la rédemp-
tion, — car son âme est tellement garrottée dans les liens
de son amour, que Desdémona peut à son gré faire, dé-
faire, comme il plaira à son caprice d'agir en Dieu avec
sa faible résistance. En quoi suis-je donc un scélérat parce
que je conseille à Cassio la ligne de conduite qui le mène
directement à son bien? Divinité de l'enfer! lorsque les
diables veulent suggérer les plus noirs péchés, ils les présentent d'abord sous les formes les plus célestes comme je
le fais maintenant: car tandis que cet honnête imbécile
sollicitera auprès de Desdémona pour réparer sa fortune,
et qu'elle plaidera passionnément sa cause auprès du
Maure, moi j'insinuerai dans l'oreille d'Othello ce soupçon
empoisonné que c'est par coupable tendresse qu'elle le fait
rappeler; et plus elle s'efforcera de servir Cassio, plus
elle détruira son crédit auprès du Maure. Ainsi je la ferai
s'engluer dans sa propre vertu, et je tirerai de sa générosité même le filet qui les attrapera tous.

Entre RODERIGO.

IAGO. — Eh bien, quelles nouvelles, Roderigo?

RODERIGO. — Je suis ici dans la chasse en question, non
comme un lévrier qui poursuit, mais comme un lévrier
qui se contente de faire sa partie dans le concert d'aboie-
ments de la meute. J'ai dépensé presque tout mon argent;
j'ai été ce soir rossé de la belle manière, et je crois que
tout le résultat consistera dans l'expérience que je reti-
rerai de mes peines; et c'est ainsi que sans argent du tout,
mais avec un peu plus d'esprit, je m'en retournerai à
Venise.

IAGO. — Quelles pauvres gens sont ceux qui manquent
de patience! A-t-on jamais vu blessure se guérir autre-

ment que peu à peu? Tu sais que nous agissons par le moyen de l'esprit et non par sorcellerie, et l'esprit, pour se développer, demande beaucoup de temps. Est-ce que les choses ne marchent pas bien ? Cassio t'a rossé, et toi, au moyen de cette légère volée, tu as cassé Cassio : quoique le soleil fasse pousser plusieurs choses à la fois, cependant les fruits qui les premiers fleurissent sont aussi les premiers qui mûrissent : tâche de prendre patience un instant. — Par la messe, il est déjà matin ; le plaisir et l'action font paraître courtes les heures. Retire-toi ; vas où tu as ton billet de logement : pars, dis-je, tu en sauras davantage plus tard : allons, pars donc. (*Sort Roderigo.*) Il y a deux choses à faire, — ma femme doit disposer sa maîtresse en faveur de Cassio, et je vais la préparer à ce rôle ; et moi en même temps j'aurai soin de tirer le Maure à part, et de l'amener juste au moment où il pourra trouver Cassio sollicitant sa femme : — oui, c'est le moyen ; ne laissons pas ce plan languir par froideur et retards. (*Il sort.*)

ACTE III.

SCÈNE PREMIÈRE.

Devant le château.

Entrent CASSIO *et des* MUSICIENS.

CASSIO. — Mes maîtres, jouez ici, — je récompenserai vos peines, — jouez quelque chose de bref, et souhaitez le bonjour au général. (*Musique.*)

Entre LE BOUFFON.

LE BOUFFON. — Eh bien, mes maîtres, est-ce que vos instruments sont allés à Naples qu'ils parlent ainsi du nez [1]?

PREMIER MUSICIEN. — Qu'est-ce à dire, Messire, qu'est-ce à dire?

LE BOUFFON. — Est-ce que ces instruments sont des instruments à vent, je vous prie?

PREMIER MUSICIEN. — Oui, pardi, Messire.

LE BOUFFON. — Ah bien, alors ils savent faire des *répétitions* [2].

PREMIER MUSICIEN. — Qu'est-ce qui pétitionne, Messire?

LE BOUFFON. — Parbleu, Messire, plus d'un instrument à vent de ma connaissance. Mais, mes maîtres, voici de l'argent pour vous : le général aime tant votre musique, qu'il vous supplie, par bonne amitié, de ne plus faire de tapage.

PREMIER MUSICIEN. — Bien, Messire, nous n'en ferons pas.

LE BOUFFON. — Si vous avez une musique qu'on puisse ne pas entendre, jouez-la; mais, comme on dit, quant à entendre de la musique, le général ne s'en soucie pas beaucoup.

PREMIER MUSICIEN. — Nous n'avons pas de musique du genre de celle que vous demandez, Messire.

LE BOUFFON. — En ce cas, remettez vos flûtes dans votre sac, car moi, je m'en vais : allez; évanouissez-vous dans l'air; partez! (*Sortent les musiciens.*)

CASSIO. — Entendez-vous, mon honnête ami?

LE BOUFFON. — Non, je n'entends pas votre honnête ami; je vous entends.

CASSIO. — Je t'en prie, garde tes facéties. Voici une pauvre pièce d'or pour toi; si la Dame qui sert la femme du général est levée, dis-lui qu'un certain Cassio sollicite la faveur de l'entretenir un instant. Feras-tu cela?

LE BOUFFON. — Elle vient de sauter à bas du lit, Messire, et si elle saute jusqu'ici, je veux bien lui toucher un mot de la chose.

Cassio. — Fais cela, mon bon ami. (*Sort le Bouffon.*)

Entre IAGO.

Cassio. — Ah! vous voilà fort à propos, Iago!

Iago. — Vous ne vous êtes donc pas couché?

Cassio. — Ma foi, non, le jour s'était levé avant notre séparation. — J'ai eu la hardiesse, Iago, d'envoyer demander votre femme : je veux la solliciter pour qu'elle consente à me procurer accès auprès de la vertueuse Desdémona.

Iago. — Je vais vous l'envoyer immédiatement; et je trouverai un moyen d'écarter le Maure, afin que votre conversation touchant votre affaire ait plus de liberté.

Cassio. — Je vous en remercie humblement. (*Sort Iago.*) Je n'ai jamais connu un Florentin plus obligeant et plus honnête[3].

Entre ÉMILIA.

Émilia. — Bonjour, mon bon lieutenant; je suis désolée du déplaisir que vous avez encouru; mais sûrement tout sera bientôt réparé. Le général et sa femme sont en train de causer de cette affaire, et elle plaide vigoureusement pour vous : le Maure répond que celui que vous avez blessé est un homme de grande renommée à Chypre, et d'une parenté puissante, et qu'il ne pouvait, sans manquer de sagesse, ne pas vous destituer; mais il déclare qu'il vous aime, et qu'il n'a pas besoin d'autres sollicitations que celles de son amitié, pour le décider à saisir aux cheveux la première occasion de vous rappeler.

Cassio. — Cependant, je vous en conjure, si cela se peut, ou si vous le jugez convenable, procurez-moi le moyen de dire quelques mots à Desdémona, seuls en tête-à-tête.

Émilia. — Entrez, je vous prie : je vais vous emmener en un lieu où vous aurez le temps d'ouvrir librement votre cœur.

Cassio. — Je vous suis très-obligé. (*Ils sortent.*)

SCÈNE II.

Un appartement dans le château

Entrent OTHELLO, IAGO, *et* des gentilshommes.

Othello. — Donne ces lettres au pilote, Iago, et qu'il porte mes respects au sénat : cela fait, j'irai me promener du côté des ouvrages ; viens m'y retrouver.

Iago. — Bien, mon bon Seigneur, je le ferai.

Othello. — Eh bien, Messire, allons-nous voir cette fortification ?

Les gentilshommes. — Nous sommes aux ordres de Votre Seigneurie. (*Ils sortent.*)

SCÈNE III.

Devant le château.

Entrent DESDÉMONA, CASSIO *et* ÉMILIA.

Desdémona. — Sois assuré, mon bon Cassio, que je m'emploierai de tout mon pouvoir en ta faveur.

Émilia. — Faites cela, bonne Madame ; je vous garantis que ce malheur afflige mon mari comme si c'était le sien.

Desdémona. — Oh ! c'est un honnête garçon. — N'en doutez pas, Cassio, je vous rendrai, mon époux et vous, amis comme auparavant.

Cassio. — Généreuse Madame, quoi qu'il puisse advenir de Michel Cassio, il ne sera jamais autre chose que votre fidèle serviteur.

Desdémona. — Je le sais, — je vous remercie. Vous aimez mon Seigneur, vous le connaissez depuis longtemps, et soyez bien assuré qu'il ne vous tiendra à l'écart que tout juste autant que le lui commandera la politique.

Cassio. — Oui, Madame, mais cette politique peut durer si longtemps, se nourrir de prétextes si délicats et si insignifiants, se compliquer tellement par suite des circonstances, que, moi absent et ma place occupée, mon général oubliera mon affection et mes services.

Desdémona. — N'aie pas peur de cela, je te réponds de ta place devant Émilia ici présente. Sois bien certain que lorsque je fais une promesse d'amitié, je la tiens jusqu'au dernier iota : mon Seigneur n'aura pas de repos, je le tiendrai éveillé jusqu'à ce que je l'aie dompté, je l'accablerai de paroles à lui faire perdre patience ; son lit sera comme une école, sa table comme un confessionnal ; je mêlerai à toutes ses occupations la requête de Cassio : ainsi, sois confiant, Cassio ; car ton avocat mourrait plutôt que d'abandonner ta cause.

Émilia. — Madame, voici venir Monseigneur.

Cassio. — Madame, je vais prendre mon congé.

Desdémona. — Mais, reste, et écoute-moi parler.

Cassio. — Non, pas maintenant, Madame ; je suis très-mal à l'aise et incapable de servir mes propres affaires.

Desdémona. — Bon, faites comme vous le jugerez convenable. (*Sort Cassio.*)

Entrent OTHELLO *et* IAGO.

Iago. — Ah ! je n'aime pas cela.

Othello. — Que dis-tu ?

Iago. — Rien, Monseigneur : ou si.... je ne sais quoi.

Othello. — N'était-ce pas Cassio qui s'est séparé de ma femme ?

Iago. — Cassio, Monseigneur ! Non, assurément, je ne puis croire qu'il se fût enfui ainsi comme un coupable en vous voyant venir.

Othello. — Je crois que c'était lui.

Desdémona. — Eh bien, Monseigneur, je viens de causer ici avec un solliciteur, un homme qui languit sous votre déplaisir.

OTHELLO. — Qui voulez-vous désigner?

DESDÉMONA. — Eh, votre lieutenant, Cassio. Mon bon Seigneur, si j'ai grâce ou puissance pour vous émouvoir, pardonnez-lui sans plus tarder; car si ce n'est pas un homme qui vous aime sincèrement, si ce n'est pas un homme qui a péché plutôt par ignorance qu'intentionnellement, je ne sais pas reconnaître un honnête visage : je t'en prie, rappelle-le.

OTHELLO. — Est-ce lui qui s'éloignait d'ici tout à l'heure?

DESDÉMONA. — Oui, vraiment, et si humilié qu'il m'a laissé une partie de son chagrin, et que j'en souffre avec lui. Mon cher amour, rappelez-le.

OTHELLO. — Pas maintenant, douce Desdémona; une autre fois.

DESDÉMONA. — Mais cette autre fois sera-t-elle bientôt?

OTHELLO. — Aussitôt que possible, en votre considération, ma chérie.

DESDÉMONA. — Sera-ce ce soir à souper?

OTHELLO. — Non, pas ce soir.

DESDÉMONA. — Demain à dîner, en ce cas?

OTHELLO. — Je ne dînerai pas à la maison; je dois aller rejoindre les capitaines à la citadelle.

DESDÉMONA. — Eh bien alors, demain soir; ou mardi matin, ou mardi à midi, ou le soir; ou mercredi matin : je t'en prie, nomme la date, mais que le délai n'excède pas trois jours : sur ma foi, il se repent, et cependant sa faute, selon l'opinion commune, — sauf si l'on tient compte de la règle qui exige, dit-on, qu'à la guerre on fasse des exemples sur les meilleurs, — n'est pas une de ces fautes qui mérite même un blâme en particulier. Quand reviendra-t-il? dites-le-moi, Othello : je m'interroge du fond de l'âme pour savoir ce que vous pourriez me demander que je vous refuserais, ou que je ne vous accorderais qu'avec cette hésitation. Comment! Michel Cassio, qui était dans la confidence de vos amours, et qui si souvent a pris votre parti lorsque je parlais de vous désavantageusement, il me faut prendre tant de peines pour le faire rappeler! Croyez-moi, je pourrais faire beaucoup....

OTHELLO. — Je t'en prie, assez : qu'il vienne quand il voudra ; je ne te refuserai rien.

DESDÉMONA. — Vraiment, cela ne compte pas pour une faveur ; c'est comme si je vous priais de mettre vos gants, de vous nourrir de mets, de vous tenir chaud, ou si je vous sollicitais pour que vous rendiez un service particulier à votre propre personne : vraiment, lorsque je me proposerai d'éprouver votre amour par une demande, cette demande sera pleine d'importance, difficile et terrible à accorder.

OTHELLO. — Je ne te refuserai rien : par conséquent, je t'en conjure, accorde-moi ceci, laisse-moi un instant seul avec moi-même.

DESDÉMONA. — Vous refuserai-je? non : adieu, mon Seigneur.

OTHELLO. — Adieu, ma Desdémona : je te rejoins sur-le-champ.

DESDÉMONA. — Viens, Émilia. — Faites comme le cœur vous le dira ; — quoi que vous désiriez, je suis obéissante. (*Elle sort avec Émilia.*)

OTHELLO. — Excellente espiègle ! La damnation tombe sur mon âme, comme je t'aime ! et lorsque je ne t'aimerai plus, le chaos sera revenu.

IAGO. — Mon noble Seigneur....

OTHELLO. — Que dis-tu, Iago?

IAGO. — Est-ce que Michel Cassio connaissait votre amour lorsque vous faisiez la cour à Madame?

OTHELLO. — Il l'a connu depuis le commencement jusqu'à la fin : pourquoi me demandes-tu cela?

IAGO. — Mais pour la satisfaction de ma pensée, pas pour autre chose de plus grave que cela.

OTHELLO. — Et quelle est ta pensée, Iago?

IAGO. — Je ne croyais pas qu'il l'eût connue alors.

OTHELLO. — Oh si, et il nous a servi souvent d'intermédiaire.

IAGO. — En vérité!

OTHELLO. — *En vérité!* oui, en vérité. — Qu'est-ce que tu vois là dedans? Est-ce qu'il n'est pas honnête?

IAGO. — Honnête, Monseigneur!

OTHELLO. — *Honnête!* oui, *honnête.*

IAGO. — Si, Monseigneur, autant que je sache.

OTHELLO. — Voyons, quelle est ta pensée?

IAGO. — Pensée, Monseigneur!

OTHELLO. — *Pensée, Monseigneur!* Par le ciel, il me fait écho comme s'il y avait dans sa pensée quelque monstre trop hideux pour être montré! Tu veux dire quelque chose : je t'ai entendu dire tout à l'heure, que tu n'aimais pas cela, lorsque Cassio a quitté ma femme : qu'est-ce que tu n'aimais pas? et lorsque je t'ai dit qu'il était dans mes secrets pendant tout le cours de mes amours, tu as crié, *en vérité!* et tes sourcils se sont contractés et rejoints en forme de bourse, comme si tu avais voulu renfermer dans ton cerveau quelque horrible secret. Si tu m'aimes, montre-moi ta pensée.

IAGO. — Monseigneur, vous savez que je vous aime.

OTHELLO. — Je crois que tu m'aimes, et précisément parce que je te sais plein d'affection et d'honnêteté, et que tu pèses tes mots avant de les prononcer, tes temps d'arrêt m'effrayent d'autant plus : car de telles façons d'agir sont ruses habituelles chez un coquin déloyal et menteur; mais chez un homme juste, ce sont des révélations voilées qui s'échappent d'un cœur incapable de dominer son émotion.

IAGO. — Pour ce qui est de Michel Cassio, j'oserais jurer que je le crois honnête.

OTHELLO. — Je le crois aussi.

IAGO. — Les hommes devraient être ce qu'ils paraissent, ou plût à Dieu que ceux qui ne le sont pas ne ressemblassent à personne!

OTHELLO. — C'est certain, *les hommes devraient être ce qu'ils paraissent.*

IAGO. — Et c'est pourquoi je crois Cassio un honnête homme.

OTHELLO. — Non, il y en a plus que cela là dedans;

je t'en prie, exprime-moi tes pensées telles que tu les rumines en toi-même ; donne à ta pire pensée le vêtement du pire mot.

Iago. — Mon bon Seigneur, pardonnez-moi : quoique je sois tenu à tout acte de loyale obéissance, je ne suis pas tenu à ce dont tout esclave est exempté. Exprimer mes pensées ? Parbleu, disons qu'elles sont viles et fausses, — et quel est le palais où de vilaines choses ne s'introduisent pas quelquefois ? — qui donc a un cœur si pur, que des soupçons odieux n'y tiennent pas parfois leurs séances légales et leurs assises en compagnie des pensées vertueuses ?

Othello. — Tu conspires contre ton ami, Iago, si, le croyant outragé, tu laisses son oreille étrangère à tes pensées.

Iago. — Je vous en conjure, comme ma supposition peut être erronée, — car je le confesse, c'est une malédiction de ma nature de soupçonner le mal, et souvent ma défiance crée des fautes qui n'existent pas, — que votre sagesse n'accorde aucune attention à un homme dont l'imagination est si apte à se tromper, et n'allez pas vous bâtir un échafaudage de troubles sur le fondement peu sûr de ses observations imparfaites. Vous laisser connaître mes pensées ne vaudrait rien pour votre tranquillité et votre bien, ni pour mon honneur d'homme, mon honnêteté et ma sagesse.

Othello. — Que veux-tu dire ?

Iago. — La bonne renommée, chez l'homme et la femme, mon cher Seigneur, est le joyau le plus personnel de l'âme : quiconque me vole ma bourse, me vole de la drogue, peu de chose, rien ; c'était à moi, c'est à lui, cela avait été l'esclave de milliers d'autres ; mais celui qui me filoute de ma bonne renommée, me dérobe d'une chose qui ne l'enrichit pas, et me rend vraiment pauvre[4].

Othello. — Par le ciel je connaîtrai tes pensées !

Iago. — Vous ne le pourriez pas, quand bien même mon cœur serait dans votre main ; à plus forte raison tant qu'il reste en ma garde.

OTHELLO. — Ah!

IAGO. — Ô Monseigneur, prenez garde à la jalousie, c'est le monstre aux yeux verts qui se moque de la viande dont il se nourrit : il vit heureux le cocu qui, certain de sa destinée, déteste son offenseur ; mais quelles minutes damnées compte celui qui idolâtre, et cependant doute ; qui soupçonne, et pourtant aime fortement.

OTHELLO. — Ô misère !

IAGO. — Pauvreté et contentement, c'est richesse, et richesse abondante ; mais des richesses infinies composent une pauvreté stérile comme l'hiver pour celui qui craint toujours de devenir pauvre. — Ciel clément, défendez de la jalousie toutes les âmes de mes égaux.

OTHELLO. — Pourquoi, pourquoi tout cela ? Crois-tu donc que je voudrais mener une vie de jalousie, changeant toujours de soupçons avec chaque changement de lune ? Non, une fois qu'on doute, l'état de l'âme est fixé irrévocablement. Échange-moi contre un bouc fantasque, le jour où je dévouerai mon âme à des soupçons vagues et en l'air, pareils à ceux que suggère ton insinuation. On ne me rendra pas jaloux en me disant que ma femme est belle, reçoit avec grâce, aime la compagnie, est libre dans ses discours, chante, joue et danse bien ; chez quiconque est vertueux, ces actions-là sont très-vertueuses : je ne tirerai pas davantage de la faiblesse de mes mérites le plus petit sujet de crainte, le plus petit doute sur sa fidélité ; car elle avait des yeux, et m'a choisi. Non, Iago, il faudra que je voie avant de douter ; lorsque je douterai, il me faudra vérifier mes doutes ; et une fois la preuve faite, eh bien alors, adieu à tout amour, ou adieu à toute jalousie !

IAGO. — Je suis heureux de cela, car maintenant j'aurai une raison de vous montrer plus franchement l'amour et le respect que je vous porte : en conséquence, pour obéir à mon devoir, recevez cet avis : — je ne parle pas encore de preuves. Veillez sur votre femme, observez-la bien avec Cassio ; faites usage de vos yeux, sans jalousie et sans confiance : je ne voudrais pas que votre noble et franche nature fût trompée par suite de sa générosité, veillez-y : je connais bien le caractère de notre pays : à Venise, les femmes laissent voir au ciel les caprices qu'elles n'osent pas montrer à leurs maris; toute leur conscience consiste non pas à ne pas faire, mais à tenir caché.

Othello. — Parles-tu sérieusement?

Iago. — Elle trompa son père en vous épousant; au moment où elle semblait frissonner et avoir peur devant vos regards, c'est alors qu'elle les aimait le plus.

Othello. — C'est en effet ce qu'elle fit.

Iago. — Ah bien, en ce cas, continuez le raisonnement : celle qui si jeune put dissimuler au point de tenir les yeux de son père aussi étroitement fermés que le cœur d'un chêne, — si étroitement qu'il prit cela pour de la magie : — mais je suis très à blâmer; je vous demande humblement pardon de cet excès d'affection.

Othello. — Je te suis à jamais obligé.

Iago. — Je vois que cela a quelque peu troublé vos esprits.

Othello. — Pas d'un brin, pas d'un brin.

Iago. — Sur ma foi, je crois que cela vous a troublé. J'espère que vous voudrez bien considérer que ce que je vous dis vient de mon affection pour vous; — mais je vois que vous êtes ému : je dois vous prier de ne pas donner à mes paroles de plus grosses conséquences et une plus grande étendue que celles du soupçon.

Othello. — C'est ce que je ferai.

Iago. — Si vous alliez plus loin, Monseigneur, mes paroles obtiendraient un détestable succès auquel elles ne visent pas. Cassio est mon digne ami.... Monseigneur, je vois que vous êtes ému.

Othello. — Non, pas beaucoup ému : — je crois que Desdémona ne peut être qu'honnête.

Iago. — Puisse-t-elle vivre longtemps telle! et puissiez-vous vivre longtemps pour la croire telle!

Othello. — Et cependant, quand la nature s'égare hors d'elle-même....

Iago. — Oui, voilà le point ; aussi, pour être hardi avec vous, disons que n'avoir pas eu de goût pour tant de mariages proposés avec des hommes de son pays, de sa couleur, de sa condition, accords où nous voyons toujours tendre la nature, hum ! cela sent une âme corrompue, une odieuse désharmonie de penchants, des pensées contre nature : — mais, pardonnez-moi ; je ne prétends pas dire que mes paroles s'appliquent exactement à elle, et cependant je craindrais que son âme, revenant à un jugement plus froid, n'arrivât à vous comparer aux hommes de son pays, et ne se repentît peut-être.

Othello. — Adieu, adieu : si tu en aperçois davantage, fais-m'en connaître davantage ; mets ta femme en observation : laisse-moi, Iago.

Iago. — Monseigneur, je prends mon congé. (*Il fait mine de s'éloigner.*)

Othello. — Pourquoi me suis-je marié ? — Cet honnête individu en voit et en sait incontestablement plus long, beaucoup plus long qu'il n'en dit.

Iago, *revenant*. — Monseigneur, je voudrais supplier Votre Honneur de ne pas scruter plus avant cette affaire; laissez cela au temps : quoiqu'il soit convenable que Cassio aie sa place, — car, à coup sûr, il la remplit avec une grande habileté, — cependant s'il vous plaît de le tenir quelque temps à l'écart, vous pourrez par là le pénétrer, lui et ses moyens : remarquez si votre femme insiste pour sa réinstallation avec vigueur, importunité et véhémence ; on verra par là bien des choses. En attendant, tenez-moi pour trop préoccupé de mes craintes, — comme j'ai grande cause de croire que je le suis, — et j'en conjure Votre Honneur, regardez-la comme innocente.

Othello. — Crois que j'aurai de l'empire sur moi-même.

Iago. — Je prends une seconde fois mon congé. (*Il sort.*)

Othello. — Ce garçon est d'une excessive honnêteté, et il sait pénétrer avec un esprit éclairé tous les mobiles humains. Si je découvrais qu'elle est un faucon rebelle, quand bien même ses attaches seraient les fibres de mon cœur, je la lâcherais, et je la laisserais sous le vent, libre de chercher proie à l'aventure[5]. C'est peut-être parce que je suis noir, et que je n'ai pas ces dons doucereux de conversations que possèdent les Messires de boudoir; c'est peut-être parce que je descends la pente des années, — mais ce n'est pas encore très-sensible : allons, elle s'est détachée; je suis trompé, et ma seule consolation doit être de l'exécrer. Ô malédiction du mariage ! faut-il que nous puissions nous dire les maîtres de ces délicates créatures, et non de leurs appétits ! J'aimerais mieux être un crapaud, et vivre des vapeurs d'une prison, que d'abandonner un coin de la chose que j'aime à l'usage d'autrui. Cependant, c'est là la malédiction des grands; ils ont moins de priviléges que les gens bas ; c'est une destinée aussi inévitable que la mort : ce malheur cornu nous est prédestiné à l'heure même où nous venons au monde. Voici Desdémona qui vient; — si elle est perfide, oh bien alors, le ciel se moque de lui-même ! je ne puis pas le croire

Rentrent DESDÉMONA *et* ÉMILIA.

DESDÉMONA. — Eh bien, que se passe-t-il donc, mon cher Othello ? Votre dîner et les nobles insulaires que vous avez invités attendent votre présence.

OTHELLO. — Je suis à blâmer.

DESDÉMONA. — Pourquoi parlez-vous d'une voix si faible ? Est-ce que vous n'êtes pas bien ?

OTHELLO. — J'ai mal au front, là.

DESDÉMONA. — C'est excès de veilles ; cela va se dissiper ; laissez-moi seulement le bander serré, et d'ici à une heure tout ira bien.

OTHELLO. — Votre mouchoir est trop petit. (*Il enlève le mouchoir de son front ; elle le laisse tomber.*) Laissez cela. Allons, je vous suis.

DESDÉMONA. — Je suis vraiment chagrine que vous ne soyez pas bien. (*Sortent Othello et Desdémona.*)

ÉMILIA. — Je suis charmée d'avoir trouvé ce mouchoir:

ACTE III, SCÈNE III. 413

c'est le premier souvenir qu'elle ait reçu du Maure : mon baroque mari m'a cajolée cent fois pour que je le volasse; mais elle aime tant ce cadeau, — car il la conjura de le garder toujours, — qu'elle le porte perpétuellement sur elle pour l'embrasser et causer avec lui. Je vais en faire copier un sur ce modèle, et le donner à Iago; ce qu'il en veut faire, le ciel le sait, non pas moi : moi, je ne veux autre chose que satisfaire sa fantaisie.

Rentre IAGO.

Iago. — Eh bien, que faites-vous là toute seule?

Émilia. — Ne grondez pas; j'ai pour vous certaine chose.

Iago. — Une chose pour moi! c'est chose commune....

Émilia. — Hé?

Iago. — D'avoir une sotte femme.

Émilia. — Oh, est-ce tout? Que me donnerez-vous maintenant pour ce mouchoir?

Iago. — Quel mouchoir?

Émilia. — *Quel mouchoir!* parbleu ce mouchoir que le Maure donna comme premier cadeau à Desdémona; ce mouchoir que vous m'avez si souvent conseillé de voler.

Iago. — Est-ce que tu le lui as volé?

Émilia. — Non, ma foi; elle l'a laissé tomber par mégarde, et comme j'étais là, j'ai profité de cette occasion favorable pour le ramasser. Regardez, le voici.

Iago. — Tu es une bonne fille; donne-le-moi.

Émilia. — Que voulez-vous donc en faire pour m'avoir si ardemment pressée de le filouter?

Iago, *lui arrachant le mouchoir*. — Et parbleu, qu'est-ce que cela vous fait?

Émilia. — Si ce n'est pas pour quelque projet important, rends-le-moi : pauvre Dame! elle va devenir folle lorsqu'elle s'apercevra qu'il lui manque.

Iago. — Ayez soin qu'on ne vous soupçonne pas : j'en ai besoin. Allez, laissez-moi. (*Sort Émilia.*) Je vais égarer ce mouchoir dans le logement de Cassio et le lui laisser trouver. Des bagatelles aussi légères que l'air sont pour le jaloux des preuves aussi puissantes que les affirmations de la Sainte Écriture : cela peut amener quelque chose. Le Maure s'altère déjà sous l'influence de mon poison : les lubies-dangereuses sont par nature des poisons qui d'abord ont à peine un goût désagréable, mais qui, après avoir quelque peu agi sur le sang, brûlent comme des mines de soufre. — Je disais donc? — Tenez, le voici qui vient! ni le pavot, ni la mandragore[6], ni toutes les drogues soporifiques du monde, ne te rendront jamais à ce doux sommeil que tu possédais hier.

Rentre OTHELLO.

OTHELLO. — Ah! ah! fausse envers moi!

IAGO. — Allons, allons, général! ne songez plus à cela.

OTHELLO. — Arrière! va-t'en! tu m'as étendu sur le chevalet : — je jure qu'il vaut mieux être beaucoup trompé que de le savoir un peu.

IAGO. — Qu'est-ce donc, Monseigneur?

OTHELLO. — Quel sentiment avais-je de ses heures furtives de luxure? Je ne voyais pas cela, je n'y pensais pas, cela ne me faisait pas souffrir : la nuit dernière, j'ai bien dormi; j'étais joyeux et d'esprit libre; je ne trouvais pas sur ses lèvres les baisers de Cassio. Qu'on n'apprenne pas qu'il est dérobé à celui que l'on vole, et si la chose volée ne lui manque pas, il n'est pas volé du tout.

IAGO. — Je suis désolé d'entendre cela.

OTHELLO. — J'aurais été heureux, quand bien même tout le camp, pionniers y compris[7], aurait joui de son doux corps, pourvu que je n'eusse rien su. Oh! maintenant, adieu pour toujours à la tranquillité d'âme! adieu au contentement! adieu aux bataillons empanachés, et aux grandes guerres qui font de l'ambition une vertu! Oh! adieu, adieu au coursier hennissant, et à la trompette aiguë, et au tambour qui réveille l'ardeur de l'âme, et au fifre qui perce l'oreille[8], et aux royales bannières, et à toutes ces choses qui font l'orgueil, la pompe, et l'appareil des glorieuses guerres! Et vous, machines meurtrières dont les bouches cruelles imitent les redoutables clameurs de l'immortel Jupiter, adieu! la carrière d'Othello est finie!

IAGO. — Est-ce possible? — Monseigneur....

OTHELLO. — Scélérat, ne manque pas de me donner la preuve que ma bien-aimée est une putain, n'y manque pas; donne-m'en la preuve oculaire, ou bien (*il le saisit à la gorge*), par le prix de l'âme immortelle de l'homme, il aurait mieux valu pour toi être né chien que d'avoir à répondre à ma colère éveillée!

IAGO. — Les choses en sont-elles venues là?

OTHELLO. — Fais-moi voir cela; ou à tout le moins, prouve-le de telle sorte, que la preuve ne laisse ni détail ni circonstance où le doute puisse s'accrocher, ou malheur à ta vie!

IAGO. — Mon noble Seigneur....

OTHELLO. — Si tu fais cela pour la calomnier et me torturer, ne prie jamais plus; abdique toute humanité, entasse les horreurs sur les horreurs, commets des actes à faire pleurer le ciel et à étonner la terre; car tu ne peux rien ajouter à ta damnation qui dépasse cela!

IAGO. — Ô grâce divine! ô ciel, pardonnez-moi! Êtes-vous un homme? avez-vous âme ou sentiment? — Dieu soit avec vous; acceptez ma démission. — Ô misérable imbécile qui t'arranges pour faire de ton honnêteté un vice! Ô monde monstrueux! apprends, apprends, ô monde, combien il est peu sûr d'être droit et honnête. — Je vous remercie de ce profit; et désormais je n'aimerai aucun ami, puisque l'affection engendre de telles offenses.

OTHELLO. — Non, reste : — tu devrais être honnête.

IAGO. — Je devrais être sage; car honnêteté est une sotte, et perd toujours ses peines.

OTHELLO. — Par l'univers, je crois que ma femme est honnête, et je crois qu'elle ne l'est pas; je crois que tu es juste, et je crois que tu ne l'es pas! Je veux avoir quelque preuve : son nom qui était aussi frais que le visage de Diane, est maintenant aussi barbouillé et aussi noir que mon propre visage. — S'il y a des cordes, des couteaux, des poisons, du feu, des rivières qui puissent noyer, je ne supporterai pas cela. — Que je voudrais avoir satisfaction !

Iago. — Je vois, Seigneur, que vous êtes dévoré par la passion : je me repens de vous avoir jeté dans cet état. Vous voudriez avoir satisfaction ?

Othello. — *Je voudrais !* certes je le voudrais.

Iago. — Et vous le pouvez : mais comment ? Comment voudriez-vous que fût cette satisfaction, Monseigneur ? voudriez-vous que le témoin, bouche béante, fût là bêtement à la regarder enjamber !

Othello. — Mort et damnation ! oh !

Iago. — Ce serait, je crois, une entreprise difficile et ennuyeuse que de les amener à se laisser surprendre ainsi : du diable si jamais d'autres yeux que les leurs les verront sur le traversin ! Eh bien alors, quoi ? comment faire ? que vous dirai-je ? où est la satisfaction ? Il est impossible que vous surpreniez une telle chose, quand bien même ils seraient aussi peu retenus que des boucs, aussi chauds que des singes, aussi brutaux que des loups effrontés, et aussi imprudemment sots que des ignorants naïfs en état d'ivresse. Mais, cependant, je vous le dis, si l'induction et de fortes circonstances qui conduisent directement aux portes de la vérité peuvent vous donner satisfaction, vous pouvez l'obtenir.

Othello. — Donne-moi la preuve palpable qu'elle est déloyale.

Iago. — Je n'aime pas cet office-là ; mais puisque je suis entré si avant dans cette affaire, — piqué par la folie de l'honnêteté et par l'amitié, — j'irai plus loin encore. J'étais couché dernièrement avec Cassio, et comme je souffrais d'une rage de dents, je ne pouvais dormir. Il y a des gens qui ont l'âme si peu discrète, que dans leurs sommeils, ils marmottent de leurs affaires, et Cassio est de ceux-là. Je l'entendis qui disait en dormant :

« Charmante Desdémona, soyons prudents ; cachons nos amours. » Et alors, Seigneur, il saisissait et tordait ma main, criait : « Ô douce créature ! » et puis m'embrassait avec force, comme s'il eût voulu arracher par les racines des baisers qui auraient poussé sur mes lèvres ; puis il a passé sa jambe par-dessus ma cuisse, et a soupiré, et m'a embrassé ; et alors il a crié : « Oh ! maudite soit la destinée qui t'a donnée au Maure ! »

OTHELLO. — Oh monstrueux ! monstrueux !

IAGO. — Mais ce n'était qu'un rêve.

OTHELLO. — Oui, mais qui dénotait une chose précédemment accomplie ; c'est un indice singulièrement probant, quoique ce ne soit qu'un rêve.

IAGO. — Et cela peut aider à augmenter le volume des autres preuves qui paraissent trop minces.

OTHELLO. — Je la mettrai en pièces.

IAGO. — Certes, mais soyez prudent : nous ne voyons pas que rien soit encore fait ; il se peut qu'elle soit honnête encore. Dites-moi seulement ceci, — n'avez-vous jamais vu à la main de votre femme un mouchoir avec un dessin de fraises ?

OTHELLO. — Je lui en ai donné un de ce genre ; ce fut mon premier présent.

IAGO. — Cela, je n'en sais rien, mais j'ai vu un mouchoir de ce genre, — et ce mouchoir je suis sûr qu'il était à votre femme, — dont Cassio se servait aujourd'hui pour s'essuyer la barbe.

OTHELLO. — Si c'est celui-là....

IAGO. — Si c'est celui-là, ou tout autre lui appartenant, cela parle contre elle avec les autres preuves.

OTHELLO. — Oh pourquoi le manant n'a-t-il pas quarante mille existences ? une seule est trop pauvre, trop faible pour ma vengeance ! Maintenant je vois que c'est vrai. — Regarde un peu, Iago ; je souffle vers le ciel tout mon amour passionné : il est parti ! — Lève-toi, noire vengeance, du fond de l'enfer ! Cède à la tyrannie de la haine ma couronne et le trône de mon cœur, ô amour ! Gonfletoi, mon sein, sous la cargaison que tu portes, car elle est composée de langues d'aspics !

Iago. — Contenez-vous cependant.

Othello. — Oh du sang, du sang, du sang !

Iago. — Patience, vous dis-je; vous changerez peut-être de sentiment.

Othello. — Jamais, Iago. Comme la mer du Pont dont les courants glacés et la course en avant ne connaissent jamais le reflux, mais continuent droit leur chemin vers la Propontide et l'Hellespont[9]; ainsi mes pensées sanguinaires, emportées d'un pas violent, ne retourneront jamais en arrière, ne reflueront jamais vers l'humble amour, jusqu'à ce qu'elles se soient englouties dans une vengeance immense proportionnée à l'offense. — A cette heure, par ce ciel de marbre là-bas, j'engage ma promesse pour l'exécution religieuse d'un serment sacré. (*Il s'agenouille.*)

Iago. — Ne vous relevez pas encore. (*Il s'agenouille.*) Soyez témoins, ô vous, lumières éternellement brûlantes en haut, et vous, éléments qui nous enveloppez de toutes parts, soyez témoins qu'ici Iago met au service d'Othello outragé les armes de son esprit, de ses mains, de son cœur ! Qu'il commande, et quelque sanglante que soit l'œuvre, obéir sera pour moi acte de compatissante bonté !

Othello. — J'accueille ton affection, non avec de vains remerciments, mais en l'acceptant de plein cœur, et je veux immédiatement la mettre à l'épreuve : d'ici à trois jours, apprends-moi que Cassio ne vit plus.

Iago. — Mon ami est mort : c'est chose faite à votre requête; mais qu'elle vive.

Othello. — Qu'elle soit damnée, la perfide catin ! qu'elle soit damnée ! Allons, viens avec moi en un lieu à l'écart; je vais me retirer afin de chercher des moyens de mort rapide pour la belle diablesse. Maintenant, tu es mon lieutenant.

Iago. — Je suis à vous pour toujours. (*Ils sortent.*)

SCÈNE IV.

Devant le château

Entrent DESDÉMONA, ÉMILIA, *et* LE BOUFFON.

DESDÉMONA. — Savez-vous, maraud, où le lieutenant Cassio a son appartement?

LE BOUFFON. — Je n'ose pas dire qu'il ait un appartement quelque part.

DESDÉMONA. — Pourquoi, l'ami?

LE BOUFFON. — Il est soldat, et dire à un soldat qu'il a *parte ment*, c'est risquer de se faire poignarder[10].

DESDÉMONA. — Allons donc : où loge-t-il?

LE BOUFFON. — Vous dire où il loge serait vous dire où je mens.

DESDÉMONA. — Peut-on tirer quelque sens de ces paroles?

LE BOUFFON. — Je ne sais pas où il loge; lui inventer un logement, et dire qu'il a appartement ici ou là, serait pour moi mentir par la gorge.

DESDÉMONA. — Pouvez-vous le demander et vous édifier à ce sujet?

LE BOUFFON. — Je catéchiserai le monde à son propos, c'est-à-dire que je ferai des questions, et que je vous répondrai d'après ce qu'on me dira.

DESDÉMONA. — Cherchez-le, ordonnez-lui de venir ici; dites-lui que j'ai sollicité mon Seigneur à son sujet, et que j'espère que tout ira bien.

LE BOUFFON. — Faire cela rentre dans le cercle des choses que peut embrasser l'esprit d'un homme, et par conséquent je vais essayer de le faire. (*Il sort.*)

DESDÉMONA. — Où ai-je pu perdre ce mouchoir, Émilia?

ÉMILIA. — Je ne sais pas, Madame.

DESDÉMONA. — Crois-moi, j'aurais mieux aimé perdre ma bourse pleine de *crusades*[11]; car si mon noble Maure n'était pas d'une âme loyale, et exempt de cette bassesse dont sont faits les êtres jaloux, c'en serait assez pour lui donner de mauvaises pensées.

Émilia. — N'est-il pas jaloux?

Desdémona. — Qui, lui? Je pense que le soleil sous lequel il est né a séché en lui de telles humeurs.

Émilia. — Regardez, le voici qui vient.

Desdémona. — Je ne veux plus le laisser tranquille maintenant, jusqu'à ce que Cassio soit rappelé auprès de lui.

Entre OTHELLO.

Desdémona. — Comment allez-vous, Monseigneur?

Othello. — Bien, ma bonne Dame. (*A part.*) Oh! que dissimuler est chose difficile! — Comment allez-vous, Desdémona?

Desdémona. — Bien, mon bon Seigneur.

Othello. — Donnez-moi votre main : cette main est moite, Madame.

Desdémona. — Elle n'a pas encore senti l'âge ni connu le chagrin.

Othello. — Elle témoigne d'un cœur riche et libéral : — chaude, chaude, et moite : cette main-ci requiert la claustration de la liberté, le jeûne, la prière, beaucoup de mortifications, des exercices de dévotion; car il y a là un jeune diable qui sue facilement, et qui d'ordinaire se révolte. C'est une bonne main, une main franche.

Desdémona. — Vous avez bien le droit de parler ainsi, vraiment; car ce fut cette main qui vous donna mon cœur.

Othello. — C'est une main généreuse : autrefois c'étaient les cœurs qui donnaient les mains; mais notre nouveau blason dit les mains, non les cœurs.

Desdémona. — Je ne puis parler de cela. Voyons maintenant, votre promesse?

Othello. — Quelle promesse, ma poulette?

Desdémona. — J'ai envoyé avertir Cassio d'avoir à venir vous parler.

Othello. — J'ai un violent et vilain rhume qui me gêne; prête-moi ton mouchoir.

ACTE III, SCÈNE IV.

Desdémona. — Voici, mon Seigneur.

Othello. — Celui que je vous ai donné.

Desdémona. — Je ne l'ai pas sur moi.

Othello. — Non?

Desdémona. — Non, en vérité, mon Seigneur.

Othello. — C'est une faute. Une Égyptienne donna ce mouchoir à ma mère; c'était une magicienne, et elle pouvait presque lire les pensées des personnes : elle dit à ma mère, que tant qu'elle le conserverait, il la rendrait aimable, et soumettrait entièrement mon père à son amour; mais que, si elle le perdait, ou que si elle le donnait, l'œil de mon père se détournerait d'elle avec exécration, et que son âme se mettrait en chasse de nouvelles fantaisies. En mourant, elle me le donna, et me recommanda, lorsque ma destinée voudrait que je me mariasse, de le donner à ma femme. C'est ce que j'ai fait, et ayez-en grand soin; chérissez-le comme la prunelle précieuse de vos yeux; l'égarer ou le donner serait une telle perte que rien ne pourrait l'égaler.

Desdémona. — Est-ce possible?

Othello. — C'est la vérité : il y a de la magie dans son tissu : une sibylle qui avait vu le soleil accomplir deux cents de ses voyages tissa cette toile dans sa fureur prophétique; les vers qui produisirent la soie avaient été enchantés, et cette soie fut teinte dans de l'essence de momie provenant de cœurs de jeunes filles et conservée par des savants [12].

Desdémona. — Vraiment! est-ce exact?

Othello. — Très-véritable, par conséquent ayez-en grand soin.

Desdémona. — Alors plût au ciel que je ne l'eusse jamais vu!

Othello. — Ah! pourquoi?

Desdémona. — Pourquoi parlez-vous ainsi précipitamment et comme transi?

Othello. — Est-ce qu'il est perdu? est-ce que vous ne l'avez plus? parlez, est-il égaré?

Desdémona. — Le ciel nous bénisse!

OTHELLO. — Que répondez-vous?

DESDÉMONA. — Il n'est pas perdu; mais si par hasard il l'était?

OTHELLO. — Comment!

DESDÉMONA. — Je dis qu'il n'est pas perdu.

OTHELLO. — Allez me le chercher, laissez-le-moi voir.

DESDÉMONA. — Eh bien, c'est ce que je ferai, Seigneur, mais non pas maintenant. C'est une ruse pour esquiver ma requête: je vous en prie, que Cassio soit rappelé.

OTHELLO. — Allez me chercher le mouchoir: mon esprit s'égare.

DESDÉMONA. — Voyons, voyons, vous ne trouverez jamais un homme plus capable.

OTHELLO. — Le mouchoir!

DESDÉMONA. — Je vous en prie, parlez-moi de Cassio.

OTHELLO. — Le mouchoir!

DESDÉMONA. — Un homme qui toute sa vie a fondé sa fortune sur votre amitié, qui a partagé vos dangers....

OTHELLO. — Le mouchoir!

DESDÉMONA. — En vérité, vous êtes à blâmer.

OTHELLO. — Arrière! (*Il sort.*)

ÉMILIA. — Cet homme n'est-il pas jaloux?

DESDÉMONA. — Je n'avais encore rien vu de semblable. A coup sûr, il y a quelque chose d'extraordinaire dans ce mouchoir; je suis très-malheureuse de l'avoir perdu.

ÉMILIA. — Ce n'est qu'au bout d'un an ou deux qu'un homme se montre ce qu'il est: ils sont tous de simples estomacs, et nous sommes toutes de simple nourriture; ils nous mangent gloutonnement, et lorsqu'ils sont gorgés, ils nous vomissent. Voyez, voici Cassio et mon mari.

Entrent CASSIO *et* IAGO.

IAGO. — Il n'y a pas d'autre moyen; c'est elle qui doit faire cela: ô bonheur! la voici: allez à elle, et importunez-la.

DESDÉMONA. — Eh bien, mon bon Cassio, quelles nouvelles avez-vous à me donner vous concernant?

CASSIO. — Madame, j'en suis toujours à ma première

demande : je vous en conjure, faites que par votre gracieuse intercession, je puisse revivre, et rentrer dans l'affection de celui que j'honore entièrement et avec tout le respect de mon cœur. Je voudrais être fixé au plus tôt : si mon offense est d'un ordre si grave que ni mes services passés, ni mes regrets présents, ni le dévouement que je me propose pour l'avenir ne peuvent me servir de rançon pour me regagner son affection, eh bien, savoir cela doit être au moins mon bénéfice; alors je me résignerai à cette nécessité à contre-cœur, et je m'embarquerai dans quelque autre carrière, en m'abandonnant à la protection de la fortune.

Desdémona. — Hélas ! trois fois noble Cassio, mes supplications pour le moment n'ont pas de succès; mon Seigneur n'est plus tout à l'heure mon Seigneur, et si son visage était aussi changé que son humeur, je ne le reconnaîtrais pas. M'aident toutes les âmes saintes autant que j'ai plaidé pour vous, et avec une ardeur et une liberté qui m'ont conduit tout au bord de son déplaisir ! Il vous faut prendre patience quelque temps : je ferai ce que je pourrai, et je ferai plus pour vous que je n'oserais faire pour moi-même : que cela vous suffise.

Iago. — Est-ce que Monseigneur est en colère?

Émilia. — Il vient de sortir d'ici à l'instant même et à coup sûr dans une étrange inquiétude.

Iago. — Peut-il être en colère? je l'ai vu lorsque le canon faisait sauter en l'air ses régiments, et que pareil au diable il arracha de son bras son propre frère; — et il est en colère? Alors c'est une chose d'importance : je vais aller le trouver; il y a quelque chose de grave, ma foi, s'il est en colère.

Desdémona. — Fais cela, je t'en prie. (*Sort Iago.*) A coup sûr, c'est quelque affaire d'état, quelque nouvelle venue de Venise, ou quelque complot sourdement tramé dont il aura eu la révélation ici à Chypre, qui aura troublé la clarté de son esprit; et dans de tels cas, bien que les grandes choses soient l'objet véritable des âmes humaines, il leur faut lutter cependant avec les choses inférieures.

C'est tout à fait ainsi ; ayons mal au doigt, et ce mal va communiquer aux autres membres qui sont sains une sensation de souffrance. Certainement nous devons penser que les hommes ne sont pas des dieux, et nous ne devons pas nous attendre toujours à ces égards qui sont bons pour le jour des noces. — Gronde-moi bien fort, Émilia ; vilaine guerrière que je suis, j'étais en train d'accuser sa dureté devant le tribunal de mon âme, mais maintenant je vois que j'avais suborné le témoin, et qu'il est faussement accusé.

Émilia. — Prions le ciel que ce soient des affaires d'état, comme vous le pensez, et non pas quelque lubie ou quelque sottise de jalousie vous concernant.

Desdémona. — Hélas ! bon Dieu, je ne lui en ai jamais donné motif !

Émilia. — Mais les âmes jalouses ne se payent pas de cette innocence ; elles ne sont pas toujours jalouses par raison, elles sont jalouses parce qu'elles sont jalouses : la jalousie est un monstre qui s'engendre de lui-même et qui naît de lui-même.

Desdémona. — Le ciel préserve l'âme d'Othello de ce monstre !

Émilia. — *Amen*, Madame !

Desdémona. — Je vais aller le chercher. — Cassio, faites un tour de promenade par ici : si je le trouve en bonnes dispositions, je plaiderai votre cause, et je m'efforcerai de tout mon pouvoir de la gagner.

Cassio. — Je remercie humblement Votre Grâce. (*Sortent Desdémona et Émilia.*)

Entre BIANCA.

Bianca. — Dieu vous garde, ami Cassio !

Cassio. — Que faites-vous donc dehors ? Comment allez-vous, ma très-belle Bianca ? Sur ma foi, mon doux amour, j'allais de ce pas chez vous.

Bianca. — Et moi j'allais à votre logement, Cassio. Comment ! ne pas venir de toute une semaine ? sept jours et sept nuits ? cent soixante-huit heures ? Et les heures d'absence d'un amant sont plus ennuyeuses cent soixante fois que le cadran! Oh! qu'elles sont fatigantes à compter!

Cassio. — Pardonnez-moi, Bianca ; j'ai été tout ce temps-là accablé de pensées de plomb, mais je réglerai ce compte d'absence par des visites plus assidues. Aimable Bianca, copiez-moi ce modèle-ci. (*Il lui donne le mouchoir de Desdémona.*)

Bianca. — Ô Cassio, d'où cela vient-il ? c'est quelque cadeau d'une nouvelle amie : maintenant je comprends la cause de cette cruelle absence. Ah ! les choses en sont là ? bien, bien.

Cassio. — Allons donc, femme ! jetez-moi au visage du diable, qui vous les a données, vos viles suppositions. Voilà que vous êtes jalouse, parce que vous supposez que c'est un souvenir de quelque maîtresse. Non, sur ma bonne foi, Bianca.

Bianca. — Eh bien alors, d'où cela vient-il?

Cassio. — Je n'en sais rien non plus : je l'ai trouvé dans ma chambre. J'aime beaucoup cet ouvrage, et avant qu'il soit réclamé, — comme il est assez probable qu'il le sera, — je voudrais en avoir une copie : prenez-le, et faites cela; et laissez-moi pour l'instant.

Bianca. Vous laisser ! pourquoi ?

Cassio. — J'attends ici le général, et ce n'est ni mon intérêt, ni mon désir qu'il me voie avec une femme.

Bianca. — Pourquoi, je vous prie ?

Cassio. — Ce n'est point parce que je ne vous aime pas.

Bianca. — Mais c'est parce que vous n'aimez pas *moi*. Je vous en prie, conduisez-moi un bout de chemin, et dites-moi si je vous verrai ce soir.

Cassio. — Je ne puis pas vous conduire bien loin, car il faut que j'attende ici : mais je vous verrai bientôt.

Bianca. — C'est bon ; il faut bien que je cède à la circonstance.   (*Ils sortent.*)

ACTE IV.

SCÈNE PREMIÈRE.

Chypre. — Devant le château.

Entrent OTHELLO *et* IAGO.

Iago. — Pouvez-vous bien penser ainsi ?

Othello. — *Penser ainsi*, Iago !

Iago. — Comment ! parce qu'on donne un baiser en particulier ?

Othello. — Un baiser que rien n'autorise.

Iago. — Ou parce qu'on sera restée nue au lit avec son ami, une heure ou davantage, sans penser à mal ?

Othello. — Nue au lit, et sans penser à mal, Iago ! c'est user d'hypocrisie avec le diable : ceux qui ont des intentions vertueuses, et qui agissent néanmoins ainsi, le diable tente leur vertu, et eux tentent le ciel.

Iago. — S'ils ne font rien, ce n'est qu'une étourderie vénielle : mais si je donne à ma femme un mouchoir....

Othello. — Eh bien quoi, alors ?

Iago. — Eh bien alors, il est à elle, Monseigneur : et s'il est à elle, elle peut bien, je pense, le donner à n'importe qui.

Othello. — Elle est gardienne de son honneur aussi ; peut-elle le donner ?

Iago. — Son honneur est une essence qu'on ne voit pas ; il arrive bien souvent que ceux qui ne l'ont pas sont précisément ceux qui l'ont : mais pour le mouchoir....

Othello. — Par le ciel, je l'aurais bien volontiers oublié : — tu disais, — oh, cela revient à ma mémoire comme revient sur une maison infectée, le corbeau prédisant malheur à tous, — tu disais qu'il avait mon mouchoir.

Iago. — Oui, qu'est-ce que cela prouve ?

Othello. — Mais ce n'est déjà pas bien joli.

Iago. — Que serait-ce donc, si je vous avais dit que je l'avais vu vous faire tort ? ou que je l'avais entendu dire, — car il y a de tels drôles qui lorsqu'ils ont par leurs sollicitations importunes, ou par leurs comédies de passion, persuadé ou attendri quelque maîtresse, ne peuvent s'empêcher de babiller....

Othello. — A-t-il dit quelque chose ?

Iago. — Oui, Monseigneur, mais pas plus qu'il n'en démentira, soyez-en sûr.

Othello. — Qu'a-t-il dit ?

Iago. — Ma foi, qu'il avait..... je ne sais plus ce qu'il avait fait.

Othello. — Quoi ? quoi ?

Iago. — Qu'il avait couché....

Othello. — Avec elle ?

Iago. — Avec elle, sur elle, comme vous voudrez.

Othello. — *Couché avec elle ! couché sur elle ! Nous disons se coucher sur quelqu'un, lorsqu'on calomnie ce quelqu'un*[1] : couché avec elle ! c'est ignoble. Le mouchoir, — des aveux, — le mouchoir ! — Qu'il avoue, et qu'il soit pendu pour sa peine. — Qu'il soit d'abord pendu, et puis qu'il avoue. — Je tremble en y pensant. La nature ne saurait être troublée à ce point, si quelque chose ne lui disait en secret que cela est vrai. Ce ne sont pas des mots qui me bouleversent ainsi. — Mordieu ! — Leurs nez, leurs oreilles, leurs lèvres : est-ce possible ? — Qu'il avoue ! — Le mouchoir ! — Ô démon ! (*Il tombe en convulsions.*)

Iago. — Opère, ma médecine, opère ! Les sots crédules sont attrapés ainsi, et c'est ainsi que bien des Dames nobles et chastes sont calomniées. — Holà ! Monseigneur ! Monseigneur, dis-je ! Othello !

Entre CASSIO.

IAGO. — Eh bien, Cassio?

CASSIO. — Qu'y a-t-il?

IAGO. — Monseigneur est tombé en épilepsie : c'est son second accès; il en a eu un autre hier.

CASSIO. — Frottez-le sur les tempes.

IAGO. — Non, arrêtez : l'évanouissement ne doit pas être troublé; sinon, sa bouche écume, et il éclate soudainement en accès de folie sauvage. Regardez, il s'agite : retirez-vous pour quelques instants : il va revenir à lui tout à l'heure : lorsqu'il sera parti, j'aurais besoin de vous parler pour une affaire de grande importance. (*Sort Cassio.*) Eh bien, général, comment allez-vous? Est-ce que vous ne vous êtes pas blessé à la tête?

OTHELLO — Est-ce que tu te moques de moi?

IAGO. — Moi, me moquer de vous! non, par le ciel : puissiez-vous supporter votre fortune comme un homme!

OTHELLO. — Un homme qui est cornard est un monstre et une bête.

IAGO. — Alors il y a bien des bêtes dans une cité populeuse, et bien des monstres en habit de ville.

OTHELLO. — A-t-il avoué cela?

IAGO. — Bon Seigneur, soyez un homme; pensez que tout compère à barbe qui est attelé comme vous, peut tirer le même fardeau : il y a des millions d'hommes vivants à cette heure, qui couchent la nuit dans des lits partagés par la foule qu'ils osent jurer les leurs propres; votre cas est meilleur. Oh, c'est une malice de l'enfer, une archi-moquerie du démon, de vous faire embrasser une femme légère dans une couche légitime, et de vous la faire supposer chaste! Oh non! il vaut bien mieux tout savoir, et si une fois je sais ce que je suis, alors je sais ce qu'elle sera.

OTHELLO. — Oh! tu es sage; cela est certain.

IAGO. — Tenez-vous un instant tranquille, et bornez-vous à m'écouter patiemment. Pendant que vous étiez là, évanoui sous votre douleur, — passion très-indigne d'un homme tel que vous, — Cassio est venu ici : je l'ai fait esquiver, en lui donnant une explication acceptable de votre évanouissement; je lui ai recommandé de revenir dans un instant pour me parler, ce qu'il a promis de faire. Blottissez-vous seulement dans quelque cachette, et remarquez les grimaces railleuses, moqueuses et étonnamment méprisantes qui jaillissent de toutes les parties de son visage ; car je lui ferai répéter son histoire, dire où, comment, combien de fois, depuis combien de temps, quand il a copulé et se propose de copuler de nouveau avec votre femme ; je vous le dis, remarquez seulement ses gestes. Morbleu, de la patience, ou je dirai que vous êtes la frénésie en personne de la tête aux pieds, et que vous n'avez rien d'un homme.

OTHELLO. — Entends-tu, Iago? tu verras que je suis très-prudent dans ma patience ; mais aussi, — entends-tu bien ? — très-sanguinaire.

IAGO. — Cela n'est pas de trop; cependant observez le temps en toutes choses. Voulez-vous vous retirer? (*Othello se retire.*) Maintenant je vais questionner Cassio sur Bianca, commère qui en vendant ses attraits s'achète du pain et des vêtements : cette créature raffole de Cassio, — car c'est le malheur des putains d'en tromper mille et d'être trompée par un seul : — lorsqu'il entend parler d'elle, il ne peut s'empêcher de rire à en perdre haleine. Le voici qui vient : lorsqu'il sourira, Othello va devenir fou; et son ignare jalousie interprétera tout de travers les sourires, les gestes et la conduite légère du pauvre Cassio.

Rentre CASSIO.

IAGO. — Eh bien, comment allez-vous à cette heure, lieutenant?

CASSIO. — D'autant plus mal que vous me donnez le titre dont la privation me tue.

IAGO. — Sollicitez ferme Desdémona, et vous êtes sûr de votre affaire. (*Parlant plus bas.*) Mais si cette requête dépendait des jupons de Bianca, comme vous auriez bien vite réussi !

Cassio. — Hélas, la pauvre créature !

Othello, à part. — Voyez comme il rit déjà !

Iago. — Je n'ai jamais vu de femme aimer autant un homme.

Cassio. — Hélas, la pauvre coquine ! je crois, sur ma foi, qu'elle m'aime.

Othello, à part. — Voilà qu'il nie la chose faiblement, et qu'elle le fait éclater de rire.

Iago. — Entendez-vous, Cassio ?

Othello, à part. — Voilà maintenant qu'il le presse pour lui faire raconter son histoire : — va ; bien parlé, bien parlé.

Iago. — Elle raconte que vous l'épouserez : avez-vous cette intention ?

Cassio. — Ah ! ah ! ah !

Othello, à part. — Est-ce que vous triomphez, Romain ? est-ce que vous triomphez ?

Cassio. — Moi l'épouser ! une fille ! Je t'en prie, juge mon esprit avec un peu de charité ; n'aie pas de moi une opinion si nauséabonde. Ah ! ah ! ah !

Othello, à part. — C'est ça, c'est ça, c'est ça, c'est ça : — ceux qui gagnent rient.

Iago. — Sur ma foi, le bruit court que vous l'épouserez.

Cassio. — Je t'en prie, dis-moi la vérité.

Iago. — Si cela n'est pas, je suis un pur scélérat.

Othello, à part. — Ah ! m'avez-vous marqué au front ? Bon.

Cassio. — C'est simplement un racontage de cette guenon : elle est persuadée que je l'épouserai par une lubie de sa vanité et de son amour-propre, mais non par le fait d'une promesse de ma part.

Othello, à part. — Iago me fait signe ; maintenant il commence l'histoire.

Cassio. — Elle était ici il n'y a qu'un instant ; elle me poursuit en tous lieux. L'autre jour, j'étais sur le bord de la mer à causer avec certains Vénitiens; voici qu'arrive cette écervelée, et elle me prend ainsi par le cou....

Othello, *à part.* — En criant : *ô mon cher Cassio!* c'est comme si on l'entendait : c'est ce que veut dire son geste.

Cassio. — Et la voilà qui se pend à mon cou, et qui se balance, et qui pleure sur moi, et qui me pousse, et qui m'attire : ah! ah! ah!

Othello, *à part.* — Voilà qu'il lui raconte comment elle l'a introduit dans ma chambre. Oh! je vois votre nez, mais non le chien auquel je le jetterai.

Cassio. — Bon, il faut que je quitte sa compagnie.

Iago. — Devant moi! tenez, la voici qui vient.

Cassio. — Ah! voilà ma fouine, et une fouine parfumée, pardi!

Entre BIANCA.

Cassio. — Dans quelle intention me donnez-vous ainsi la chasse?

Bianca. — Que le diable et sa femme vous donnent la chasse! Quelle intention aviez-vous avec ce mouchoir que vous m'avez donné tout à l'heure? J'ai été une jolie sotte de le prendre. Et je dois le copier! Comme il est vraisemblable que vous ayez trouvé cet ouvrage dans votre chambre, sans savoir qui l'y a laissé! C'est un cadeau de quelque coquine, et il faut que je copie cet ouvrage! Tenez, donnez-le à votre caprice ; de quelque manière qu'il vous vienne, je ne veux pas le copier.

Cassio. — Qu'y a-t-il donc, ma douce Bianca? qu'y a-t-il donc? qu'y a-t-il donc?

Othello, *à part.* — Par le ciel, cela doit être mon mouchoir.

Bianca. — Si vous voulez venir souper ce soir avec moi, vous le pouvez; si vous ne voulez pas, venez quand vous y serez disposé. (*Elle sort.*)

Iago. — Courez après elle, courez après elle.

Cassio. — Sur ma foi, c'est ce que je dois faire; sinon elle va clabauder par les rues.

Iago. — Y souperez-vous ?

Cassio. — Ma foi, c'est mon intention.

Iago. — Bon, il se peut que j'aille vous trouver ; car j'aurais grand besoin de vous parler.

Cassio. — Venez, je vous en prie ; viendrez-vous ?

Iago. — Assez, ne parlez pas davantage. (*Sort Cassio.*)

Othello, *s'avançant*. — Comment le tuerai-je, Iago ?

Iago. — Avez-vous vu comme il riait de son vice ?

Othello. — Ô Iago !

Iago. — Et avez-vous vu le mouchoir ?

Othello. — Était-ce le mien ?

Iago. — C'était le vôtre par cette main : et dire qu'il apprécie de cette façon cette folle femme, votre épouse ! elle lui donne un mouchoir, et il le donne à sa putain.

Othello. — Je voudrais être neuf ans à le tuer. — Une jolie femme ! une belle femme ! une aimable femme !

Iago. — Parbleu, il vous faut oublier cela.

Othello. — Oui, qu'elle aille pourrir, qu'elle périsse, qu'elle soit damnée ce soir ; car elle ne vivra pas : non, mon cœur est changé en pierre ; je le frappe, et il blesse ma main. — Oh le monde ne contient pas une plus douce créature : elle pourrait coucher aux côtés d'un empereur et lui dicter des ordres.

Iago. — Certes ce n'est pas là votre affaire.

Othello. — Qu'elle soit pendue ! je ne dis que ce qu'elle est : — si adroite avec son aiguille ! musicienne admirable ! Oh quand elle chante, elle dompterait la sauvagerie d'un ours ! — Et de tant d'esprit et d'invention !

Iago. — Elle n'en est que pire pour toutes ces qualités.

Othello. — Oh mille, mille fois pire : — et puis de si noble condition !

Iago. — Oui, trop noble.

Othello. — C'est bien certain, et cependant, que c'est dommage, Iago ! que c'est dommage, Iago ! ô Iago !

Iago. — Si vous raffolez à ce point de son iniquité,

donnez-lui une patente pour pécher ; car si cela ne vous touche pas, cela ne regarde personne.

Othello. — Je la hacherai en petits morceaux : — me cocufier !

Iago. — Oh ! c'est ignoble de sa part.

Othello. — Avec mon propre officier !

Iago. — C'est encore plus ignoble.

Othello. — Procure-moi du poison, Iago ; cette nuit.... Je ne veux pas avoir d'explications avec elle, de crainte que son corps et sa beauté ne désarment mon âme : — cette nuit, Iago.

Iago. — Ne faites pas la chose avec du poison ; étranglez-la dans son lit, dans le lit même qu'elle a souillé.

Othello. — Bon, bon : cette justice-là me plaît; excellent !

Iago. — Et pour Cassio, chargez-moi d'être son exécuteur : vous en apprendrez plus long à minuit.

Othello. — Excellemment bon. (*On entend une trompette.*) Quelle est cette trompette?

Iago. — Un message de Venise, à coup sûr. C'est Lodovico qui vient de la part du doge ; et voyez, votre femme est avec lui.

Entre LODOVICO, DESDÉMONA *et des gens de leur suite.*

Lodovico. — Dieu vous garde, noble général !

Othello. — A vous de tout cœur, Signor.

Lodovico. — Le doge et les sénateurs de Venise vous envoient leurs compliments. (*Il lui remet un paquet.*)

Othello. — Je baise l'instrument de leurs bons plaisirs. (*Il ouvre le paquet et lit.*)

Desdémona. — Et quelles nouvelles, mon bon cousin Lodovico?

Iago. — Je suis enchanté de vous voir, Signor ; soyez le bienvenu dans Chypre.

Lodovico. — Je vous remercie. Comment va le lieutenant Cassio?

Iago. — Il vit, Signor.

Desdémona. — Cousin, une mésintelligence malheureuse s'est élevée entre lui et mon Seigneur; mais vous mettrez les choses en bon état.

Othello. — En êtes-vous sûre?

Desdémona. — Monseigneur?

Othello, *lisant*. — « Cela, ne manquez pas de le faire, comme vous l'entendrez.... »

Lodovico. — Il n'appelait pas : il est occupé à lire ce papier. Est-ce qu'il s'est élevé une division entre Monseigneur et Cassio?

Desdémona. — Une division très-malheureuse; je voudrais beaucoup la faire cesser pour l'affection que je porte à Cassio.

Othello. — Flamme et salpêtre!

Desdémona. — Monseigneur?

Othello. — Est-ce que vous avez votre bon sens?

Desdémona. — Comment, est-ce qu'il est en colère?

Lodovico. — Sans doute cette lettre l'aura excité; car, autant que je puis croire, on le rappelle à Venise, et on donne son gouvernement à Cassio.

Desdémona. — J'en suis joyeuse, je vous assure.

Othello. — En vérité?

Desdémona. — Monseigneur?

Othello. — Je suis joyeux de vous voir folle.

Desdémona. — Comment, mon bon Othello?

Othello. — Diablesse! (*Il la frappe.*)

Desdémona. — Je n'ai pas mérité cela.

Lodovico. — Monseigneur, on ne voudrait pas croire cela dans Venise, quand même je jurerais que je l'ai vu. C'est trop fort; faites-lui réparation; elle pleure.

Othello. — Ô diablesse! diablesse! Si la terre pouvait être fécondée par des pleurs de femme, chacune des larmes qu'elle laisse tomber deviendrait un crocodile[8]. Hors de ma vue!

Desdémona. — Je ne resterai pas pour vous offenser. (*Elle fait un mouvement pour partir.*)

Lodovico. — Une dame obéissante, vraiment : j'en conjure Votre Seigneurie, rappelez-la.

OTHELLO. — Madame !

DESDÉMONA. — Monseigneur ?

OTHELLO. — Que lui voulez-vous, Signor ?

LODOVICO. — Qui ? moi, Monseigneur ?

OTHELLO. — Oui ; vous avez souhaité que je la fisse retourner : Signor, elle peut tourner, et retourner, et cependant aller de l'avant, et retourner encore ; et elle peut pleurer, Signor, — pleurer ! et elle est obéissante comme vous dites, — obéissante ! très-obéissante. — Continuez vos larmes. — Quant à ce que contient ce paquet, Signor, — oh ! la passion bien jouée ! — je suis rappelé à Venise. — Allez-vous-en, je vous enverrai chercher tout à l'heure. — Signor, j'obéirai à l'ordre, et je retournerai à Venise. — Hors d'ici ! allez-vous-en ! (*Sort Desdémona.*) Cassio aura ma place. Signor, je vous prie de venir ce soir souper avec moi : vous êtes le bienvenu dans Chypre, Signor. — Boucs et singes ! (*Il sort.*)

LODOVICO. — Est-ce là ce noble Maure qu'à l'unanimité notre sénat déclare excellent en toutes choses ? Est-ce là cette nature que la passion ne pourrait ébranler ? dont la solide vertu ne pourrait être ni effleurée par le coup de feu de l'accident, ni percée par le dard de l'occasion ?

IAGO. — Il est fort changé.

LODOVICO. — A-t-il bien son bon sens ? son cerveau n'est-il pas troublé ?

IAGO. — Il est ce qu'il est : je ne dois pas me permettre une censure. Ce qu'il pourrait être, — s'il le pouvait être, — il ne l'est pas : — plût au ciel qu'il le fût !

LODOVICO. — Comment ! frapper sa femme !

IAGO. — Sur ma foi, ce n'était pas bien joli ; cependant je voudrais croire que ce coup ne sera suivi par rien de pire.

LODOVICO. — Est-ce que c'est sa coutume, ou bien ces lettres agissant sur son sang viennent-elles seulement de créer cette faute ?

IAGO. — Hélas ! hélas ! il n'est pas honnête à moi de dire ce que j'ai vu et connu. Vous l'observerez, et ses façons d'agir vous instruiront si bien que je puis épargner mes paroles : suivez-le seulement, et remarquez comment il va continuer.

Lodovico. — Je suis chagrin de m'être trompé sur lui. (*Ils sortent.*)

SCÈNE II.

Un appartement dans le château.

Entrent OTHELLO *et* ÉMILIA.

Othello. — Vous n'avez rien vu alors?

Émilia. — Ni jamais rien entendu, ni jamais rien soupçonné.

Othello. — Si, vous les avez vus ensemble, elle et Cassio.

Émilia. — Mais dans ces occasions je n'ai vu rien de mal, et j'ai entendu chacune des syllabes prononcées entre eux.

Othello. — Quoi, n'ont-ils jamais chuchoté?

Émilia. — Jamais, Monseigneur.

Othello. — Et elle ne vous a jamais éloignée?

Émilia. — Jamais.

Othello. — Pour aller chercher son éventail, ses gants, son masque, rien?

Émilia. — Jamais, Monseigneur.

Othello. — C'est étrange.

Émilia. — J'ose jurer qu'elle est honnête, Monseigneur; j'en jouerais mon âme à pile ou face : si vous pensez autrement, chassez cette pensée, elle abuse votre cœur. Si quelque misérable vous a mis cela dans la tête, puisse le ciel l'en récompenser par la malédiction du serpent! car si elle n'est pas honnête, chaste et loyale, alors il n'y a aucun homme heureux; la plus pure des femmes est souillée comme le scandale en personne.

Othello. — Ordonnez-lui de venir ici, allez. (*Sort Émilia*). Elle parle assez nettement; — mais c'est une pure et simple maquerelle qui ne peut dire autre chose que ce qu'elle dit. L'autre est une subtile putain, un cabinet d'infâmes secrets bien fermé à clef : et cependant elle va s'agenouiller et prier; je le lui ai vu faire.

Entrent DESDÉMONA *et* ÉMILIA.

DESDÉMONA. — Monseigneur, quelle est votre volonté?

OTHELLO. — Je vous en prie, venez ici, poulette.

DESDÉMONA. — Quel est votre plaisir?

OTHELLO. — Faites-moi voir vos yeux; regardez-moi en face.

DESDÉMONA. — Quelle horrible fantaisie est-ce là?

OTHELLO, *à Émilia.* — Eh bien, mignonne, vous pouvez faire quelques-unes de vos fonctions; laissez les amants seuls et fermez la porte; toussez, ou criez *hem* si quelqu'un vient : à votre métier, à votre métier; allons, dépêchez-vous ! (*Sort Émilia.*)

DESDÉMONA. — Je vous le demande à genoux, que signifie votre discours? Je comprends que la colère est dans vos paroles, mais vos paroles je ne les comprends pas.

OTHELLO. — Voyons, qui es-tu?

DESDÉMONA. — Votre épouse, Monseigneur, votre sincère et loyale épouse.

OTHELLO. — Voyons, jure cela, damne-toi toi-même; tu ressembles tant à un ange du ciel que les démons pourraient craindre de te saisir : ainsi damne-toi doublement, jure que tu es honnête.

DESDÉMONA. — Le ciel le sait en toute vérité.

OTHELLO. — Le ciel sait en toute vérité que tu es fausse comme l'enfer.

DESDÉMONA. — Envers qui, Monseigneur? avec qui? comment suis-je fausse?

OTHELLO. — Ah, Desdémona! — va-t'en! va-t'en! va-t'en!

DESDÉMONA. — Hélas! malheureux jour! — Pourquoi pleurez-vous? Suis-je le sujet de ces larmes, Monseigneur? Si par hasard vous soupçonnez mon père d'être un des instruments de votre rappel, n'en jetez pas le blâme sur moi ; si vous avez perdu son amitié, je l'ai bien perdue moi aussi.

OTHELLO. — Quand bien même il aurait plu au ciel de m'éprouver par le malheur ; quand bien même il aurait fait pleuvoir sur ma tête nue toutes sortes de maux et de hontes ; quand bien même il m'aurait enfoncé dans la pauvreté jusqu'aux lèvres ; quand bien même il m'aurait réduit en captivité avec mes dernières espérances, j'aurais encore pu trouver dans un coin de mon âme une goutte de patience : mais hélas ! faire de moi le mannequin en vue de son temps, la figure que le mépris désignera de son doigt levé avec lenteur ! — Cependant j'aurais pu supporter encore cela ; bien, très-bien : mais être chassé du sanctuaire où j'ai déposé mon cœur, du sanctuaire où il me faut vivre, ou bien renoncer à la vie, de la fontaine d'où coule mon courant, sans quoi il se dessèche ! en être chassé, ou bien conserver cette fontaine comme une citerne pour que de sales crapauds aillent s'y accoupler et engendrer ! — Ô Patience, jeune chérubin aux lèvres de rose, change de couleur devant ce spectacle, et prends une physionomie sombre comme l'enfer !

DESDÉMONA. — J'espère que mon noble Seigneur m'estime honnête.

OTHELLO. — Oh, oui, comme les mouches d'été dans les boucheries, qui à peine pondues s'accouplent déjà. Ô fleur, si gracieusement belle, si délicieusement odorante que les sens sont enivrés de toi, pourquoi es-tu jamais née !

DESDÉMONA. — Hélas ! Quel péché d'ignorance ai-je donc commis ?

OTHELLO. — Ce superbe vélin, ce livre admirable était-il donc fait pour qu'on écrivît dessus « putain ? » *Ce que vous avez commis ! commis !* Ô prostituée publique, si je disais ce que tu as fait, mes joues en deviendraient rouges comme des forges, et réduiraient en cendres toute pudeur. *Ce que tu as commis !* mais le ciel s'en bouche le nez, la lune en ferme les yeux ; le vent libertin qui baise tout ce qu'il rencontre s'en cache dans les profondeurs de la terre ;

et refuse de l'entendre. *Ce que tu as commis!* impudente prostituée!

Desdémona. — Par le ciel, vous me faites injure!

Othello. — N'êtes-vous pas une catin?

Desdémona. — Non, aussi vrai que je suis une chrétienne. Si c'est n'être pas une catin que de conserver intact de tout autre toucher odieux et illégitime ce vase de ma personne pour mon Seigneur, alors je n'en suis pas une.

Othello. — Comment! vous n'êtes pas une putain?

Desdémona. — Non, aussi vrai que j'espère en mon salut!

Othello. — Est-ce possible?

Desdémona. — Ô ciel, pardonnez-nous!

Othello. — Je vous demande pardon, en ce cas : je vous avais prise pour cette rusée putain de Venise qui épousa Othello. — Holà, mignonne, qui avez les fonctions opposées à celles de saint Pierre et qui gardez la porte de l'enfer!

Rentre ÉMILIA.

Othello. — Vous! vous! oui, vous! nous avons fait notre affaire; voici de l'argent pour vos peines : je vous en prie, tournez la clef, et gardez notre secret. (*Il sort.*)

Émilia. — Hélas! qu'est-ce que ce Seigneur imagine? — Comment vous trouvez-vous, Madame? comment vous trouvez-vous, ma bonne Dame?

Desdémona. — Sur ma foi, à moitié endormie.

Émilia. — Bonne Madame, qu'avez-vous avec Monseigneur?

Desdémona. — Avec qui?

Émilia. — Mais, avec Monseigneur, Madame.

Desdémona. — Qui est ton Seigneur?

Émilia. — Celui qui est le vôtre, ma douce Dame.

Desdémona. — Je n'en ai pas : ne me parle pas, Émilia; je ne puis pleurer, et je n'ai d'autre réponse à donner que celle que pourraient faire mes larmes. Je t'en prie, ce soir, mets à mon lit mes draps de noces, — souviens-t'en; — et mande ici ton mari.

ÉMILIA. — Voilà un changement, en vérité ! (*Elle sort.*)

DESDÉMONA. — Il est très-juste que j'aie été traitée ainsi, très-juste. Comment ai-je donc pu me conduire pour que la plus grosse de mes peccadilles ait pu lui inspirer le plus petit soupçon (*a*)?

Rentre ÉMILIA *avec* IAGO.

IAGO. — Quel est votre bon plaisir, Madame? que se passe-t-il?

DESDÉMONA. — Je ne puis le dire. Ceux qui instruisent les jeunes enfants le font par des moyens de douceur, et en leur imposant des tâches aisées : il aurait pu me gronder de cette façon-là ; car, en bonne foi, je suis un enfant quand on me gronde.

IAGO. — Qu'y a-t-il, Madame ?

ÉMILIA. — Hélas, Iago, Monseigneur l'a tellement traitée de putain, l'a accablée d'un tel mépris et de termes si grossiers, que de braves cœurs ne peuvent supporter cela.

DESDÉMONA. — Est-ce que je mérite ce nom, Iago ?

IAGO. — Quel nom, belle Dame ?

DESDÉMONA. — Celui dont elle dit que Monseigneur m'a appelée.

ÉMILIA. — Il l'a appelée putain : un mendiant ivre n'aurait pas adressé de telles injures à sa commère.

IAGO. — Pourquoi a-t-il fait cela ?

DESDÉMONA. — Je ne sais pas ; je suis sûre que je ne suis rien de pareil.

IAGO. — Ne pleurez pas, ne pleurez pas : — hélas, malheur !

ÉMILIA. — A-t-elle donc renoncé à tant de nobles mariages, quitté son père, son pays, ses amis, pour être appelée putain ? Est-ce que ce n'est pas à faire pleurer ?

(*a*) Il y a ici une différence assez considérable entre le texte de l'in-quarto et celui de l'in-folio, et cependant les deux sens qu'on en peut tirer ne sont pas essentiellement opposés l'un à l'autre. Après longues réflexions, nous avons pris le parti de combiner les deux textes ; le sens auquel nous nous sommes arrêtés résulte de cette fusion.

Desdémona. — C'est ma mauvaise fortune.

Iago. — Maudit soit-il pour cela ! Comment cette folie lui est-elle venue ?

Desdémona. — Le ciel seul le sait.

Émilia. — Je veux bien être pendue s'il n'y a pas quelque scélérat damné, quelque coquin intrigant et insinuant, quelque manant flagorneur et menteur qui a inventé cette calomnie pour obtenir un emploi ; je veux bien être pendue si cela n'est pas.

Iago. — Fi ! il n'y a pas d'homme de ce genre ; c'est impossible.

Desdémona. — S'il en est un pareil, que le ciel lui pardonne !

Émilia. — Qu'une corde lui pardonne ! et que l'enfer ronge ses os ! — Pourquoi l'a-t-il appelée putain ? qui donc se mêle à sa société ? en quel lieu ? en quel temps ? quelle apparence cela a-t-il ? quelle vraisemblance ? Le Maure est abusé par quelque drôle très-infâme, par quelque vil coquin notoire, quelque méprisable polisson ! Ô ciel, tu devrais dévoiler de tels compagnons, et placer un fouet dans la main de tout honnête homme, pour que ces canailles fussent fouettés nus dans le monde entier, de l'ouest à l'est !

Iago. — Parlez plus bas.

Émilia. — Oh ! fi de ces gens-là ! C'est quelque chevalier de ce genre qui vous avait mis l'esprit à l'envers à vous-même, et vous avait fait me soupçonner avec le Maure. (*A voix basse à Iago.*)

Iago, *à part, à Émilia.* — Vous êtes une sotte ; allez donc.

Desdémona. — Hélas, Iago ! comment ferai-je pour rentrer dans les bonnes grâces de Monseigneur ? Mon bon ami, va le trouver ; car par cette lumière du ciel, je ne sais pas comment je l'ai perdu. Je m'agenouille ici, et si jamais j'ai péché volontairement contre son amour, en paroles, en pensée, ou en acte, si jamais mes yeux, mes oreilles, ou tout autre de mes sens, ont pris plaisir à une autre forme que la sienne, si je ne l'aime pas encore tendrement, comme je l'ai toujours aimé, comme je l'aimerai toujours, quand bien même il me rejetterait dans la misère par le divorce, que toute consolation me soit refusée! La dureté peut faire beaucoup ; et sa dureté peut mettre fin à ma vie, mais non souiller mon amour. Je ne puis dire *putain*, cela me fait horreur maintenant que je prononce le mot, et quant à faire l'acte qui me mériterait ce nom, toutes les vanités de la terre ne pourraient pas m'y décider.

IAGO. — Je vous en prie, prenez patience ; ce n'est qu'un accès d'humeur : ce sont les affaires de l'état qui le troublent, et alors il vous gronde.

DESDÉMONA. — Si ce n'était pas autre chose !

IAGO. — Ce n'est que cela, je vous le garantis. (*On entend des trompettes.*) Écoutez ! ces trompettes vous appellent à souper. Les ambassadeurs de Venise attendent pour se mettre à table ; rentrez, et ne pleurez pas ; tout se passera bien. (*Sortent Desdémona et Émilia.*)

IAGO. — Eh bien, Roderigo ?

Entre RODERIGO.

RODERIGO. — Je ne trouve pas que tu agisses bien avec moi.

IAGO. — Qu'est-ce qui vous prouve cela ?

RODERIGO. — Chaque jour tu me lanternes sous quelque nouveau prétexte, Iago ; et à ce qu'il me semble maintenant, tu me frustres de toutes les occasions favorables beaucoup plus que tu ne t'occupes de me fournir le moindre prétexte d'espérance. Je ne le supporterai pas plus longtemps, et je ne suis pas davantage d'humeur à digérer paisiblement ce que j'ai déjà sottement supporté.

IAGO. — Voulez-vous m'écouter, Roderigo ?

RODERIGO. — Ma foi, je t'ai trop écouté ; car tes paroles et tes actes ne vont pas d'accord ensemble.

IAGO. — Vous m'accusez très-injustement.

RODERIGO. — Je ne vous accuse que de la vérité. J'ai dépensé au delà de mes moyens. Les joyaux que je vous ai remis pour donner à Desdémona auraient suffi pour corrompre à moitié une religieuse : vous m'avez dit qu'elle les avait reçus, et vous m'avez porté en retour des promesses consolantes de reconnaissance et d'entrevue sans délais ; mais je ne vois pas que rien de cela se réalise.

Iago. — Bon, allez, très-bien.

Roderigo. — *Très-bien ; allez !* Je ne puis aller, l'ami ; et quant à ce qui est, ce n'est pas très-bien ; car je pense au contraire que c'est très-vilain, et je commence à m'apercevoir que je suis floué dans cette affaire.

Iago. — Très-bien.

Roderigo. — Je vous dis que ce n'est pas *très-bien*. Je veux me faire connaître à Desdémona ; si elle me rend mes bijoux, j'abandonnerai ma poursuite, et j'exprimerai mon repentir de mes sollicitations coupables ; sinon, soyez bien assuré que je chercherai à tirer de vous satisfaction.

Iago. — Vous avez dit maintenant ?

Roderigo. — Oui, et je n'ai rien dit que je n'aie l'intention de faire, je vous le déclare.

Iago. — Eh bien, je vois maintenant que tu as du cœur, et à partir de ce moment je prends de toi une meilleure opinion que celle que j'en avais jamais eu. Donne-moi ta main, Roderigo : tu as conçu contre moi des soupçons très-justifiables ; mais cependant, je te le déclare, j'ai agi très-droitement dans ton affaire.

Roderigo. — Il n'y a pas paru.

Iago. — Je vous accorde qu'à la vérité il n'y a pas paru ; aussi votre soupçon n'est-il pas sans esprit et sans jugement. Mais, Roderigo, si tu as en toi, ce que j'ai de plus grandes raisons maintenant que jamais de croire que tu possèdes, c'est-à-dire résolution, courage et valeur, montre-le cette nuit ; si la nuit prochaine tu ne jouis pas de Desdémona, enlève-moi de ce monde par trahison, et invente des piéges contre ma vie.

Roderigo. — Bon, de quoi s'agit-il ? est-ce quelque chose qui rentre dans la sphère du possible et du bon sens ?

Iago. — Messire, il est venu de Venise une commission spéciale, pour substituer Cassio à la place d'Othello.

RODERIGO. — Est-ce vrai? eh bien, en ce cas, Othello et Desdémona s'en retournent à Venise.

IAGO. — Oh non; il s'en va en Mauritanie, et il emmène avec lui la belle Desdémona, à moins que quelque accident ne le force à prolonger son séjour ici, et l'accident le mieux fait pour cela serait d'éliminer Cassio.

RODERIGO. — Qu'entendez-vous par là, l'éliminer?

IAGO. — Parbleu, le rendre incapable d'occuper la place d'Othello, — lui casser la tête.

RODERIGO. — Et c'est là ce que vous voudriez que je fisse?

IAGO. — Oui, si vous osez vous procurer à vous-même profit et droit. Il soupe ce soir avec une catin, et j'irai le rejoindre : il ignore encore la fortune de ces honneurs qui lui arrivent; si vous voulez l'épier à sa sortie, que j'aurai soin de faire tomber entre minuit et une heure, vous pourrez le prendre à votre plaisir; je serai auprès de vous pour seconder votre entreprise, et il tombera sous nos coups à tous deux. Allons, ne restez pas là à être stupéfait de ce que je vous dis, mais venez avec moi; je vous montrerai si bien que sa mort est nécessaire, que vous vous croirez vous-même obligé de la lui donner. Il est maintenant grandement l'heure du souper, et il se fait déjà très-tard : à notre affaire.

RODERIGO. — Je veux avoir d'autres raisons pour cette chose-là.

IAGO. — Et vous en aurez d'autres; soyez satisfait. (*Ils sortent.*)

SCÈNE III.

Un autre appartement dans le château.

Entrent OTHELLO, LODOVICO, DESDÉMONA, ÉMILIA,
et des gens de leurs suites.

LODOVICO. — Je vous en conjure, Seigneur, ne vous donnez pas de nouveaux ennuis.

ACTE IV, SCÈNE III.

OTHELLO. — Oh, pardonnez-moi ; cela me fera du bien de me promener.

LODOVICO. — Bonne nuit, Madame ; je remercie très-humblement Votre Seigneurie.

DESDÉMONA. — Votre Honneur est le très-bienvenu.

OTHELLO. — Voulez-vous venir vous promener, Signor? — Ah! — Desdémona....

DESDÉMONA. — Mon Seigneur?

OTHELLO. — Allez vous mettre au lit sur-le-champ ; je serai de retour sans délais : congédiez votre suivante ; ayez soin que cela soit fait

DESDÉMONA. — Oui, mon Seigneur. (*Sortent Othello, Lodovico et les gens de leur suite.*)

ÉMILIA. — Comment les choses se passent-elles maintenant? il a l'air plus aimable que précédemment.

DESDÉMONA. — Il dit qu'il va revenir immédiatement : il m'a ordonné d'aller au lit, et recommandé de vous congédier.

ÉMILIA. — De me congédier !

DESDÉMONA. — Ce sont ses ordres ; par conséquent, ma bonne Émilia, donne-moi mon costume de nuit, et adieu : nous ne devons pas lui déplaire à présent.

ÉMILIA. — Je voudrais que vous ne l'eussiez jamais vu !

DESDÉMONA. — Je ne voudrais rien de pareil : mon amour lui est si entièrement soumis que même sa mauvaise humeur, — je t'en prie, délace-moi, — ses rebuffades, ses expressions de colère ont grâce et beauté.

ÉMILIA. — J'ai mis au lit ces draps que vous m'aviez commandé d'y mettre.

DESDÉMONA. — Tout m'est égal. — Ah vraiment, quelles folles âmes sont les nôtres ! — Si je meurs avant toi, je t'en prie, plie-moi dans un de ces mêmes draps.

ÉMILIA. — Allons, allons, vous dites des sornettes.

DESDÉMONA. — Ma mère avait une suivante qui s'appelait Barbara ; elle était amoureuse, et il se trouva que celui qu'elle aimait devint fou et l'abandonna : elle savait une certaine chanson du *Saule* ; c'était une vieille chanson, mais elle exprimait bien sa destinée, et elle mourut en la chantant : ce soir, cette chanson ne veut pas me sortir de l'esprit ; j'ai bien de la peine à m'empêcher de laisser tomber ma tête tout d'un côté, et de chanter cette chanson comme la pauvre Barbara. Je t'en prie, dépêchons-nous.

Émilia. — Irai-je vous chercher votre robe de nuit ?

Desdémona. — Non, dégrafe-moi ici. Ce Lodovico est un homme comme il faut.

Émilia. — C'est un très-bel homme.

Desdémona. — Il parle bien.

Émilia. — Je connais une Dame dans Venise qui serait allée pieds nus jusqu'en Palestine pour un attouchement de sa lèvre inférieure.

Desdémona, *chantant :*

La pauvre âme s'assit en soupirant au pied d'un sycomore,
Chantez tous le saule vert ;
Sa main sur son sein, sa tête sur son genou,
Chantez le saule, le saule, le saule ;
Les fraîches ondes couraient auprès d'elle, et murmuraient ses soupirs ;
Chantez le saule, le saule, le saule ;
Ses larmes amères tombaient et adoucissaient les pierres ; —

Pose là ces vêtements. (*Elle chante.*)

Chantez le saule, le saule, le saule⁴.

Je t'en prie, dépêche-toi ; il va venir tout à l'heure. (*Elle chante :*)

Chantez tous que d'un saule vert doit être formée ma couronne.
Que personne ne le blâme ; j'approuve son dédain.

Non, ce n'est pas là ce qui suit. Chut ! qui frappe ?

Émilia. — C'est le vent.

Desdémona, *chantant :*

J'appelai mon amant un amant menteur ; mais que dit-il alors ?

Chantez le saule, le saule, le saule ;
Si je courtise d'autres femmes, vous coucherez avec d'autres hommes.

Maintenant, va-t'en ; bonne nuit. Mes yeux me picotent ; est-ce que cela présage des pleurs ?

Émilia. — Cela ne signifie rien du tout.

Desdémona. — Je l'avais entendu dire. — Oh ! ces hommes ! ces hommes ! — Crois-tu en conscience, — dis-moi ça, Émilia, — qu'il y ait des femmes qui offensent leur mari d'un si gros outrage ?

Émilia. — Il y en a de telles, cela n'est pas douteux.

Desdémona. — Est-ce que tu commettrais un tel acte pour le monde entier ?

Émilia. — Certes, et ne le commettriez-vous pas ?

Desdémona. — Non, par cette lumière céleste !

Émilia. — Ni moi non plus par cette lumière céleste ; je pourrais tout aussi bien le faire dans les ténèbres.

Desdémona. — Tu commettrais un tel acte pour le monde entier ?

Émilia. — Le monde est une grosse chose : c'est un grand prix pour un petit péché.

Desdémona. — En bonne vérité, je crois que tu ne le ferais pas.

Émilia. — En bonne vérité, je crois que je le ferais, et que je le déferais lorsque je l'aurais fait. Parbleu, je ne le ferais pas pour un double anneau[5], pour quelques aunes de linon, ni pour des robes, des jupons, des chapeaux, ou toute autre misérable chose de ce genre ; mais pour le monde entier ! — Parbleu, qui ne ferait pas son mari cocu pour en faire un monarque ? je risquerais le purgatoire pour cela.

Desdémona. — Que je sois maudite, si je faisais une telle iniquité pour le monde entier !

Émilia. — Bah ! cette iniquité ne serait qu'une iniquité dans le monde, et si vous obteniez le monde pour votre peine, ce ne serait qu'une iniquité dans votre monde, ce qui vous permettrait de bien vite la réparer.

Desdémona. — Je ne crois pas qu'il existe une telle femme.

Émilia. — Oui, il en existe par douzaines, et autant encore par-dessus le marché qu'il en faudrait pour peupler le monde pour lequel elles auraient joué. Mais je crois que lorsque les femmes tombent, c'est la faute de leurs maris : car, ou bien ils se relâchent de leurs devoirs et versent nos trésors dans des girons étrangers; ou bien ils éclatent en jalousies mesquines, en nous imposant des contraintes; ou bien ils nous battent, et rognent par malice nos ressources pécuniaires ; eh parbleu ! nous avons du venin, et quoique nous possédions certaine grâce, nous ne sommes pas sans esprit de vengeance. Que les maris sachent que leurs femmes ont des sens comme eux : elles voient, et flairent, et ont des palais capables de distinguer ce qui est doux et ce qui est aigre tout comme leurs maris. Qu'est-ce qu'ils font lorsqu'ils nous changent contre d'autres? est-ce par plaisir? je crois que oui : est-ce l'affection qui les pousse ? je crois que oui aussi : est-ce la fragilité qui erre de cette façon? c'est aussi cela : — hé bien, est-ce que nous n'avons pas affections, désirs de plaisir, fragilité, tout comme les hommes ? Ainsi donc qu'ils nous traitent bien ; ou bien qu'ils sachent que les péchés que nous commettons, ce sont leurs péchés qui nous les enseignent.

Desdémona. — Bonne nuit, bonne nuit : que le ciel m'accorde des mœurs qui me permettent non de tirer le mal du mal, mais de me corriger par le mal ! (*Elles sortent.*)

ACTE V.

SCÈNE PREMIÈRE.

Chypre. — Une rue.

Entrent IAGO *et* RODERIGO.

Iago. — Ici, tiens-toi derrière ce pan de mur; il va venir tout de suite : mets-moi à nu ta bonne rapière, et donne-lui son billet de logement. Vivement, vivement; ne crains rien ; je serai à tes coudes : cette action nous fait triomphants ou nous ruine; pense à cela, et reste-moi ferme dans ta résolution.

Roderigo. — Reste près de moi; je puis faiblir en cette affaire.

Iago. — Ici, à portée de toi : sois intrépide et prends ta position. (*Il se retire à quelque distance.*)

Roderigo. — Je n'ai pas grand appétit à cet acte; et cependant Iago m'a donné des raisons satisfaisantes : — ce n'est qu'un homme perdu : dehors, ma bonne épée; il mourra ! (*Il prend position.*)

Iago. — Je vous ai gratté cette jeune gale jusqu'à l'irritation, et il devient furieux. Maintenant qu'il tue Cassio, ou que Cassio le tue, ou qu'ils se tuent l'un l'autre, n'importe lequel de ces résultats tourne à mon profit. Si Roderigo survit, il me sommera de lui faire restitution de l'or et des joyaux que je lui ai *subtilisés* en abondance sous prétexte de dons à Desdémona; cela ne doit pas être: si Cassio reste sur terre, il jouira d'une vie entourée de splendeur qui fera paraître la mienne bien laide; en outre, le Maure peut me dévoiler à lui; je me trouve en très-grand péril : non, il doit mourir : — mais chut! je l'entends qui vient.

Entre CASSIO.

RODERIGO. — Je reconnais son pas, c'est lui : — scélérat, tu vas mourir! (*Il se précipite de sa cachette et il pousse une botte à Cassio.*)

CASSIO. — Cette botte aurait été mon ennemie, en vérité, si ma cuirasse n'était pas meilleure que tu ne la supposais: je vais mettre la tienne à l'épreuve. (*Il dégaine et blesse Roderigo.*)

RODERIGO. — Oh! je suis tué! (*Iago se précipite hors de sa cachette, frappe Cassio par derrière à la cuisse, et sort.*)

CASSIO. — Je suis estropié pour toujours : — au secours, holà! au meurtre! au meurtre! (*Il tombe.*)

Entre OTHELLO, *à quelque distance.*

OTHELLO. — C'est la voix de Cassio : Iago tient parole.
RODERIGO. — Oh! scélérat que je suis!
OTHELLO. — C'est cela même.
CASSIO. — Au secours! holà! de la lumière! un chirurgien!
OTHELLO. — C'est lui; — ô brave Iago, homme honnête et juste, qui possèdes un si noble sentiment de l'outrage fait à ton ami! tu m'enseignes mon devoir. — Mignonne, votre chéri est étendu mort, et votre sinistre destinée s'avance. J'arrive, catin! De mon cœur sont effacés ces charmes, tes yeux; ton lit, souillé de luxure, sera taché d'un sang luxurieux. (*Il sort.*)

Entrent LODOVICO *et* GRATIANO, *à quelque distance.*

CASSIO. — Holà! Il n'y a donc pas de garde? ni de passants? Au meurtre! au meurtre!
GRATIANO. — C'est quelque accident malheureux; la voix est vraiment sinistre.
CASSIO. — Au secours!
LODOVICO. — Écoutez!

RODERIGO. — Oh misérable scélérat!

LODOVICO. — Deux ou trois gémissent; la nuit est très-épaisse : cela peut être des cris de ruse; mon opinion est qu'il n'est pas sûr pour nous d'approcher sans nouveaux appuis de l'endroit d'où partent ces cris.

RODERIGO. — Personne ne vient? alors je m'en vais saigner jusqu'à ce que mort s'ensuive.

LODOVICO. — Écoutez!

GRATIANO. — Voici quelqu'un qui vient tout déshabillé avec une lumière et des armes.

Rentre IAGO *avec une lumière.*

IAGO. — Qui est là? qui fait donc tant de tapage en criant au meurtre?

LODOVICO. — Nous ne savons pas.

IAGO. — N'avez-vous pas entendu crier?

CASSIO. — Ici! ici! Au nom du ciel, secourez-moi!

IAGO. — Qu'y a-t-il?

GRATIANO. — C'est l'enseigne d'Othello, si je ne me trompe.

LODOVICO. — Lui-même, vraiment; un bien vaillant garçon.

IAGO. — Qui êtes-vous, vous qui criez ici d'une manière si lamentable?

CASSIO. — Iago? Oh, je suis abîmé, assassiné par des scélérats! donne-moi quelque secours.

IAGO. — Hélas! lieutenant, quels sont les scélérats qui ont fait cela?

CASSIO. — Je pense que l'un d'eux est là tout proche, et dans un état qui ne lui permet pas de s'en aller.

IAGO. — Oh les traîtres scélérats! (*à Lodovico et à Gratiano*) Qui êtes-vous, vous par ici? venez, et portez-nous un peu d'aide.

RODERIGO. — Oh! secourez-moi ici!

CASSIO. — C'est l'un d'eux.

IAGO. — Ô manant meurtrier! ô scélérat! (*Il poignarde Roderigo.*)

RODERIGO. — Ô damné Iago! ô chien inhumain!

Iago. — Tuer les gens dans les ténèbres ! — Où sont ces voleurs sanguinaires ? — Comme cette ville est silencieuse ! Holà ! au meurtre ! au meurtre ! — Qui pouvez-vous bien être vous autres ? êtes-vous pour le bien ou pour le mal ?

Lodovico. — Jugez-nous selon que nous agirons.

Iago. — Le Signor Lodovico !

Lodovico. — Lui-même, Messire.

Iago. — Je vous demande pardon. Voici Cassio, qui a été blessé par des scélérats.

Gratiano. — Cassio !

Iago. — Comment cela va-t-il, frère ?

Cassio. — Ma jambe est coupée en deux.

Iago. — Vraiment, plaise au ciel que non ! — De la lumière, Messires. — Je m'en vais la bander avec ma chemise.

Entre BIANCA.

Bianca. — Qu'y a-t-il, holà ! qui donc criait ?

Iago. — *Qui donc criait ?*

Bianca. — Ô mon cher Cassio ! mon doux Cassio ! ô Cassio, Cassio, Cassio !

Iago. — Ô insigne catin ! — Cassio, soupçonnez-vous quels peuvent être ceux qui vous ont ainsi estropié ?

Cassio. — Non.

Gratiano. — Je suis désolé de vous trouver dans cet état : — j'étais sorti pour vous chercher.

Iago. — Prêtez-moi une jarretière : — bon. — Oh ! un fauteuil pour l'emporter aisément d'ici !

Bianca. — Hélas ! il s'évanouit ! Ô Cassio, Cassio, Cassio !

Iago. — Gentilshommes, je soupçonne cette cochonnerie ici présente, d'être complice de cette infamie. — Patience, en attendant, mon bon Cassio. — Marchons, marchons ; prêtez-moi une lumière. — Connaissons-nous cette figure-ci, ou non ? Hélas ! mon ami et mon cher compatriote Roderigo ? Mais non : mais si, pour sûr : ô ciel ! Roderigo !

Gratiano. — Comment ! celui de Venise ?

IAGO. — Lui-même, Signor. Est-ce que vous le connaissiez?

GRATIANO. — Si je le connaissais! oui.

IAGO. — Le Signor Gratiano? Je vous demande votre gracieux pardon; ces accidents sanguinaires devront me servir d'excuse pour vous avoir négligé de la sorte.

GRATIANO. — Je suis heureux de vous voir.

IAGO. — Comment vous trouvez-vous, Cassio? — Holà! un fauteuil! un fauteuil!

GRATIANO. — Roderigo!

IAGO. — Lui, lui, lui-même! — Oh! le fauteuil; voilà qui est bien. (*Un fauteuil est apporté.*) Que quelque brave homme l'emporte d'ici avec soin; je vais aller chercher le chirurgien du général. (*A Bianca.*) Pour vous, donzelle, épargnez-vous vos peine. — Celui qui gît là assassiné, Cassio, était mon cher ami : quel dissentiment y avait-il entre vous?

CASSIO. — Absolument aucun, et je ne connaissais pas l'homme.

IAGO, *à Bianca.* — Comment! vous pâlissez. — Oh, tirez-le de l'air. (*On emporte Cassio et Roderigo.*) Attendez, vous, Messires. — Êtes-vous pâle, donzelle? — Voyez-vous comme son œil est égaré? — Parbleu, si vous êtes déjà saisie de terreur, nous allons en savoir davantage tout à l'heure. — Contemplez-la bien; je vous en prie, regardez-la; remarquez-vous, Messires? parbleu, la culpabilité se révélera quand même parler serait passé d'usage.

Entre ÉMILIA.

ÉMILIA. — Hélas! que se passe-t-il? que se passe-t-il, mon mari?

IAGO. — Cassio vient d'être ici assailli dans l'obscurité par Roderigo et des individus qui se sont enfuis; il est presque tué, et Roderigo est mort.

ÉMILIA. — Hélas, le bon gentilhomme! hélas, le bon Cassio!

IAGO. — Voilà les fruits du libertinage. — Je t'en prie,

Émilia, va t'informer auprès de Cassio de l'endroit où il a soupé ce soir. (*A Bianca.*) Comment! cela vous fait trembler?

BIANCA. — Il a soupé chez moi; mais je ne tremble pas pour cela.

IAGO. — Ah, il a soupé chez vous? Je vous l'ordonne, venez avec moi.

ÉMILIA. — Fi, fi de toi, catin!

BIANCA. — Je ne suis pas une catin, mais une femme de vie aussi honnête que vous qui m'insultez ainsi.

ÉMILIA. — Que moi? allons donc! fi de toi!

IAGO. — Mes chers Messires, allons faire panser le pauvre Cassio. — Venez, vous, donzelle, vous nous raconterez une autre histoire. — Émilia, cours à la citadelle, et raconte à Monseigneur et à Madame ce qui est arrivé. — Voulez-vous venir? — (*A part.*) Cette nuit-ci fait ma fortune, ou me ruine complétement. (*Ils sortent.*)

SCÈNE II.

Une chambre à coucher dans le château.

DESDÉMONA *est au lit endormie. Un flambeau brûle.*
Entre OTHELLO.

OTHELLO. — Voilà la cause, voilà la cause, ô mon âme[1]! Permettez que je ne la nomme pas devant vous, chastes étoiles! voilà la cause. — Cependant je ne répandrai pas son sang; je ne déchirerai pas cette peau plus blanche que la neige, polie comme l'albâtre d'un tombeau. Mais elle doit mourir, sans cela elle trahirait d'autres hommes. Éteignons la lumière, et puis.... Éteindre la lumière! Si je t'éteins, ministre de flamme, et que je m'en repente ensuite, je pourrai te rappeler à ta clarté première; mais une fois ta lumière éteinte, à toi, le plus merveilleux ouvrage de l'habile nature, je ne sais où est le feu de Prométhée qui pourrait rallumer ton éclat. Lorsque j'aurai arraché ta rose, je ne pourrai lui rendre sa puissance vitale, elle devra nécessairement se flétrir:

je veux la respirer sur son buisson. (*Il l'embrasse.*) Ô souffle embaumé qui persuade presque à la justice de briser son glaive! — Un de plus, un encore; — sois ainsi quand tu seras morte, et je te tuerai, et je t'aimerai ensuite. — Un encore, et c'est le dernier : jamais baiser si doux ne fut aussi fatal. Je dois pleurer, mais ce sont des pleurs cruels : cette douleur est céleste, elle frappe là où elle aime. — Elle s'éveille.

Desdémona. — Qui est là? Othello?

Othello. — Oui, Desdémona.

Desdémona. — Voulez-vous venir au lit, mon Seigneur?

Othello. — Avez-vous prié ce soir, Desdémona?

Desdémona. — Oui, mon Seigneur.

Othello. — Si vous vous souvenez de quelque crime qui vous laisse encore irréconciliée avec le ciel et la grâce divine, sollicitez-en bien vite le pardon.

Desdémona. — Hélas, mon Seigneur, que veulent dire ces paroles?

Othello. — Bon, demandez-en le pardon, et soyez brève; je vais faire quelques pas en attendant : je ne voudrais pas tuer ton âme en état de péché; non, — le ciel le défende! — je ne voudrais pas tuer ton âme.

Desdémona. — Est-ce que vous parlez de tuer?

Othello. — Oui, j'en parle.

Desdémona. — Alors le ciel ait pitié de moi!

Othello. — *Amen*, de tout mon cœur!

Desdémona. — Quoique vous parliez ainsi, j'espère que vous ne me tuerez pas.

Othello. — Hum!

Desdémona. — Et cependant je vous crains, car vous êtes fatal lorsque vos yeux roulent ainsi : pourquoi je crains, je ne le sais pas, puisque je ne me connais pas de crime; mais cependant je sens que je crains.

Othello. — Pense à tes péchés.

Desdémona. — Ce sont les tendresses que je vous porte.

Othello. — Oui, et c'est pour cela que tu vas mourir.

Desdémona. — C'est une mort bien peu naturelle que celle qui tue parce qu'on aime. Hélas! pourquoi mâchonnez-vous ainsi votre lèvre inférieure? Quelque passion sanguinaire ébranle tout votre être : ces mouvements en sont les signes; mais cependant j'espère, j'espère que ce n'est point moi qu'ils menacent.

Othello. — Paix, et tiens-toi tranquille!

Desdémona. — C'est ce que je vais faire. Qu'y a-t-il?

Othello. — Ce mouchoir que j'aimais tant et que je t'avais donné, tu l'as donné à Cassio.

Desdémona. — Non, sur ma vie et sur mon âme! Envoyez chercher cet homme, et questionnez-le.

Othello. — Chère âme, prends garde, prends garde au parjure; tu es sur ton lit de mort.

Desdémona. — Oui, mais non pas pour mourir encore.

Othello. — Si, immédiatement; par conséquent confesse franchement ton crime; car nier chaque détail avec serment, ne pourrait dissiper ni détruire la puissante conviction sous laquelle je gémis. Tu vas mourir.

Desdémona. — Alors le Seigneur ait pitié de moi!

Othello. — Je dis *Amen*.

Desdémona. — Ayez pitié, vous aussi; je ne vous ai jamais offensé de ma vie; je n'ai jamais aimé Cassio que de ce sentiment banal que le ciel me donnait permission de lui accorder; je ne lui ai jamais donné de cadeau.

Othello. — Par le ciel, j'ai vu mon mouchoir dans ses mains! Ô femme parjure! tu changes mon cœur en pierre, et tu me fais appeler ce que je vais accomplir, un meurtre, alors que je le tenais pour un sacrifice : j'ai vu le mouchoir.

Desdémona. — Il l'a trouvé alors; je ne le lui ai jamais donné : — envoyez-le chercher; qu'il confesse la vérité.

Othello. — Il l'a confessée.

Desdémona. — Quoi, Monseigneur?

Othello. — Qu'il s'est — servi de toi.

Desdémona. — Comment? criminellement!

Othello. — Oui.

Desdémona. — Il ne dira pas cela.

OTHELLO. — Non, sa bouche est fermée; l'honnête Iago a reçu des ordres pour cela.

DESDÉMONA. — Oh ma crainte devine le sens de ces paroles! — quoi! est-il mort?

OTHELLO. — Quand il aurait eu autant d'existences que de cheveux, mon appétit de vengeance les aurait dévorées toutes.

DESDÉMONA. — Hélas! il est trahi, et je suis perdue!

OTHELLO. — A bas, catin! est-ce que tu vas le pleurer à ma face?

DESDÉMONA. — Oh! bannissez-moi, mon Seigneur, mais ne me tuez pas!

OTHELLO. — A bas, catin!

DESDÉMONA. — Tuez-moi demain, laissez-moi vivre cette nuit!

OTHELLO. — Si vous résistez....

DESDÉMONA. — Une demi-heure seulement!

OTHELLO. — Point de retard que ce ne soit fait.

DESDÉMONA. — Seulement le temps de dire une prière!

OTHELLO. — Il est trop tard. (*Il l'étouffe.*)

ÉMILIA, *de l'extérieur.*— Holà! Monseigneur! Monseigneur! Eh holà! Monseigneur!

OTHELLO. — Quel est ce bruit? — Elle n'est pas morte? pas tout à fait morte? Je suis cruel, mais cependant compatissant; je ne veux pas prolonger tes souffrances : — ainsi, ainsi.

ÉMILIA, *de l'extérieur.* — Holà! Monseigneur! Monseigneur!

OTHELLO. — Qui est là?

ÉMILIA, *de l'extérieur.* — Ô mon bon Seigneur, je voudrais vous dire un mot!

OTHELLO. — Oui. — C'est Émilia. — Tout de suite. — Elle est morte. — Il est probable qu'elle vient me parler de la mort de Cassio; le tapage a été grand. — Ah! plus de mouvement? immobile comme la tombe. — La laisserai-je entrer? cela serait-il bon? — Je crois qu'elle remue encore : — non. — Qu'est-ce qu'il vaut mieux faire? Si elle entre, assurément elle voudra parler à ma femme. Ma femme! ma femme! quelle femme? je n'ai pas de femme! Ô pensée insupportable! Ô heure écrasante! il me semble qu'il devrait y avoir en ce moment une énorme éclipse de soleil et de lune, et que le globe effrayé devrait s'entr'ouvrir devant ce désordre.

Émilia, *de l'extérieur.* — Ô mon bon Seigneur, je vous en conjure, permettez-moi de vous parler.

Othello. — Je t'avais oubliée : oh, entre Émilia. — Doucement. — Tout de suite. — Tirons les rideaux. — Où es-tu? (*Il ouvre la porte.*)

Entre ÉMILIA.

Othello. — Eh bien, qu'est-ce que tu demandes à cette heure?

Émilia. — Ô mon bon Seigneur, un meurtre infâme vient d'être commis là-bas!

Othello. — Comment! tout à l'heure?

Émilia. — A l'instant même, Monseigneur!

Othello. — C'est l'effet des erreurs de la lune; elle s'approche de terre plus que de coutume, et elle rend les gens fous.

Émilia. — Cassio, Monseigneur, a tué un jeune Vénitien nommé Roderigo.

Othello. — Roderigo est tué! et Cassio est tué!

Émilia. — Non, Cassio n'est pas tué.

Othello. — Cassio n'est pas tué! alors le meurtre chante faux, et la mélodieuse vengeance devient discordante.

Desdémona. — Oh! par erreur, par erreur, mise à mort!

Émilia. — Hélas! quel est ce cri?

Othello. — Ce cri! lequel?

Émilia. — Hélas! mais c'était la voix de Madame. — Au secours! au secours! holà! au secours! — Ô Madame, parlez encore! douce Desdémona! ô ma douce maîtresse, parlez!

Desdémona. — Je meurs innocente.

Émilia. — Oh! qui a commis ce crime?

Desdémona. — Personne; moi-même. Adieu : rappelle-moi à mon cher Seigneur : oh, adieu! (*Elle meurt.*)

Othello. — Mais comment pourrait-elle avoir été mise à mort?

Émilia. — Hélas! qui sait?

Othello. — Vous lui avez entendu dire à elle-même que ce n'était pas moi.

Émilia. — C'est ce qu'elle a dit : je dois nécessairement rapporter la vérité.

Othello. — Elle est allée dans l'enfer brûlant, comme une menteuse qu'elle était! c'est moi qui l'ai tuée.

Émilia. — Oh! elle n'en est que davantage un ange, et vous, vous n'en êtes qu'un diable plus noir!

Othello. — Elle avait mal tourné, c'était une putain.

Émilia. — Tu la calomnies, et tu es un diable.

Othello. — Elle était fausse comme l'eau.

Émilia. — Et toi tu es téméraire comme le feu, en disant qu'elle était fausse; oh! elle était célestement loyale!

Othello. — Cassio l'avait couverte; demande à ton mari si cela n'est pas. Oh, je serais damné au-dessous du fin fond de l'enfer, si j'en étais venu à cette extrémité sans de justes causes! Ton mari savait tout.

Émilia. — Mon mari!

Othello. — Ton mari.

Émilia. — Il savait qu'elle était fausse à son lit nuptial?

Othello. — Oui, avec Cassio. Certes, si elle avait été loyale, quand même le ciel eût formé pour moi un autre univers composé d'une seule et parfaite chrysolithe[2], je ne l'aurais pas échangée contre lui.

Émilia. — Mon mari!

Othello. — Oui, c'est lui qui me l'a appris le premier; c'est un honnête homme, et il déteste la boue qui s'attache aux actes mauvais.

Émilia. — Mon mari!

Othello. — Que signifient ces répétitions, femme? j'ai dit ton mari.

Émilia. — Ô maîtresse, la scélératesse a joué faux jeu avec l'amour! — Mon mari a dit qu'elle était déloyale?

OTHELLO. — Lui-même, femme; je dis ton mari : comprends-tu le mot? mon ami, ton mari, l'honnête, l'honnête Iago.

ÉMILIA. — S'il a dit cela, puisse son âme pernicieuse se pourrir d'un atome par jour! il ment du plus profond de son cœur : elle n'était que trop folle de son affreux choix.

OTHELLO. — Ah!

ÉMILIA. — Fais tout ce que tu voudras de pire; cette action est aussi peu digne d'obtenir le ciel que tu étais peu digne de la posséder.

OTHELLO. — Taisez-vous! vous ferez bien.

ÉMILIA. — Tu n'as pas de moitié autant de puissance pour me faire du mal que j'en ai pour le supporter. Ô dupe! ô imbécile! ignorant comme la boue! tu as commis un acte.... Je ne m'inquiète pas de ton épée; je te ferai connaître, quand bien même je devrais perdre vingt existences! Au secours! au secours! holà! au secours! Le Maure a tué ma maîtresse! Au meurtre! au meurtre!

Entrent MONTANO, GRATIANO *et* IAGO.

MONTANO. — Que se passe-t-il? qu'y a-t-il, général?

ÉMILIA. — Oh, vous êtes venu, Iago? vous avez dû bien vous conduire pour que les gens vous mettent leurs crimes sur le dos.

GRATIANO. — Que se passe-t-il?

ÉMILIA. — Démens ce scélérat, si tu es un homme : il dit que tu lui as raconté que sa femme était déloyale : je sais que tu ne l'as pas fait, tu n'es pas un tel scélérat : parle, car mon cœur est plein.

IAGO. — Je lui ai dit ce que je pensais, et je ne lui en ai pas dit plus qu'il n'a pu en reconnaître et en vérifier par lui-même.

ÉMILIA. — Mais lui avez-vous jamais dit qu'elle était déloyale?

IAGO. — Je le lui ai dit.

ÉMILIA. — Vous lui avez dit un mensonge, un odieux,

un damné mensonge ; sur mon âme, un mensonge, un criminel mensonge! — Elle, déloyale avec Cassio ! — avez-vous dit avec Cassio?

Iago. — Avec Cassio, commère. Allons, faites taire votre langue.

Émilia. — Je ne ferai pas taire ma langue, je suis obligée de parler : ma maîtresse est là, assassinée dans son lit....

Tous. — Oh! les cieux le défendent?

Émilia. — Et ce sont vos rapports qui ont fait commettre ce meurtre.

Othello. — Ne soyez pas stupéfaits, Messires; c'est la pure vérité.

Gratiano. — C'est une étrange vérité!

Montano. — Ô l'acte monstrueux!

Émilia. — Scélératesse! scélératesse! scélératesse! je m'en doute, je la soupçonne, je la flaire; — ô scélératesse! je m'en étais douté déjà : — je me tuerai de chagrin : — ô scélératesse! scélératesse!

Iago. — Ah çà, est-ce que vous êtes folle? Je vous l'ordonne, retournez au logis.

Émilia. — Mes bons gentilshommes, donnez-moi permission de parler; il est convenable que je lui obéisse, mais non pas maintenant. Peut-être, Iago, ne retournerai-je jamais plus au logis.

Othello. — Oh! oh! oh! (*Il tombe sur le lit.*)

Émilia. — Oh oui, roule-toi et rugis; car tu as tué la plus douce innocente qui ait jamais levé ses yeux au ciel.

Othello, *se relevant*. — Oh, elle était infâme! — Je vous avais à peine reconnu, oncle. Ici gît votre nièce, dont les mains que voilà viennent à l'instant d'arrêter le souffle : je sais que cet acte paraît horrible et cruel.

Gratiano. — Pauvre Desdémona! je suis heureux que ton père ne soit plus; ton mariage fut pour lui un coup mortel, et ce fut le chagrin seul qui déchira en deux la vieille toile de sa vie : s'il vivait à cette heure, ce spectacle le pousserait à quelque acte désespéré, lui ferait chasser son bon ange de ses côtés à force de malédictions, et le ferait tomber sous la réprobation du ciel.

OTHELLO. — C'est lamentable ; mais cependant Iago sait qu'elle a commis mille fois avec Cassio l'acte de honte ; Cassio l'a confessé : et elle a récompensé ses travaux amoureux de ce témoignage et de ce gage d'amour que je lui donnai dans les premiers jours ; je l'ai vu dans sa main : c'était un mouchoir, un ancien présent que mon père avait fait à ma mère.

ÉMILIA. — Ô Dieu ! ô Dieu du ciel !

IAGO. — Morbleu, tenez-vous en paix !

ÉMILIA. — Cela sera révélé ! cela sera révélé ! Me tenir en paix, Messire ? non, non, je parlerai aussi librement que le vent du nord ! Le ciel, les hommes, les diables, tous, tous, tous, peuvent crier honte contre moi, mais je parlerai !

IAGO. — Soyez sage, et retournez-vous-en au logis.

ÉMILIA. — Je ne veux pas. (*Iago se précipite sur Émilia pour la poignarder.*)

GRATIANO. — Fi ! votre épée levée sur une femme !

ÉMILIA. — Ô stupide Maure ! ce mouchoir dont tu parles, je l'avais trouvé par hasard, et je l'avais donné à mon mari ; car souvent, avec une insistance solennelle, qu'une telle bagatelle ne méritait certes pas, il m'avait supplié de le voler.

IAGO. — Infâme putain !

ÉMILIA. — Elle l'avait donné à Cassio ! non, hélas, je l'avais trouvé, et je le donnai à mon mari.

IAGO. — Tu mens, ordure !

ÉMILIA. — Par le ciel, je ne mens pas, gentilshommes ! — Ô imbécile meurtrier ! qu'est-ce qu'un tel sot avait à faire d'une si bonne femme ? (*Iago poignarde Émilia et s'enfuit.*)

OTHELLO. — N'y a-t-il pas au ciel d'autres pierres que celles qui servent au tonnerre ? — Incroyable scélérat !

GRATIANO. — Cette femme tombe ! à coup sûr il a tué sa femme !

Émilia. — Oui, oui : oh ! placez-moi à côté de ma maîtresse !

Gratiano. — Il s'est enfui, mais sa femme est tuée.

Montano. — C'est un scélérat notoire. Prenez cette arme que je viens d'enlever au Maure ; allez garder la porte au dehors ; ne le laissez pas passer, mais tuez-le plutôt. Je vais courir après ce scélérat, car c'est un esclave damné. (*Sortent Montano et Gratiano.*)

Othello. — Je ne suis pas vaillant non plus, car le premier chétif bambin venu peut m'enlever mon épée. Mais pourquoi l'honneur survivrait-il à l'honêteté ? qu'ils s'en aillent de compagnie.

Émilia. — Que présageait ta chanson, Dame ? Écoute ! peux-tu m'entendre ? je vais faire le cygne et mourir en musique. (*Elle chante.*) Saule, saule, saule. — Maure, elle était chaste ; elle t'aimait, cruel Maure ; puisse mon âme posséder la félicité suprême comme je dis la vérité, et en parlant comme je pense, je meurs, — je meurs ! (*Elle meurt.*)

Othello. — J'ai une autre arme dans cette chambre ; c'est une épée d'Espagne, trempée à glace : ah la voici. — Oncle, il faut que je sorte.

Gratiano, *du dehors*. — Si tu l'essayes, il t'en coûtera cher : tu n'as pas d'armes, et tu pourrais bien en pâtir.

Othello. — Alors, rentre et viens me parler, ou désarmé comme je suis, je vais me précipiter sur toi

Rentre GRATIANO.

Gratiano. — Qu'y a-t-il ?

Othello. — Regardez ! j'ai une arme ; une meilleure ne fut jamais suspendue à la cuisse d'un soldat : j'ai vu le temps où avec ce petit bras et cette bonne épée, je me frayais un chemin à travers plus d'obstacles que vous ne pouvez m'en opposer vingt fois : — mais, ô vanterie inutile ! qui peut s'opposer à sa destinée ? il n'en est plus ainsi maintenant. — Ne craignez pas, bien que vous me voyiez armé ; voici la fin de mon voyage, ma dernière étape, le dernier relâche de ma dernière voile. Est-ce que vous reculez d'effroi? Crainte inutile : dirigez seulement un jonc contre la poitrine d'Othello, et il se retirera : — où donc Othello pourrait-il aller? — Voyons quel aspect tu présentes à cette heure? Ô femme née sous une mauvaise étoile! Pâle comme ta chemise! lorsque nous nous rencontrerons au tribunal de Dieu, ton aspect présent suffira pour précipiter mon âme du ciel, et les démons s'en saisiront! — Froide, froide, mon enfant! froide comme ta chasteté même. — Oh, le manant maudit, maudit! — Démons, chassez-moi à coups de fouet hors de la vue de cette lumière céleste! roulez-moi dans des vents sans repos! faites-moi cuire dans le soufre! plongez-moi dans des gouffres profonds de feu liquide! Ô Desdémona! morte, Desdémona! morte! oh! oh!

Entrent LODOVICO, MONTANO, CASSIO, *porté dans un fauteuil, et* DES OFFICIERS *avec* IAGO *prisonnier.*

LODOVICO. — Où est ce forcené et trop malheureux homme?

OTHELLO. — Celui qui fut Othello; — me voici.

LODOVICO. — Où est cette vipère? faites avancer le scélérat.

OTHELLO. — Je regarde ses pieds, mais c'est une fable (*a*). — Si tu es un démon, je ne puis te tuer. (*Il blesse Iago.*)

LODOVICO. — Enlevez-lui son arme.

IAGO. — Je saigne, Seigneur, mais je ne suis pas tué.

OTHELLO. — Je n'en suis pas fâché non plus : je voudrais que tu vécusses, car à mon avis, mourir est un bonheur.

LODOVICO. — Ô Othello, toi autrefois si vertueux, et qui es tombé dans les piéges d'un manant damné, comment t'appellera-t-on?

OTHELLO. — Parbleu, comme on voudra : un meurtrier honorable, si vous voulez; car je n'ai rien fait par haine, mais tout par honneur.

LODOVICO. — Ce misérable a confessé en partie sa scé-

(*a*) Othello fait allusion à la superstition populaire qui attribuait au diable un pied fourchu par lequel on pouvait aisément le reconnaître.

lératesse : aviez-vous, vous et lui, comploté la mort de Cassio ?

OTHELLO. — Oui.

CASSIO. — Cher général, je ne vous en avais jamais donné sujet.

OTHELLO. — Je le crois, et je vous demande pardon. Voulez-vous, je vous en prie, demander à ce demi-diable, pourquoi il a ensorcelé ainsi mon âme et mon corps ?

IAGO. — Ne me demandez rien : vous savez ce que vous savez : à partir de ce moment je ne prononcerai plus un mot.

LODOVICO. — Comment ! pas même pour prier ?

GRATIANO. — Les tourments ouvriront vos lèvres.

OTHELLO. — Bon, tu fais fort bien.

LODOVICO. — Seigneur, vous devez apprendre ce qui s'est passé, et ce que vous ignorez encore, je crois. Voici une lettre trouvée dans la poche de Roderigo qui a été tué, et en voici une autre : l'une d'elles révèle que la mort de Cassio devait être exécutée par Roderigo.

OTHELLO. — Ô scélérat !

CASSIO. — Oh ! l'acte abominable et digne d'un païen !

LODOVICO. — Maintenant voici une autre lettre pleine de reproches, également trouvée dans sa poche : Roderigo paraît avoir eu l'intention de l'envoyer à ce damné scélérat ; mais Iago dans l'intervalle vint, semble-t-il, et réussit à l'apaiser.

OTHELLO. — Ô pernicieux misérable ! Comment ce mouchoir qui appartenait à ma femme, se trouvait-il entre vos mains, Cassio ?

CASSIO. — Je l'avais trouvé dans ma chambre, et il a confessé lui-même, il n'y a qu'un instant, qu'il l'y avait déposé pour un projet spécial qui répondait à son désir.

OTHELLO. — Ô fou ! fou ! fou !

CASSIO. — On voit, en outre, dans la lettre de Roderigo par les reproches qu'il lui adresse, que c'était Iago qui l'avait poussé à m'insulter à la garde ; de là s'ensuivit ma disgrâce : et il n'y a qu'un instant, après avoir longtemps paru mort, il a parlé ; c'était Iago qui l'avait lancé, Iago qui l'a poignardé.

Lodovico. — Il vous faut quitter cette chambre, et venir avec nous ; votre pouvoir et votre commandement vous sont enlevés, et Cassio gouverne dans Chypre. Quant à ce manant, s'il existe quelque cruauté raffinée qui puisse le faire souffrir beaucoup et longtemps, il n'y échappera pas. Vous resterez étroitement prisonnier, jusqu'à ce que la nature de votre faute soit connue de l'état de Venise. — Allons, emmenez-le.

Othello. — Doucement ! un mot ou deux avant que vous partiez. J'ai rendu à l'état quelques services, et ils le savent ; assez là-dessus.—Je vous en prie, lorsque dans vos lettres, vous raconterez ces malheureux événements, parlez de moi tel que je suis ; n'atténuez rien, mais n'ajoutez rien par malice : si vous agissez ainsi, alors vous tracerez le portrait d'un homme qui n'aima pas avec sagesse, mais qui n'aima que trop bien ; d'un homme qui ne fut pas aisément jaloux, mais qui une fois inquiet se laissa emporter jusqu'aux dernières extrémités ; d'un homme dont la main, comme celle du vil Indien, rejeta une perle plus précieuse que toute sa tribu ; d'un homme dont les yeux vaincus, bien que peu habitués à la mode des pleurs, versèrent des larmes avec autant d'abondance que les arbres d'Arabie leur gomme médicinale. Peignez-moi ainsi, et ajoutez qu'une fois dans Alep, où un malicieux Turc en turban battait un Vénitien et insultait l'état, je saisis à la gorge le chien circoncis, et je le frappai…. ainsi. (*Il se poignarde.*)

Lodovico. — Ô dénoûment sanglant !

Gratiano. — Toutes les mesures dont nous parlions sont mises à néant.

Othello. — Je t'embrassai avant de mourir ; en me tuant, je n'ai que ce moyen de mourir sur un baiser. (*Il tombe sur Desdémona et meurt.*)

Cassio. — Je redoutais cela, mais je croyais qu'il n'avait pas d'armes ; car il avait un grand cœur.

Lodovico, *à Iago*. — Ô chien de Sparte plus cruel

ACTE V, SCÈNE II.

que la souffrance, la faim ou la mer! Regarde le tragique fardeau qui pèse sur ce lit; c'est ton œuvre. — Ce spectacle empoisonne la vue; voilez-le. — Gratiano, gardez la maison, et saisissez la fortune du Maure, car vous en héritez. — A vous, Seigneur gouverneur, revient le jugement de cet infernal scélérat : fixez le temps, le lieu, la torture; — oh, appliquez-la à outrance! Je vais moi-même m'embarquer sur-le-champ, et porter à l'état avec un cœur douloureux le récit de cet événement douloureux.
(*Ils sortent.*)

COMMENTAIRE.

ACTE I.

1. Il n'est pas certain que par cette expression, *un florentin*, Iago veuille dire que Cassio était natif de Florence. Il est très-possible que ce mot soit employé comme terme d'argot de caserne pour désigner un officier savant dans les mathématiques, les théories militaires, etc. L'art de tenir les livres, s'appelait autrefois la tenue des livres *à l'italienne*, et venait de cette Florence, si célèbre au moyen âge par ses banquiers et ses marchands. Iago par cette expression voudrait donc tout simplement appeler Cassio, un calculateur, un homme de chiffres et de théorie. (Remarque judicieuse de M. Staunton.)

2. *Fellow almost damned in a fair wife;* on a soupçonné quelque erreur dans ce vers, et on a douté que *wife* (femme, épouse) fût le mot propre. Cassio n'est pas marié en effet. Tyrwhitt substitua ingénieusement à ce mot celui de *life*, vie. Avec cette correction, ce vers présenterait le sens très-acceptable que voici : un garçon presque damné par sa vie heureuse. Il est vrai que Tyrwhitt donne un autre sens à cette expression ; il y voit une allusion aux paroles de l'Écriture sur les dangers qui attendent les hommes dont tout le monde parle bien. D'autres ont supposé qu'Iago faisait allusion aux bruits de mariage qui auraient couru sur le compte de Cassio et de la courtisane Bianca ; mais rien ne prouve que Cassio connut Bianca avant d'aller à Chypre. M. Staunton propose ingénieusement de lire *a fair-wife*, la foire aux femmes, ce qui voudrait dire que Cassio est presque damné par le commerce trop assidu qu'il entretient avec les femmes, sens qui est celui que nous adoptons. Il est probable que *wife* est pris ici comme synonyme de *woman*.

3. *Ma maison n'est pas une grange*, c'est-à-dire ma maison n'est pas un édifice en plein champ. Les granges sont souvent encore aujourd'hui dans nos vieilles provinces séparées des autres bâtiments et isolées, et une note de M. Staunton nous apprend que dans le Lincolnshire, toute habitation isolée, quelle qu'elle soit, s'appelle une grange.

COMMENTAIRE.

4. Qu'est-ce que ce *Sagittaire*? est-ce une auberge à l'enseigne du *Sagittaire*? est-ce une maison particulière portant ce nom, selon l'ancienne coutume? Un commentateur contemporain, M. Charles Knight, prétend, non sans vraisemblance, que c'était la partie de l'arsenal de Venise où les officiers de l'armée et de la marine résidaient. « La figure d'un archer avec son arc au-dessus de la porte indique encore ce corps de logis. » Si telle est la vérité, voici un nouvel exemple bien frappant de la minutieuse information de Shakespeare.

5. Shakespeare avait probablement lu « *La société et le gouvernement de Venise*, traduit par Lewkenor, 1599, » dans lequel livre se trouve le passage suivant : « Pour la plus grande expédition de ces sortes de jugements, ils sont confiés aux chefs des *officiers de nuit* et retirés aux *avogadors*. Ces officiers de nuit sont au nombre de six, et six également sont les officiers en sous-ordre qui ont devoir de punir les vagabonds et les délits insignifiants seulement. » MALONE.

6. . . . . . *and my demerits*
May speak unbonneted to as proud a fortune,
As this that I have reached.

Il y a dans ce passage quelque obscurité. Que signifie exactement ici le mot *unbonneted* qui se rencontre déjà dans *Coriolan*? Selon toute apparence, il signifie *sans dignités*, et dans ce cas Othello voudrait dire, mes mérites même non récompensés pourraient parler, se tenir droits, la tête haute, même devant quelqu'un qui aurait atteint la même fortune que moi. C'est à peu près l'explication que donne de ce passage M. Fuseli en faisant observer que le bonnet était à Venise la marque des honneurs patriciens. Pour nous, nous croyons, sans vouloir l'affirmer, que *unbonneted* signifie « sans avoir la tête nue, sans garder le bonnet à la main. »

7. *Caraque*, vaisseau d'un gros calibre comme le galion espagnol.

8. Tous ces détails sont de la plus extrême exactitude et se rapportent à la conquête de Chypre par Sélim II, de terrible mémoire. Ce fut en effet à Rhodes que la flotte de Sélim rejoignit une seconde flotte précédemment embarquée. La flotte entière à ce moment-là se composait d'environ deux cents galères.

9. « C'est ainsi que donnent à la fois ce nom propre, et l'édition in-folio, et l'édition in-quarto. Capell changea ce nom en celui de Marcus Lucchese (Marc le Lucquois), observant que cette terminaison *os* était inconnue en Italie. Mais de qui s'informe le Doge? Probablement d'un soldat grec de Chypre, d'un Estradiote, d'un homme qui pouvait lui fournir des renseignements tirés de sa connaissance des lieux. Est-il nécessaire qu'un Grec porte un nom italien? » Cette remarque excellente est due à M. Charles Knight. Encore et toujours la minutieuse couleur locale de Shakespeare. Les Grecs abondaient dans l'administration vénitienne, surtout dans celle des colonies.

10. Voici au sujet de ces officiers étrangers au service de Venise, un passage extrait de la traduction faite par Lewkenor du livre de Gaspard Contarini. Ce Contarini, par parenthèse, est le cardinal Gaspard Contarini du concile de Trente, un des hommes les plus pieux et les

plus savants de l'Italie du seizième siècle. — « Pour exclure de l'état vénitien le danger ou l'occasion des entreprises ambitieuses, nos ancêtres avaient considéré que la meilleure conduite à tenir était de faire défendre leur domination sur le continent plutôt par des soldats mercenaires étrangers que par des nationaux. Les charges et dépenses annuelles sont très-grandes, car ils entretiennent, à de forts émoluments, un capitaine général qui est toujours étranger. » (*Extrait par* MALONE.)

11. Donner des potions amoureuses était un crime au premier chef selon la loi vénitienne.

12. Probablement dans ce passage, Shakespeare s'est souvenu des merveilleuses descriptions que Walter Raleigh dans sa *Découverte de la Guyane*, 1596, fait des Amazones, des Cannibales, et de ce peuple qui portait la tête au-dessous des épaules. Dans les *Voyages d'Hackluyt*, 1598, on trouve ce passage : « Sur ce territoire appelé Caora, vit un peuple dont la tête n'est pas apparente au-dessus des épaules : on dit qu'ils ont les yeux aux épaules et la tête au milieu de la poitrine. » Pline a également mentionné ces merveilles dans son *Histoire naturelle*, et il parle formellement d'une peuplade scythe qui posséderait les singuliers attributs ci-dessus rapportés.

13. *My thrice driven bed of down*, mon lit de duvet trois fois trié. C'étaient des lits de plumes triées avec une sorte de van pour séparer la fine fleur de la plume de la plus pesante. (JOHNSON.)

14. *Une poulette de Guinée*, dit le texte, c'est-à-dire une poule qui coûte une guinée, expression d'argot pour désigner une femme qui se vend.

15. *As luscious as locusts*, dit le texte, aussi délicieux que sauterelles. Quelques-uns ont cru, non sans vraisemblance, que Iago faisait allusion à la coutume qu'ont les Orientaux de manger les sauterelles. Othello étant un homme des races d'Orient, il lui semble tout simple de penser que les sauterelles sont pour lui un friand régal, et de choisir en parlant de lui cette coutume pour terme de comparaison. Steevens pense que Iago veut parler du fruit de l'arbre à sauterelles, sorte de gousse noire et longue contenant des graines qui baignent dans un suc délicieux, ayant le goût de miel. — La coloquinte est, on le sait, une espèce de concombre d'une carapace bizarre, couverte de verrues et de bosses. Les enfants de nos provinces creusent la coloquinte, en retirent la chair qui est extrêmement amère, et se font de petites gourdes ou de petites boîtes avec la carapace. Celui qui écrit ces lignes a possédé tout un mobilier de ces bibelots.

ACTE II.

1. *A Veronese, Michael Cassio.* Qu'est-ce que ce Véronais ? Est-ce le vaisseau qui porte ce nom ? Est-ce Michel Cassio qui est désigné comme étant de Vérone ? Cette dernière supposition nous semble la plus probable, d'autant plus que nous avons vu à l'acte précédent, que la

qualification de Florentin donnée à Cassio par Iago, pouvait fort bien ne pas désigner sa nationalité.

2. Ce juron de Cassio, *ô grand Jupiter*, a paru à Malone, qui était pourtant érudit, une absurdité dont Shakespeare ne devait pas être tenu pour responsable. Cela prouve seulement que Malone n'était pas versé dans la connaissance de l'Italie. Non-seulement les Italiens jurent encore aujourd'hui par les anciens Dieux, mais le nom de Dieu, et même celui de Notre-Seigneur Jésus-Christ, est *Giove*, Jupiter, dans la langue poétique. Malone n'avait donc jamais ouvert Pulci, par exemple : ce vers du *Morgante maggiore* n'aurait pas manqué de le frapper :

> O Summo Giove per noi crocifisso.
> O tout-puissant Jupiter pour nous crucifié.

3. Le drap de frise était un drap à très-longs poils, en sorte que lorsqu'il était collé sur une surface gluante, on ne pouvait l'enlever qu'en laissant les poils en proie à la glu.

4. Un vieil auteur anglais, Puttenham, *Art de la poésie anglaise*, s'exprime en termes presque identiques à ceux d'Iago : « Nous limitons à quatre points les agréments d'une femme : nous voulons qu'elle soit habile dans sa cuisine, sainte à l'église, ange à table, singe au lit. »

5. Les commentateurs qui souvent remarquent trop de choses, ont fait observer que cette expression, *ô ma belle guerrière*, était devenue à la mode dans la poésie lyrique anglaise de l'époque par suite de l'imitation des sonnets français ; Ronsard l'emploie fréquemment, etc. N'en déplaise aux commentateurs, le souvenir de Ronsard et de ses émules n'a que faire ici. Quand Ronsard appelle sa maîtresse, *sa guerrière*, il fait simplement allusion aux combats amoureux : ici le salut d'Othello a une tout autre signification, et il appelle Desdémona sa belle guerrière, parce qu'elle a vaillamment voulu le suivre à l'armée, tandis qu'elle pouvait pacifiquement rester à Venise.

6. Nous avons dit dans une note aux *Joyeuses commères de Windsor*, que les Anglais avaient alors la réputation des plus solides buveurs de l'Europe, et que les gens sages de la nation en gémissaient, prétendant (fait très-curieux) que cette déplorable habitude avait été introduite parmi les Anglais par leur long séjour dans les Pays-Bas.

7. Ce couplet fait partie d'une vieille ballade qui se trouve dans les *Reliques* de Percy. La ballade est fort longue, mais elle est amusante et curieuse ; la voici. C'est un dialogue rustique entre un paysan et sa trop économe ménagère.

PRENDS TON VIEUX MANTEAU SUR TOI.

> Ce temps d'hiver est devenu bien froid,
> Le givre blanchit toutes les collines,
> Et Borée souffle si rudement ses tempêtes,
> Que tout notre bétail risque d'être détruit.
> Bell, ma femme, qui n'aime pas les querelles,

Me dit tout tranquillement :
Lève-toi, et va sauver la vache Crumbocke,
Mon homme, mets ton vieux manteau sur toi

Lui.

O Bell, pourquoi te moquer et railler,
Tu sais que mon manteau est fort mince;
Il est si usé et si râpé,
Qu'un insecte ne trouve pas à s'y loger;
Je ne veux plus ni emprunter ni prêter,
Mais je veux avoir un nouveau costume,
Demain j'irai à la ville, et j'y dépenserai;
Car je veux avoir un nouveau manteau sur moi.

Elle.

La vache Crumbocke est une bonne vache,
Elle a toujours rendu quantité de lait,
Elle nous a fourni beurre et fromage, j'en réponds,
Et ne nous laissera pas manquer d'autre chose.
Je serais bien fâchée qu'elle prît mal,
Bon mari, veuille m'en croire,
Ce n'est pas à nous à aller si beaux,
Homme, mets ton vieux manteau sur toi.

Lui.

Mon manteau fut un beau manteau,
Il a fait fidèle service à son propriétaire;
Mais maintenant il ne vaut pas un sou,
Voilà quarante-quatre ans que je le porte.
Il fut autrefois d'un drap d'un beau grain,
Mais aujourd'hui, c'est un tamis comme vous pouvez voir
Il laisse passer et vent et pluie;
Je veux avoir un manteau neuf sur moi.

Elle.

Il y a quarante-quatre ans,
Que nous nous sommes connus tous deux
Et nous avons eu entre nous deux,
Quelques neuf ou dix enfants.
Nous les avons menés à l'âge d'homme et de femme;
J'espère qu'ils vivent dans la crainte de Dieu,
Et pourquoi donc ne veux-tu plus te connaître ?
Homme, mets ton vieux manteau sur toi.

Lui.

O Bell, ma femme, pourquoi te moques-tu ?
Maintenant est maintenant, alors était alors;
Cherche aujourd'hui à travers le monde entier,

Tu ne reconnaîtrais pas les paysans des gentilshommes.
Ils sont habillés en noir, en vert, en jaune, en gris,
Si fort au-dessus de leur condition;
Une fois dans ma vie je veux faire comme eux,
Car je veux avoir un manteau neuf sur moi.

ELLE.

Le roi Étienne était un digne pair,
Ses culottes ne lui coûtaient qu'une couronne;
Il les trouvait encore six pence trop cher,
Aussi appelait-il le tailleur un drôle.
C'était un individu de haut renom,
Et toi tu n'es que de basse condition;
C'est l'orgueil qui ruine le pays,
Homme, mets ton vieux manteau sur toi.

LUI.

Bell, ma femme, n'aime pas à quereller,
Pourtant elle me mènera si elle peut;
Et souvent pour avoir la paix,
Je suis forcé de céder tout bonhomme que je suis.
Un homme ne doit pas chicaner avec une femme,
Sans avoir le premier renoncé au procès;
Je finirai donc comme nous avons commencé,
Et je mettrai mon vieux manteau sur moi.

ACTE III.

1. Les Napolitains sont renommés pour leur accent nasillard, et Shylock, dans *le Marchand de Venise*, nous a déjà dit que la cornemuse chantait du nez.

2. Jeux de mots intraduisibles analogues à ceux de Lance et de Speed dans *les Deux gentilshommes de Vérone* sur la ressemblance de prononciation des mots *tail*, queue, et *tale*, histoire.

3. Iago est-il de Venise, est-il de Florence? Les paroles de Cassio semblent bien dire qu'il est de Florence; mais d'autre part comme il parle de Roderigo comme de son compatriote, il ne tient qu'à nous de le prendre pour Vénitien. Cependant si l'on en croyait la physionomie de son nom, Iago, il serait plutôt un soldat d'aventure, sorte de métis bariolé d'Italien du sud et d'Espagnol napolitain.

4. M. Halliwell, dans sa *Vie de Shakespeare*, cite les lignes suivantes d'un manuscrit intitulé *La nouvelle métamorphose, ou une fête de l'imagination, ou légendes poétiques* écrites par M. Gent, 1600, qui se rencontrent d'une manière frappante avec les paroles d'Iago, et expriment cette même vérité trop peu comprise encore par nos lois, que le calomniateur est un voleur autrement coupable que le larron. « Le voleur de

grand chemin qui vole quelqu'un de sa bourse n'est pas aussi coupable ; ceux-ci le sont dix fois davantage ! car ils volent les gens de leur précieux renom, et en échange leur laissent la flétrissure et la honte. »
Les Anglais, gens pratiques, et qui ne se payent pas de turlupinades, ont depuis, par leurs lois et leurs mœurs, pris leurs précautions contre ce genre de vol subtil.

5. On attachait les faucons avec des lanières de cuir qui les prenaient à la patte et permettaient de les porter sur le poing.

6. Nous avons vu dans *Antoine et Cléopâtre* qu'on employait la mandragore à l'instar du pavot pour les potions soporifiques.

7. Les pionniers étaient alors pris parmi les mauvais soldats ou les soldats qui avaient encouru une punition. C'étaient des sortes de compagnies de discipline où l'on fourrait par exemple tous ceux qui égaraient ou laissaient voler leurs armes.

8. Le fifre a de temps immémorial précédé les troupes avec le tambour, et mêlé son piaulement au tintamarre de son compagnon. Toutefois, M. Staunton nous apprend ce fait curieux, qu'après Shakespeare, il tomba en désuétude. C'est très-probablement aux sombres puritains qu'on doit attribuer l'abolition de cet instrument qu'ils trouvèrent sans doute trop gaillard et trop profane. Il ressuscita en 1747, sous le duc de Cumberland, devant Maestricht. C'est sans doute à l'imitation des armées allemandes où cet instrument abonde plus encore que dans les autres armées, que fut due cette résurrection.

9. Passage emprunté probablement par Shakespeare à la traduction de l'*Histoire naturelle* de Pline par Holland : « Et la mer du Pont coule et se précipite sans cesse dans la Propontide, mais elle ne reflue jamais dans le Pont. »

10. Pitoyables jeux de mots roulant sur la ressemblance identique des verbes *to lie*, mentir, et *to lie*, se coucher, s'étendre.

11. La *crusade* n'était pas une monnaie vénitienne, mais portugaise. Son nom lui venait de la croix transversale dont elle était marquée. Il y en avait de trois sortes, mais toutes trois étaient monnaie d'or et d'une valeur qui variait entre six et neuf shillings.

12. La médecine d'autrefois attribuait à la liqueur balsamique des momies des propriétés plus ou moins merveilleuses, entre autres celle de guérir les épileptiques.

ACTE IV.

1. Il se trouve que cette expression *lie on somebody*, s'étendre sur quelqu'un, pour dire l'écraser d'injures ou de mensonges, correspond exactement à la brutale expression de nos goujats français, *s'asseoir sur quelqu'un*.

2. Allusion lointaine aux anciens triomphes romains.

3. Shakespeare fait ici allusion aux histoires fabuleuses que l'on racontait sur le crocodile. « Il est écrit, dit Bullokar, qu'il va pleurer sur

la tête d'un homme lorsqu'il a dévoré le corps, et qu'ensuite il mangera la tête aussi. C'est pourquoi il y a en latin un proverbe, *crocodili lacrymæ*, larmes de crocodile, pour signifier les larmes hypocrites. » Il paraîtrait qu'un crocodile mort, mais d'une forme intacte, d'environ neuf pieds de long, avait été montré à Londres au temps de notre poëte. (MALONE.)

4. Cette romance devenue si célèbre, grâces à Shakespeare, et aussi à l'admirable *Chant du saule* dans l'*Othello* de Rossini, se trouve dans les *Reliques* de l'évêque Percy. Seulement ce sont les plaintes d'un amant abandonné et non d'une amante. La voici dans toute sa naïveté et sa monotonie éplorée, si semblable à une douleur qui n'a d'autre soulagement que les larmes. C'est une élégie populaire composée de sanglots et de paroles entrecoupées.

Une pauvre âme s'assit en soupirant sous un sycomore,
   O saule, saule, saule!
Sa main sur son cœur, sa tête sur ses genoux ;
   O saule, saule, saule!
   O saule, saule, saule!
Chantez, ô le saule vert sera ma guirlande.

Il soupirait en chantant, et après chaque gémissement
   Venait ô saule, saule, etc.
Je suis mort à tout plaisir ; ma fidèle bien-aimée est partie.
   O saule, etc.
   Chantez, ô le saule vert, etc.

Ma bien-aimée a changé, elle est devenue infidèle.
   O saule, etc.
Elle ne me rend rien que haine pour amour.
   O saule, etc.
   Chantez, ô le saule vert, etc.

Oh, ayez pitié de moi, vous tous amants, sanglotait-il
   O saule, etc.
Son cœur est dur comme le marbre, mes gémissements ne la touchent pas.
   O saule, etc.
   Chantez, ô le saule vert, etc.

Les froids ruisseaux couraient près de lui, ses larmes tombaient à flots.
   O saule, etc.
Les larmes salées tombaient et inondaient sa face,
   O saule, etc.
   Chantez, ô le saule vert, etc.

Les oiseaux se tinrent immobiles près de lui, rendus muets par ses gémissements.

O saule, etc.
Ses larmes salées tombaient et attendrissaient les pierres.
O saule, etc.
Chantez, ô le saule vert, etc.

Que personne ne me blâme, j'approuve son dédain
— O saule, etc. —
Elle était née pour être belle, moi pour mourir d'amour pour elle.
O saule, etc.
Chantez, ô le saule vert, etc.

Oh! faut-il que la beauté abrite un cœur qui est si dur,
O saule, etc.
Un cœur qui rejette mon amour sans y avoir égard.
O saule, etc.
Chantez, ô le saule vert, etc.

Que l'amour ne soit plus fier ni dans le palais, ni dans le bocage.
O saule, etc.
Car les femmes sont sans foi et changent en une heure.
O saule, etc.
Chantez, ô le saule vert, etc.

Mais à quoi bon les plaintes? En vain je me plains.
O saule, etc.
Je dois patiemment souffrir son mépris et son dédain.
O saule, etc.
Chantez, ô le saule vert, etc.

Venez, vous tous qui êtes abandonnés, et asseyez-vous près de moi.
O saule, etc.
S'il en est un qui se plaigne d'une infidèle, la mienne l'est plus que la sienne.
O saule, etc.
Chantez, ô le saule vert, etc.

Je porte la guirlande de saule, puisque mon amour m'a fui;
O saule, etc.
Une guirlande qui convient aux amants abandonnés.
O saule, etc.
Chantez, ô le saule vert, etc.

PARTIE II.

Abattu bien bas par mon chagrin, accablé de dédain,
O saule, etc.
Contre elle trop cruelle, toujours, toujours je me lamente.
O saule, etc.
Chantez, ô le saule vert, etc.

COMMENTAIRE. 477

O amour trop injurieux de blesser mon pauvre cœur,
    O saule, etc.
De triompher de ma souffrance et de prendre joie à ma peine.
    O saule, etc.
    Chantez, ô le saule vert, etc.

O saule, saule, saule! la guirlande de saule,
    O saule, etc.
Signe de son infidélité, devant moi est placée.
    O saule, etc.
    Chantez, ô le saule vert, etc.

Ainsi qu'elle est là pour m'inviter à désespérer et à mourir,
    O saule, etc.
Ainsi, amis, suspendez-la au-dessus du tombeau où je dormirai.
    O saule, etc.
    Chantez, ô le saule vert, etc.

Sur le tombeau où je reposerai, suspendez-la à tous les yeux
    O saule, etc.
De ceux qui la connaissent, pour proclamer son infidélité.
    O saule, etc.
    Chantez, ô le saule vert, etc.

Et gravez ces paroles comme l'épitaphe qui me convient
    O saule, etc.

« Ici, dort quelqu'un qui but du poison croyant boire un breuvage très-doux. »
    O saule, etc.
    Chantez, ô le saule vert, etc.

Quoiqu'elle ait durement méprisé mon amour,
    O saule, etc.
Et qu'insouciante elle sourie aux douleurs que j'éprouve,
    O saule, etc.
    Chantez, ô le saule vert, etc.

Je ne puis contre elle avoir de paroles amères,
    O saule, etc.
Parce que je l'aimai bien autrefois et que j'honorai son nom.
    O saule, etc.
    Chantez, ô le saule vert, etc.

Son nom sonnait si doucement à mon oreille,
    O saule, etc.
Il rendait joyeux mon cœur, le nom de ma chérie;
    O saule, etc.
    Chantez, ô le saule vert, etc.

C'était alors ma consolation, c'est maintenant mon chagrin.
> O saule, etc.

Il m'apporte maintenant douleur, il m'apportait alors soulagement.
> O saule, etc.
> Chantez, ô le saule vert, etc.

Adieu, belle au cœur infidèle, les plaintes cessent avec mon souffle.
> O saule, etc.

— Tu m'abhorres, je t'aime, bien que tu sois cause de ma mort.
> O saule, etc.
> Chantez, ô le saule vert, etc.

5. Les anneaux unis, *joint rings*, étaient des anneaux échangés par les amoureux, et formant comme les deux parties d'un tout, ce qu'indiquait un cœur coupé en deux dont chaque anneau avait une moitié.

ACTE V.

1. Les commentateurs ont beaucoup disserté pour deviner quelle était cette cause qu'Othello craint de nommer devant les chastes étoiles. Est-elle cependant bien difficile à découvrir? Othello est sur la limite de la vieillesse, la vivacité de la jeunesse s'est évanouie, l'âge a refroidi son sang tout africain qu'il soit; lorsqu'il se regarde par hasard dans le miroir de sa femme, il y aperçoit son teint barbouillé, épouvantail des petits enfants et des femmelettes. « Je ne suis plus jeune, veut dire Othello, je n'ai plus la vigueur physique des étalons de Barbarie, je ne puis donner satisfaction suffisante à ses sens, et voilà pourquoi elle me trompe. » La nature de cette cause explique parfaitement pourquoi il n'ose la nommer devant les *chastes* étoiles.

2. La chrysolithe, pierre précieuse d'un vert sombre avec un reflet de jaune. Certains commentateurs croient qu'autrefois chrysolithe était synonyme de topaze.

FIN DU NEUVIÈME VOLUME.

TABLE.

ROMÉO ET JULIETTE...	4
Avertissement..	3
Roméo et Juliette...	31
Commentaire...	136
HAMLET..	153
Avertissement..	155
Hamlet...	191
Commentaire...	323
OTHELLO..	337
Avertissement..	339
Othello..	355
Commentaire...	468

FIN DE LA TABLE.

8364. — Typographie Lahure, rue de Fleurus, 9, à Paris.

LIBRAIRIE HACHETTE et Cie, boulevard Saint-Germain, 79, à Paris.

BIBLIOTHÈQUE VARIÉE, FORMAT IN-18 JÉSUS

à 3 fr. 50 c. le Volume

About (Edm.). Causeries, 2 vol. — La Grèce contemporaine. 1 vol. — Le Progrès. 1 vol. — Le Turco, 1 vol. — Madelon. 1 vol. — Théâtre impossible. 1 vol. — A B C du travailleur. 1 vol. — Les Mariages de province. 1 vol. — Le Fellah. 1 vol.
Achard (Amédée). Album de voyages. 2 vol.
Ackermann. Contes et poésies. 1 vol.
Arnould (Edm.). Sonnets et poèmes. 1 vol.
Barran. Histoire de la Révolution française. 1 vol.
Baudrillart. Économie politique populaire. 1 vol.
Bautain (l'abbé). La belle saison à la campagne. 1 v. — La chrétienne de nos jours. 2 vol. — Le chrétien de nos jours. 2 vol. — La religion et la liberté 1 v. — Manuel de philosophie morale. 1 vol. — Méditations sur les épîtres et les évangiles. 2 vol. — Idées et plans pour la méditation et la prédication 1 vol. — Les choses de l'autre monde. 1 vol — Études sur l'art de parler en public. 1 vol.
Bayard (J.F.). Théâtre. 12 vol.
Bellemare (A.). Abd-el-Kader 1 vol
Belot (Ad.). L'Habitude et le Souvenir. 1 vol
Bersot. Mesmer ou le magnétisme animal; les tables tournantes et les esprits. 1 vol.
Boissier. Cicéron et ses amis. 1 vol.
Busquet (A.). Le poème des heures. 1 vol.
Caro Études morales. 1 vol. — Nouvelles études morales. 1 vol. — L'idée de Dieu. 1 vol. — Le matérialisme et la science. 1 vol.
Carraud (Mme). Le Livre des jeunes filles, 1 vol.
Castellane (de). Souvenirs de la vie militaire. 1 vol
Charpentier. Écrivains latins de l'empire. 1 vol.
Chenu (Le Dr J. C.). De la mortalité dans l'armée. 1 volume.
Cherbuliez (Victor). Comte Kostia. 1 vol. — Paule Méré. 1 vol. — Roman d'une honnête femme. 1 vol. — Le Grand-Œuvre. 1 vol. — Prosper Randoce. 1 vol — L'aventure de Ladislas Bolski. 1 vol.
Chevalier (M.). Le Mexique ancien et moderne. 1 v.
Crépet (E.). Le trésor épistolaire de la France. 2 v.
Daumas (E.). Mœurs et coutumes de l'Algérie. 1 vol.
Deschanel (Em.). Physiologie des écrivains 1 vol — Études sur Aristophane. 1 vol. — À bâtons rompus. 1 vol.
Duruy (V.). De Paris à Vienne. 1 vol. — Introduction à l'histoire de France. 1 vol.
Ferry (Gabriel). Le coureur des bois. 2 vol. — Costal l'Indien. 1 vol.
Figuier (Louis). Histoire du merveilleux. 4 vol — L'alchimie et les alchimistes. 1 vol. — L'année scientifique, 14 années (1856-1869). 14 vol.
Flammarion (Camille). Contemplations scientifiques. 1 vol.
Fromentin (Eug.). Dominique. 1 vol.
Fustel de Coulanges. La Cité antique. 1 vol.
Garnier (Ad.). Traité des facultés de l'âme. 3 vol.
Garnier (Charles). A travers les Arts 1 vol.
Gonzalès (Em.). Voyages en pantoufles. 1 vol.
Guizot (F.). Un projet de mariage royal. 1 vol.
Houssaye (A.). Le 41e fauteuil. 1 vol. — Violon de Franjolé. 1 vol. — Voyages humoristiques. 1 vol.
Hugo (Victor). Œuvres. 20 vol.
Jouffroy. Cours de droit naturel 2 vol. — Cours d'esthétique. 1 vol. — Mélanges philosophiques. 1 v. — Nouveaux mélanges philosophiques. 1 vol.
Jurien de la Gravière (l'amiral). Souvenirs d'un amiral. 2 vol. — La marine d'autrefois. 1 vol.

La Landelle (G. de). Le tableau de la mer. 4 v.
Lamarre (Cl.), De la Milice romaine. 1 vol.
Lamartine (A. de). Chefs-d'œuvre. 8 vol. — Les Girondins. 6 vol. — Lectures pour tous. 1 vol.
Lanoye (F. de). L'Inde. 1 vol. — Le Niger. 1 vol.
Laugel. Études scientifiques. 1 vol.
Lavallée. Zurga le chasseur, 1 vol.
Laveleye (Émile de). Études et essais. 1 vol.
Marmier (Xavier). Romans et Voyages 13 vol.
Martha. Les moralistes sous l'Empire romain. 1 v.
Mézières (L.) Charades et homonymes. 1 vol.
Michelet. La femme. 1 vol. — La mer. 1 vol. — L'amour 1 v. — L'insecte. 1 vol. — L'oiseau. 1 v.
Michelet (Mme J.). Mémoires d'une enfant. 1 vol.
Monnier. Les aïeux de Figaro. 1 vol.
Mortemart (baron de). La vie élégante. 1 vol.
Nisard (Désiré). Études de mœurs et de critique sur les poètes latins de la décadence. 2 vol
Nourrisson (J.-F.). Les Pères de l'église latine, leur vie, leurs écrits, leur temps. 2 vol.
Patin. Études sur les tragiques grecs. 4 vol. — Études sur la poésie latine. 2 vol.
Perrens (F. T.). Jérôme Savonarole. 1 vol.
Pfeiffer (Mme Ida). Voyage d'une femme autour du monde. 1 vol. — Mon second voyage autour du monde. 1 vol. — Voyage à Madagascar. 1 vol.
Ponson du Terrail. Les contes du drapeau. 2 volumes.
Prevost-Paradol. Études sur les moralistes français. 1 vol. — Histoire universelle. 2 vol.
Quatrefages (de). Unité de l'espèce humaine. 1 v.
Roland (Mme). Mémoires. 2 vol.
Roussin (A.). Une campagne au Japon. 1 vol.
Sainte-Beuve. Port-Royal. 7 vol.
Saintine (X. B.). Le chemin des écoliers. 1 vol. — Picciola. 1 vol. — Seul 1 vol. — La mythologie du Rhin. 1 vol.
Sand (George). Jean de la Roche. 1 vol.
Simon (Jules). La liberté politique. 1 vol. — La liberté civile. 1 vol. — La liberté de conscience. 1 v. — La religion naturelle. 1 vol. — Le devoir. 1 v. — L'ouvrière. 1 vol
Taine (H.). Essai sur Tite-Live. 1 vol. — Essais de critique et d'histoire. 1 vol. — Nouveaux Essais de critique et d'histoire. 1 vol. — Histoire de la littérature anglaise. 5 vol. — La Fontaine et ses fables. 1 vol. — Les philosophes classiques du XIXe siècle en France. 1 vol. — Voyage aux Pyrénées. 1 vol. — Notes sur Paris par Frédéric-Thomas Graindorge. 1 v.
Théry. Conseils aux mères sur les moyens de diriger et d'instruire leurs filles 2 vol.
Töpffer (Rod.). Nouvelles genevoises. 1 vol. — Rosa et Gertrude. 1 vol. — Le presbytère. 1 vol. — Réflexions et menus propos d'un peintre. 1 vol.
Troplong. De l'influence du christianisme sur le droit civil des Romains. 1 vol.
Vapereau (Gust.). L'année littéraire. 12 années.
Viennet. Fables complètes. 1 vol.
Vivien de St-Martin. L'année géographique. 8 années (1862-1869). 8 vol.
Wallon. Vie de N.-S. Jésus-Christ, 1 volume. — La sainte Bible. 2 vol.
Wey (Francis). Dick Moon. 1 vol. — La haute Savoie. 1 vol.
Wurtz (Ad.). Histoire des doctrines chimiques depuis Lavoisier jusqu'à nos jours. 1 vol.

Typographie Lahure, rue de Fleurus, 9. Paris.